2023年上海高校本科重点教改项目"金融法学逆向思维案例沟通法教学改革"（SH2023-11）阶段性成果

一本以学生视角
理解税法要义的教科书

税法精要

Essentials of TAX LAW

许多奇 主编
王桦宇 副主编

- 学习目标
  低阶学习目标
  高阶学习目标
- 案例研讨
- 思考题
- 拓展阅读

法律出版社
LAW PRESS · CHINA
北京

图书在版编目（CIP）数据

税法精要 / 许多奇主编 ; 王桦宇副主编. -- 北京 : 法律出版社, 2024. -- ISBN 978-7-5197-9333-3

Ⅰ. D922.22

中国国家版本馆 CIP 数据核字第 2024S2E728 号

税法精要
SHUIFA JINGYAO

许多奇 主 编
王桦宇 副主编

策划编辑 沈小英
责任编辑 陈 妮 张思婕
装帧设计 鲍龙卉

出版发行 法律出版社
编辑统筹 法治与经济出版分社
责任校对 王 丰 郭艳萍
责任印制 吕亚莉
经 销 新华书店

开本 710 毫米×1000 毫米 1/16
印张 21 **字数** 457 千
版本 2024 年 8 月第 1 版
印次 2024 年 8 月第 1 次印刷
印刷 固安华明印业有限公司

地址:北京市丰台区莲花池西里 7 号(100073)
网址:www.lawpress.com.cn
投稿邮箱:info@lawpress.com.cn
举报盗版邮箱:jbwq@lawpress.com.cn
销售电话:010-83938349
客服电话:010-83938350
咨询电话:010-63939796

书号:ISBN 978-7-5197-9333-3
定价:98.00 元
凡购买本社图书,如有印装错误,我社负责退换。电话:010-83938349

许多奇

复旦大学法学院教授、博士生导师，入选国家级人才计划、国家级法治人才库，上海市十大中青年法学家，复旦大学数字经济法治研究中心主任、复旦大学智慧法治实验室主任，上海市人民政府首批立法专家、上海市人民检察院首批智库专家、最高人民法院中国司法大数据研究院专家库成员，哈佛大学法学院富布莱特高级访问学者、纽约大学法学院Hauser Global研究员、杜克大学法学院访问学者，中国法学会财税法学研究会常务理事、中国科学技术法学会常务理事、上海市法学会财税法学研究会常务副会长、法律与国际事务委员会（FLIA）委员及项目主任、*Asian Journal of Law and Society* 编委会成员。

主要研究领域为金融科技法、数据法、财税法。在《中国社会科学》《中国法学》《法学研究》等中英文期刊发表论文百余篇，被《新华文摘》、《中国社会科学文摘》、中国人民大学书报资料中心《复印报刊资料》等转载20余篇。出版独著、合著和译著共8部，主编10余部。连续主持国家社会科学基金3项，主持国家重点研发计划、最高人民法院、中国人民银行、上海市政府决策咨询、上海市曙光计划、纽约大学国际合作课题等30余项。

获中国法学会优秀成果奖、上海市哲学社会科学优秀成果奖、上海市法学优秀成果奖等。

王桦宇

上海交通大学凯原法学院副教授、财税法研究中心副主任。中国法学会财税法学研究会理事、中国税收教育研究会理事、上海市法学会财税法学研究会秘书长、上海市税务学会理事。北京大学第十七届研究生“学术十杰”获得者，上海青年法学法律人才库成员，上海市第三中级人民法院税务司法智库专家。

主要研究方向为财税法律与政策、财税体制改革与公共治理、财税法案例研究。在《中国社会科学》等学术刊物发表论文数十篇，主持国家社科基金等科研课题10余项。

序　一

2024 年 7 月，党的二十届三中全会顺利召开。全会重点研究了进一步全面深化改革、推进中国式现代化问题，并审议通过了《中共中央关于进一步全面深化改革、推进中国式现代化的决定》。该决定提出要进一步深化财税体制改革，并将全面依法治国、建设社会主义法治国家推向新的高度。科学规范的财税制度作为事关国家治理基础和纳税人重大权益的重要顶层设计，是进一步全面深化改革的重点。财税法治建设是深化财税体制改革的重要推进方向，财税法治是党中央持续推进的重要法治建设领域。在新的历史时期，系统归纳近 30 年来法治语境下的财税体制改革成果，重点回顾中国式现代化背景下的财税法治建设进程，并推动财税法学教育体系建设特别是新时代的学科教材建设就成为一项非常紧迫的任务。

2017 年 4 月，国家税务总局与教育部联合发布《关于加强青少年学生税法宣传教育的通知》。该通知要求各地税务机关和教育行政部门加强青少年学生税法宣传教育，注重内容的生动性和方法的多样性，将税法知识渗透到教育教学活动中，使青少年学生在丰富多彩的税法宣传教育活动中潜移默化地接受税法知识，使尊崇税法、学习税法、运用税法成为青少年学生的共同追求和自觉行动。税法教材的编写可以是多个面向的：既可以是针对高校法学专业和相关专业的本科生和研究生的通用教材，也可以是针对中小学生和社会公众的通识读本。但都需将税法理论和制度更系统、全面、准确地介绍给读者和受众，向其普及税法知识，传播税法理论，介绍税法规则，指引税务实践。

2018 年 4 月，教育部发布《普通高等学校法学类本科专业教学质量国家标准》。根据该标准，法学专业核心课程采取“10 + X”分类设置模式。“10”是指法学专业学生必须完成的 10 门专业必修课，包括法理学、宪法学、中国法律史、刑法、民法、刑事诉讼法、民事诉讼法、行政法与行政诉讼法、国际法和法律职业伦理。“X”是指各院校根据办学特色开设的其他专业必修课，包括经济法、知识产权法、商法、国际私法、国际经济法、环境资源法、劳动与社会保障法、证据法和财税法。“X”选择设置门数原则上不低于 5 门。财税法作为新兴学科、交叉学科进入“X”中来，是非常必要的，也是经济社会发展对法学学科赋予的新的时代使命。从近年来全国各高校的具体教学和科研情况来看，“10 + X”的实施效果很好，也为其他新兴学科、交叉学科建设提供了示范和参考。在这个背景下，围绕新的法学课程设置编写适应教育发展规律、体现时代特色的新的财税法教材也就成为一项非常重要的事情。

2023 年 2 月，中共中央办公厅、国务院办公厅印发《关于加强新时代法学教育和法学理论研究的意见》。该意见提出：“法学教育和法学理论研究承担着为法治中国建设培养高素质法治人才、提供科学理论支撑的光荣使命，在推进全面依法治国中具有重要地位和作用。”该意见要求，完善法学教材体系，“坚持以习近平法治思想为统领，通过抓好核心教材、编好主干教材、开发新形态教材等，构建中国特色法学教材体系”。20 年前，我依托北京大学法学院组织了一批财税法青年学者，推动了高等教育出版社出版的《财税法学》《财税法学案例与法理研究》等财税法立体化教材体系建设。在新的历史时期和新的起点上，要重点推动和做好财税法领域的核心教材、编好主干教材、开发各种新形态教材，特别是推动创新性财税法教材的设计和编写，这件事情意义深远。

在进一步深化财税体制改革和更加系统地推进法治国家建设的大背景下，复旦大学法学院许多奇教授主编的《税法精要》教材付梓，这是一件非常值得高兴的事情。《税法精要》突破常规教材的编写方式，去繁就简、聚焦精华，按照简明教程编撰体例介绍税法理论、分析税法案例，结构完整、内容丰富、表述规范、行文流畅，是我国税法教材创新的重要尝试。此外，《税法精要》在注重理论性和实践性的同时，也特别考虑了编写内容的简练性和可传播性：既是一本面向法科学生的通用教材，也是一本面向大学生普及税法知识的通识读本。许多奇教授是入选国家级人才计划的青年学者，她带领上海市的青年财税法学者撰写的《税法精要》，为我国税法教材创新提供了一个新的样本。希望该教材的出版能推动更多财税法教材和课程教学的创新实践，同时希望更多的法科学生和青年学者能加入财税法理论研究和实践探索的大家庭，进而推动中国式财税法理论自主知识体系建设和现代化财税法治建设走向更新、更坚韧、更踏实的道路。

特此推荐！

刘剑文*

2024 年 7 月

---

* 刘剑文，辽宁大学法学院特聘教授、北京大学法学院教授、中国法学会财税法学研究会会长。

序　二

2013年11月12日，中国共产党第十八届中央委员会第三次全体会议通过了《中共中央关于全面深化改革若干重大问题的决定》。该决定将“深化财税体制改革”单独列为一章，并指出“财政是国家治理的基础和重要支柱，科学的财税体制是优化资源配置、维护市场统一、促进社会公平、实现国家长治久安的制度保障。必须完善立法、明确事权、改革税制、稳定税负、透明预算、提高效率，建立现代财政制度，发挥中央和地方两个积极性”。该决定还在“加强社会主义民主政治制度建设”部分明确提出“落实税收法定原则”。2015年3月，由全国人大常委会法工委牵头起草的《贯彻落实税收法定原则的实施意见》经党中央审议通过。该意见明确，开征新税的，应当通过全国人大及其常委会制定相应的税收法律，同时对现行15个税收条例修改上升为法律或者废止的时间作出了安排。自此，我国的财税体制改革和财税法治建设进入新时代。

在税收立法方面，落实税收法定的进程持续稳步向前。目前，我国共有18个税种，其中的14个税种已经完成法律化进程。[①] 其中，实体税收法律有13部，分别是《中华人民共和国个人所得税法》《中华人民共和国企业所得税法》《中华人民共和国车船税法》《中华人民共和国环境保护税法》《中华人民共和国烟叶税法》《中华人民共和国船舶吨税法》《中华人民共和国车辆购置税法》《中华人民共和国耕地占用税法》《中华人民共和国资源税法》《中华人民共和国城市维护建设税法》《中华人民共和国契税法》《中华人民共和国印花税法》《中华人民共和国关税法》等；另外还有税收程序法律1部，为《中华人民共和国税收征收管理法》。这些税收法律的制定，意味着我国税收法定的进程越走越远，步伐迈得越来越稳健。2022年10月，在党的二十大报告中，习近平总书记指出：“坚持全面依法治国，推进法治中国建设。”“加大税收、社会保障、

---

① 根据《全国人大常委会2024年度立法工作计划》的安排，2024年将制定“中华人民共和国增值税法”。“中华人民共和国消费税法”已列入《十四届全国人大常委会立法规划》，而房地产税、土地增值税的立法进程因受到主、客观因素影响略微趋缓。

转移支付等的调节力度。完善个人所得税制度，规范收入分配秩序，规范财富积累机制，保护合法收入，调节过高收入，取缔非法收入。”税收领域的改革“牵一发而动全身”，税收立法涉及中央和地方的税权划分、税法结构的优化、实体性规范和程序性规范的统一等问题，既是税收法治的基础，也是税制领域改革成果的规则展现。

在税收执法方面，法治化税收征管和执法稳健前行。近年来，我国税收制度改革不断深化，税收征管体制持续优化，纳税服务和税务执法的规范性、便捷性、精准性不断提升，市场化、法治化、国际化一流营商环境正在稳步建设中。2021 年 3 月，中共中央办公厅、国务院办公厅印发了《关于进一步深化税收征管改革的意见》。该意见要求，到 2025 年，深化税收征管制度改革取得显著成效，基本建成功能强大的智慧税务，形成国内一流的智能化行政应用系统，全方位提高税务执法、服务、监管能力。该意见还提出，要不断完善税务执法制度和机制，严格规范税务执法行为，不断提升税务执法精确度，加强税务执法区域协同，强化税务执法内部控制和监督，大力推行优质高效智能税费服务，精准实施税务监管，持续深化拓展税收共治格局。严格规范税收执法是新时代强化对公权力的监督和“把权力关进制度的笼子里”的客观要求，也是税收执法走向新阶段的具体体现。

在税收司法方面，税收司法的独立性和专业化稳步加强。司法，是国家权力通过法律适用的形式在社会纠纷解决领域进行的活动，是国家“为当事人双方提供的不用武力解决争端的方法”。① 在现代法治国家，税收司法是税收法治的重要组成部分，税收争议解决的独立性和专业性影响对纳税人权利的保障；既是法治社会的重要评价指标，也是市场经济国家法治化营商环境的重要评估项目。2023 年 11 月，全国首个涉税案件“三审合一”集中管辖专门合议庭——厦门市思明区人民法院涉税案件合议庭揭牌成立。以往由厦门市基层法院管辖的一审涉税案件统一集中至该院管辖，该合议庭统筹履行涉税刑事、行政、民事“三合一”审判职能，负责审理厦门市各类涉税一审司法案件。2024 年 2 月，根据最高人民法院部署要求，经上海市编办批准，上海市高级人民法院在上海铁路运输法院新设税务审判庭，在上海市第三中级人民法院行政审判庭(赔偿委员会办公室)加挂税务审判庭牌。此后，吉林等地设立了专门的涉税审判合议庭和上诉法院，这也标志着我国税收司法改革步入了“深水区”，在组织机构上提升了涉税争议解决机制的独立性和专业性。在未来，随着一批典型案例和相关司法解释的推出，税收司法领域的改革和法治建设将进入新阶段。

---

① 张文显：《当代西方法哲学》，吉林大学出版社 1987 年版，第 206 页。

在税收守法领域，纳税人的税法遵从意识稳定加强。随着法治国家、法治政府和法治社会的协同推进，人民群众和市场主体的法律意识和权利保护意识也逐渐增强；这包括监督公权力的行使，也包括自身更愿意接受法律约束。一方面，纳税人的税法遵从观念开始从重视义务强制转变为重视权利保障，并以公众参与和民主立法的形式体现到税收法治的进程中，普遍遵从税法规则在社会层面起到了正向的权利启蒙和规则重塑作用。另一方面，全民法治观念的再造与强化过程亦是一个从被动守法逐渐转向主动守法的过程。全民法治观念的形成不是单纯地要求人民群众遵守法律，更是法治意识的革新和观念的再造，要实现全社会主动尊法学法守法用法，进而自觉维护法律的权威。税收事项宏观上涉及国家民主政治建设，中观上关乎经济社会高质量发展，微观上影响市场主体创新创业热情和民众家庭财富创造。一言以蔽之，纳税人权利的法律保障及实际享有，有利于提高征纳双方的权利平等意识和纳税人的主体意识；税收领域全民守法意识的全面提升，又能有效提升全社会的法治意识。

本书也正是在这样一个税收法治的新时代、新场景和新秩序下编写的。在撰写思路上，为了有效回应税法变迁的时代需求，强化税法实务和理论之间的衔接，体现“逆向思维”与“翻转课堂”的特色，根据2023年上海高校本科重点教改项目的要求，①本书坚守“以学生为中心”的理念探寻税法之核心要义，在每章开篇列明了“低阶学习目标”和“高阶学习目标”，以配合具有不同税法基础的研习者开展学习。本书在开篇设计了可从多个视角分析的案例，从而与不同学习目标有所呼应。相关案例未设置参考答案或既定立场，以便读者各抒己见、自由辩论。同时，本书在每章的学习内容后布置了开放式思考题，作为理论联系实际的延伸性探索方向。本书每章末尾列举的拓展阅读索引能够形成学习资料清单，以服务于不同学科背景的读者，帮助读者按图索骥，为其系统化或专题化的税法学习提供一份助力。在本书的写作上，我希望用最简洁的表述和最直观的案例由浅入深地引导读者步入税法的博大殿堂。

于此际，特向本书编写团队致以谢忱。诸作者皆为上海各高校讲授税法之一线教师，矢志以精练之语，调和单一的教学案例与繁复的税法规则、课时短缺与税法实务需求多样之间的矛盾。本书撰写的具体分工如下：

许多奇（法学博士，复旦大学法学院教授）：第一章；

王桦宇（法学博士，上海交通大学法学院副教授）：第二章；

---

① 本书亦是本人主持的2023年上海高校本科重点教改项目（项目编号：SH2023－11）的阶段性成果之一。

李帅（法学博士，华东师范大学法学院副教授）：第三章；

欧阳天健（法学博士，华东政法大学经济法学院副教授）：第四章；

陈阵香（法学博士，上海立信会计金融学院法学院讲师）：第五章；

李娜（法学博士，华东政法大学国际法学院副教授）：第六章；

孙放（法学博士，上海政法学院经济法学院副教授）：第七章。

本书后期又进行了交叉核对，由王桦宇副教授协助校对统稿工作，最后由我完成最终的校对统稿。在本书付梓之际，我要特别感谢法律出版社法治与经济分社沈小英社长、陈妮编辑、张思婕编辑的热忱协助和专业服务。税法领域的知识更新非常快，相关理论见解也是宽广无涯，本书宛如大海中凭风而起的一束小小浪花，我们不揣浅陋、竭力探寻，希望本书能激发读者对现代税法的热情，点燃读者对税收法治的好奇，与我们携手遨游于这个生机勃勃的有趣领域。当然，由于税法领域理论恢宏，立法改革迅速，交叉学科特征明显，实务发展日新月异，本书错漏之处在所难免，还请税法学术共同体的同人见谅并不吝赐教。

2024 年 6 月 30 日

目　　录

第一章　税法基础理论

学习目标

1. 低阶学习目标

(1) 了解税收的概念及税收的必要性

(2) 理解税法的概念、调整对象、理念及原则

(3) 熟悉税法的渊源

(4) 掌握税收法律关系的概念

2. 高阶学习目标

(1) 分析税收与税法之间的关系

(2) 解释税法与其他部门法之间的关系

(3) 阐述税法的思维方式

第一节　税法基本概念和特征

案例研讨

2004 年 12 月，盛丰（香港）有限公司通过拍卖以底价 1.3 亿港元竞买了广州德发房产建设有限公司（以下简称德发公司）房产，德发公司以拍卖价格为计税依据向税务机关申报缴纳了相关税款，并取得完税凭证。2006 年，广州市地方税务局第一稽查局对德发公司实施税务检查，发现德发公司拍卖转让房产的价格不及当时市场价格的一半，价格严重偏低。广州市地方税务局第一稽查局遂在核定德发公司转让房产的计税依据及相应的应纳税额后，于 2009 年 9 月作出税务处理决定，要求德发公司补缴相关税款和相应的滞纳金。

税务行政复议后，德发公司分别向相关法院提起诉讼、上诉及申请再审，裁判结果均维持了广州市地方税务局第一稽查局的税务处理决定。2017 年最高人民法院提审了该案，并于当年 4 月作出判决。该院指出，德发公司于 2004 年 12 月经拍卖转让房

产，核定税款之前的纳税义务（以拍卖价格为计税依据计算的应纳税额）发生在 2005 年 1 月，广州市地方税务局第一稽查局自 2006 年起对纳税人的纳税行为依法进行检查，历时 3 年，于 2009 年 9 月重新核定应纳税额并作出处理决定，依法启动的调查程序期间应当扣除，该项税款的追征期并未超过 3 年的法律规定。纳税人不存在《中华人民共和国税收征收管理法》（以下简称《税收征收管理法》）所称的计算错误等失误或偷税等违法行为，税务机关也无确凿证据证明拍卖过程存在违法事实，广州市地方税务局第一稽查局有权重新核定德发公司应纳税额，核定应补缴税款的纳税义务发生的时间为核定之日。此判决呈现出同一项经济业务存在两个纳税义务发生时间的事实，即对于同一笔财产拍卖业务，2004 年 12 月依据拍卖价格计算财产转让应纳税额的第一次纳税义务发生，2009 年 9 月广州市地方税务局第一稽查局对拍卖的财产转让价格和应纳税额重新核定，应补缴税款的第二次纳税义务（本书暂称争议型纳税义务）发生。

请研讨：

1. 试从该案出发，探讨税收与税法的概念。
2. 试从该案出发，探讨实体法与程序法一致性的体现。
3. 论述税收的刑事、民事和行政案件的区别。
4. 在该案中，为什么纳税人和税务机关对最高人民法院的判决都未预计到？
5. 为什么该案是观察市场经济与税法规制的重要窗口？

一、税收的概念及特性

（一）税收的概念及重要性

一般认为，税收是同国家的出现相联系的；其是一种由政府组织的，为了满足不同的公共支出需要，向个人或其他法律实体强行征收财物或获取其他类型财政收入的行为。从经济学上看，可以对税收作出应然和实然两种角度的表述。从应然的角度进行定义，税收是政府为了提供公共产品，凭借政治权力，依照法律规定而强制无偿取得收入的一种方式；从实然的角度进行定义，税收是政府强制无偿地向个人或团体取得财、物或人力的一种方式。从法学上看，税收是为了给国民提供完备的公共产品和服务，按照法律规定的标准参与国民收入分配而取得财政收入的一种合宪性活动，[①]税法是

① 参见张辉主编：《税法》（第 2 版），高等教育出版社 2022 年版，第 3 页。

国家权力机关及其授权的行政机关制定调整税收法律关系的法律规范。①

现代国家政府的任务极其广泛：不仅必须建立并维持法律秩序，也要供应人民生活上所必需的各种资源及设施，还要致力于促进经济高质量发展，推动国民走向共同富裕。国家为了实施各项任务，必须有庞大的资金来源，以供财政支出的需要。国家可以通过不同来源获取资金，如收取规费、发行公债、经营专卖或国有事业，或接受国民的自愿捐赠等。然而，规费只能向提供行政给付的相对人收取，并以弥补成本为原则，收入有限而不能满足需要；公债主要适用于生产型事业或项目的发展，须还本付息；经营专卖或国有事业，可能由于缺乏激励导致经营绩效不佳；国民的自愿捐赠，偶然性较强而无法产生恒定收入。因此，现代国家都以强制手段将人民经济活动成果的一部分，按照法律规定，无偿转化为国家所有的税收，不仅数额巨大且收入稳定，成为国家最重要的财政收入来源。

（二）税收的特性

政府的财政收入除了税收外，还有公共产权收入、特殊公共服务收入、公共信用收入和公共处罚收入四类非税收入。通说认为，与其他财政收入相比，税收的特点可概括为“三性”，即缴纳上的无偿性、征收上的强制性、征收比例或征收数额上的固定性。其中，无偿性是实质核心，强制性是征收保障，固定性是主要特征。②

1. 无偿性

税收的无偿性，主要是指一旦税款缴纳给政府，对于具体的纳税人来说，这部分资金就转化为政府的财政收入，纳税人不会从政府那里直接获得等额的物质回报或服务。这与国债等财政收入形式不同，后者通常需要政府最终偿还本金并支付一定的利息。税收的无偿性体现了税收作为一种强制性财政手段的特点，即政府依法对居民和企业征收税款，用以支持政府公共服务和社会管理等活动，但具体纳税人无法要求政府给予其直接的、等值的物质报酬。此外，若从财政活动整体来看，税收是对政府提供公共物品和服务成本的补偿，具有回报性的特点；这里也反映出税收所具有的有偿性的一面。

2. 强制性

税收的强制性，是指税收是国家通过法律形式以公权力向纳税人强制征收，并对

① 参见刘剑文：《财税法——原理、案例与材料》（第5版），北京大学出版社2022年版，第191页。

② 近年来，税收学界也开始对传统的税收“三性”进行完善和补充，比如全国高等教育税收统编教材《税收学》将税收的特点调整为整体报偿性、固定性和法治性等。参见《税收学》编写组编：《税收学》，高等教育出版社、中国税务出版社2021年版，第12～13页。

社会产品所进行的再分配。纳税人必须履行依法纳税的义务,否则会受到法律制裁;纳税人之所以会依法纳税,是因为税收具有强制性。税收的强制性源于税收的无偿性。税收的征收与管理基于国家法律和相关政策的规定;这些法律和政策确定了税种、税率、征收对象、征收方式等,纳税人必须依照规定缴纳税款。对于纳税人而言,缴纳税金就是部分经济利益的损失和放弃,需要以法律的形式来强制实施。纳税人若不履行纳税义务,将面临法律制裁,包括缴纳罚款、滞纳金,甚至承担刑事责任等。征税机关履行依法征税的义务,不得随意减免,否则也应承担相应的法律责任。

3. 固定性

税收的固定性,是指课税对象及每一单位课税对象的征收比例或征收数额是相对固定的,而且是以法律形式事先规定的;所以税收只能按预定标准征收,而不能无限度地征收。这些规定的基本内容具有相对稳定性,即在一定时期内持续有效实施且一般不频繁变动。纳税人取得了应纳税的收入或发生了应纳税的行为,就必须按预定标准如数缴纳,而不能改变这个标准。税收的固定性特征,是税收区别于罚款等非税收入的重要特征。前者是以获得财政收入为目的;而后者往往是对违反义务或违法的行为的反映或制裁,能够使税收作为政府的主要财政收入形式具有可靠性和稳定性。税收的固定性提高了税收体系的可预测性和稳定性,有助于纳税人更好地规划自己的财务和经济活动,同时也为政府提供了稳定可靠的财政收入来源。以法律预先设定税收的各项标准,使税收成为政府基本的财政收入形式,确保政府能够有效地筹集必要的公共资源,以满足社会公共服务和公共物品供给的需求。

二、税法的概念和特性

税法是调整国家与纳税人之间的税收关系的法律规范的总称。税法在我国社会主义市场经济条件下是国家法律体系中的一个特殊的分支,在促进我国社会主义市场经济发展的进程中起着独特作用,它是国家依法征税及纳税人依法纳税的行为准则。

(一)税收与税法的关系

税收与税法之间既密不可分,又有明显区别。税收活动必须以税法为依据;任何一种税收都是以一定的法律形式表现出来,并借助法律的约束力实现的。税收与税法之间的关系,是一种经济现象所表现出来的内容和形式的关系。首先,税收作为一种社会经济发展的产物,是税法的实质内容;其次,税法作为特殊的行为规范,是税收的法律形式。因此,税收与税法的任务、目的和作用等方面的内容存在一致性,如税法可以为调控宏观经济提供最具有权威性的规则和效力最高的保证体系,使调节的力度与预期保持一致。①

但税收和税法毕竟是两个不同的概念，其区别在于：一是本质差异。税收强调的是经济关系和社会关系，是经济基础；而税法更强调明确的权利和义务，是经济关系或社会关系的规范化形式，是上层建筑。二是运作方式不同。税收是一种经济活动，属于行为范畴；而税法是一种具有国家强制力的社会规范，属于制度范畴。三是调整对象不同。税收的调整对象是国家在一定范围内集中的部分国民收入和社会财富；税法的调整对象是税收过程中的社会经济关系，如纳税人和税务机关之间的权利义务关系。

（二）税法的特性

第一，税法是典型的领域法，税法学是一种新兴领域法学。② 领域法学是一种新型的法学学科体系、学术体系和话语体系；它以问题为导向，以特定经济社会发展领域的所有法律相关现象为研究对象，融合了经济学、政治学和社会学等多种研究范式。税法学处于新兴交叉领域，与部门法学同构而又互补。税法学融合了部门法学的研究方法、工具和手段在内的全要素，但在方法论上突出了以问题意识为中心的鲜明特征，强调从税收实际出发，关注现实生活中的税收法律问题，并运用多学科的知识和方法进行分析和研究。

假设一家跨国数字服务公司 A，在多个国家提供在线广告服务，但只在注册地缴纳税款，造成其他国家税收流失。面对这一问题，税法学者可能会研究如何通过修改国际税收协定、引入数字服务税等方式，合理分配税收征管权，保证公平税收。这需要综合考虑经济活动发生地原则、市场国原则等多种国际税法原则，同时还要评估不同税收措施对国际贸易、投资流动的影响以及注意避免双重征税等问题。通过这个例子，我们可以看到税法学在解决现实税收法律问题中发挥的作用；它不仅需要对税法规范进行深入分析，还要结合经济、政治、技术等多方面的知识，以确保税收体系的公平性、有效性和适应性。

第二，税法具有公法和私法融合的性质。一方面，税法规制具有课税权的国家与纳税人之间的法律关系，税收稽征程序包含大量的行政程序，税法以保证国家整体收入和实现公共利益为目标，具有明显的公法性质。另一方面，税法与私法存在内在关

---

① 参见张富强：《税法的概念、本质和特征新论》，载李明发主编：《安徽大学法律评论》总第 13 辑，安徽大学出版社 2008 年版。

② 参见中国财税法学研究会：《国家治理与“财税法”课程的定位》，载黄进主编：《中国法学教育研究》2016 年第 4 辑，中国政法大学出版社 2016 年版。

联性。税法经常借用民法等私法概念和规定,以说明据以课税的经济事实或状况。虽然借用的私法概念基于不同法律目的、具体适用场景以及其他考虑事项而有所不同,但都体现了税法的公私法融合特性。例如,增值税的征收就体现了税法的公私法融合特性。在销售商品或提供服务的合同关系中,增值税的征收以合同的存在为基础。税法需要识别合同关系中的销售行为,根据这些行为征收增值税。在这个过程中,税法依赖于私法(民法)的合同概念来界定征收对象。然而,增值税的征收和使用目的是实现国家公共财政的需要,具有公法性质。

第三,税法是实体性规范与程序性规范的统一。一方面,税法规定了纳税人的权利和义务。这些权利和义务是实体性的,但也涉及税收的征收和缴纳等程序性内容,纳税人的实体权利也需要通过税务机关的程序性规范来实现。另一方面,税法规定了税务机关的权力和职责。这些权力和职责是程序性的,但要通过不同实体法中各税种的具体规范来实现。有关纳税程序方面的相关规定,除了体现在《税收征收管理法》中之外,还体现在各税种的具体税收征收程序规范之中。所以税法不是单纯意义上的实体法或程序法,而是实体性法律规范和程序性法律规范的统一。例如,对于个人所得税或企业所得税,税法既明确了纳税人应依法申报的收入项目、允许扣除的费用、税率等(实体性规范),也规定了纳税申报的时间、方式、所需材料等(程序性规范)。这些规定确保了纳税人的权利和义务在税务机关的指导下得以实现,同时也保障了税务机关依法履行职责,实现税收法律规范的正确执行。

国家制定税法,旨在建立一种有序的税收征纳关系:税务机关依法征税,人民自觉纳税。同样,税法本身并不等同于良好的税收秩序;税收秩序能否建立,关键在于国家制定的税法能否成为分配正义的制度保障。税收是国家强制性地从私人手中取得部分财产而不给予具体对价的现象。国家财政应由国民来分担税收负担,而且提供公共物品的目的性也使人们愿意负担公共经费,但这必须以采取公平的负担方式为前提。因此,只有促进公平分配和保障纳税人权利的税法才会得到纳税人的尊重和执行。

第二节　税法的性质与功能

案例研讨

福建鑫隆古典工艺博览城建设有限公司(以下简称鑫隆公司)与本案原告陈某某、案外人林某签订了总价为5500万元的商品房买卖合同,合同约定出卖人鑫隆公司承担逾期交房的违约责任。1 年后,鑫隆公司以商品房买卖合同无法履行为由,向泉州仲裁委员会申请仲裁,主张解除商品房买卖合同,支付违约金。陈某某和林某除收回签订合同时支付的 5500 万元外,还以违约金的名义收取了 3328 万元。本案争议因莆田市纪委收到举报,将该问题移送莆田市地方税务局引发。莆田市地方税务局认为,陈某某、林某等与鑫隆公司的交易名为房屋买卖,实为借贷,陈某某等应就借贷利息所得 3328 万元缴纳营业税和个人所得税。征纳税方就涉案收入的性质、是否属于营业税课征范围等发生争议。最高人民法院在再审中认为,税务机关可以根据实质课税原则独立认定案涉民事法律关系,对案涉民间借贷利息收入应征收营业税、个人所得税等税款。在支持莆田市地方税务局的处理决定的同时,最高人民法院还提出考虑利息所得额时应确定是否属于实际所得,以避免重复计征。

请研讨:

1. 该案中最高人民法院的论述体现了税法和民法对法律关系认定的哪些差异?
2. 试从该案出发,探讨实质课税原则。
3. 纳税人可以从该案例分析中获取什么税收方面的启示?
4. 该案反映出税法有何不同于其他部门法的性质和功能?

一、税收法律关系的性质

税法作为一个专门的法律领域,特质不仅影响税法的制定和发展,也对解释和适用税法具有重要意义。以下是税法与其他法律领域相比较时尤为突出的特质以及其对税法的解释和适用的影响。

(一)税收法律关系的公益性

税法规范的是征税主体和纳税人之间的税收法律关系的总和。税收法律关系的公益性体现在税法为实现国家利益和社会整体利益的同时,平衡征税主体和纳税人之间的权利与义务,确保税收的公平、公正征收。就征税主体而言,其总是期待充分确保财政收入,尽可能让纳税人自愿纳税,以便用最低的稽征成本最大化完成税收任务。而从纳税人的角度来看,其期待尽可能在合法情况下减轻税收负担,最大限度地规划自身的经济生活,保障法律秩序的安定。为平衡两者的利益冲突,税法具有强烈的公共利益色彩,通过相应的税法原则和规则,防止避税和偷逃税行为;同时,重视保护纳税人权利,保护合法合规的节税行为。

税收法律关系的公益性不仅体现为追求税收的公平、公正和效率,还体现为通过税收政策和制度的设计,促进社会公共利益的实现。税法通过平衡征税主体的财政需要和纳税人的合法权益,以及促进社会公平和经济发展,体现了其深刻的公益性质。

（二）税法对纳税人的平等保护性

税收实体法和稽征程序中的纳税义务关系,通过债权债务关系的概念体现了税法的核心原则,即确保税收的公平、公正和效率。在税收实体法上,有关纳税义务关系为税收"债权债务关系",税收债权是国家请求特定纳税义务人为税收给付的公法上的财产请求权,税收债务为"法定债务",税收债权人和税收债务人处于平等地位,其行使权利与履行债务都应符合诚实信用原则。[①] 税法不仅保护税务机关的征税权,也保护纳税人的合法权益。纳税人有权了解税务机关的稽查依据和计算方法,有权对稽查结果提出异议,甚至通过法律途径申诉。在税收程序上,税务机关在进行稽查和追缴税款的过程中,必须遵循法律规定的程序,如通知纳税人、提供查账的合理时间、允许纳税人陈述和申辩等,确保程序的公平、明确及迅速。

（三）税法的复杂性和专业性

税法的复杂性和专业性体现在其对各种经济活动的细致规定、对避税行为的防范措施以及其在实现财政收入、经济政策和社会目的方面的多重任务。为了确保税收负担的公平性,税法必须对防止避税行为作出细密规定。同时由于税法将纳税人的各项经济活动作为征税对象,而经济生活呈现复杂多样性,随着科技的进步与创新,新兴经济活动日新月异,税法的规定也不可避免地日趋复杂。加上税法除了要达到满足国家财政需要的目标之外,还兼具实现经济政策以及其他社会目的的任务,这使税法规定更错综复杂。此外,税法是为了实现充分确保国家和地方的财政收入,并对纳税人按照其经济上的能力进行公平征税的目的的技术性规定,具有专业性特质。

税法的复杂性和专业性是为了适应经济生活的多样性和不断变化,以及实现税收的公平性、财政收入的充分性和经济社会目标的多样性。税法的设计和实施要求其须具备高度的技术性和专业性,同时也需要不断地更新和调整,以适应新的经济活动和社会发展的需要。

二、税法的功能

税法作为国家法律体系中的重要组成部分,通过规范征税主体和纳税人之间的法律关系,发挥着多重功能。在税法学上,一般认为税法具有财政收入、调节市场、调节社会财富再分配三项主要功能。

---

① 参见陈清秀:《税法总论》,法律出版社 2019 年版,第 10 页。

(一)财政收入的功能

财政收入的功能是指税法能够将一部分社会财富从纳税人手中转移到国家,形成国家的财政收入,以满足纳税人权利保护和国家执行社会公共事务的需要。获取财政收入是税收不可或缺的功能,“财政收入功能是租税的本质要件,凡税皆须有收入功能,否则便是对租税形式的滥用”①。“税收必须以财政收入为主要功能或至少是附随功能,不以财政收入为目的的税,不是真正的税,而只是借用税之形式的管制工具。”②而税法在立法目的的引导下,基于法律内在的结构,通过自身的活动调节税收法律关系,对社会产生一定的客观后果。国家作为社会公共事务的执行者,必须依托一定的组织和人员,这便引起对活动经费的持续需要,税法是保障财政收入最及时、稳定、可靠的依据。

税法虽然强调税收财政收入的功能,但同时也认可纳税人的合法税收筹划权利。例如,企业可以选择在不同国家设立研发中心,利用不同国家对研发支出的税收优惠政策,以合法方式减轻税负;或者个人通过投资养老保险产品,既能够实现个人养老规划,又能够享受相应的税收减免。这些合法的税收筹划行为,是在税法允许的范围内进行的,不仅体现了纳税人自身经济活动的自主权,也体现了税法对纳税人权益的保护。

(二)调节市场的功能

税法能够引导经济活动和社会生活,使其朝共同富裕和美好生活的方向发展。税收的调节功能源于国家贯彻社会经济政策的需要,特别是矫正税既有弥补负外部性行为损坏的作用,也有“寓禁于征”的社会政策目标,具有规制性质,非常适合针对某些市场行为进行调节。对负外部性行为征税的理论源于经济学家阿瑟·赛西尔·庇古(Arthur Cecil Pigou)的著作《福利经济学》。庇古税(Pigovian Tax)属于直接环境税,政府为出售排放污染的权利提供某种价格,并将剩余的事情交给市场。“污染者付费”原则不仅能够减少污染,而且可以让污染者在如何最有效地减少排放方面具有灵活的选择权。而为庇古式传统税收理论作出的现代辩护,则来自经济学家格雷格·曼昆(N. Gregory Mankiw)。曼昆认为,庇古税受到欢迎的原因有二:一方面,它是对补救市场失灵入侵性最低的方法。相比于直接的政府干预(如规定排放限额或禁止某些活动),通过庇古税这种经济激励措施来矫正市场失灵是入侵性最低的,既可以恢复资源的有效分配,又不需要政府直接干预市场主体的具体决策。另一方面,通过征收庇古税,政府

---

① 葛克昌:《税法基本问题:财政宪法篇》,北京大学出版社2004年版,第79页。

② 刘剑文、熊伟:《税法基础理论》,北京大学出版社2004年版,第5页。

不仅可以纠正负外部性行为,还可以增加财政收入。这一点对于需要资金来提供公共服务和基础设施的政府而言,具有重要意义。征收庇古税可在增加政府收入的同时,减少诸如所得税等其他违反税收中性原则的税收给所得者造成的切肤之痛。① 有学者将该理论延伸到系统性金融风险的税收规制,也有其内在的合理性。②

(三)调节社会财富再分配的功能

税法调节社会财富再分配的功能,是指税法在调节社会财富分配中独特的均衡社会财富分配、缩小贫富差距的功能。党的十八大报告进一步划分了初次分配和再分配两个领域,突出了更大范围的税收制度(相比以前提及的个人所得税制度)在再分配领域的重要性。从税法学理论来看,税法在再分配领域的功能问题得到凸显。2022 年党的二十大报告提出要“构建初次分配、再分配、第三次分配协调配套的制度体系”。可见,调节社会财富再分配的功能是现代社会中税法颇为倚重的功能。

从税法作为调节收入分配关系的重要工具这个角度来看,可以根据调节力度、调节方向和调节方式等因素构成的复合标准,将税法划分为强制性和诱致性两个维度。相应地,税法收入分配功能可划分为强制性分配功能与诱致性分配功能两个部分。换言之,税法收入分配功能呈现出鲜明的二元结构。前述对共同富裕的相关阐述,正好对应强制性分配功能与诱致性分配功能。例如,累进所得税制是税法的强制性分配功能的一个典型例子。在这种税制下,随着个人收入的增加,适用的税率也相应增高。这意味着高收入者需要缴纳更多的税款,而低收入者则可能享受更低的税率甚至免税。这种制度直接调整了初次分配后的收入差距,使高收入群体为社会公共服务和福利制度的建设贡献得更多,有助于缩小社会贫富差距,实现更公平的财富再分配。而关于通过税法提供的优惠政策鼓励高收入者和企业积极开展捐赠、参与社会公益慈善事业的问题,则主要对应税法的诱致性分配功能。③ 例如,对于向教育、扶贫、灾害救助等公益事业作出捐赠的个人或企业,税法可能规定允许其在计算应纳税所得额时扣除捐赠金额。这种政策既激励了高收入者和企业主动参与社会公益活动,通过自愿捐赠帮助社会弱势群体,又通过非强制手段促进了社会财富的再分配,有利于构建和谐社会。

---

① See N. Gregory Mankiw, *Smart Taxes: An Open Invitation to Join the Pigou Club*, Eastern Economic Journal, Vol. 35, p. 16(2009).

② 参见许多奇:《论系统性金融风险的监管失灵与税法规制》,载《政法论丛》2023 年第 6 期。

③ 参见何锦前:《共同富裕视域下税法收入分配功能的结构解析》,载《北京社会科学》2023 年第 11 期。

第三节　税法的地位和体系

案例研讨

中国贵州茅台酒厂(集团)有限责任公司(以下简称茅台集团)旗下的20多家公司跨区域经营的行为被质疑涉嫌逃税。据贵州省六盘水市中级人民法院披露,经审理查明:1999年至2022年,被告人高某某利用职务便利,为有关个人和单位在经营公司、承揽工程项目、获得土地开发权、购买茅台酒等事项上提供帮助,直接或者通过相关人员非法收受财物共计折合人民币1.1亿余元,其中4656万余元未实际取得。

2024年2月2日,贵州省六盘水市中级人民法院一审公开宣判高某某受贿一案,对被告人高某某以受贿罪判处无期徒刑,剥夺政治权利终身,并处没收个人全部财产;对高某某受贿所得及其孳息依法予以追缴,上缴国库。

据报道,茅台集团有个“税收政策研究室”,其对于重大事项,事前将充分考虑税收因素,事中将借助指标模型化解税务风险,事后将通过自查及时完善相关税务管理制度。贵州茅台酒股份有限公司缴纳的税种涉及增值税、消费税、城市维护建设税、企业所得税、教育费附加等。其中从其税费结构来看,消费税所占比例超过了50%。可见,该公司在作出重大税收贡献的同时,也非常重视税收筹划。

2021年8月18日,贵州茅台酒股份有限公司发布公告,贵阳市税务局于2021年8月17日向该公司发出了税收审核通知书,对该公司2018~2020年度的税收进行重点审核。

请研讨:

1. 从该案看,税法和其他部门法之间的关系如何?
2. 如何判断企业税收筹划行为的合法性?
3. 试从该案出发,分析税法的地位和体系。

税法的地位和体系是理解一个国家的法律体系中税法的作用和功能的关键概念。这两个概念帮助我们理解税法如何与其他法律领域相互作用,以及税法自身是如何组织和结构化的。

一、税法的地位

税法的地位在整个法律体系中是独特且重要的。税法规定了国家与个人、企业之间关于税收的权利与义务,是国家实现财政政策、调控经济、促进社会公正的重要工具。理解税法的地位,需考虑其在法律体系中的位置以及其与其他法律领域的关系。

(一)税法在整个法律体系中具有综合性①

税法在我国现行法律体系中是一个特殊的领域:它并非按传统的调整对象标准划分出的单独部门法,而是一个综合领域。因而,税法的调整对象也具有综合性。税法独特的调整对象决定了税法在整个法律体系中的独特地位。

税法是国家行使财政权力、实施公共政策的主要手段之一。税法规定了各税种的征收原则、税率、免税项目等,不仅能够为国家提供财政收入,还能够通过税收的调整影响经济和社会的发展方向。例如,通过设定环保税促进环境保护,通过设定累进所得税调节收入分配。因此,税法是公法的一个分支,承担着调节经济、实现社会公正等多重功能。

(二)税法与其他部门法的关系

税法作为调整国家与纳税人之间权利和义务的法律体系,影响范围广泛,几乎涵盖了社会的各个方面。这种广泛的涉及性使税法与大多数法律部门都具有密切的关系。

1. 税法与宪法的关系

由于宪法是根本法,是制定法律的依据,所以宪法中有关税权分配、公民纳税义务等方面的规定,是制定税法的重要基础。正因为如此,税法的内容不得与宪法相抵触,税法的执行也不得违反宪法。此外,宪法还可能直接或间接规定关于税收的一些基本制度,税法必须在宪法规定的制度框架内运作。这意味着任何涉及税的法律变动都必须符合宪法的规定。

2. 税法与行政法的关系

税法与行政法的关系非常密切。税收征管、税收行政复议、税收行政诉讼和税务行政赔偿的基本原理与基本制度和一般行政法并无二致。同时,税收征管、税收行政复议、税收行政诉讼和税务行政赔偿中出现的特殊问题,甚至可能推动一般行政法的发展。在税收征纳过程中,税务机关执行的诸多行政程序(如税务稽查、行政复议等)都需遵守行政程序法的规定。例如,《中华人民共和国行政复议法》(以下简称《行政复

① 参见刘剑文:《财税法——原理、案例与材料》(第5版),北京大学出版社2022年版,第196页。

议法》)规定了纳税人对税务机关作出的决定不满意时可以申请行政复议的程序。

3. 税法与经济法的关系

税法除了受国家规制和调节的影响外,也与经济法存在密切的联系。从领域法的视角看,税法是一种整体性治理之法,涉及中央与地方税收利益的分配关系、国家之间税收利益的分配关系等,属于利益协调之法,具有自身特有的品质。在实际法律实践中,税法与经济法需要协调一致,以避免法律规定之间的冲突和重叠,确保经济政策的连贯性和有效性。例如,税收优惠政策需要与经济法中关于促进特定行业发展的规定相衔接。税法和经济法在调整经济关系和维护经济秩序方面相互补充。税法通过调整税收政策影响经济活动,而经济法则通过设定市场规则来规范经济主体的行为。

4. 税法与民商法的关系

税法与民商法的关系密切,在税法私法化趋势的影响下,税收债务关系说逐渐得到普遍认同。税法,尤其是税收实体法律制度,借鉴了民法债法的具体制度且具有必要性。这不仅体现在税收债务关系的构建上,也体现在税法对民商法中关于合同、赠与等行为的税收处理上。通过借鉴民法的具体制度,税法能更有效地调整复杂多变的经济关系。民商法提供了税法调整所需的基础性私法秩序;而税法则在此基础上,根据国家的财政需要和经济政策目标,对民商法关系中的经济活动进行进一步的财政调节。

5. 税法与社会法的关系

税法与社会法的关系密切,尤其是个人所得税法、遗产税法、赠与税法和社会保障税法都具有促进社会公平正义的功能。尽管税法与社会法在法律体系中的定位和功能有所不同,税法更侧重于财政收入的筹集和经济活动的调节,而社会法更注重直接的社会保护和权利保障,但二者在促进社会公平正义方面有共同的目标和互补的作用。税法的设计和实施在很大程度上反映了一个国家的社会政策取向,通过税法的社会性,可以有效地实现社会政策目标,促进社会公平正义。因此,税法在现代法律体系中既是财政工具,也是实现社会政策目标的重要手段。

6. 税法与刑法的关系

税法与刑法是在法律体系中具有明显不同的定位和功能的领域,但它们之间存在密切关联,尤其是在维护税收征管秩序和打击税收违法犯罪活动方面。税法和刑法在处理违法行为时所依据的法律和处罚措施有所不同。税法中的违法行为通常涉及行政处罚,如罚款以及其他行政处罚等,旨在直接纠正税收违法行为,保障税收征收的正常进行;而刑法针对的是更严重的税务违法犯罪行为,处罚包括罚金、监禁等刑事处罚，目的是惩治和预防犯罪。涉税犯罪是刑法调整的犯罪种类之一，对涉税犯罪的制裁也是保障国家税收债权实现的主要方式。税法和刑法都是影响国民财产权利的公法，同属“侵权性规范”，严重违反税法的行为构成犯罪，因而，税法和刑法中均有关于涉税犯罪的内容。

7. 税法与诉讼法的关系

税法主体的实体权利，需要通过诉讼法加以保障。当纳税人对税务机关作出的决定（如征税决定、税务处罚等）不满时，可以依据行政诉讼法提起行政诉讼。在涉及税收代位权诉讼和税收撤销权诉讼等案件中，当税务问题涉及民事权利和义务（如合同争议中的税务问题）时，可能需要通过民事诉讼法来解决。这些诉讼通常关注纳税人与第三方之间的民事权利和义务，而税务争议是这些民事关系的一部分。涉及税收犯罪行为的，还须经税收刑事诉讼程序。在这种情况下，刑事诉讼程序不仅是追究犯罪嫌疑人法律责任的途径，也是保障税法实施和防范税收违法行为的重要手段。在涉众的新型税务案件如环境保护税相关的公益诉讼中，某些国家可能允许通过税务公益诉讼来解决，旨在保护公共利益和社会整体利益。此外，某些国家设立了专门的税务法院（庭）以及税务诉讼制度，以处理纳税人与税务机关之间的争议；这些独立的税务诉讼程序专门针对税收案件，显示了税法与诉讼法的紧密结合。

8. 税法与国际法的关系

在将税法分为国内税法和国际税法的情况下，国际税法是国际法的重要组成部分。在仅把税法理解为国内税法的情况下，税法和国际法也具有密切联系。避免双重征税协定（double taxation agreement，DTA）是国家间为解决同一收入在两个不同国家被重复征税的问题而签订的国际条约。例如，中国和很多国家签订了避免双重征税协定，以确保在一个国家已经缴纳税款的个人或公司，在另一个国家可以享受相应的税收减免，从而避免重复征税。这些协定的实施需要国内税法作出相应的调整和配合。又如，国际税收信息交换协议允许不同国家的税务机关共享跨国公司和个人的财务信息，以打击避税和洗钱等违法行为，如经济合作与发展组织（Organization for Economic Co-operation and Development，OECD）推出的用于境外金融信息交换的共同申报准则（Common Reporting Standard，CRS）就是一个典型的国际税法实践，该标准成为全球打击跨境逃税的重要法律工具。

二、税法的体系与分类

税法的体系是一个国家的税收法律规范有机联系而构成的统一整体，它是分析和评估一个国家税收政策和实践的重要框架。我国自 1994 年开始进行市场化税制改革以来,基本形成了以流转税、所得税为主体的税法体系。按照对税收法律规范进行分类的标准,一个国家的税法体系可以有多种构成方式;其中的税种分类以及税制模式选择等,会影响一国税法体系的形成,是分析税法体系的重要维度。但是,组成税法体系的全部税收法律规范是基本不变的。

按照税收立法权限或法律效力层次的不同,可以将税法分为有关税收的宪法性规范、税收法律、税收行政法规和规章、地方性税收法规和国际税收协定等。有关税收的宪法性规范是指在国家宪法中关于税收的基本原则和规定。它们构成了税法体系的基础,确定了税收立法和征收的基本框架,如税收立法的权限分配、基本税种的设立原则等。许多国家的宪法中会明确规定立法机关对税收的立法权限,以及保障纳税人基本权利的宪法性原则。税收法律是指国家立法机关根据宪法性规范制定的关于税收的具体法律,包括各种税种的征税对象、税率、减免政策等具体规定。如《中华人民共和国个人所得税法》(以下简称《个人所得税法》)、《中华人民共和国增值税法》(以下简称《增值税法》)等,这些法律直接规定了相应税种的具体内容和征收办法。税收行政法规和规章是指由政府或税务部门根据税收法律制定的具体执行规则和管理办法。这些法规和规章用于指导和规范税务机关及纳税人的具体行为,确保税收法律的有效实施,包括纳税申报的具体程序、税务登记的要求、税收征收管理办法等。

地方性税收法规是指地方立法机关根据国家授权和地方实际情况制定的税收法律规范。这些法规针对地方特有的税种或税收管理需要,用以满足地方经济发展的特定需求。例如,某些国家或地区可能会有特定的地方税种,如房产税、车船税等,其征收标准和管理方式由地方政府制定。国际税收协定是指不同国家间就税收事项达成的双边或多边协定,旨在解决跨国经济活动中的双重征税问题,促进国际贸易和投资。如避免双重征税协定,通过在两国间确定税收权利和义务,确保跨国经济活动不会被重复征税。

按照税法调整对象即税收关系内容的不同,可以将税法划分为税收实体法、税收程序法和税收权限法。税收实体法主要规定税收关系中征纳双方的基本权利义务,包括税种的设立、税率的确定、纳税对象和税基的界定等。它直接关系税款的产生、计算和缴纳。我国现行税收实体法体系共有 18 个税种,分别由各级税务机关和海关负责征收。

税收程序法着重于税收管理的过程,调整税务机关与纳税人在税收征管过程中的行为模式和程序关系,包括纳税申报、税款缴纳、税务检查、行政复议和行政诉讼等程序。《税收征收管理法》是我国税收程序法的代表,它规定了税务机关的职责,纳税人的权利和义务，以及双方在税收征管过程中应遵循的具体程序。

税收权限法主要涉及税收立法的权限分配和责权关系，包括各级政府在税收立法和征收过程中的职责和权限。它是维护税收法律秩序、确保税收政策制定和执行符合法律规定的基础。税收权限法体现在宪法或特定的税收立法授权法中，如规定中央政府和地方政府分别有权征收哪些税种，以及它们在税收分配、管理和使用方面的责权划分。

根据税法是否具有涉外因素，可以将税法划分为涉外税法和国内税法。涉外税法是指在税法规定和征税实践中涉及外国元素的部分，主要包括对非本国国籍纳税人或虽然具有本国国籍但其应税行为发生在国外的纳税人进行征税的规定。涉外税法的主要目的是调整国际税收关系，处理跨国经济活动中的税收问题，如国际双重征税、避税等。国际税收协定和条约是涉外税法的典型代表，这些协定旨在解决不同国家税制之间的冲突，避免同一收入在两个（或以上）国家被重复征税，促进国际贸易和投资，如避免双重征税协定以及根据经济合作与发展组织模型制定的税收情报交换协议。

国内税法是指纳税人具有本国国籍且应税行为发生在本国领域内，不涉及国际或国外元素的税法规定。这类税法主要调整国内纳税人的税收关系，确保国家财政收入和实现国内经济社会政策目标。如《个人所得税法》、《中华人民共和国企业所得税法》（以下简称《企业所得税法》）等，这些法律针对在我国产生收入的个人和企业征税，调整的是国内经济活动中的税收关系。

第四节　税法基本原则

案例研讨

2018 年，女演员范某某被曝出涉嫌使用所谓的“阴阳合同”（交易双方签订金额不同的两份合同，其中金额较低的合同用以报税，金额较高的合同用以实际结算收入）来逃避税款。从调查核实情况看，范某某在某电影剧组拍摄过程中实际取得片酬3000 万元，其中 1000 万元已经申报纳税，其余 2000 万元以拆分合同方式少缴个人所得税 618 万元，少缴营业税及附加 112 万元，合计 730 万元。此外，国家税务总局还查出范某某及其担任法定代表人的企业少缴税款 2.48 亿元，其中偷逃税款 1.34 亿元，最终被罚款人民币 8.83 亿元。

依据《中华人民共和国刑法》（以下简称《刑法》）第 201 条的规定，由于范某某属于首次被税务机关按偷税予以行政处罚且此前未因逃避缴纳税款受过刑事处罚，上述被定性的偷逃的税款、滞纳金在税务机关下达追缴通知后在规定期限内缴纳，依法不予追究刑事责任。超过规定期限不缴纳税款和滞纳金，税务机关将依法移送公安机关处理。

财政部、国家税务总局随后联合发布公告，对全国影视行业进行全面排查。国家税务总局已责成江苏省税务局对原无锡市地方税务局、原无锡市地方税务局第六分局等主管税务机关的有关负责人和相关责任人员依法依规进行问责。同时，国家税务总局已部署开展规范影视行业税收秩序工作。对在 2018 年 12 月 31 日前自查自纠并到主管税务机关补缴税款的影视企业及相关从业人员，免予行政处罚，不予罚款；对个别拒不纠正的依法严肃处理；对出现严重偷逃税行为且未依法履职的地区税务机关负责人及相关人员，将根据不同情形依法依规严肃问责或追究法律责任。

请研讨：

1. 试通过该案分析税收法定原则的内涵。
2. 试通过该案剖析量能平等负担原则。
3. 该案如何体现稽征效率原则？

税法基本原则，是指一国调整税收法律关系的基本规律的抽象与概括，是贯穿税法的立法、执法和守法全过程的具有普遍性指导意义的法律准则。[①] 税法基本原则有税收法定原则、量能平等负担原则和稽征效率原则。

一、税收法定原则

税收法定又称“税收法律主义”，是税法的“帝王原则”，即最重要的基本原则。其是民主和法治原则等现代宪法原则在税法上的体现，对保障人权、维护国家利益和社会公益举足轻重。税收法定原则要求一国的税种、税率、征税对象、免税项目等关键税收要素必须通过立法程序明确规定，不得仅凭政府或税务机关的行政命令设立或调整税收。这一原则的核心是“无法律则无税”，确保税收征收有法可依，保障纳税人的法律确定性和预见性。

税收法定原则有深厚的历史积淀，与现代法治国家的产生和发展过程密切相连。只要是倡导和实行法治的国家，无不普遍遵循税收法定原则，许多国家的宪法中都有

① 参见张源：《从调节居民收入分配角度论个人所得税税制改革》，载《财会月刊》2010 年第 5 期。

关于税收法定原则的条文。例如,德国《基本法》、美国《宪法》和法国《宪法》等都有关于税收法定的明确规定。也有一些国家没有直接从征税权归属的角度规定税收法定原则,而是使其以公民义务的形式在宪法中加以体现,明确公民仅负有法定的纳税义务,不承担法律规定以外的纳税义务,从而将公民纳税义务与税收法定原则结合起来。《中华人民共和国宪法》(以下简称《宪法》)第56条规定,"中华人民共和国公民有依照法律纳税的义务"。我国中央和地方都有征收税款的权力,但是具体的税种和税率需要由全国人民代表大会或者其常务委员会决定。

税收法定原则的基本内涵可从征税主体的征税权和纳税主体的纳税义务两个方面予以规范,并尤其强调征税权的行使必须限定在法律规定的范围内,确定征纳双方的权利义务必须以法律规定为依据,任何主体行使权利和履行义务均不得超过法律的规定,从而使当代通行的税收法定原则具有宪法原则的位阶。税收法定原则的内容,一般由以下三项具体原则组成:

1. 税收要素法定原则。税收要素法定原则要求纳税人、征税对象、计税依据、税率、税收优惠等税收要素必须且只能由立法机关在法律中加以规定,即只能由狭义上的法律来规定税收的构成要件,并以此确定纳税主体纳税义务的有无和大小。该原则还强调,只有立法机关具有规定税收要素的权力,这保证了税法的正当性和权威性。行政机关和其他机构不得擅自规定或修改税收要素,以确保税收制度的稳定性和预见性。换句话说,立法机关根据税法的授权而保留专属于自己的立法权力;除非其愿意就一些具体的问题授权行政机关立法,否则行政机关不得与其分享立法权力。行政机关也不得在行政法规中对税收要素作出规定。

2. 税收要素明确原则。根据税收法定原则,所有的税收要素和征税程序不仅需要法律规定,而且需要规定得尽可能明确,以避免法律条文的模糊性带来的解释与执行上的歧义。明确的法律规定减少了行政机关的自由裁量权,防止了权力的滥用。同时,确保税收法律规定具有足够的明确性,有助于维护税收制度的公平和正义,减少法律漏洞,避免给纳税人带来不确定性和不公正的税收负担。

3. 征税合法性原则。征税合法性原则要求征税机关在征收税款时必须严格遵守法律规定,征税机关无权变更法定的税收要素和征收程序。这一原则确保了税收的合法性,保障了纳税人的合法权益。依据这一原则,征税机关在开征、停征、减免、退补税款时必须有明确的法律依据;这样既保证了税收政策的透明性和公正性,也加强了税收制度的法治化。

二、量能平等负担原则

量能平等负担,是指税收必须按照纳税人的负担能力平等征收,其经历了从税收思想到税法基本原则的历史演变。量能平等负担原则直接体现了税法中的公平、人权保障等价值观念，因而具有拘束税收立法的功能。如果税收法定原则是拘束税收立法的形式性原则，量能平等负担原则则是拘束税收立法的实质性原则。①

税收公平是税法设计和税收政策制定的核心原则之一，旨在确保税制的公正性和合理性。尽管公平的概念可能因个人观点而异，但税收领域中的公平性主要通过横向公平和纵向公平这两个维度来衡量和实现。横向公平强调在相同或相似经济条件下的个人或实体应承担相等的税收负担。这一原则基于"相等待遇"的理念，即在财务状况相似的情况下，纳税人应支付相同数量的税款。实现横向公平的难点在于如何界定"境遇相同"。不同的财务状况、收入来源、家庭责任等都可能影响个体的经济境遇，使公平性判断变得复杂。纵向公平要求考虑纳税人之间经济条件的差异，从而对不同境遇的人征收不同程度的税收。这通常通过累进税率实现，即收入较高的个人或实体需要承担更高比例的税负。实现纵向公平的挑战在于确定合理的累进性水平和恰当地衡量经济能力。定义何种收入水平应当承担更高税负，以及如何平衡税收公平性与经济效率，都是政策制定中需要考虑的问题。因此，对于如何定义和计量所谓的境遇，有不同的解释。② 税收公平的实现有两个理论支持：一是量益原则，二是量能原则。

（一）量益原则

量益原则，也称受益原则，该原则要求纳税人根据其从政府提供的公共服务中所获得的利益来缴纳相应的税收。政府提供的公共服务在范围上是有差别的，特殊人群享受到的公共服务，如机场的基础设施和航空服务主要是为搭乘飞机的人提供的，其成本就只能由那些获益的特殊群体来负担；从政府公共服务中获得相同利益的人，应该缴纳相同的税收；从政府公共服务中获得不同利益的人，应该缴纳不同的税收。

量益原则的特点是将纳税人缴纳的税收与政府的公共支出相联系；它不仅提供了合理分担税收负担的方法，而且有助于确定合理的政府规模，在理论上较理想。在实践中运用此项原则时，要根据政府提供的公共服务的范围来确定相应的受益群体，从而使公共服务的支出受益者与成本承担者建立逻辑上的对应关系，这是保证财税制度公正合理的基本前提。如果一项应该由某项特定群体承担的公共支出项目由政府免费提供，那么就意味着其他未受益的群体将为其埋单，这违反了最基本的公平原则。

（二）量能原则

与量益原则不同的是量能原则，其也被称为支付能力原则。量能原则认为税收的

---

① 参见许多奇：《论税法量能平等负担原则》，载《中国法学》2013 年第 5 期。

② 参见朱为群主编：《中国税制》（第 2 版），高等教育出版社 2020 年版，第 20 页。

征纳不应以形式上实现依法征税、满足财政需要为目的，而应以实质上实现税收负担在全体纳税人之间的公平分配为目标，使所有的纳税人按照其实质纳税能力负担起应缴纳的税收额度。量能原则被广泛接受和应用，是因为它更好地体现了对纳税人经济境遇差异的考虑，有助于通过税收实现财富再分配，促进社会公平。该原则还被税法学界和税收立法者引进税法的观念中，并发展成税法上的量能平等负担原则。

量能原则与量益原则的根本分歧在于对税收本质的不同认识。量益原则把税收公平的基点定位在纳税人从公共产品中享受的利益多少之上，是与其将缴纳的税收看成享用公共服务的对价分不开的。它从表面上看似乎公平，享受的利益与缴纳的税收成比例，却存在实质上的不公平。按照该规则，那些在心智和身体上存在缺陷而最需要政府保护的人，应当缴纳最大份额的对价，这显然与分配正义相悖。分配的正义在于纠正不平等和不公正，而非承认和加剧分配中的不公。

量能平等负担原则提供了我国税法变革的方向。税法变革的方向问题即税法应该是征税者之法还是纳税人之法。所谓征税者之法，就是保障征税者权力之法，保障国家财政收入之法。所谓纳税人之法，就是保障纳税人权利之法，保障纳税人生存权、财产权等基本人权之法。近年来，学界对于税法乃是纳税人之法的呼吁和论证日渐高涨。要使税法成为纳税人之法，必须依赖于宪法的规范和引导。量能平等负担原则不仅直接体现宪法中的公平、人权保障等价值理念，而且相对于税法中现有的公平原则来说，显得更具体和丰富，也更具有税法特性。因此，量能平等负担原则应成为指引当代中国税法变革方向的实质原则。①

总之，量能平等负担原则能“成为租税立法之指导理念、税法解释之准则、税法漏洞之补充、行政裁量之界限”，②具有税法基本原则所要求的普适性特征。

三、稽征效率原则

稽征效率原则是税收征管过程中的一个重要原则。它强调在确保税收征收任务完成的同时，应通过提高征税效率和简化征税程序来降低征税成本和减轻纳税人的负担。这一原则的核心目标是提升税收征管的整体效率，既优化税务机关的内部运作，也减少纳税人在税收申报和缴纳过程中的时间和经济成本。

税收征管的成本包括两个方面：(1)税务机关的运作成本，即税务行政管理、人员、信息技术系统开发维护等方面的成本。(2)纳税人的依从成本，即纳税人填写纳税申

① 参见许多奇：《论税法量能平等负担原则》，载《中国法学》2013年第5期。

② 葛克昌：《税法基本问题：财政宪法篇》，北京大学出版社2004年版，第117页。

报表、保存账单记录、获取税务咨询等与税收申报和缴纳相关的成本。稽征效率原则的应用可以借助以下措施实现：一是简化税制和税率结构，降低计算和申报的复杂性。二是提高税务管理信息化水平，运用自动化和电子化的手段简化流程。三是加大税法执行力度，减少逃税和避税行为。四是优化税务人员的配置和提高专业化水平，通过提升工作效率降低行政成本。五是提供高质量的纳税服务，帮助纳税人了解税收政策，降低依从成本。在实施税收政策时，考虑稽征效率原则有助于税务机关高效合理地组织税收征管工作，减少资源浪费，并且可以通过减少纳税人的负担，促进经济发展。

综上所述，稽征效率原则的有效实施，不仅有助于税务机关以更低的成本完成征税任务，也有助于降低纳税人的经济和时间成本，从而提高整个社会的经济效率和促进经济发展。

第五节　税收法律关系

案例研讨

1. 在华润深国交公司1997年年度企业所得税审计中，审计机关发现此公司在报送的会计报表中，遗漏了约1.18亿元的销售额款额，造成财政税收损失近亿元。此案为我国税务审计执法史上追缴税款和滞纳金金额较大的案件。

2. 褚某某成立的褚橙（北京）农业科技有限公司，因涉及税收问题被查，随后褚某某因病去世。按照我国税法的要求，如果公司的法定代表人逝世，需要及时更换新的法定代表人，否则将面临罚款。这也引起了社会对企业税收法律关系的关注。

3. 民生银行税务争议案：2008年至2010年，中国民生银行北京分行销售了一种名为“定期定额投资理财产品”的投资产品，其收益被税务部门确定为利息收入，应缴纳利息所得税。民生银行不服，将此事上诉到北京市第一中级人民法院，但最终该院判决支持税务部门的决定。

以上均是在我国税收法律环境下发生的具有代表性的案例，它们凸显了我国税收法律关系的核心问题和对税收法律的重视程度。

请研讨：

1. 试通过上述案例分析税收法律关系的内涵。

2. 试根据上述案例，分析税收法律关系的主体、客体和内容。

3. 试选择上述案例之一，分析税收法律关系的产生、变更和消灭。

一、税收法律关系的概念及性质

税收法律关系是指由税法确认和调整的，在税收活动中的各种税收法律关系主体之间形成的具有权利和义务内容的社会关系。税收法律关系的一方主体始终是国家，税收法律关系的产生以纳税人发生了税法规定的行为或事实为依据。

税收法律关系是与税法紧密相关的。对于税收法律关系的性质，曾长期存在权力关系说与债务关系说的争论，该争论对税法理论的发展产生了深远影响。

权力关系说主张税收法律关系是国民对国家的一种权力服从关系，以课税处分为中心，国家是权力意志的主体，纳税义务需经过“查定处分”这一行政行为才能创设。

债务关系说则主张税收法律关系是国家请求纳税人履行公法上的税收债务的债务关系，纳税义务只需满足税法规定的课税要素即可成立，而并非依行政机关的课税处分创设。

两种观点的区别在于：权力关系说更侧重于税收的征收权力和命令—服从关系；债务关系说更侧重于纳税人对国家负有的公法上的税收债务关系，强调纳税人权利保护。

二、税收法律关系的构成

（一）税收法律关系的主体

税收法律关系的主体包括征收主体和纳税主体，即税收法律关系中享有权利和承担义务的当事人，包括征纳双方。征收主体指的是拥有税收征收权力和履行税收法律义务的官方机构，主要包括各级税务机关和海关。这些机构负责税收的征收、管理和相关税收法律法规的执行。纳税主体则是指负有纳税义务、享有与税收相关的权益的个体或组织，包括法人和自然人，在华的外国企业和其他组织、外籍人、无国籍人，以及虽然在华没有机构、场所但有来自中国境内所得的外国企业或组织。

（二）税收法律关系的客体

税收法律关系的客体是指在税收法律关系中，征收主体和纳税主体的权利与义务所共同针对的具体对象，包括税收征纳活动中的物、行为、权利或权益。

物和行为是税收法律关系最直接的客体：物可以是有形财产或者无形财产，如房产、车辆、收入等;行为则指的是纳税人的经济活动,如销售商品、提供服务、获得收入等。税种的设立往往是针对特定的物或行为,如增值税针对商品销售和服务提供的增值部分,所得税则针对个人或企业的收入。

税收法律关系的客体还包括由此产生的权利或权益,通常指的是税法中规定可以征税的具体权利或者经济利益。这些权利或利益为征税活动的直接对象,包括产权、经营权、知识产权、金融资产产生的权益等。

(三)税收法律关系的内容

税收法律关系的内容是指税收法律关系主体所享有的权利和所承担的义务,是税收法律关系中最实质的规定,是税法的灵魂。纳税人的权利主要有多缴税款申请退还权、延期纳税权、依法申请减税免税权、申请复议和提起诉讼权等,其义务是按税法的规定办理税务登记、进行纳税申报、接受税务检查、依法缴纳税款等。税收法律关系的内容具有复杂性:它覆盖了税收征纳过程中的各项具体操作,也体现了税法旨在确保国家财政收入的稳定增长同时保护纳税人合法权益的立法原旨。

三、税收法律关系的产生、变更与消灭

税收法律关系的产生、变更与消灭是税收法律运行的基本过程,涉及纳税人、扣缴义务人与税务机关之间的权利义务关系的形成、变化和终止。税收法律事实分为税收法律事件和税收法律行为。

《宪法》第56条规定:"中华人民共和国公民有依照法律纳税的义务。"这一条文对税收法律关系的产生、变更与消灭有重要影响,但此条文中的"法律"概念相对比较含混。此条文规定了公民的纳税义务,未明确规定税收事项应由法律规定。因此,我国税收法律关系之完善,离不开对《宪法》第56条的修订。①

(一)税收法律关系的产生

产生税收法律关系的基本前提是存在相应的税收法律规范,同时具备法定的纳税事实。纳税事实是指纳税人或者扣缴义务人的某种行为或者状态,使其产生纳税义务或者扣缴义务的事实。《税收征收管理法》第35条规定,当一定的经济关系或经济行为满足法定的征税条件时(如个人或企业取得应税收入),纳税义务即告产生,税务机关即有权核定其应纳税额,这就是纳税事实的发生导致税收法律关系的产生。例如,当个人从工资、薪金、股息、租金等来源获得收入时,这种经济收益的获取就构成了纳税事实。根据《个人所得税法》的规定,个人需对这些收入缴纳个人所得税,从而产生

---

① 参见张怡主编:《财税法教程》,法律出版社2019年版,第110页。

了个人与税务机关之间的税收法律关系。

（二）税收法律关系的变更

税收法律关系的变更主要是指在税收法律关系存续期间，某些权利和义务受外部因素影响而发生改变的现象。例如，税法修订导致税率变动、纳税人的登记地址或经营范围变更、税务机关对纳税人的税收优惠政策调整等都可能引起税收法律关系的变更。税收法律关系的变更必须符合税收法律规定，以维护征纳双方合法权益。《税收征收管理法》第48条规定，"纳税人有合并、分立情形的，应当向税务机关报告，并依法缴清税款。纳税人合并时未缴清税款的，应当由合并后的纳税人继续履行未履行的纳税义务；纳税人分立时未缴清税款的，分立后的纳税人对未履行的纳税义务应当承担连带责任"。这就是纳税人的行为变化导致税收法律关系的变更。

（三）税收法律关系的消灭

税收法律关系的消灭是指纳税人的纳税义务和税务机关的收税权在一定条件下终止。纳税义务的消灭通常发生在以下几种情形中：一是完税，即纳税人依法缴纳了所应缴纳的税款。二是免税，即根据法律规定，纳税人被免除了税款，不再承担该税种的纳税义务。三是税收法规废止或失效，导致税收法律关系无法继续存在。四是课税对象消灭，如企业解散、个人死亡等。若课税对象消失，税收法律关系随之结束。根据《税收征收管理法》第50条第1款的规定，"欠缴税款的纳税人因怠于行使到期债权，或者放弃到期债权，或者无偿转让财产，或者以明显不合理的低价转让财产而受让人知道该情形，对国家税收造成损害的，税务机关可以依照合同法第七十三条、第七十四条的规定行使代位权、撤销权"。这就是纳税人的行为变化导致税收法律关系的消灭。

总之，税收法律关系的产生、变更和消灭是纳税人和税务机关在纳税活动过程中所经历的法律状态变化，受到税收法律规范的严格约束。整个税收法律关系的运作体现了税收法治的基本原则，即税收必须依法征收，权利和义务明确，各方面都需要严格遵守税收法律规定，确保税收的公平正义。

第六节　税法要素

案例研讨

1. 张某通过虚构经济业务，虚开增值税专用发票，造成大量税款损失。最终张某被认定为本案的纳税主体，需承担相应的税务违法责任，包括补缴税款和罚款，并因涉嫌逃税罪而受到刑事处罚。

2. 某东公司主要经营范围为百货零售，公司销售的商品主要有电脑硬件、电脑周边设备、数码产品、通信器材、办公设备、服饰、家用电器、图书、音像制品等，并没有销售名酒。某东公司对消费者提供货到付款的销售方式。经调查，某东公司符合财政部、国家税务总局《关于小型微利企业所得税优惠政策的通知》（财税〔2015〕34 号）的规定，其销售的商品应享受创业税收优惠待遇。

3. 海南海药集团股份有限公司拥有自主知识产权的高新技术产品的销售收入占公司总收入的比例高于 60%，因此，该公司应享受海南省高新技术企业所得税优惠政策。

4. 欧尚（中国）投资有限公司在数码产品的销售收入上适用部分退税政策案：欧尚（中国）投资有限公司将家电、通信器材、数码产品等商品在市场上销售。为了鼓励欧尚（中国）投资有限公司进一步发展，扩大销售规模，国家税务总局认为该公司应该在数码产品上享受部分退税的政策。

5. 某中国企业向海外支付了技术服务费用，并在国外扣缴了所得税。中国的跨国企业在实施海外支付时常常会面临双重征税问题。中国税法允许企业在国内申报税费时抵扣已在外国缴纳的税额，以避免双重纳税。

6. 王某作为个体经营者，在税务登记后，未如实申报收入和缴纳税款，涉嫌逃税。税务机关对王某进行税务检查，并查证了其应补缴税款。根据我国税法的规定，王某作为纳税主体，不仅需补缴税款还需支付滞纳金，并可能面临行政处罚，甚至承担刑事责任。

请研讨：

1. 试从上述案例中任选一例，列举涉及的税法要素。
2. 税法的基本要素有哪些？
3. 能否说明在有关数据资产的涉税案例中，其税法要素有何不同？

税法要素，又称课税要素，是税法规范论的重要内容，即税法中基本的、必不可少的内容。税法要素中的一般要素，是指在各类税法中都需要加以规定的、具有普遍意义的共通要件；而所谓特别要素，是不需要在各类税法中都加以规定的、不具有普遍意义的特殊要件。同时,税法要素又可分为实体要素和程序要素两类。[①] 一般将税法主体、课税对象、税率、税收特别措施、税收法律责任等归为实体要素;将纳税环节、纳税期限、纳税地点归为程序要素。其中,税法主体、课税对象和税率是最基本的税法要素。

一、税法主体

税法主体是在税收法律关系中享有权利和承担义务的当事人,包括征税主体和纳税主体两类。从理论上看,征税主体是国家。国家享有征税权。在具体的征税活动中,国家授权有关政府机关具体行使征税权。我国由各级税务机关、海关和财政机关具体负责税收征管。

纳税主体,是承担纳税义务和享受纳税权利的人的简称,又称纳税人、课税主体,包括税法规定的直接承担纳税义务和享受纳税权利的自然人、法人和其他组织。纳税主体不一定是负税主体。通常,在直接税领域,由于税负不能转嫁,因而纳税主体和负税主体具有同一性;但在间接税领域,由于税负容易转嫁,因而直接履行纳税义务的纳税人与最终负担税负的人就不是同一主体。

1. 按照纳税人的身份,可将纳税人分为法人、自然人和其他组织三类。《税收征收管理法》对负有纳税义务和享受纳税权利的人,表述为“单位和个人”。

2. 按照纳税人承担的责任,在直接税中可将纳税人分为无限纳税义务人和有限纳税义务人,在所得税法中一般称为居民纳税人和非居民纳税人。居民纳税人应当就其来自境内外的全部所得缴纳税款,而非只就境内所得缴纳税款,境外所得原则上不纳税或者可以抵免。在增值税法中,纳税人可分为一般纳税人和小规模纳税人,等等。

3. 按照纳税人承担责任的方式不同,可将纳税人分为一般纳税人、连带纳税人和第二次纳税人。当两个以上单位或个人共同负担同一纳税义务时,应称其为连带纳税人。税务机关有权向连带纳税人中的任何一人请求履行全部纳税义务,任何一个连带纳税人都不得拒绝。《税收征收管理法》第 48 条、《中华人民共和国税收征收管理法实施细则》(以下简称《税收征收管理法实施细则》)第 49 条对连带纳税责任作出相应规定。第二次纳税人是指当纳税人不能足额缴纳税款时,税法规定的与纳税人有一定联系、负有代替纳税人缴纳税款责任的人。第二次纳税人通常包括无限责任公司的股东,破产、解散法人的清算人,无偿赠送财产的受让人等。连带纳税人和第二次纳税人就其缴纳或被征收的税款超出自己应承担的数额,有权向原纳税人追偿。连带纳税

---

① 参见张守文:《税法原理》(第 2 版),北京大学出版社 2001 年版,第 43 页。

人、第二次纳税人以外的纳税人即为一般纳税人。①

税法上负有义务的主体并不都是纳税主体。扣缴义务人不同于一般纳税人，不直接负有纳税义务，其只是对纳税人应纳税额代为扣除或代为收取，然后向征收机关解缴；纳税担保人负有担保税收债务履行的义务；税务代理人负有在受托范围内为纳税人办理相关税收事务的义务；协税义务人负有协助税务机关征收税款的义务，等等。

二、课税对象

课税对象，是指征税客体，即对什么征税。课税对象既是区分税种的关键性税法要素，又是税法要素中最重要、最基本的要素。根据征收范围不相交叉原则设计的各个税种都有各自的课税对象，并通过税法予以明确规定。

课税对象按其性质不同，一般划分为商品税、所得税、财产税和行为税四大类，每一个税种将其中一类作为课税对象。为了在实际征纳税时易于操作，税法通常通过计税依据和税目从质和量上进行具体化。

1. 计税依据

计税依据，是指税法中规定的计算应纳税额度具体依据和标准，通常称为税基。课税对象解决的是对什么征税的问题，而计税依据解决的是课税对象确定以后如何计算征税的问题。计税依据一般有计价形态和计量形态两种：一是计价形态，即以课税对象的价值为计税依据，如应纳税所得额、销售收入、成交价格等；二是计量形态，即以课税对象的自然单位作为计税依据，如数量、容量、容积、面积等，表现为车辆的排气量、载客数量、船舶的净吨位、长度等。

2. 税目

税目，是指课税对象的具体项目。具体来看，税目是在课税对象总体框架内按一定标准规定的征税具体类别或项目。设置税目的方法有二：一是列举法，即按每种商品或经营项目、经营所得分别设置税目，必要时还可以在税目之下划分若干细目。二是概括法，即按照商品大类或行业及其他性质相近的项目归类设置税目。实际工作中，一般将这两种方法结合运用，先按概括法将课税对象划分为大类或行业，在类别或行业之下再列举征税品目；消费税设计税目时就遵循这一原则。

三、税率

税率，是指应纳税额与计税依据之间的数量关系或比例。税率是税法的核心要素。在实践中，我国税法常用的税率主要有累进税率、比例税率和定额税率三种形式。

---

① 参见杨永义编著：《税法解析与实务》，经济科学出版社 2021 年版，第 22 页。

（一）累进税率

累进税率，是指随着课税对象数额的增加，征收比例也随之提高的税率，即将计税依据按数额大小划分为若干等级，并分别适用每一等级的税率，计税依据数额越大，适用税率越高。按照累进依据的性质，累进税率可分为累额税率和累率税率两种：前者是按照课税对象数量的绝对额分级累进，后者是按照与课税对象有关的某一比例分级累进。常见的累进税率包括全额累进税率、超额累进税率和超率累进税率三种。

1. 全额累进税率

全额累进税率，是指以课税对象的全部数额为基础确定等级，每个等级对应一个税率。全额累进税率的优点是计算方便简单，缺点是在两个等级的临界点会出现税负突然增加的不合理现象，因而目前基本很少采用。

2. 超额累进税率

超额累进税率，是指分别以课税对象数额超过前一级的部分为基础计算应纳税额的累进税率。采用超额累进税率征税，一般不会发生增加的税额超过增加的课税对象数额的不合理现象，特别在征税对象级次分界点上下，不会出现只超过一点儿就全额按高一级税率计算的情况，有利于鼓励纳税人增产增收。例如，我国个人所得税中的综合所得部分采用了超额累进税率。

为了解决超额累进税率计算较复杂的问题，实际工作中引进了"速算扣除数"的概念。运用预先计算出的速算扣除数，即可直接计算应纳税额，不必再分级分段计算。

3. 超率累进税率

超率累进税率，是指根据课税对象的相对比例将其划分为不同的部分，并为每一部分规定不同的税率，课税对象的相对比例增加到需要提高一级税率时，仅就超过的部分按高一级税率课税。与超额累进税率按照征税对象的绝对金额划分级距并计算税率不同，超率累进税率是以征税对象数额的相对比例为基础，划分不同的级距，并为每一级距规定不同的税率。我国土地增值税就采用了超率累进税率，其计算方式是将土地增值额和扣除项目金额的比例的不同，划分为不同的等级，并规定了相应的税率。如增值额未超过50%的部分税率为30%；增值额超过扣除项目金额50%未超过100%的部分，税率为40%；增值额超过扣除项目金额100%未超过200%的部分，税率为50%；超过200%的部分税率为60%。

（二）比例税率

比例税率有单一比例税率和差别比例税率之分。单一比例税率，是指对同一征税对象或同一税目，无论数额大小，都按同一个比例征税，税额与课税对象呈正比例关系。差别比例税率,是对不同的纳税人或不同的征税对象,设计高低不同的税率档次。

(三)定额税率

定额税率又称固定税率,是指根据课税对象的计量单位直接规定固定的征税数额。定额税率可分为单一定额税率和差别定额税率两种。前者是指同一税种中只采用一个定额税率,而后者是指同一税种中同时采用几个定额税率。差别定额税率又分为地区差别定额税率、差别幅度定额税率和分类分项定额税率三种形式。

四、纳税环节

纳税环节,是指税法规定的课税对象在从生产到消费的流转过程中应当缴纳税款的环节。国家在规定某种课税对象时,必须明确规定其纳税环节,即发生纳税义务的时间和场所。

纳税环节有狭义和广义之分。狭义的纳税环节是指税法对处于商品流转过程中的课税对象规定应予征税的阶段。一个税种按其在商品流转过程中选择纳税环节的多少,可分为单环节征税和多环节征税两种。增值税就是一个典型的多环节征税的例子。在商品或服务的生产、批发及零售过程中的每个环节,增值部分都要缴纳增值税。每个环节的企业在销售产品或服务时收取增值税,并可以抵扣上游环节支付的税款,最终将税负由消费者承担。而广义的纳税环节是指所有税种涉及的全部课税对象在再生产中分布的情况,如房产税和车辆税等财产税,其纳税环节广泛分布于财产的拥有、使用过程中。这一税种不是基于交易或增值环节征收,而是基于拥有财产的状态征收。

五、纳税期限

纳税期限又称纳税时间,是指纳税人发生纳税义务后,向国家缴纳税款的具体时间。纳税期限是国家衡量征收机关是否及时行使征税权、纳税人是否按时履行纳税义务的尺度,是税收的强制性和确定性特征在时间上的体现。纳税期限不同于纳税义务的发生时间。前者是一定的期间,而后者是一个时间点;而且只有在纳税义务发生之后,才会有纳税期限的问题。

纳税期限可分为纳税计算期和税款缴库期两类。纳税计算期表明纳税人应多长时间计缴一次税款,反映了计税的频率。纳税计算期又可分为按次计算和按期计算。按次计算是将纳税人从事应税行为的次数作为应纳税额的计算期限,一般较少适用。按期计算是将纳税人发生纳税义务的一定期限作为纳税计算期,通常可以日、月、季、年为期。按期计算适用较广,如对于增值税,许多国家采用按月或按季的纳税计算期,这意味着纳税人需每月或每季度根据其销售额和购买额计算应缴纳的增值税额。

税款缴库期表明应在多长期限内将税款缴入国库,它是纳税人实际缴纳税款的期限。税款缴库期不仅关系纳税义务的实际履行,而且关系国家能否及时、稳定地获取财政收入。例如,增值税的税款缴库期通常规定为在纳税计算期结束后的一定时间内,纳税计算期为月度的,可能要求在次月的15日前缴纳上月的增值税款。

对于一些特定事项的临时税款缴纳期限,如股权转让所得的税款,纳税人可能需要在交易发生的特定时间点后的一定期限内缴纳相应的税款。

六、纳税地点

纳税地点是纳税人依据税法规定向征税机关申报纳税的具体地点。其说明纳税人应向哪里的征税机关申报纳税以及哪里的征税机关可以实施管辖的问题。

在税法中明确规定纳税地点,对于纳税人正确、有效履行纳税义务,确保国家有效取得财政收入,实现税法规制以及保障社会公平的目标而言颇为重要。一般来说,在税法上规定的纳税地点主要包括以下几类:机构所在地、经济活动发生地、财产所在地、报关地等。企业所得税的纳税地点通常是企业注册地或者企业的主要经营地。对于增值税和消费税,其纳税地点往往是经济活动发生地。房产税的纳税地点是房产所在地;如果一家公司拥有多处不同地点的房产,每处房产的房产税应分别向房产所在地的税务机关申报和缴纳。对于进出口贸易涉及的关税,纳税地点是货物进出的报关地。例如,一家公司从国外进口货物入境中国,需在货物入境的海关处完成报关手续并缴纳关税。

七、税收特别措施

税收特别措施旨在实现特定的政策目标,如促进经济发展、支持特定行业或区域、鼓励研发创新等,包括税收优惠措施和税收重课措施两类。前者以减轻纳税人的税负为主要内容,并往往与一定的政策诱导有关;后者则是以加重税负为内容的税收特别措施,如税款的加成、加倍征收等。税收特别措施在各类税法中规定得较为普遍。

税收优惠措施在广义上范围较广,如优惠税率等与税法的宏观调控和规制功能方式等相关的措施。而狭义上的税收优惠措施则主要是指税收减免、税收抵免、亏损结转、出口退税等。这些税收优惠措施的实行会直接影响计税基数,从而直接影响纳税人的具体纳税义务,进而直接影响纳税主体的利益和相关的经济、社会正常目标的实现。

在上述各类税收优惠措施中,税收减免在税法中规定得最普遍。但无论是减轻还是免除纳税人的税负,在税法规定上都应慎重。从公平税负的角度来说,应防止不适当地扩大减免税收规模的情况。此外,税收减免以外的其他几种措施都属于特别要素。其中，出口退税主要适用于商品税领域，而税收抵免、亏损结转主要适用于所得税领域。

相对于税收优惠措施而言，税收重课措施的规定较少。

思考题

1. 试通过分析税法与其他部门法之间的关系，阐明税法的性质和功能。

2. 试结合实例说明税法基本原则有哪些。

3. 试举例说明税法要素。

拓展阅读

1. 刘剑文：《财税法——原理、案例与材料》（第 5 版），北京大学出版社 2022 年版。

2. 张守文：《税法原理》（第 10 版），北京大学出版社 2021 年版。

3. 刘剑文主编：《税法学》（第 5 版），北京大学出版社 2017 年版。

4. 陈少英主编：《税法学》（第 3 版），格致出版社、上海人民出版社 2020 年版。

5. 张怡主编：《财税法教程》，法律出版社 2019 年版。

6. 朱为群主编：《中国税制》（第 2 版），高等教育出版社 2020 年版。

7. 朱大旗编著：《税法》（第 3 版），中国人民大学出版社 2015 年版。

8. 蔡昌主编：《税法》（第 3 版），中国人民大学出版社 2021 年版。

9. 黄茂荣：《法学方法与现代税法》，北京大学出版社 2011 年版。

10. 葛克昌、钟芳桦：《财税法基本问题：财政宪法篇》（第 3 版），台北，元照出版有限公司 2020 年版。

11. 陈清秀：《现代财税法原理》（第 3 版），台北，元照出版有限公司 2020 年版。

12. 熊伟主编：《税法解释与判例评注》（第 1 卷），法律出版社 2010 年版。

第二章　商 品 税 法

学习目标

1. 低阶学习目标

(1) 了解商品税法的基本概念和税法原理

(2) 理解商品税纳税人的范围和纳税义务

(3) 掌握不同商品税税种的税率和计税方法

(4) 熟悉商品税发票的开具和使用要求

2. 高阶学习目标

(1) 分析商品税在宏观调控中的作用,理解其对市场经济的影响

(2) 探讨商品税税率的设计和调整,以及其在价格调节和税收收入方面的作用

(3) 理解商品税与国际贸易的关系,分析商品税在跨境交易中的应用和影响

(4) 研究商品税法律法规的变化趋势,评估其对企业和个人纳税人的影响

(5) 探讨商品税法律法规遵从和税务合规的重要性,总结合规管理和风险防控的措施

(6) 提升综合分析能力,理解税法的变化对企业和个人经济活动的影响

(7) 培养商品税法下进行纳税筹划的能力,并根据企业实际情况制定合理的税务策略

(8) 鼓励探索新的商品税法理论和实践,参与研究和讨论,以适应不断变化的经济环境

第一节　商品税法原理

案例研讨

2011 年 11 月至 2013 年 1 月,被告单位山东省肥城泰某实业有限公司(以下简称泰某公司)在购买河北省安平县旺某五金丝网厂(以下简称旺某五金,该厂系个体工商户,无开具增值税专用发票资格)货物的过程中,泰某公司原法定代表人兼总经理赵某

某安排该公司原经营部部长赵某、原主管会计郭某某核算需要虚开的增值税专用发票数额后，赵某某等人联系旺某五金的经营者，由后者联系被告人董某，商定以支付开票费的方式让董某为泰某公司虚开增值税专用发票。在没有真实货物交易的情况下，董某向其代销货物的天津两公司提供虚构的开票信息，陆续向泰某公司虚开增值税专用发票共计 59 份，价税合计 6,046,308.32 元。在此过程中，泰某公司通过旺某五金经营者向被告人董某支付开票费 20.34 万元，泰某公司实际抵扣税款计781,251.7元。

山东省肥城市人民法院于 2022 年 6 月 2 日作出〔2022〕鲁 0983 刑初 32 号刑事判决书，判决：(1)被告单位泰某公司犯虚开增值税专用发票罪，判处罚金 5 万元。被告人赵某某犯虚开增值税专用发票罪，判处有期徒刑 3 年，缓刑 3 年。被告人赵某犯虚开增值税专用发票罪，判处有期徒刑 2 年，缓刑 2 年。被告人郭某某犯虚开增值税专月发票罪，判处拘役 6 个月，缓刑 6 个月。被告人董某犯虚开增值税专用发票罪，判处有期徒刑 2 年 6 个月，缓刑 2 年 6 个月，并处罚金 5 万元。(2)扣押于泰安市公安局的违法所得 203,400 元依法予以没收，由扣押机关上缴国库。审理过程中泰某公司退缴的违法所得 781,251.7 元依法予以没收，上缴国库。宣判后，被告人赵某某不服，提出上诉。山东省泰安市中级人民法院于 2022 年 7 月 5 日作出〔2022〕鲁 09 刑终 125 号刑事裁定书，裁定驳回上诉，维持原判。

请研讨：

1. 如何计算增值税应纳税额？

2. 如何界定虚开增值税专用发票的行为？犯罪数额如何认定？

3. 虚开增值税专用发票的常见动机是什么？这种行为对国家税收征管程序和社会经济秩序有何影响？

4. 在法律上，虚开增值税专用发票与合法开具增值税专用发票有何区别？

5. 当前我国税收征管和发票监管制度存在哪些漏洞？如何加强监管以防止虚开发票行为？

一、商品税的概念与特点

(一)商品税的概念

商品税，也称流转税，国际上通称为商品和劳务税，是以商品包括劳务作为课税对象的税的总称。商品税的历史源远流长。在改革开放后，随着市场经济的大发展，商品交易活动日益活跃，商品税逐渐在整个税收体系中占据了越来越重要的地位。商品的范围非常广泛：既包括有形商品，又包括无形商品；既与人们的日常生活息息相关，也与企业的生产经营紧密相连。[①] 因此，以商品为课税对象的商品税，其范围也非常广泛。总体而言，包括增值税、消费税、关税、车船税等税种。

（二）商品税的特点

商品税包括以下五个特点：

第一，商品税的课税对象主要是商品，而非所得或财产。这与所得税和财产税形成了鲜明对比。商品税主要关注商品在流通过程中的价值变动，而不是个人或企业的所得或拥有的财产。与所得税相比，商品税的税收收入较为稳定。这是因为，商品税是只要有市场交易行为就要课税，而不受或较少受生产经营成本的影响；但所得税只有在市场交易行为发生以后有净收入才能课税，一旦亏损，交易主体就不用纳税。因此，商品税能及时保证政府财政收入的稳定。这也是包括中国在内的许多发展中国家主体税种为商品税的主要原因。

第二，商品税的计税依据主要是商品的流转额，即商品在流通过程中的价值总额，包括商品的销售额、采购额等。商品流转额的多少直接决定了税额的多少，而与商品的成本、费用等因素无关。因此，在设计具体税制时，既可以选择对所有商品和服务进行征税，也可以选择对部分商品和服务进行征税；既可以选择对商品流通的所有环节进行征税，也可以选择对其中某一个或几个环节进行征税；既可以选择对商品或劳务的流转总额进行征税，也可以选择对课税对象的增值额进行征税，等等。这种灵活性，有利于政府通过商品税对经济进行有效调节。

第三，商品税属于间接税。商品税具有税负转嫁的特点。由于税负转嫁的存在，在商品流通过程中，税负可以通过商品价格的调整而转嫁给消费者或其他环节的经营者。这使得商品税的税负最终由消费者来承担。因此，商品税税负的承担者往往并不能直接感受到自己是税收的实际缴纳者。同时，商品税负税人对于税负增减的感受程度，也相对弱于所得税的负税人。因此，增加商品税税负所受到的反对相对较少。

第四，商品税的征收具有累退效应。由于商品税通常采用比例税率，而不考虑纳税人的纳税能力，因此随着个人收入的提高，相应的税负就会下降。所以，纳税能力较弱的消费者可能承担的税率较高。这种累退效应在一定程度上可能导致社会财富分配的不均衡。因而，当社会对公平问题予以较多关注时，必须降低此类税收在税制结构中的地位。

---

① 参见刘剑文：《财税法——原理、案例与材料》（第 5 版），北京大学出版社 2022 年版，第 227 页。

第五,商品税的征收管理相对简便。由于商品税的课税对象明确,流转额可计量度高,且采用比例税率形式,因此在计算、征收和管理方面相对简便易行。

在我国,商品税具有课税对象灵活、收入稳定、税负转嫁性、累退效应以及征收管理简便等特点。这些特点使商品税在税收体系中占据了重要的地位,对于调节经济等发挥着积极作用。

二、商品税的历史沿革

商品税的历史可谓源远流长,其发展历程与全球贸易的兴起、各国经济政策的演变以及税收制度的完善密不可分。在古代,随着商品交换和贸易的发展,统治者为了筹集财政收入,开始对市场交易进行征税。这些税收形式多种多样,有的针对特定商品,有的则针对整个市场交易。这些税收虽然与现代商品税有所不同,但它们为商品税的产生奠定了基础。例如,在罗马帝国时期,市场捐的设立就可以被视为货物税的起源。这种税收形式主要是针对市场上的商品交易,用于支持国家的财政需求。

随着时间的推移,商品税逐渐成了各个国家税收体系中的重要组成部分。营业税最早在1791年的法国出现,随后被其他国家纷纷效仿。营业税的征收对象主要是企业的营业收入,通过对营业额征税,国家能够获取到更多的财政收入,用于支持公共服务和基础设施建设。到了近代,商品税的种类和形式逐渐丰富起来。其中,增值税是一种非常重要的商品税形式。增值税的概念出现在1917年,当时的名称是营业毛利税。随后,1921年正式出现了增值税的名称。然而,增值税的实践活动直到20世纪50年代才开始,并逐渐在全球范围内得到推广和应用。

在我国,商品税的发展也经历了漫长的过程。随着改革开放的深入推进和市场经济的发展,中国的税收制度不断完善,商品税在其中的地位也逐渐凸显。目前,中国的商品税体系已经相当成熟,包括增值税、消费税、关税等多个税种,为国家的财政收入和经济发展提供了重要的支持。从古代的市场捐到近代的增值税,商品税的形式和种类不断丰富,为国家的财政和经济发展作出了重要贡献。

三、商品税的分类和作用

(一)商品税的分类

不同种类的商品税在课税对象、税率、征收方式等方面可能存在差异;对商品税进行分类有助于我们更准确地理解不同税种的特点和作用,更好地制定税收政策,提高征收效率,实现税收的公平性和效率性。商品税可以根据不同的标准进行分类。

1. 根据计税依据分类

以应税商品的流转总额为计税依据的商品税主要包括消费税、关税和车辆购置税。这些税种以商品在流通过程中的消费额或进出关境额作为计税依据。

以应税商品流转的增值额为计税依据的商品税中,最具代表性的是增值税。它以商品在流转过程中产生的增值额作为计税依据。

2. 根据课税环节分类

单环节课征的商品税在商品流通过程中只在某一特定环节进行征收。

多环节课征的商品税在商品从生产到消费的多个环节都会进行征收,例如针对卷烟征收的消费税。

3. 根据课税地点分类

国内商品税主要针对国内生产和流通的商品。

涉外商品税针对涉及进口和出口的商品,通常与关税紧密相关。

需要注意的是,这些分类方式并不是相互独立的,可以从多个角度对商品税进行分类和理解。同时,不同国家和地区的税收体系可能有所不同,因此在具体的税收实践中,商品税的分类和定义也可能有所差异。

(二)商品税的作用

商品税在税收体系中扮演着重要角色。作为一种重要的税收形式,通过其独特的征税机制,有效地调控了宏观经济运行,增加了政府的财政收入,在促进市场公平竞争的同时引导理性消费和资源节约。

商品税是各国政府重要的财政收入来源之一。通过对商品和服务的交易进行征税,政府能够筹集到大量的资金,用于公共事业、社会福利项目以及其他重要的国家支出。首先,商品税具有广泛的税基。商品税以商品和劳务的流转额为计税依据,这意味着所有参与市场交易的商品和劳务都在征税范围内。无论是生活必需品还是奢侈品,无论是国内生产的产品还是进口商品,只要发生流转,就要缴纳相应的税款。这种广泛的税基使商品税能够覆盖大部分经济活动,从而确保政府能够稳定地获取税收收入。其次,商品税的税率设计灵活。政府可以根据不同商品和劳务的特性,以及宏观经济政策的需求,灵活调整税率。对于需要限制消费或资源消耗较多的商品,可以设定较高的税率,从而增加税收收入;对于鼓励发展的产业或产品,可以设定较低的税率,以减轻企业负担并促进经济增长。这种灵活的税率设计使商品税能够根据实际情况进行调整,最大化税收收入的同时也能实现政策的宏观调控目标。再次,商品税的征收环节多样。商品税可以在商品和劳务的生产、流通、消费等多个环节进行征收。这种多环节的征收方式使税收来源更加多样化,有助于降低税收风险。即使某个环节的经济活动出现波动,其他环节的税收收入也能起到稳定作用,从而确保政府财政收入的稳定。最后,商品税还具有较强的自动稳定作用。由于商品税是基于市场交易行为征收的,因此其税收收入与市场活跃度密切相关。当经济繁荣时,市场交易增加,商品税收入自然也会增加;而当经济衰退时,虽然税收收入可能会下降,但由于商品税的征收基数广泛,其下降幅度相对较小,有助于减轻政府财政压力。

商品税作为一种宏观经济政策工具,具有调控经济运行的功能。政府可以通过调整商品税的税率,影响商品和服务的价格,进而调节市场需求和供给,保持经济的稳定。例如,在经济过热时,政府可以通过提高商品税税率来抑制过度消费和投资;而在经济萧条时,降低商品税税率则可以刺激市场需求,促进经济增长。首先,商品税可以通过调整税率和税收优惠政策来影响消费者和企业的购买决策,进而调节消费和投资需求。例如,提高某些商品的税率可以降低消费者的购买意愿,减少对该商品的需求;相反,降低税率或提供税收减免可以刺激消费者的购买欲望,增加需求。对于企业来说,商品税的调整也会影响其投资决策,如扩大生产、引进技术等。其次,在经济过热时,政府可以通过提高商品税税率或扩大征税范围增加企业和个人的税收负担,抑制过度消费和投资,降低经济增速,防止经济泡沫的产生。而在经济衰退时,降低商品税税率或实施税收优惠政策可以刺激消费和投资,促进经济复苏。再次,商品税可以通过对不同商品或行业实行差别税率引导资源的合理配置。例如,对于环保、节能等产业,政府可以给予税收减免或优惠,鼓励这些产业的发展,推动资源向高效、环保的领域流动。对于高污染、高能耗的行业,可以适当提高税率,限制其发展,促使企业转型升级,实现资源的节约和对环境的保护。复次,商品税可以针对不同产业的特点和需求制定相应的税收政策,促进产业结构的优化和升级。例如,对新兴产业、高新技术产业给予税收支持,鼓励技术创新和产业升级;对传统产业进行税收引导,促使其向更加绿色、高效的方向发展。最后,商品税可以使各类商品和服务在税收上受到公平对待,防止某些行业或产品因税收差异而获得不公平的竞争优势。这有助于维护市场的公平竞争环境,促进经济的健康发展。

商品税作为一种重要的税收形式,其设计和征收往往受到多种因素的影响,包括经济发展状况、税收政策目标、税收管理水平等。需要注意的是,商品税的作用并非完全正面,其设计和征收也需要权衡各种因素。过高的商品税可能会增加消费者的负担,抑制市场需求;而过低的商品税则可能使政府无法有效筹集到足够的财政收入。因此,在制定商品税政策时,需要综合考虑经济、社会、政治等多方面的因素,以实现税收政策的优化和平衡。

第二节 增值税法原理

案例研讨

1. 2018 年 8 月 12 日，深圳建侨建工集团有限公司（以下简称建侨公司）与江西荣威陶瓷有限公司（以下简称荣威公司）签订了一份《购销合同》，合同约定建侨公司向荣威公司购买抛光砖 76,000 片，价格为 6.825 元/片，货款总额为 518,700 元，提货时间为 2018 年 8 月 27 日，下注“含 16% 增值税专用发票”。建侨公司、荣威公司均在合同“单位名称”处盖有公章，且该合同第 5 条结算方式及期限条款经手写改动为“2018 年 8 月 17 日前全部付清”，荣威公司在手写内容处盖章确认。后来，建侨公司向荣威公司付清货款，荣威公司亦向建侨公司交付了合同约定的全部瓷砖，但未向建侨公司开具合同约定的“16% 增值税专用发票”。2019 年 5 月 23 日，建侨公司委托律师事务所向荣威公司发出律师函，催告荣威公司在收到律师函后 5 日内向建侨公司开具 518,700 元货款的增值税专用发票。后因荣威公司未向建侨公司开具该笔货款的增值税专用发票，建侨公司诉至法院。

一审法院认为，建侨公司与荣威公司签订的《购销合同》合法有效，双方应按合同约定履行义务。建侨公司按约支付了货款，荣威公司也交付了货物，但未提供约定的增值税专用发票。法院认为发票的开具属于《税收征收管理法》和《中华人民共和国发票管理办法》（以下简称《发票管理办法》）规定的法定义务，不是民事法律行为，不受民法调整，应由税务机关处理。另外，建侨公司虽主张因未收到发票导致无法抵扣进项税额的损失，却无法提供相关证据，无法确认损失金额，依据最高人民法院《关于民事诉讼证据的若干规定》第 76 条的规定，建侨公司应承担举证不能的法律后果。法院依照《税收征收管理法》《发票管理办法》等相关规定，判决驳回建侨公司的诉讼请求。

一审法院适用《税收征收管理法》和《发票管理办法》认定荣威公司未能开具发票的行为不受民法调整，应由税务机关调整，却忽略了给付增值税专用发票同时也是荣威公司作为民事法律关系主体应履行的合同义务；另外，荣威公司一直拒不向建侨公司开具增值税专用发票，建侨公司也就无法向税务部门提供应税抵扣发票，一审法院要求建侨公司提供荣威公司应开具的发票，作为证明自己应税款抵扣的进项税损失的证据，明显属于增加当事人的举证责任。因此，二审法院认为，虽然税务机关向企业征缴税费系行政行为，但当事人在商事活动中约定的税票给付行为属于当事人合同项下的义务，应受合同法所调整，荣威公司应就其违约行为承担合同法上的民事责任。荣威公司与建侨公司签订的《购销合同》合法有效，荣威公司未开具增值税专用发票构成违约，应承担违约责任。荣威公司在建侨公司催告和起诉后仍未履行义务，依据原《合同法》第107条的规定，荣威公司应赔偿建侨公司的损失。根据《中华人民共和国增值税暂行条例》（以下简称《增值税暂行条例》）第4条和第8条的规定，因荣威公司未开具增值税专用发票，建侨公司无法抵扣进项税额82,992元，增加了应纳税额，该损失应由荣威公司赔偿。二审法院支持建侨公司对于赔偿该部分损失的请求，并认为税票给付行为属于合同义务，荣威公司应承担民事责任，因此一审判决认定事实清楚但适用法律错误，予以纠正，依据原《合同法》第107条、第113条第1款，《增值税暂行条例》第4条、第8条，《中华人民共和国民事诉讼法》（2017年）第170条第1款第2项的规定，判决支持建侨公司部分上诉请求。

请研讨：

1. 如何认定增值税税率？

2. 增值税的适用范围有哪些？

3. 增值税专用发票的作用是什么？为什么该案例中建侨公司坚持要求荣威公司开具增值税专用发票？

4. 什么是增值税的抵扣机制？

5. 增值税如何影响企业的成本和定价策略？

案例研讨

2. A企业于2014年开工炼钢大修、高炉、烧结机、特殊钢大棒材等工程，计划于2015年前后竣工，实际于2016年6月完工，土建安装施工费决算于2017年完成。营改增后，该企业开具了部分增值税专用发票，并进行了进项税抵扣。同时，2017年度该企业因采购的原材料质量有问题取得的赔偿款未作进项税转出。因此，该企业可能存在以下风险：

首先，“营改增”前发生的不动产建设业务，其进项在“营改增”后抵扣了增值税的风险：由于企业规模较大，土建类的固定资产建设期和结算期较长，有些进项在2016年5月之后取得增值税专用发票。企业在“营改增”之前发生的不动产建设业务，其进项在“营改增”之后进行抵扣，从而存在少缴增值税的风险。

其次，赔偿款未作进项税转出的风险：由于供货商供应的商品质量有问题，导致该企业扣减支付款项作为赔偿款,却未作进项税转出,从而存在少缴增值税的风险。

请研讨:

1. 如何认定增值税税率?

2. 增值税的适用范围有哪些?

3. 增值税专用发票的作用是什么?为什么第一个案例中建侨公司坚持要求荣威公司开具增值税专用发票?

4. 什么是增值税的抵扣机制?

5. 增值税如何影响企业的成本和定价策略?

6. 根据法律规定,企业在“营改增”前后的不动产建设业务的进项税抵扣规则有何不同?

7. 赔偿款属于增值税的应税项目吗?根据法律规定,该企业的赔偿款是否需要进行进项税转出?

8. 请分析 A 企业 2016 年度和 2017 年度的进项税抵扣情况。根据 A 企业的经营情况和法律规定,A 企业是否存在少缴增值税的情况?如果存在,应如何进行纠正和补缴?

一、我国增值税法的历史沿革

我国从 1979 年开始在部分城市试行增值税。1982 年,财政部制定了《增值税暂行办法》,自 1983 年 1 月 1 日起在全国试行。1984 年 9 月,国务院颁布《中华人民共和国增值税条例(草案)》,自 1984 年 10 月 1 日起施行;至此,增值税被正式引入中国。1993 年 12 月 13 日,国务院颁布《增值税暂行条例》,对增值税进行改革,扩大征税范围并简化税制。2004 年至今,我国经历了两次重大的增值税税制改革,分别是增值税转型改革和增值税扩围改革(“营改增”)。2008 年 11 月 10 日,国务院将消费型增值税上升到立法层面,促进了企业技术进步和产业结构调整。在增值税转型改革完成后,“营改增”逐渐被提上日程。2016 年 5 月 1 日,我国全面推开营改增试点,简化完善了商品税税制,降低了企业税负成本,促进了第三产业及现代服务业的发展,完善了税收征管制度。目前,我国有效的增值税法律法规除了《增值税暂行条例》外,还有以财税〔2016〕36 号文为首的“营改增”配套规则;2017 年国务院废止了《中华人民共和国营业税暂行条例》,并对《增值税暂行条例》进行了修订。

2019 年 11 月 27 日,财政部和国家税务总局就《中华人民共和国增值税法(征求意见稿)》向社会公开征求意见。2020 年 5 月,财政部和国家税务总局向国务院提交了《中华人民共和国增值税法(草案)》(以下简称《增值税法(草案)》)送审稿。后“增值税法”被列入十三届全国人大常委会立法规划。2022 年 12 月 27 日,《增值税法(草案)》首次提请十三届全国人大常委会第三十八次会议审议。整体立法遵循税制平稳过渡的思路,基本保持现行税制框架和税负水平不变,将《增值税暂行条例》及相关政策规定提升至法律层面。同时,根据实际情况对部分内容进行必要调整,以落实税收法定原则。2022 年 12 月 30 日至 2023 年 1 月 28 日,《增值税法(草案)》公开征求意见。2023 年 8 月 28 日,《增值税法(草案)》再次提交全国人大常委会审议。按照 2024 年全国人大常委会立法规划,《增值税法(草案)》将会安排在 2024 年 12 月进行三审。

二、增值税的概念与特征

(一)增值税的概念

增值税是以商品在流转过程当中产生的增值额为计税依据而征收的一种商品税。所谓增值额是指生产者或经营者在一定期间的生产经营过程中新创造的价值,具体而言,是在商品或服务的生产、销售或进口过程中增加的价值,包括了原材料成本、劳动力成本以及其他直接生产成本的增加等。尽管增值税在生产和流通环节当中征收,但是最终税负是由终端消费者所承担的,因为上游各环节经营者会将其已支付的增值税成本纳入产品或服务的最终价格当中,使该部分税款被转移至消费者身上。因此,在计算增值税时,纳税人可以扣除以前所有已缴纳的增值税,不必缴纳全额税款。

(二)增值税的特征

增值税作为我国财税体系中的“舶来品”,经过几十年的发展,逐渐成为我国财税收入体系当中占比最大的税种;其原因之一在于增值税征收的普遍性,只要生产经营收入具有增值因素就要征税。也就是说,增值税覆盖了从生产到零售的整个供应链,其适用的范围非常广泛,几乎涵盖了所有经济活动中的商品和服务。另外,增值税的税负具有相当的合理性,增值税是按照企业生产经营的增值额征收的。各个企业应纳增值税额的多少与它们各自的增值额的多少相适应,增值额多的多纳税,增值额少的少纳税,没有增值额的不纳税——增值税通过消除重复征税和实现税负的合理分配,助益于创建一个更加公平的市场环境。再者,增值税是对企业生产过程的各个环节普遍征税,即每一个产品从制造、批发到零售,经过一个环节,只要有增值额就要征一道税,因而具有征收的连续性。每个环节的纳税人都可以抵扣其购买环节的进项税额,从而减少自身的税负。

三、增值税的类型

一般来说,增值税可以被分为生产型增值税、收入型增值税以及消费型增值税。其中,生产型增值税在计算应纳增值税额时,仅允许从当前销项税额中减去原材料等劳动对象的已缴税款,而不允许减去固定资产所含税款。由于该类型增值税的课税对象大体上相当于国民生产总值,因此称为生产型增值税。

收入型增值税在计算应纳增值税额时,只允许在当前销项税额中扣除折旧部分所含税金。该类型增值税的课税对象基本相当于国民收入,因此称为收入型增值税。

消费型增值税在计算应纳增值税额时,允许一次性地从当前销项税额中全部扣除纳税人购入固定资产的已缴税款,从而使纳税人用于生产应税产品的全部外购生产资料都不负担税款。对整个社会而言,其课税对象实际上仅相当于消费资料的价值,所以称为消费型增值税。

我国自改革开放初期以来所征收的一直都是对企业购进固定资产所纳税款不予抵扣的生产型增值税;2009 年开始我国在全国范围内实施增值税转型改革,将购进固定资产纳入增值税抵扣范围,我国增值税税制也就自此完成了生产型增值税向消费型增值税的转变。

四、增值税的纳税主体与征税范围

(一)纳税主体

根据《增值税暂行条例》第 1 条的规定,增值税的纳税主体为在中华人民共和国境内销售货物或者加工、修理修配劳务,销售服务、无形资产、不动产以及进口货物的单位和个人。其中单位是指企业、行政单位、事业单位、军事单位、社会团体及其他单位;个人是指个体工商户和其他个人。以上纳税主体又可以被分为两大类:小规模纳税人以及一般纳税人。

小规模纳税人是指年应税销售额不超过规定标准,会计核算相对不健全,无法提供准确税务资料的纳税人。其标准为:纳税人在连续不超过 12 个月或者 4 个季度的经营期内累计应征增值税销售额不超过 500 万元,其中包括纳税申报销售额、稽查查补销售额、纳税评估调整销售额。销售服务、无形资产或者不动产有扣除项目的纳税人,其应税行为年应税销售额按未扣除之前的销售额计算;另外,纳税人偶然发生的销售无形资产、转让不动产的销售额,不计入应税行为年应税销售额之中。

一般纳税人是指年应税销售额超过规定标准,会计核算健全且可以提供准确税务资料的纳税人。纳税人兼有销售货物,提供加工、修理修配劳务和其他应税行为的,应税货物及劳务销售额与其他应税行为销售额分别计算,分别适用增值税一般纳税人登记标准,其中有一项销售额超过规定标准,就应当按照规定办理增值税一般纳税人相关登记手续。

区分二者的意义在于,小规模纳税人因其体量较小,生存能力也相对较弱,国家对其往往也会给予更多的税收优惠,以维护市场平衡与中小纳税者的经营信心。2023 年中央经济工作会议明确指出,积极的财政政策要适度加力、提质增效。在既有的基础上,如何落实中央经济工作会议精神,充分释放小微企业和个体工商户税费优惠政策最大效能,强化政策的精准性、针对性,成为焦点问题。值得一提的是,2023 年以来,政府连续出台多个增值税优惠政策,大力支持小规模纳税人之中体量相对更小的个体工商户与小微企业的市场活动,为个体工商户和小微企业应对各种风险挑战、增强发展动力提供了有力的支持。

(二)征税范围

根据《增值税暂行条例》第 1 条的规定,在我国境内销售货物或者加工、修理修配劳务,销售服务、无形资产、不动产以及进口货物的单位和个人应当依法缴纳增值税,以上几点也就构成了我国增值税的征税范围。

1. 销售货物

增值税征税范围当中所指的销售货物行为包含一般销售货物、视同销售货物以及混合销售等情况。一般销售货物是指有偿转让有形动产,包括电力、热力、气体在内;视同销售货物主要指某些行为虽然不同于有偿转让货物所有权的一般销售,但基于保障财政收入、防止规避税法以及保持经济链条的连续性和课税的连续性等考虑,税法仍将其视同为销售货物的行为,对其征收增值税。[①]

视同销售货物的行为主要包括:(1)将货物交付其他单位或者个人代销;(2)销售代销货物;(3)设有两个以上机构并实行统一核算的纳税人,将货物从一个机构移送其他机构用于销售,但相关机构设在同一县(市)的除外;(4)将自产或者委托加工的货物用于非增值税应税项目;(5)将自产、委托加工的货物用于集体福利或者个人消费;(6)将自产、委托加工或者购进的货物作为投资,提供给其他单位或者个体工商户;(7)将自产、委托加工或者购进的货物分配给股东或者投资者;(8)将自产、委托加工或者购进的货物无偿赠送给其他单位或者个人。

兼营行为是指增值税纳税人在生产经营活动当中,既存在销售货物的行为,又存在销售服务的行为,并且从事的销售服务与销售货物并无直接的联系和从属关系。根据《增值税暂行条例》第 3 条的规定,纳税人兼营不同税率的项目,应当分别核算不同

① 参见张守文:《税法原理》(第 5 版),北京大学出版社 2009 年版,第 287 页。

税率项目的销售额;未分别核算销售额的,从高适用税率。

混合销售行为是指一项销售行为既涉及货物又涉及服务。除销售自产货物并同时提供建筑业劳务的行为以及财政部、国家税务总局规定的其他情形之外,从事货物的生产、批发或者零售的企业、企业性单位和个体工商户的混合销售行为,视为销售货物,应当缴纳增值税;其他单位和个人的混合销售行为,视为销售非增值税应税劳务,不缴纳增值税。

2. 加工、修理修配劳务

提供加工、修理修配劳务是指有偿提供加工、修理修配劳务。单位或者个体工商户聘用的员工为本单位或者雇主提供加工、修理修配劳务,不包括在内;有偿是指从购买方取得货币、货物或者其他经济利益。

加工是指受托加工货物,即委托方提供原料及主要材料,受托方按照委托方的要求,制造货物并收取加工费的业务。

修理修配是指受托对损伤和丧失功能的货物进行修复,使其恢复原状和功能的业务。

3. 销售服务、无形资产以及不动产

(1)销售服务

销售服务是指提供交通运输服务、邮政服务、电信服务、建筑服务、金融服务、现代服务、生活服务。

(2)销售无形资产

销售无形资产是指转让无形资产所有权或者使用权的业务活动。无形资产是指不具实物形态但能带来经济利益的资产,包括技术、商标、著作权、商誉、自然资源使用权和其他权益性无形资产。

技术包括专利技术和非专利技术。自然资源使用权包括土地使用权、海域使用权、探矿权、采矿权、取水权和其他自然资源使用权。其他权益性无形资产包括基础设施资产经营权、公共事业特许权、配额、经营权(包括特许经营权、连锁经营权、其他经营权)、经销权、分销权、代理权、会员权、席位权、网络游戏虚拟道具、域名、名称权、肖像权、冠名权、转会费等。

(3)销售不动产

销售不动产是指转让不动产所有权的业务活动。不动产是指不能移动或者移动后会引起性质、形状改变的财产,包括建筑物、构筑物等。

建筑物包括住宅、商业营业用房、办公楼等可供居住、工作或者进行其他活动的建造物。构筑物包括道路、桥梁、隧道、水坝等建造物。转让建筑物有限产权或者永久使用权的，转让在建的建筑物或者构筑物所有权的，以及在转让建筑物或者构筑物时一并转让其所占土地的使用权的，按照销售不动产缴纳增值税。①

五、增值税的税率与计税方法

增值税的征税范围较大，因此针对不同课税对象，其征税标准也应视情况进行灵活调整。目前我国增值税存在三档税率：(1)基本税率——针对大多数课税对象的普遍性标准；(2)低税率——特定对象适用的优惠性税收政策；(3)零税率——主要适用于国家所鼓励出口的课税对象。

增值税的计算方法包含一般计税方法以及简易计税方法，发生应税交易，应当按照一般计税方法计算应缴纳的增值税，国务院规定适用简易计税方法的除外。一般计税方法的公式是：

应纳税额 = 当期销项税额 - 当期进项税额；简易计税方法的公式是：应纳税额 = 销售额 × 征收率。

（一）税率与征收率

1. 增值税税率及适用范围

增值税税率就是增值税税额占货物或应税劳务销售额的比率，是计算货物或应税劳务增值税税额的尺度。

我国现行增值税制度实行比例税率，根据应税行为一共分为 13%、9%、6% 三档税率和 5%、3% 两档征收率。

税收制度作为国家进行宏观调控的有力工具，对企业的全要素生产率具有较重要的影响。税制的调整会直接影响企业税负成本，继而引起全要素生产率的变化。② 较高的增值税税率以及行业间的税率差异提升了制造业企业的中间要素投入价格，成为影响我国制造业企业高质量发展的重要因素。③

基于此，国家对增值税税率进行了一系列的调整。首先，根据财税〔2017〕37 号文，于 2017 年 7 月对增值税税率档次进行简并，取消 13% 的增值税税率，使增值税税率从四档变为三档，将农产品、天然气等的增值税税率从 13% 下调至 11%；其次，根据财税〔2018〕32 号文，于 2018 年 5 月起，增值税税率从 17% 降至 16%。2019 年《政府工作报

---

① 参见《营业税改征增值税试点实施办法》（财税〔2016〕36 号）。

② See Piggottj & Whalley J, *VAT Base Broadening, Self-supply, and the Informal Sector*, American Economic Review, Vol. 91:4, p. 1084 - 1094(2001).

③ 参见程新生、刘振华、修浩鑫：《增值税减税能否提高制造业企业全要素生产率？——基于增值税税率下调事件的经验研究》，载《北京工商大学学报（社会科学版）》2024 年第 1 期。

告》提出，将“制造业等行业现行16%的税率降至13%，将交通运输业、建筑业等行业现行10%的税率降至9%……保持6%一档的税率不变”。

2019年税制调整的主要目的在于减轻以制造业为主体的高税负行业的税负压力，提高生产效能，促进经济结构化转型。

具体税率见表2－1。

表2－1 2019年税制调整后的具体税率

适用范围	税率
销售货物、劳务，有形动产租赁或者进口货物	13%（按规定适用9%税率的适用9%税率）
采取焚烧、填埋等方式进行专业化处理后产生货物，且货物属于委托方的，委托方属于“加工劳务”，其收取的处理费用	13%
销售交通运输、邮政、基础电信、建筑、不动产租赁服务，销售不动产，转让土地使用权	9%[1]
销售或进口粮食等农产品、食用植物油、食用盐	
销售或进口自来水、暖气、冷气、热水、煤气、石油液化气、天然气、二甲醚、沼气、居民用煤炭制品	
销售或进口图书、报纸、杂志、音像制品、电子出版物	
销售或进口饲料、化肥、农药、农机、农膜	
销售或进口国务院规定的其他货物	
纳税人销售增值电信服务、金融服务、现代服务（不动产租赁除外）、生活服务以及销售无形动产（转让土地使用权除外）	6%
纳税人通过省级自然资源主管部门设立的交易平台转让补充耕地指标，按照“销售无形资产”缴纳增值税	
纳税人受托对垃圾、污泥、污水、废气等废弃物进行专业化处理，采取填埋、焚烧等方式进行专业化处理后未产生货物的，受托方属于提供《销售服务、无形资产、不动产注释》（财税〔2016〕36号文件）“现代服务”中的“专业技术服务”，其收取的处理费用	

续表

适用范围	税率
纳税人受托对垃圾、污泥、污水、废气等废弃物进行专业化处理,采取填埋、焚烧等方式进行专业化处理后产生货物,且货物归属受托方的,受托方属于提供"专业技术服务",其收取的处理费用[2]	6%

〔1〕上述适用9%税率的货物按《农业产品征税范围注释》(财税字〔1995〕52号)、《增值税部分货物征税范围注释》(国税发〔1993〕151号,部分失效)及其他相关文件的规定执行。

〔2〕受托方将产生的货物用于销售时,则适用货物的增值税税率。具体参见国家税务总局《关于明确二手车经销等若干增值税征管问题的公告》。

若纳税人出口货物或者跨境销售服务、无形资产,适用零税率,应当向主管税务机关申报办理退(免)税,国务院另有规定的除外。

同时,应当注意零税率并不等同于免征增值税。免征增值税是指纳税人在某一生产或流通环节对特定项目不必缴纳本阶段的增值税,也不能抵扣进项税额;而增值税的零税率是指对纳税人免征增值税的同时,也允许其抵扣进项税额。

根据财税〔2016〕36号文附件4《跨境应税行为适用增值税零税率和免税政策的规定》,销售服务、无形资产适用的零税率政策如下。

一、中华人民共和国境内(以下称境内)的单位和个人销售的下列服务和无形资产,适用增值税零税率:(一)国际运输服务。国际运输服务,是指:1.在境内载运旅客或者货物出境。2.在境外载运旅客或者货物入境。3.在境外载运旅客或者货物。(二)航天运输服务。(三)向境外单位提供的完全在境外消费的下列服务:1.研发服务。2.合同能源管理服务。3.设计服务。4.广播影视节目(作品)的制作和发行服务。5.软件服务。6.电路设计及测试服务。7.信息系统服务。8.业务流程管理服务。9.离岸服务外包业务。离岸服务外包业务,包括信息技术外包服务(ITO)、技术性业务流程外包服务(BPO)、技术性知识流程外包服务(KPO),其所涉及的具体业务活动,按照《销售服务、无形资产、不动产注释》相对应的业务活动执行。10.转让技术。(四)财政部和国家税务总局规定的其他服务。

2.增值税征收率

增值税征收率是指特定的货物或特定的纳税人销售的货物、应税劳务在某一生产流通环节应纳税额与销售额的比率。增值税的征收率适用于两种情况:一是小规模纳税人,二是一般纳税人发生应税销售行为按规定可以选择简易计税方法计税的项目。增值税征收率共有两档,3%和5%,一般为3%,财政部和国家税务总局另有规定的为5%。

征收率的一般规定。纳税人按照简易计税方法计税的,除按规定适用5%的征收率外,其应税销售行为均适用3%的征收率。下列情形适用5%的征收率:小规模纳税人销售自建或者取得的不动产;一般纳税人选择简易计税方法计税的不动产销售;房地产开发企业中的小规模纳税人销售自行开发的房地产项目;其他个人销售其取得(不含自建)的不动产(不含其购买的住房)的。一般纳税人选择简易计税方法计税的不动产经营租赁;小规模纳税人出租(经营租赁)其取得的不动产(不含个人出租住房);其他个人出租(经营租赁)其取得的不动产(不含住房)的。个人出租住房,应按照5%的征收率减按1.5%计算应纳税额。一般纳税人和小规模纳税人提供劳务派遣服务选择差额纳税的。一般纳税人2016年4月30日前签订的不动产融资租赁合同,或以2016年4月30日前取得的不动产提供的融资租赁服务,选择适用简易计税方法的。一般纳税人收取试点前开工的一级公路、二级公路、桥、闸通行费,选择适用简易计税方法的。一般纳税人提供人力资源外包服务,选择适用简易计税方法的。纳税人转让2016年4月30日前取得的土地使用权,选择适用简易计税方法的。房地产开发企业中的一般纳税人购入未完工的房地产老项目(2016年4月30日之前的建筑工程项目)继续开发后,以自己名义立项销售的不动产,属于房地产老项目,选择适用简易计税方法的。

征收率的特殊规定①。根据相关规定,适用3%征收率的某些一般纳税人和小规模纳税人可以减按2%征收增值税。具体包括以下情形。

一般纳税人销售自己使用过的属于《增值税暂行条例》第10条规定不得抵扣且未抵扣进项税额的固定资产,按照简易办法依照3%征收率减按2%征收增值税。

小规模纳税人(除其他个人外,下同)销售自己使用过的固定资产,减按2%的征收率征收增值税。

纳税人销售旧货,按照简易办法依照3%征收率减按2%征收增值税。

小规模纳税人销售自己使用过的固定资产、物品和旧货,按下列公式确定销售额和应纳税额:

---

① 参见财政部、国家税务总局《关于部分货物适用增值税低税率和简易办法征收增值税政策的通知》(财税〔2009〕9号,部分失效);财政部、国家税务总局《关于简并增值税征收率政策的通知》(财税〔2014〕57号)。

销售额 = 含税销售额 ÷ (1 + 3%)

应纳税额 = 销售额 × 2%

上述规定不包括二手车经销业务，从事二手车经销业务的纳税人销售其收购的二手车的，自 2024 年 1 月 1 日至 2027 年 12 月 31 日减按 0.5% 的征收率征收增值税，其销售额的计算公式为：

销售额 = 含税销售额 ÷ (1 − 0.5%)

纳税人应当开具二手车销售统一发票。购买方索取增值税专用发票的，应当再开具征收率为 0.5% 的增值税专用发票。

3. 兼营行为的税率选择

试点纳税人发生应税销售行为适用不同税率或者征收率的，应当分别核算适用不同税率或者征收率的销售额，未分别核算销售额的，按照以下方法适用税率或者征收率。

(1) 兼有不同税率的应税销售行为，从高适用税率；

(2) 兼有不同征收率的应税销售行为，从高适用征收率；

(3) 兼有不同税率和征收率的应税销售行为，从高适用税率；

(4) 纳税人销售活动板房、机器设备、钢结构件等自产货物的同时提供建筑、安装服务，不属于财税〔2016〕36 号文规定的混合销售，应分别核算货物和建筑服务的销售额，分别适用不同的税率或征收率。

(二) 应纳税额的计算

增值税的计税方法一共有三种，分别为一般计税方法、简易计税方法和扣缴计税方法（见表 2 − 2）。

表 2 − 2　增值税计税方法及公式

计税方法	适用主体	计算公式
一般计税方法	一般纳税人	当期应纳增值税税额 = 当期销项税额 − 当期进项税额〔1〕
简易计税方法	①小规模纳税人 ②一般纳税人的特定应税项目	当期应纳增值税税额 = 当期销售额（不含增值税）× 征收率〔2〕
扣缴计税方法	扣缴义务人	应扣缴税额 = 接收方支付的价款 ÷ (1 + 税率) × 税率

〔1〕一般纳税人发生应税销售行为适用一般计税方法，特殊情况除外。

〔2〕一般纳税人发生财政部和国家税务总局规定的应税销售行为，可以选择适用简易计税方法计税，部分应税销售行为则必须选择适用简易计税方法计税。

1. 一般计税方法

(1)销项税额的计算方法

销项税额是指纳税人发生应税销售行为时,按照销售额与规定税率计算并向购买方收取的增值税税额。基本公式如下:

销项税额 = 销售额(不含税) × 税率

当期应纳税额 = 当期销项税额 - 当期进项税额 = 当期销售额(不含增值税) × 适用税率 - 当期进项税额

由于增值税是价外税,因此税额并非计税销售额的组成部分,销项税额的计算依据是不含增值税的销售额。销售额是指纳税人发生应税销售行为时收取的全部价款和价外费用。在具体计算的时候,销售额可以分为四类:一般销售方式下的销售额、特殊销售方式下的销售额、按差额确定的销售额、视同发生应税销售行为的销售额(见表2-3)。

表2-3 销售额类别及涉税处理

销售额类别	具体内容及涉税处理
一般销售方式下的销售额	包括向购买方收取的全部价款和价外费用,但不包括向购买方收取的增值税销项税额,如果纳税人取得的是价税合计金额,还需换算成不含增值税的销售额,计算公式为:不含税销售额 = 含增值税销售额 ÷ (1 + 税率)
特殊销售方式下的销售额	(1)折扣方式销售,价款和折扣额分别注明的可以按折扣后销售额;(2)以旧换新方式销售,除金银首饰外,按新货物同期销售价格确定销售额;(3)还本销售方式销售,销售额就是货物的销售价格;(4)以物易物,以各自发出的应税销售行为核算销售额;(5)包装物押金单独记账且不超过1年的,不并入销售额,但逾期的无论是否退回都并入销售额;等等。
按差额确定的销售额	金融商品转让、经济代理服务、融资租赁和融资性售后回租、航空运输企业等,以差额计税
视同发生应税销售行为的销售额	按照以下顺序来确定:销售额按纳税人最近时期同类货物的平均销售价格确定;按其他纳税人最近时期同类货物的平均销售价格确定;按组成计税价格确定。组成计税价格的公式为:组成计税价格 = 成本 × (1 + 成本利润率)

(2)进项税额的确认与计算

进项税额是指纳税人购进货物、劳务、服务、无形资产、不动产所支付或者负担的增值税税额,是一般纳税人的一般计税方法涉及进项税的抵扣时与销项税额相对应的概念。

购进方的进项税额一般与销售方的销项税额相对应,分三类情况:①在正常情况下按照发票票面中注明的税额扣除，即凭票抵扣进项；②在某些特殊情况下，允许纳税人使用符合规定的非增值税专用发票自行扣除进项税额，即计算抵扣；③部分农产品的采购，有核定抵扣进项税额的试点，即实耗核定抵扣[①]。

此外，也有不得从销项税额中抵扣的进项税额。纳税人购进货物、劳务、服务、无形资产、不动产，取得的增值税扣税凭证不符合法律、行政法规或者国务院税务主管部门有关规定的，其进项税额不得从销项税额中抵扣。

（3）应纳税额的计算

一般纳税人在计算出销项税额和进项税额后即可得出实际缴纳税额。具体公式如下：

应纳税额＝当期销项税额－当期可抵扣进项税额

若当期应纳税额计算结果为正数，则当期应缴纳增值税；若为负数，形成留抵税额，待下期与下期进项税额一并从下期销项税额中抵扣，满足规定条件的，留抵税额可以申请退税。为了增值税的应纳税额的正确计算，实际操作中应注意以下几个重要规定。

①计算应纳税额的时间限定

注意当期销项税额中"当期"这一重要的时间概念，它与纳税义务发生时间和增值税发票开具时间相呼应。

而当期进项税额中的"当期"则有必备的条件，我国现行增值税可以当期抵扣的进项税额有两类实施方法，分别为购进扣税法和核定扣税法。

②扣减发生期进项税额的规定

当期购进的货物、劳务、服务、无形资产、不动产如果事先并未确定将用于不得抵扣进项税额的项目，其进项税额会在当期销项税额中予以抵扣。但已抵扣进项税额的购进货物、劳务、服务、无形资产、不动产如果事后改变用途，用于不得抵扣进项税额的项目，根据《增值税暂行条例》、《中华人民共和国增值税暂行条例实施细则》（以下简称《增值税暂行条例实施细则》）、财税〔2016〕36 号文的规定，应当将该项购进货物、劳务、服务、无形资产、不动产的进项税额从当期的进项税额中扣减；无法确定该项进项税额的，按当期实际成本计算应扣减的进项税额。

---

①　鉴于计算抵扣进项容易产生舞弊和高征低扣的现象，自 2012 年 7 月 1 日起，在部分行业开展增值税进项税额核定扣除试点。

③生产、生活性服务业加计抵减政策

根据财政部、税务总局、海关总署《关于深化增值税改革有关政策的公告》(财政部、税务总局、海关总署公告2019年第39号,以下简称2019年第39号公告)第7条的规定,自2019年4月1日至2021年12月31日,允许生产、生活性服务业纳税人按照当期可抵扣进项税额加计10%,抵减应纳税额。其中,生活性服务业的加计抵减自2019年10月1日起,按财政部、税务总局关于《明确生活性服务业增值税加计抵减政策的公告》(财政部、税务总局公告2019年第87号,以下简称2019年第87号公告)的规定执行。根据财政部、税务总局《关于促进服务业领域困难行业纾困发展有关增值税政策的公告》(财政部、税务总局公告2022年第11号,已失效)的规定,为促进服务业领域困难行业纾困发展,2019年第39号公告第7条、2019年第87号公告的执行期限延长至2022年12月31日。自2023年1月1日至2023年12月31日,增值税加计抵减政策按财政部、税务总局《关于明确增值税小规模纳税人减免增值税等政策的公告》(财政部、税务总局公告2023年第1号)的相关规定执行。也即,允许生产性服务业纳税人按照当期可抵扣进项税额加计5%抵减应纳税额;允许生活性服务业纳税人按照当期可抵扣进项税额加计10%抵减应纳税额。①

④计算应纳税额时销项税额不足抵扣进项税额的处理——形成留抵税额的处理

a. 一般规则——留抵结转

纳税人在计算应纳税额时,如果当期销项税额小于当期进项税额,不足抵扣的部分可以结转,下期继续抵扣。

b. 优惠规则——留抵退税

为助力经济高速发展,我国2018年对部分行业增值税期末留抵税额予以退还,2019年4月1日起全面推行留抵退税制度。

⑤销售折让、中止或者退回涉及销项税额和进项税额的税务处理

纳税人适用一般计税方法计税的,因销售折让、中止或者退回而退还给购买方的增值税额,应当从当期的销项税额中扣减;因销售折让、中止或者退回而收回的增值税额,应当从当期的进项税额中扣减。

一般纳税人销售货物或者应税劳务,开具增值税专用发票后,发生销售货物退回

① 根据财政部、税务总局《关于集成电路企业增值税加计抵减政策的通知》(财税〔2023〕17号)、财政部、税务总局《关于先进制造业企业增值税加计抵减政策的公告》(财税〔2023〕43号)的规定,自2023年1月1日至2027年12月31日,允许集成电路企业、先进制造业企业按照当期可抵扣进项税额加计5%抵减应纳增值税税额。

或者折让、开票有误等情形，应按国家税务总局的规定开具红字增值税专用发票。未按规定开具红字增值税专用发票的，增值税额不得从销项税额中扣减。

增值税一般纳税人因销售货物退回或者折让而退还给购买方的增值税税额，应从发生销售货物退回或者折让当期的销项税额中扣减；因购进货物、劳务、服务、无形资产、不动产退回或者折让而收回的增值税额，应从发生应税销售行为退回或者折让当期的进项税额中扣减。

对于一些企业在发生购进货物、劳务、服务、无形资产、不动产退回或折让并收回价款和增值税额时，没有相应减少当期进项税额，造成进项税额虚增，纳税减少的行为，将被认定为逃避缴纳税款，并予以处罚。

2. 简易计税方法

(1) 应纳税额的计算

纳税人发生应税销售行为适用简易计税方法的，应当按照销售额和征收率计算应纳增值税税额，且不得抵扣进项税额。具体公式如下：

应纳税额 = 销售额(不含增值税) × 征收率

小规模纳税人一般采用简易计税方法计税，但一般纳税人发生税法规定的应税销售行为时也可以选择适用简易计税方法。

(2) 含税销售额的换算

简易计税方法的销售额不包括其应纳税额，纳税人采用销售额和应纳税额合并定价方法的，具体公式如下：

销售额 = 含税销售额 ÷ (1 + 征收率)

为了平衡一般计税方法和简易计税方法的税负，法律法规对简易计税方法规定了较低的征收率，因此使用简易计税方法计算应纳税额时不得抵扣进项税额。

(3) 资管产品的增值税处理办法

①计税方法。资管产品管理人运营资管产品过程中发生的增值税应税行为，暂适用简易计税方法，按照3%的征收率缴纳增值税。

②资管产品管理人。资管产品管理人包括银行、信托公司、公募基金管理公司及其子公司、证券公司及其子公司、期货公司及其子公司、私募基金管理人、保险资产管理公司、专业保险资产管理机构、养老保险公司。

③资管产品范围。资管产品包括银行理财产品、资金信托(包括集合资金信托、单一资金信托)、财产权信托、公开募集证券投资基金、特定客户资产管理计划、集合资产管理计划、定向资产管理计划、私募投资基金、债权投资计划、股权投资计划、股债结合

型投资计划、资产支持计划、组合类保险资产管理产品、养老保障管理产品。

④资管产品的其他增值税处理规定。管理人应分别核算资管产品运营业务和其他业务的销售额和增值税应纳税额。未分别核算的,资管产品运营业务不得适用简易计税方法按照3%的征收率缴纳增值税。管理人可选择分别或汇总核算资管产品运营业务销售额和增值税应纳税额。管理人应按照规定的纳税期限,汇总申报缴纳资管产品运营业务和其他业务增值税。2017年7月1日(含)以后,资管产品运营过程中发生的增值税应税行为,以资管产品管理人为增值税纳税人,按照现行规定缴纳增值税。对资管产品在2018年1月1日前运营过程中发生的增值税应税行为,未缴纳增值税的,不再缴纳;已缴纳增值税的,已纳税额从资管产品管理人以后月份的增值税应纳税额中抵减。

3. 扣缴计税方法

(1)境外单位或个人在境内销售应税劳务而在境内未设有经营机构的,其应纳税款以代理人为扣缴义务人;没有代理人的,以购买者为扣缴义务人。

(2)境外单位或者个人在境内发生应税行为,在境内未设有经营机构的,以购买方为增值税扣缴义务人。财政部和国家税务总局另有规定的除外。扣缴义务人按照下列公式计算应扣缴税额:

应扣缴税额 = 接受方支付的价款 ÷ (1 + 税率) × 税率

(三)进口环节增值税的征收

1. 进口环节增值税的征税范围

(1)基本规定。申报进入中华人民共和国海关境内的货物,均应缴纳增值税。

(2)特殊规定。跨境电子商务零售进口增值税税收政策适用于从其他国家或地区进口《跨境电子商务零售进口商品清单》范围内的商品。

不属于跨境电子商务零售进口的个人物品以及无法提供交易、支付、物流等电子信息的跨境电子商务零售进口商品,按现行规定执行(缴纳行邮税)。

2. 进口环节增值税的纳税人

进口货物增值税的纳税人是进口货物的收货人或者办理报关手续的单位和个人。

跨境电子商务零售进口商品按照货物征收关税和进口环节增值税、消费税,购买跨境电子商务零售进口商品的个人为纳税义务人,电子商务企业、电子商务交易平台企业或物流企业可作为代收代缴义务人。

3. 进口环节增值税的税率

进口环节增值税的税率与境内商品交易税率相同。①

进口抗癌药品，自2018年5月1日起，减按3%征收进口环节增值税。进口罕见病药品，自2019年3月1日起，减按3%征收进口环节增值税。

4. 进口环节增值税的计算

（1）根据《增值税暂行条例》的规定，进口货物使用组成计税价格计算应纳增值税，计算公式如下：

组成计税价格＝关税完税价格＋关税＋消费税

应纳税额＝组成计税价格×税率

（2）跨境电子商务零售进口商品按照货物征收关税和进口环节增值税、消费税，以实际交易价格（包括货物零售价格、运费和保险费）作为完税价格。

（四）出口和跨境业务增值税的退（免）税和征税

1. 出口货物、劳务和跨境应税行为退（免）增值税基本政策

出口货物、劳务和跨境应税行为退（免）税的税种仅限增值税和消费税。

《增值税暂行条例》规定"纳税人出口货物，税率为零；但是，国务院另有规定的除外"。前文已经提道，零税率不同于免税，零税率是指整体税负为零，意味着出口环节免税且退还以前纳税环节的已纳税款，这就是"出口退（免）税"。

目前，我国出口货物、劳务和跨境应税行为的增值税税收政策分为以下三类。

（1）出口免税并退税

出口免税是指对货物、劳务和跨境应税行为在出口销售环节免征增值税，这是把货物、劳务和跨境应税行为出口环节与出口前的销售环节都视为一个征税环节；出口退税是指对货物、劳务和跨境应税行为在出口前实际承担的税收负担，按规定的退税率计算后予以退还。②

（2）出口免税不退税

出口免税不退税是指适用这个政策的出口货物、劳务和跨境应税行为因在前一道生产、销售环节或进口环节是免税的，因此，出口时该货物、劳务和跨境应税行为的价格中本身就不含税，也无须退税。③

---

① 进口货物，除特殊情况外，不区分纳税人性质，均适用13%、9%的税率，不适用征收率。

② 具体可参见财政部、国家税务总局《关于出口货物劳务增值税和消费税政策的通知》（财税〔2012〕39号，部分失效）中所说的"适用增值税退（免）税政策的出口货物劳务"。

③ 具体可参见财税〔2012〕39号文中所说的"适用增值税免税政策的范围"。

(3)出口不免税也不退税

出口不免税是指对国家限制或禁止出口的某些货物、劳务和跨境应税行为的出口环节视同内销环节，照常征税；出口不退税是指对这些货物、劳务和跨境应税行为出口不退还出口前其所负担的税款。①

2. 适用增值税退(免)税政策的范围

(1)出口企业出口货物。

(2)出口企业或其他单位视同出口货物。

(3)出口企业对外提供加工、修理修配劳务。

(4)境内单位和个人提供适用增值税零税率的应税服务。

(5)纳税人出口货物、劳务和发生跨境应税行为，未在规定期限内申报出口退(免)税或者开具《代理出口货物证明》的，在收齐退(免)税凭证以及相关电子信息后，即可申报办理出口退(免)税；未在规定期限内收汇或者办理不能收汇手续的，在收汇或者办理不能收汇手续后，即可申报办理退(免)税。

3. 免退税公式

出口货物：

退税额=增值税专用发票不含税金额×退税率(退税率低于征税率的部分进成本)

出口服务、无形资产：

退税额=增值税专用发票不含税金额×税率

4. 驻华使(领)馆馆员退税

(1)适用范围

外国驻华使(领)馆及其馆员在中华人民共和国境内购买货物和服务属于增值税退税适用范围，包括外国驻华使(领)馆的外交代表(领事官员)及行政技术人员，中国公民或者在中国永久居留的人员除外。

实行增值税退税政策的货物与服务范围，包括按规定征收增值税、属于合理自用范围内的生活办公类货物和服务(含修理修配劳务，下同)。生活办公类货物和服务，是指为满足日常生活、办公需求购买的货物和服务。工业用机器设备、金融服务以及财政部和国家税务总局规定的其他货物和服务，不属于生活办公类货物和服务。

(2)不适用情况

购买非合理自用范围内的生活办公类货物和服务；购买货物单张发票销售金额

① 具体可参见财税〔2012〕39号文中所说的“适用增值税征税政策的出口货物劳务”。

（含税价格）不足800元人民币（自来水、电、燃气、暖气、汽油、柴油除外），购买服务单张发票销售金额（含税价格）不足300元人民币；使（领）馆馆员个人购买货物和服务，除车辆和房租外，每人每年申报退税销售金额（含税价格）超过18万元人民币的部分，不适用增值税退税政策；增值税免税货物和服务。

5. 离境退税

离境退税政策是指境外旅客在离境口岸离境时，对其在退税商店购买的退税物品退还增值税的政策。境外旅客是指在我国境内连续居住不超过183天的外国人和港澳台同胞。离境口岸是指实施离境退税政策的地区正式对外开放并设有退税代理机构的口岸，包括航空口岸、水运口岸和陆地口岸。该政策的主要内容如下：

（1）退税物品

退税物品是指由境外旅客本人在退税商店购买且符合退税条件的个人物品，但不包括下列物品：《中华人民共和国禁止进出境物品表》《中华人民共和国限制进出境物品表》所列的禁止、限制出境物品；退税商店销售的适用增值税免税政策的物品；财政部、海关总署、国家税务总局规定的其他物品。

（2）境外旅客申请退税应当同时符合的条件

同一境外旅客同一日在同一退税商店购买的退税物品金额达到500元人民币；退税物品尚未启用或消费；离境日距退税物品购买日不超过90天；所购退税物品由境外旅客本人随身携带或随行托运出境。

（3）退税物品的退税率

适用13%税率的境外旅客购物离境退税物品，退税率为11%；适用9%税率的境外旅客购物离境退税物品，退税率为8%。退税率的执行时间，以退税物品增值税普通发票的开具日期为准。

（4）应退增值税的计算公式

应退增值税额 = 退税物品销售发票金额（含增值税）× 退税率

（5）退税币种和方式

退税币种为人民币。退税方式包括现金退税和银行转账退税两种方式。退税额未超过10,000元的，可自行选择退税方式。退税额超过10,000元的，以银行转账方式退税。

六、税收优惠

（一）适用增值税免税政策的范围

对符合条件的出口货物、劳务和应税行为，除适用增值税征税政策的出口货物和劳务规定外,按规定实行免征增值税。

适用增值税免税政策的出口货物、劳务和应税行为包括:(1)出口企业或其他单位出口的规定的货物。(2)出口企业或其他单位视同出口的货物和劳务。(3)出口企业或其他单位未按规定申报或未补齐增值税退(免)税凭证的出口货物和劳务。(4)境内的单位和个人销售的规定的跨境应税行为,但财政部和国家税务总局规定适用增值税零税率的除外。(5)对跨境电子商务综合试验区(以下简称综试区)电子商务出口企业出口未取得有效进货凭证的货物,同时符合下列条件的,试行增值税、消费税免税政策:①电子商务出口企业在综试区注册,并在注册地跨境电子商务线上综合服务平台登记出口日期、货物名称、计量单位、数量、单价、金额;②出口货物通过综试区所在地海关办理电子商务出口申报手续;③出口货物不属于财政部和国家税务总局根据国务院决定明确取消出口退(免)税的货物。(6)市场经营户自营或委托市场采购贸易经营者以市场采购贸易方式出口的货物。

(二)税率优惠

1. 农业生产者销售自产农产品。农业生产者销售自产的农产品,如种植业、养殖业、林业、牧业、水产业生产的各类植物、动物的初级产品,免征增值税。

2. 特定产品和服务。例如避孕药品和用具,古旧图书,直接用于科学研究、科学试验和教学的进口仪器设备,外国政府和国际组织无偿援助的进口物资和设备等,均可享受免税政策。

3. 出口货物、劳务和应税行为。除适用增值税征税政策的出口货物和劳务外,其他符合条件出口的货物、劳务和应税行为免征增值税。

4. 特定金融机构和金融商品。如合格境外投资者委托境内公司进行证券买卖业务、香港市场投资者通过沪港通和深港通买卖 A 股等,可享受免税政策。

5. 技术转让、技术开发及相关服务。纳税人提供技术转让、技术开发和与之相关的技术咨询、技术服务,免征增值税。

6. 新支线飞机和民用喷气式飞机。生产销售新支线飞机暂减按 5% 的税率征收增值税,并退还相应的留抵税额。

7. 特定资源综合利用产品和劳务。纳税人销售自产的综合利用产品和劳务,可享受增值税即征即退政策,退税比例包括 30%、50%、70% 和 100% 4 个档次。

8. 小规模纳税人。在一定条件下,如月销售额未超过 10 万元,小规模纳税人可免征增值税。

9. 研发机构采购国产设备。符合条件的研发机构采购国产设备可全额退还增值税。

10. 其他免税项目。如蔬菜流通环节、部分鲜活肉蛋产品流通环节免征增值税等。

（三）扣减增值税

1. 退役士兵创业就业。自主就业的退役士兵从事个体经营的，自办理个体工商户登记当月起，在3年内可以按每户每年12,000元为限额扣减其当年实际应缴纳的增值税、城市维护建设税、教育费附加、地方教育附加和个人所得税。该限额标准最高可上浮20%。

2. 重点群体创业就业。建档立卡贫困人口、持《就业创业证》或《就业失业登记证》的人员从事个体经营的，自办理个体工商户登记当月起，在3年内可以按每户每年12,000元为限额享受相同的扣减政策。

3. 扣减计算方法。如果纳税人年度应缴纳税款小于上述扣减限额的，以其实际缴纳的税款为限；如果大于上述扣减限额的，则应以上述扣减限额为限。对于实际经营期不足1年的纳税人，扣减限额应按月换算。

4. 换算公式。减免税限额的换算公式为：年度减免税限额 ÷ 12 × 实际经营月数。

5. 其他规定。城市维护建设税、教育费附加、地方教育附加的计税依据是享受本项税收优惠政策前的增值税应纳税额。

（四）即征即退

1. 适用范围

（1）软件产品销售。增值税一般纳税人销售其自行开发生产的软件产品，按13%的税率征收增值税后，对其增值税实际税负超过3%的部分实行即征即退政策。

（2）管道运输服务。一般纳税人提供管道运输服务，对其增值税实际税负超过3%的部分实行增值税即征即退政策。

（3）有形动产融资租赁服务。经批准从事融资租赁业务的纳税人中的一般纳税人，提供有形动产融资租赁服务和有形动产融资性售后回租服务，对其增值税实际税负超过3%的部分实行增值税即征即退政策。

（4）安置残疾人。纳税人安置残疾人应享受增值税即征即退优惠政策，计算公式为本期应退增值税额等于本期所含月份每月应退增值税额之和，月应退增值税额 = 纳税人本月安置残疾人员人数 × 本月月最低工资标准的4倍。

（5）资源综合利用产品和劳务。纳税人销售自产综合利用产品和提供资源综合利用劳务，可享受增值税即征即退政策，退税比例包括30%、50%、70%和100%4个档次。

2. 具体规定

(1)退税条件。纳税人申请享受即征即退政策时,需要满足《资源综合利用产品和劳务增值税优惠目录(2022 年版)》的相关规定,包括再生资源的收购、建立收购台账、产品和劳务不属于国家规定的淘汰类或限制类项目等条件。

(2)处罚与退税限制。已享受增值税即征即退政策的纳税人,如果发生违反生态环境保护法律法规或税收法律法规的行为,将受到处罚,并在一定期限内不得享受即征即退政策。

(3)退税额的计算与退还。纳税人本期已缴增值税额小于本期应退税额不足退还的,可以在本年度内以前纳税期已缴增值税额扣除已退增值税额的余额中退还,仍不足退还的可结转本年度内以后纳税期退还。

(4)纳税信用级别要求。纳税人享受增值税即征即退政策,有纳税信用级别条件要求的,以纳税人申请退税税款所属期的纳税信用级别确定。

(五)综合保税区的试点一般纳税人

(1)试点备案管理。试点实行备案管理制度,符合条件的综合保税区,需提交实施方案至国家税务总局、财政部和海关总署进行备案。

(2)开展试点的条件。综合保税区内企业有开展试点的需求;所在地政府建立了行政管理机构、税务、海关等部门协同推进试点的工作机制;主管税务机关和海关建立了联合监管和信息共享机制;主管税务机关具备开展工作的条件,有专门机构或人员负责相关工作。

(3)试点企业资格。符合增值税一般纳税人登记管理规定的企业,可自愿申请成为试点企业。

(4)税收政策。进口自用设备税收优惠,是指试点企业进口自用设备时,暂免征收进口关税和进口环节增值税。

保税政策,是指除进口自用设备外,购买的特定货物适用保税政策。具体包括:自境外购买的货物或服务;自非试点区域或非试点企业购买的货物或服务;自试点企业购买的未加工的保税品。

销售货物税收,是指向境内区外销售的货物需申报缴纳增值税。

出口退(免)税政策,是指销售的特定货物适用出口退(免)税政策。

(5)特殊监管区域外购进货物。试点企业从特殊监管区域外购进货物,可索取增值税专用发票,作为进项税额的抵扣凭证或出口退税凭证。

(6)出口货物税收。试点企业出口货物,在货物实际离境后申请退税。

(7)进口自用设备税收分摊。暂免的进口税收按海关监管年限平均分摊，年终根据内外销比例进行划分和补征。

(8)信息交换与监管。税务和海关部门需加强税收征管和货物监管的信息交换。

七、纳税义务发生时间和纳税期限

(一)纳税义务发生时间

纳税义务发生时间，是指纳税人发生应税销售行为应当承担纳税义务的起始时间。具体而言，如表2－4所示。

表2－4　销售货物及劳务的纳税义务发生时间

类型	纳税义务发生时间
进口货物	报关进口的当天
直接收款方式	收到款项或者取得索取销售款凭据的当天
托收承付和委托银行收款方式	发出货物并办妥收货手续的当天
赊销和分期收款方式	合同约定的收款日；无合同或者合同没有约定收款日的，为货物发出的当天
预收货款方式	货物发出当天；但对于生产销售工期超过12个月的货物，收到预收款或者书面合同约定的收款日期的当天
委托其他纳税人代销	收到代销清单、全部或者部分货款的当天，最晚不超过发出代销货物满180日的当天
视同销售货物	货物移送的当天
提供租赁服务采取预收款方式的	收到预收款的当天
从事金融商品转让	金融商品所有权转移的当天
视同销售服务、无形资产或者不动产	服务、无形资产转让完成的当天或不动产权属变更的当天

注：先开具发票的，纳税义务发生时间为开具发票的当天。

(二)纳税期限

增值税的纳税期限分别为1日、3日、5日、10日、15日、1个月或者1个季度。纳税人的具体纳税期限，由主管机关根据纳税人应纳税额的多少分别核定。不能按照固定期限缴纳的，可以按照表2－5的期限缴纳。

表 2－5　增值税纳税及报缴税款期限

纳税期限	报缴税款期限
以 1 日、3 日、5 日、10 日或者 15 日为一期纳税的	自期满之日起 5 日内预缴税款，于次月 1 日起 15 日内申报纳税并结清上月应纳税款
以 1 个月或者 1 个季度为一期纳税的	自期满之日起 15 日内申报纳税

八、纳税地点

纳税地点具体如表 2－6 所示。

表 2－6　纳税地点

纳税人类型	纳税地点
固定业户	1. 机构所在地：固定业户通常在其机构所在地进行税务登记，并在其所在地申报和缴纳增值税。 2. 总分机构不在同一县市：如果总机构和分支机构不在同一县市，它们通常需要分别在其所在地纳税。但在某些情况下，如果得到税务机关的批准，它们可以选择汇总纳税。 3. 到外县市经营：如果固定业户到外县市临时开展业务，它应当向其机构所在地的税务机关进行申报。如果未在机构所在地申报，则应当向销售地或劳务发生地的税务机关申报。如果两者都未申报，最终由机构所在地的税务机关补征税款（《增值税暂行条例》第 22 条）
非固定业户	销售地、应税行为发生地纳税，未申报的由机构所在地或居住地主管税务机关补征
进口货物纳税人	报关地海关
非居民企业	机构所在地或居住地（如果在中国境内设立两个或两个以上机构、场所，并且符合条件，可以选择由其主要机构、场所汇总缴纳企业所得税）

九、增值税发票的使用与管理

增值税纳税人发生应税销售行为，应使用增值税发票管理系统分别开具增值税专用发票、增值税普通发票、增值税电子普通发票、机动车销售统一发票。

（一）增值税专用发票

增值税专用发票由三联构成：发票联、抵扣联和记账联，分别服务于购买方的成本核算、税务机关的认证以及销售方的收入核算。一般纳税人在发生应税销售行为时，可以汇总开具专用发票，并通过防伪税控系统开具清单。然而，对于会计核算不健全或存在税收违法行为的纳税人,领购专用发票将受到限制。

(二)增值税普通发票与增值税电子普通发票

增值税普通发票的格式与专用发票保持一致,但使用范围和效力有所不同。此外,随着电子发票的推广,增值税电子普通发票允许纳税人和购买方自行打印版式文件,具有与纸质发票相同的法律效力。目前,全国税务系统正在积极推进全面数字化的电子发票(简称数电票)的使用,更进一步推动了税收征管数字化、现代化的进程。

(三)机动车销售统一发票

机动车销售统一发票是一种特殊的六联式发票,每联具有不同的颜色和用途。自2006年8月起,机动车零售业务必须使用这种统一发票,并采用特定的税额计算公式。

增值税税额 = 价税合计 - 不含税价

不含税价 = 价税合计 ÷ (1 + 增值税税率或征收率)

这里的价税合计指的是机动车销售时,销售方给出的总金额,包括了机动车的售价和应纳的增值税额。不含税价则是机动车的售价本身,不包含增值税部分。增值税税率或征收率根据具体销售情况和国家规定的税率确定。

(四)代开增值税专用发票的管理

代开增值税专用发票是税务机关为小规模纳税人提供的一项服务。使用防伪税控代开票系统开具的发票,具有防伪功能,确保了发票的真实性和合法性。

(五)抵扣限制情形

在某些情况下,增值税专用发票不得作为进项税额的抵扣凭证。这些情形包括发票无法认证、纳税人识别号认证不符、发票代码或号码认证不符,以及丢失发票联和抵扣联的情况。在这些情况下,纳税人需要依照规定使用复印件或其他凭证进行抵扣或记账。

(六)虚开增值税专用发票处理

虚开增值税专用发票是严重的税务违法行为。税务机关将根据虚开金额是否已申报缴纳增值税来决定是否需要补缴税款,并依据相关法律法规进行处罚。

(七)善意取得虚开的增值税专用发票处理

纳税人如果善意取得虚开的增值税专用发票,即在不知情的情况下取得了非法手段获得的发票,税务机关提供了重新取得合法发票抵扣进项税款的机会。如果无法重新取得,将不允许抵扣进项税款或需追缴已抵扣的税款。

(八)走逃(失联)企业开具的增值税专用发票

在增值税管理体系中,走逃(失联)企业是一个特殊而关键的概念,指的是那些不履行税收义务并且脱离税务机关监管的企业。这些企业可能通过不正当手段逃避税收责任,给国家税收和经济秩序带来严重影响。企业若通过各种手段逃避税务监管,包括但不限于隐匿经营场所、不回应税务机关的联系、不按规定申报税款等,可能被认定为走逃(失联)企业。

走逃(失联)企业在存续期间若存在如购销背离、虚假申报等情形,其开具的增值税专用发票将被列为异常凭证。异常凭证将不能作为正常的增值税扣税凭证,税务机关会对这些发票进行特别标注和管理。若受票方(购买方)取得的发票被认定为异常凭证,可能无法用于正常的进项税额抵扣,从而影响其税负。走逃(失联)企业及其负责人将面临法律追责,包括补缴税款、滞纳金以及可能的行政处罚或刑事责任。

(九)虚开增值税发票的法律责任

根据《刑法》第205条的规定以及最高人民检察院、公安部发布的相关追诉规定,虚开增值税专用发票、普通发票的,符合规定条件的,将会被追究刑事责任。①

第三节　消费税法

案例研讨

甲卷烟厂为增值税一般纳税人,2019年5月发生的业务如下:

(1)采用分期收款的方式销售A类卷烟180箱,销售额为650万元,合同约定当月收取价款的70%,实际收到40%。采用直接收款的方式销售B类卷烟80箱,销售额为380万元。

(2)进口一批烟丝,价款为300万元,甲卷烟厂另行承担并支付运抵我国口岸前的运输和保险费用8万元。

(3)将200箱B类卷烟转移给下设的非独立核算门市部,门市部当月将其销售,取得销售额900万元。

(4)外购一批烟丝,增值税专用发票上注明价款165万元,税额21.45万元,当月将80%用于继续生产卷烟。

---

① 2024年3月15日,最高人民法院、最高人民检察院联合发布《关于办理危害税收征管刑事案件适用法律若干问题的解释》,对虚开增值税发票类涉税犯罪刑事案件适用法律进行了解释。该解释自2024年3月20日起施行。

税务机关发现,2019 年 3 月甲厂接受乙厂委托加工一批烟丝,甲厂未代收代缴消费税。已知乙厂提供的烟叶成本为 95 万元,甲厂收取加工费 20 万元,乙厂尚未销售收回的烟丝。

说明:A 类、B 类卷烟均为甲类卷烟,甲类卷烟增值税税率为 13%,消费税税率为 56% 加每箱 150 元,烟丝消费税税率为 30%,进口烟丝关税税率为 10%。以上销售额和费用均不含增值税。

请研讨:

1. 消费税的课税对象是什么?
2. 如何计算消费税的应纳税额?
3. 委托加工条件下怎样代收代缴消费税?
4. 纳税人因受托加工应征消费税的消费品而向委托方收取代收代缴的消费税,是否应缴纳增值税?
5. 受托加工方未代收代缴消费税应承担何种法律责任?

消费税是针对特定的消费品和消费行为所课征的一种商品税。目前世界上大多数国家包括我国均明确采用特定消费税制度,即仅对特定的消费品和消费行为课税,例如,影响生态环境和消耗资源的商品(如汽油、柴油、汽车、轮胎)、不利于消费者身体健康的商品(如烟、酒)以及奢侈品(如贵重首饰、高档手表)等。

作为政府调节生产消费和社会财富再分配的手段,消费税不仅可以保证国家财政收入的稳定增长,还能调节产业结构和消费结构,限制某些奢侈品、高能耗品的生产,正确引导消费。同时,它也体现了一个国家的产业政策和消费政策。

消费税作为一种间接税,在消费品生产、进口或销售环节征收,税款计入商品价金转嫁给消费者负担,纳税义务人与实际负税人分离。由此可以总结出消费税的下列特征:(1)征收范围具有可选择性;(2)征收环节具有单一性;(3)税负具有可转嫁性;(4)征收方法具有灵活性。

1993 年国务院颁布了《中华人民共和国消费税暂行条例》(以下简称《消费税暂行条例》),同年财政部颁布了《中华人民共和国消费税暂行条例实施细则》(以下简称《消费税暂行条例实施细则》)。随着 1994 年的分税制改革,消费税正式开征,我国逐渐形成了有体系的消费税制度。2006 年财政部、国家税务总局发布了《关于调整和完善消费税政策的通知》,为了保护自然资源、限制高档消费,对消费税税目、税率及相关政策进行了调整。2009 年,我国提高了成品油消费税税率。2015 年,我国将卷烟批发环节的从价税率从 5% 提升至 11%,并按 0.005 元/支加征从量税。2016 年,为引导合理消费,促进节能减排,我国对超豪华小汽车在零售环节加征 10% 的消费税。目前,我国的消费税法律依据主要为 2008 年修订的《消费税暂行条例》、《消费税暂行条例实施细则》以及财政部、国家税务总局《关于调整和完善消费税政策的通知》等规范性文件。

一、消费税纳税人和税目

(一)消费税纳税人

消费税的纳税义务人是指在中华人民共和国境内生产、委托加工和进口《消费税暂行条例》规定的消费品的单位和个人,以及国务院确定的销售《消费税暂行条例》规定的消费品的其他单位和个人。

单位是指企业、行政单位、事业单位、军事单位、社会团体及其他单位。

个人是指个体工商户及其他个人。

在中华人民共和国境内是指生产、委托加工和进口应当缴纳消费税的消费品的起运地或者所在地在中华人民共和国境内。

(二)消费税税目

消费税的课税对象是在中国境内消费特定消费品的消费行为,在征收范围上仅选择部分消费品征税,同时也会根据产业政策、经济政策等进行调整。根据《消费税暂行条例》及有关规定,当前消费税税目中的特定消费品包括烟、酒、高档化妆品等 15 类商品,其中部分税目下还进一步划分了若干子税目。

1. 烟

烟税目的征收范围包括全部以烟叶为原料加工生产的产品,下设卷烟、雪茄烟、烟丝、电子烟等子税目。其中卷烟又分为甲类卷烟和乙类卷烟。甲类卷烟是指每标准条(200 支,下同)调拨价格在 70 元(不含增值税)以上的卷烟;乙类卷烟是指每标准条调拨价格在 70 元(不含增值税)以下的卷烟。

2. 酒

酒税目的征收范围包括酒精度在 1 度以上的各种酒类饮料,下设白酒、黄酒、啤酒和其他酒四个子税目。其中,啤酒又分为甲类啤酒和乙类啤酒。啤酒每吨出厂价(含包装物及包装物押金)在 3000 元(含 3000 元,不含增值税)以上的是甲类啤酒,每吨出厂价在 3000 元(不含增值税)以下的是乙类啤酒。对饮食业、商业、娱乐业举办的啤酒屋(啤酒坊)利用啤酒生产设备生产的啤酒,应当征收消费税。

值得注意的是,葡萄酒消费税适用酒税目下的其他酒子税目。葡萄酒是指以葡萄为原料,经破碎(压榨)、发酵而成的酒精度在1度(含)以上的葡萄原酒和成品酒(不含以葡萄为原料的蒸馏酒)。

3. 高档化妆品

化妆品税目的征收范围包括高档美容、修饰类化妆品,高档护肤类化妆品和成套化妆品。

高档美容、修饰类化妆品和高档护肤类化妆品是指生产(进口)环节销售(完税)价格(不含增值税)在10元/毫升(克)或15元/片(张)及以上的美容、修饰类化妆品和护肤类化妆品。

成套化妆品是指由各种用途的化妆品配套盒装而成的系列产品。一般采用精制的金属或塑料盒包装,盒内常备有镜子、梳子等化妆工具,具有多功能性和使用方便的特点。

4. 贵重首饰及珠宝玉石

贵重首饰及珠宝玉石包括以金、银、白金、宝石、珍珠、钻石、翡翠、珊瑚、玛瑙等高贵稀有物质以及其他金属、人造宝石等制作的各种纯金银首饰及镶嵌首饰和经采掘、打磨、加工的各种珠宝玉石。

5. 鞭炮、焰火

鞭炮、焰火通常分为喷花类、旋转类等13类。体育上用的发令纸、鞭炮药引线不按本税目征收。

6. 成品油

成品油税目包括汽油、柴油、石脑油、溶剂油、航空煤油、润滑油、燃料油7个子税目。航空煤油暂缓征收。

汽油是指用原油或其他原料加工生产的辛烷值不小于66的可用作汽油发动机燃料的各种轻质油。

柴油是指用原油或其他原料加工生产的倾点在－50～30号的可用作柴油发动机燃料的各种轻质油和以柴油组分为主,经调和精制可用作柴油发动机燃料的非标油。

石脑油又叫化工轻油,是指以原油或其他原料加工生产的用作化工原料的轻质油。石脑油子税目的征收范围包括除汽油、柴油、航空煤油、溶剂油以外的各种轻质油。

溶剂油是指用原油或其他原料加工生产的用于涂料、油漆、食用油、印刷油墨、皮革、农药、橡胶、化妆品生产和机械清洗、胶粘行业的轻质油。

润滑油是指用原油或其他原料加工生产的用于内燃机、机械加工过程的润滑产品。润滑油分为矿物性润滑油、植物性润滑油、动物性润滑油和化工原料合成润滑油。

燃料油也称重油、渣油，是用原油或其他原料加工生产的，主要用作电厂发电燃料、锅炉燃料、加热炉燃料、冶金和其他工业炉燃料。

7. 小汽车

小汽车是指由动力驱动，具有4个或4个以上车轮的非轨道承载的车辆。本税目的征收范围包括乘用车、中轻型商用客车和超豪华小汽车。值得注意的是，电动汽车不属于本税目征收范围。

8. 摩托车

摩托车税目的征收范围包括轻便摩托车和摩托车两种。

9. 高尔夫球及球具

高尔夫球及球具税目的征收范围包括高尔夫球、高尔夫球杆、高尔夫球包(袋)。高尔夫球杆的杆头、杆身和握把属于本税目的征收范围。

10. 高档手表

高档手表税目的征收范围包括每只销售价格(不含增值税)在10,000元(含)以上的各类手表。

11. 游艇

游艇的征收范围包括艇身长度大于8米(含)小于90米(含)，内置发动机，可以在水上移动，一般为私人或团体购置，主要用于水上运动和休闲娱乐等非牟利活动的各类机动艇。

12. 木制一次性筷子

木制一次性筷子的征收范围包括各种规格的木制一次性筷子。未经打磨、倒角的木制一次性筷子属于本税目征税范围。

13. 实木地板

实木地板的征收范围包括各类规格的实木地板，实木指接地板，实木复合地板及用于装饰墙壁、天棚的侧端面为榫、槽的实木装饰板。未经涂饰的素板也属于本税目征税范围。

14. 电池

电池的征收范围包括原电池、蓄电池、燃料电池、太阳能电池和其他电池。

自2015年2月1日起对电池(铅蓄电池除外)征收消费税；对无汞原电池、金属氢化物镍蓄电池(又称氢镍蓄电池或镍氢蓄电池)、锂原电池、锂离子蓄电池、太阳能电池、燃料电池、全钒液流电池免征消费税。2015 年 12 月 31 日前对铅蓄电池缓征消费税；自 2016 年 1 月 1 日起，对铅蓄电池按 4% 的税率征收消费税。

15. 涂料

涂料是指涂于物体表面能形成具有保护、装饰或特殊性能的固态涂膜的一类液体或固体材料的总称。自 2015 年 2 月 1 日起对涂料征收消费税，施工状态下挥发性有机物（volatile organic compounds，VOC）含量低于 420 克/升（含）的涂料免征消费税。

二、消费税的计税依据和税率

（一）消费税计税依据

根据《消费税暂行条例》的规定，消费税应纳税额的计算分为从价计征、从量计征和从价从量复合计征三种方法。因此，不同计算方法下的消费税计税依据有所不同。

1. 从价计征

在从价计征的计算方法下，应纳税额等于应税消费品销售额乘以适用税率。消费税的计税依据即应税消费品的销售额。

销售额为纳税人销售应税消费品向购买方收取的全部价款和价外费用。价外费用是指价外向购买方收取的手续费、补贴、基金、集资费、返还利润、奖励费、违约金、滞纳金、延期付款利息、赔偿金、代收款项、代垫款项、包装费、包装物租金、储备费、优质费、运输装卸费以及其他各种性质的价外收费，但下列项目不包括在内：

（1）同时符合以下条件的代垫运输费用：

①承运部门的运输费用发票开具给购买方的。

②纳税人将该项发票转交给购买方的。

（2）同时符合以下条件的代为收取的政府性基金或者行政事业性收费：

①由国务院或者财政部批准设立的政府性基金，由国务院或者省级人民政府及其财政、价格主管部门批准的行政事业性收费。

②收取时开具省级以上财政部门印制的财政票据。

③所收款项全额上缴财政。

其他价外费用无论是否属于纳税人的收入，均应并入销售额征税。

纳税人销售应税消费品以外汇结算销售额的，其销售额的人民币折合率可以选择结算当天或者当月 1 日的国家外汇牌价（原则上为中间价）。

值得注意的是，应税消费品在缴纳消费税的同时，与一般货物一样，还应缴纳增值税。按照《消费税暂行条例实施细则》的规定，应税消费品的销售额不包括应向购货方收取的增值税税款。纳税人应税消费品的销售额中未扣除增值税税款或者因不得开具增值税专用发票而发生价款和增值税税款合并收取的,在计算消费税时应将含增值税税款的销售额换算为不含增值税税款的销售额。其换算公式为:

应税消费品的销售额 = 含增值税的销售额 ÷ (1 + 增值税税率或者征收率)

2. 从量计征

在从量计征的计算方法下,应纳税额等于应税消费品销售数量乘以单位税额。消费税的计税依据即应税消费品的销售数量。

销售数量是指应税消费品的数量。具体为:

(1) 销售应税消费品的,为应税消费品的销售数量。

(2) 自产自用应税消费品的,为应税消费品的移送使用数量。

(3) 委托加工应税消费品的,为纳税人收回的应税消费品数量。

(4) 进口应税消费品的,为海关核定的应税消费品进口征税数量。

3. 从价从量复合计征

现行消费税的征收范围中,只有卷烟、白酒采用复合计征方法。应纳税额等于应税销售数量乘以定额税率再加上应税销售额乘以比例税率。

其中,生产销售卷烟、白酒从量定额计税依据为实际销售数量。进口、委托加工、自产自用卷烟、白酒从量定额计税依据分别为海关核定的进口征税数量、委托方收回数量、移送使用数量。

4. 关于计税依据的特殊规定

(1) 卷烟最低计税价格的核定

自 2012 年 1 月 1 日起,卷烟消费税最低计税价格核定范围为卷烟生产企业在生产环节销售的所有牌号、规格的卷烟。

最低计税价格由国家税务总局按照卷烟批发环节销售价格扣除卷烟批发环节批发毛利核定并发布。最低计税价格的核定公式为:

某牌号、规格卷烟计税价格 = 批发环节销售价格 × (1 − 适用批发毛利率)

(2) 白酒最低计税价格的核定

白酒生产企业将白酒销售给销售单位或纳税人将委托加工收回的白酒销售给销售单位,消费税计税价格低于销售单位对外销售价格(不含增值税)70% 的,税务机关应核定消费税最低计税价格,核定比例统一确定为销售单位对外销售价格的 60%。

已核定最低计税价格的白酒,生产企业实际销售价格高于消费税最低计税价格的,按实际销售价格申报纳税;实际销售价格低于消费税最低计税价格的,按最低计税价格申报纳税。

（二）消费税税率

消费税税率分为比例税率和定额税率两种形式，根据不同的税目或子税目确定相应的税率或单位税额。根据《消费税暂行条例》的规定，大部分应税消费品适用比例税率，如雪茄烟税率为36%，高档化妆品税率为15%等。黄酒、啤酒、成品油按单位重量或单位体积确定单位税额。卷烟、白酒适用比例税率和定额税率双重征收的方式。根据《消费税暂行条例》《消费税暂行条例实施细则》及财政部、国家税务总局相关文件的规定，目前消费税各税目及子税目对应的税率或单位税额如表2－7所示。

表2－7 消费税税目对应税率(额)

税目	税率(额)
一、烟	
1. 卷烟	
(1)甲类卷烟	56% +0.003元/支
(2)乙类卷烟	36% +0.003元/支
(3)批发环节	11% +0.005元/支
2. 雪茄烟	36%
3. 烟丝	30%
4. 电子烟	
(1)生产(进口)环节	36%
(2)批发环节	11%
二、酒	
1. 白酒	20% +0.500元/500克(或500毫升)
2. 黄酒	240元/吨
3. 啤酒	
(1)甲类啤酒	250元/吨
(2)乙类啤酒	220元/吨
(3)娱乐业、饮食业自制啤酒	250元/吨
4. 其他酒	10%
三、高档化妆品	15%(不包括舞台、戏剧、影视演员化妆用的上妆油、卸妆油、油彩)
四、贵重首饰及珠宝玉石	
1. 金银首饰、铂金首饰和钻石及饰品(零售)	5%
2. 其他贵重首饰和珠宝玉石	10%
五、鞭炮、焰火	15%(不包括体育上用的发令纸、鞭炮药引线)

续表

税目	税率(额)
六、成品油 1. 汽油 2. 柴油 3. 航空煤油 4. 石脑油 5. 溶剂油 6. 润滑油 7. 燃料油	 1.52 元/升 1.20 元/升 1.20 元/升(暂停征收) 1.52 元/升 1.52 元/升 1.52 元/升(不包括变压器油导热类油) 1.20 元/升
七、小汽车 1. 乘用车 (1)气缸容量在 1.0 升以下的 (2)气缸容量在 1.0 升以上至 1.5 升的 (3)气缸容量在 1.5 升以上至 2.0 升的 (4)气缸容量在 2.0 升以上至 2.5 升的 (5)气缸容量在 2.5 升以上至 3.0 升的 (6)气缸容量在 3.0 升以上至 4.0 升的 (7)气缸容量在 4.0 升以上的 2. 中轻型商用客车 3. 超豪华小汽车(零售)	 1% 3% 5% 9% 12% 25% 40% 5% 零售价≥130 万元/辆,零售环节加征 10%
八、摩托车 1. 气缸容量为 250 毫升的 2. 气缸容量为 250 毫升以上的	 3% 10%
九、高尔夫球及球具	10%
十、高档手表	20%(每只不含增值税)销售价格≥10,000 元
十一、游艇	10%(艇身大于 8 米小于 90 米)
十二、木制一次性筷子	5%(竹制不征)
十三、实木地板	5%
十四、电池	4%(对无汞原电池、金属氢化物镍蓄电池、锂原电池、锂离子蓄电池、太阳能电池、燃料电池和全钒液流电池免征)
十五、涂料	4%(对施工状态下挥发性有机物含量低于 420 克/升的涂料免征)

纳税人兼营不同税率的应税消费品,应当分别核算不同税率应税消费品的销售额

和销售数量。未分别核算销售额、销售数量,或者将不同税率的应税消费品组成成套消费品销售的,从高适用税率。

例如,某酒厂同时生产单位税额为240元/吨的黄酒和单位税额为220元/吨的乙类啤酒,该酒厂应分别核算黄酒与啤酒的销售量,并按照各自适用的单位税额计税;如未分别核算各自的销售量,则乙类啤酒也按照黄酒的单位税额计税。该规定旨在督促纳税企业对不同税率的应税消费品的税基分别核算,精确纳税。

三、应纳税额的计算

(一)生产销售环节应纳消费税的计算

纳税人在生产销售环节应缴纳的消费税,包括直接对外销售应税消费品应缴纳的消费税和自产自用应税消费品应缴纳的消费税。

1. 直接对外销售应纳消费税的计算

直接对外销售应税消费品涉及三种计算方法。

(1)从价计税

在从价定率计算方法下,应纳消费税额等于销售额乘以适用税率。基本计算公式为:

应纳税额 = 应税消费品的销售额 × 比例税率

(2)从量计税

在从量定额计算方法下,应纳税额等于应税消费品的销售数量乘以单位税额。基本计算公式为:

应纳税额 = 应税消费品的销售数量 × 定额税率

(3)从价和从量复合计税

现行消费税的征收范围中,只有卷烟、白酒采用复合计算方法。基本计算公式为:

应纳税额 = 应税消费品的销售数量 × 定额税率 + 应税消费品的销售额 × 比例税率

2. 自产自用应纳消费税的计算

所谓自产自用,就是纳税人生产应税消费品后,不是用于直接对外销售,而是用于自己连续生产应税消费品或用于其他方面。

(1)用于连续生产应税消费品

纳税人自产自用的应税消费品,用于连续生产应税消费品的,不纳税。所谓"纳税人自产自用的应税消费品,用于连续生产应税消费品的",是指作为生产最终应税消费品的直接材料并构成最终产品实体的应税消费品。

(2)用于其他方面的应税消费品

纳税人自产自用的应税消费品,除用于连续生产应税消费品外,凡用于其他方面应当纳税的,按照纳税人生产的同类消费品的销售价格计算纳税。同类消费品的销售价格是指纳税人当月销售的同类消费品的销售价格,如果当月同类消费品各期销售价格高低不同,应按销售数量加权平均计算。但销售的应税消费品有下列情况之一的,不得列入加权平均计算:(1)销售价格明显偏低又无正当理由的;(2)无销售价格的。

如果当月无销售或者当月未完结,应按照同类消费品上月或者最近月份的销售价格计算纳税。没有同类消费品销售价格的,按照组成计税价格计算纳税。

实行从价定率办法计算纳税的组成计税价格,其计算公式为:

组成计税价格 = (成本 + 利润) ÷ (1 - 比例税率)

应纳税额 = 组成计税价格 × 比例税率

实行复合计税办法计算纳税的组成计税价格,其计算公式为:

组成计税价格 = (成本 + 利润 + 自产自用数量 × 定额税率) ÷ (1 - 比例税率)

应纳税额 = 组成计税价格 × 比例税率 + 自产自用数量 × 定额税率

(二)委托加工环节应税消费品应纳税额的计算

企业、单位或个人由于设备、技术、人力等方面的局限或其他方面的原因,常常要委托其他单位代为加工应税消费品,然后,将加工好的应税消费品收回,直接销售或自己使用。这是生产应税消费品的另一种形式,也需要纳入征收消费税的范围。按照规定,委托加工的应税消费品,由受托方(受托方是个人的除外,下同)在向委托方交货时代收代缴税款。

委托加工的应税消费品,按照受托方的同类消费品的销售价格计算纳税,同类消费品的销售价格是指受托方(代收代缴义务人)当月销售的同类消费品的销售价格,如果当月同类消费品各期销售价格高低不同,应按销售数量加权平均计算。但销售的应税消费品有下列情况之一的,不得列入加权平均计算:(1)销售价格明显偏低又无正当理由的;(2)无销售价格的。

如果当月无销售或者当月未完结,应按照同类消费品上月或者最近月份的销售价格计算纳税。没有同类消费品销售价格的,按照组成计税价格计算纳税。

实行从价定率办法计算纳税的组成计税价格,其计算公式为:

组成计税价格 = (材料成本 + 加工费) ÷ (1 - 比例税率)

实行复合计税办法计算纳税的组成计税价格,其计算公式为:

组成计税价格 = (材料成本 + 加工费 + 委托加工数量 × 定额税率) ÷ (1 - 比例税率)

（三）进口环节应纳消费税的计算

纳税人进口应税消费品，按照组成计税价格和规定的税率计算应纳税额，计算方法如下。

1. 实行从价定率办法应纳税额的计算

应纳税额计算公式为：

组成计税价格＝（关税完税价格＋关税）÷（1－消费税比例税率）

应纳税额＝组成计税价格×消费税比例税率

2. 实行从量定额办法应纳税额的计算

应纳税额计算公式为：

应纳税额＝应税消费品数量×消费税定额税率

3. 实行从价定率和从量定额复合计税办法应纳税额的计算

应纳税额计算公式为：

组成计税价格＝（关税完税价格＋关税＋进口数量×消费税定额税率）÷（1－消费税比例税率）

应纳税额＝组成计税价格×消费税比例税率＋应税消费品进口数量×消费税定额税率

（四）特殊商品及环节应纳消费税的计算

1. 电子烟生产、批发等环节应纳消费税的计算

电子烟实行从价定率的办法计算税额，生产（进口）环节的税率为36%，批发环节的税率为11%。纳税人生产、批发电子烟的，按照生产、批发电子烟的销售额计算税额；电子烟生产环节纳税人采用代销方式销售电子烟的，按照经销商（代理商）销售给电子烟批发企业的销售额计算税额；纳税人进口电子烟的，按照组成计税价格计算税额。

电子烟生产环节纳税人从事电子烟代加工业务的，应当分开核算持有商标电子烟的销售额和代加工电子烟的销售额；未分开核算的，一并缴纳消费税。纳税人出口电子烟，适用出口退（免）税政策；财政部、海关总署、税务局《关于对电子烟征收消费税的公告》将电子烟增列至《边民互市进口商品不予免税清单》并照章征税。

除上述规定外，个人携带或者寄递进境电子烟的消费税征收，按照国务院有关规定执行。

2. 卷烟批发环节应纳消费税的计算

纳税人销售给纳税人以外的单位和个人的卷烟于销售时纳税。纳税人之间销售

的卷烟不缴纳消费税。其征收范围为纳税人批发销售的所有牌号、规格的卷烟。其税率标准为从价税税率11%，从量税税率0.005元/支。其纳税依据为纳税人批发卷烟的销售额（不含增值税）、销售数量。纳税人应将卷烟销售额与其他商品销售额分开核算，未分开核算的，一并征收消费税。

纳税人兼营卷烟批发和零售业务的，应当分别核算批发和零售环节的销售额、销售数量；未分别核算批发和零售环节销售额、销售数量的，按照全部销售额、销售数量计征批发环节消费税。卷烟消费税在生产和批发两个环节征收后，批发企业在计算纳税时不得扣除已含的生产环节的消费税税款。

3. 超豪华小汽车零售环节应纳消费税的计算

自2016年12月1日起，在生产（进口）环节按现行税率征收消费税的基础上，超豪华小汽车在零售环节加征一道消费税。征税范围为每辆零售价格130万元（不含增值税）及以上的乘用车和中轻型商用客车，即乘用车和中轻型商用客车子税目中的超豪华小汽车，税率为10%。计算公式为：

应纳税额＝零售环节销售额（不含增值税）×零售环节税率

国内汽车生产企业直接销售给消费者的超豪华小汽车，消费税税率按照生产环节税率和零售环节税率加总计算。其消费税应纳税额计算公式为：

应纳税额＝销售额（不含增值税）×（生产环节税率＋零售环节税率）

（五）已纳消费税扣除的计算

为了避免重复征税，现行法律法规规定，将外购应税消费品和委托加工收回的应税消费品用于继续生产应税消费品销售的，可以将外购应税消费品和委托加工收回的应税消费品已缴纳的消费税予以扣除。

1. 当期准予扣除外购应税消费品已纳消费税税款的计算公式

当期准予扣除的外购应税消费品已纳税款＝当期准予扣除的外购应税消费品买价×外购应税消费品适用税率

当期准予扣除的外购应税消费品买价＝期初库存的外购应税消费品的买价＋当期购进的应税消费品买价－期末库存的外购应税消费品的买价

另外，根据《葡萄酒消费税管理办法（试行）》的规定，自2015年5月1日起，从葡萄酒生产企业购进、进口葡萄酒连续生产应税葡萄酒的，准予从葡萄酒消费税应纳税额中扣除所耗用应税葡萄酒已纳消费税税款。本期消费税应纳税额不足抵扣的，余额留待下期抵扣。

2. 当期准予扣除委托加工收回的应税消费品已纳消费税税款的计算公式

当期准予扣除的委托加工应税消费品已纳税款 = 期初库存的委托加工应税消费品已纳税款 + 当期收回的委托加工应税消费品已纳税款 − 期末库存的委托加工应税消费品已纳税款

纳税人以外购、进口、委托加工收回的应税消费品（以下简称外购应税消费品）为原料连续生产应税消费品，准予按现行政策规定抵扣外购应税消费品已纳消费税税款。经主管税务机关核实上述外购应税消费品未缴纳消费税的，纳税人应将已抵扣的消费税税款从核实当月允许抵扣的消费税中冲减。

纳税人用外购或委托加工收回的已税珠宝、玉石生产的改在零售环节征收消费税的金银首饰，在计税时一律不得扣除买价或委托加工收回的珠宝、玉石的已纳消费税税款。

（六）消费税出口退税的计算

纳税人出口应税消费品，免征消费税；国务院另有规定的除外。

1. 出口免税并退税

有出口经营权的外贸企业购进应税消费品直接出口，以及外贸企业受其他外贸企业委托代理出口应税消费品可享受出口退（免）税。外贸企业只有受其他外贸企业委托代理出口应税消费品才可办理退税，外贸企业受其他企业（主要是非生产性的商贸企业）委托代理出口应税消费品是不予退（免）税的。

属于从价定率计征消费税的，退税计税依据为已征且未在内销应税消费品应纳税额中抵扣的购进出口货物金额。属于从量定额计征消费税的，退税计税依据为已征且未在内销应税消费品应纳税额中抵扣的购进出口货物数量。属于复合计征消费税的，应退税额按从价定率和从量定额的退税计税依据分别确定，公式为：

消费税应退税额 = 从价定率计征消费税的退税计税依据 × 比例税率 + 从量定额计征消费税的退税计税依据 × 定额税率

出口货物的消费税应退税额的计税依据，根据购进出口货物的消费税专用缴款书和海关进口消费税专用缴款书确定。

2. 出口免税但不退税

有出口经营权的生产企业自营出口或生产企业委托外贸企业代理出口自产的应税消费品，依据其实际出口数量免征消费税，不予办理退还消费税。免征消费税是指对生产企业按其实际出口数量免征生产环节的消费税。因免征生产环节的消费税，该应税消费品出口时，已不含有消费税，所以无须退还消费税。

3. 出口不免税也不退税

除生产企业、外贸企业外的其他企业，具体是指一般商贸企业，委托外贸企业代理出口应税消费品一律不予退(免)税。

四、征收管理

(一)纳税义务发生时间

消费税纳税义务发生的时间，以货款结算方式或行为发生时间分别确定。纳税人销售应税消费品，其纳税义务的发生时间为：

1. 纳税人采取赊销和分期收款结算方式的，为书面合同约定的收款日期的当天，书面合同没有约定收款日期或者无书面合同的，为发出应税消费品的当天。

2. 纳税人采取预收货款结算方式的，为发出应税消费品的当天。

3. 纳税人采取托收承付和委托银行收款方式的，为发出应税消费品并办妥托收手续的当天。

4. 纳税人采取其他结算方式的，为收讫销售款或者取得索取销售款凭据的当天。

5. 纳税人自产自用应税消费品的，为移送使用的当天。

6. 纳税人委托加工应税消费品的，为纳税人提货的当天。

7. 纳税人进口应税消费品的，为报关进口的当天。

(二)纳税期限

按照《消费税暂行条例》的规定，消费税的纳税期限分别为 1 日、3 日、5 日、10 日、15 日、1 个月或者 1 个季度。纳税人的具体纳税期限，由主管税务机关根据纳税人应纳税额的大小分别核定；不能按照固定期限纳税的，可以按次纳税。

纳税人以 1 个月或者 1 个季度为 1 个纳税期的，自期满之日起 15 日内申报纳税；以 1 日、3 日、5 日、10 日或者 15 日为 1 个纳税期的，自期满之日起 5 日内预缴税款，于次月 1 日起 15 日内申报纳税并结清上月应纳税款。

纳税人进口应税消费品，应当自海关填发海关进口消费税专用缴款书之日起 15 日内缴纳税款。

如果纳税人不能按照规定的纳税期限依法纳税，将按《税收征收管理法》的有关规定处理。

(三)纳税地点

消费税具体纳税地点为：

1. 纳税人销售的应税消费品，以及自产自用的应税消费品，除国务院财政、税务主管部门另有规定外，应当向纳税人机构所在地或者居住地的主管税务机关申报纳税。

2. 委托加工的应税消费品,除受托方为个人外,由受托方向机构所在地或者居住地的主管税务机关解缴消费税税款。委托个人加工的应税消费品,由委托方向其机构所在地或居住地主管税务机关申报纳税。

3. 进口的应税消费品,应当向报关地海关申报纳税。

4. 纳税人到外县(市)销售或者委托外县(市)代销自产应税消费品的,于应税消费品销售后,向机构所在地或者居住地主管税务机关申报纳税。

纳税人的总机构与分支机构不在同一县(市),但在同一省(自治区、直辖市)范围内,经省(自治区、直辖市)财政厅(局)、国家税务局审批同意,可以由总机构汇总向总机构所在地的主管税务机关申报缴纳消费税。省(自治区、直辖市)财政厅(局)、国家税务局应将审批同意的结果上报财政部、国家税务总局备案。

第四节 关 税 法

案例研讨

2014 年年初,大海公司向发改委申请获得农产品进口关税配额证、关税配额外优惠关税税率进口棉花配额证各一份。大海公司凭上述关税配额证申领加工贸易手册;凭农产品进口关税配额证申报进口 500 吨未梳的棉花,申报税号 5201000001;凭关税配额外优惠关税税率进口棉花配额证申报进口 500 吨未梳的棉花,申报税号 5201000080。大海公司以"一日游"方式出口棉纱复进口并缴纳关税和增值税,完成核销。同时大海公司将上述保税棉花擅自销售,被认定为走私。

法院判决认为:"依据相关法律规定,走私进口关税配额农产品,按关税配额量外进口适用的税率计算偷逃金额。故本案适用 40% 的关税税率并无不当……"

请研讨:

1. 是否存在关税配额内的走私?

2. 关税配额内走私与普通走私的区别。

一、概述

关税是指国家授权海关对出入关境的货物和物品征收的一种税。关境又称海关境域或关税领域，是一国海关法全面实施的领域。在通常情况下，关境与国境相一致，包括国家全部的领土、领海、领空。但如果一国国境内设立了自由港、自由贸易区等，这些区域就进出口关税而言则处在关境之外。与此同时，一个国家还可能设立多个关境，各关境之间的货物或物品往来仍然需要征收进出口关税。例如，根据《中华人民共和国香港特别行政区基本法》和《中华人民共和国澳门特别行政区基本法》的规定，香港特别行政区和澳门特别行政区保持自由港地位，是我国单独的关境区。如果国家之间结成关税同盟，实施统一的关税法令和统一的对外税则，那么这些国家之间的货物往来不征收关税，而只对来自或运往其他国家的货物在进出共同关境时征收关税。例如，欧盟就组成了一个共同关境，其范围大于任何一个成员的国境。

从理论上说，关税包括进口税、出口税和过境税三种。进口税是指一国海关对进口货物和物品征收的关税。进口税有正税和附加税之分。进口正税是按照关税税则中法定的税率征收的进口税。进口附加税是在征收进口正税的基础上有针对性地加征的临时性关税，如反倾销税、反补贴税、报复性关税、紧急进口税。出口税是指本国货物或物品出境时需要缴纳的一种关税。目前，大部分国家都已经废止了出口税。过境税是指对通过本国关境运输的货物所征收的一种关税。过境税在重商主义时代比较盛行，目的是增加财政收入。目前开征过境税的国家极少，世界贸易组织（World Trade Organization，WTO）也严格禁止成员开征任何形式的过境税。

我国关税分为进口税和出口税两类。进口税的征收范围较广，但出口税仅对少数物品征收。现行关税法以《中华人民共和国海关法》（以下简称《海关法》）、《中华人民共和国关税法》（以下简称《关税法》）、《中华人民共和国进出口税则(2024)》（以下简称《进出口税则》）为基本法规。《海关法》自 1987 年 7 月 1 日起生效，2000 年 7 月、2013 年 6 月、2013 年 12 月、2016 年 11 月、2017 年 11 月、2021 年 4 月予以修改。《关税法》于 2024 年 4 月 26 日通过，自 2024 年 12 月 1 日起施行。① 《关税法》所附《进出口税则》由国务院关税税则委员会发布，与《关税法》同步施行，以适应进出口商品税率调整的需要。

二、课税对象及纳税义务人

关税的课税对象仅限于准许进出境的货物或物品。货物是指贸易性的进出口商品；物品是指非贸易性的进出口商品，包括入境旅客随身携带的行李物品，个人邮递进

---

① 2024 年 4 月 26 日，第十四届全国人大常委会第九次会议表决通过《关税法》，自 2024 年 12 月 1 日起施行，《中华人民共和国进出口关税条例》同时废止。

境的物品,各种运输工具上的服务人员携带的进口物品、馈赠物品以及以其他方式进境的个人物品。关税在货物或物品进出关境的环节一次性征收。货物或物品入境后,其在国内流通的任何环节均不再征收关税。

《关税法》仅对进境物品关税征收作出原则性规定。在维持对超过个人合理自用数量的进境物品按照进口货物征收关税的基础上,授权国务院规定(个人合理自用的)进境物品的关税简易征收办法和免征关税数额,报全国人大常委会备案。《关税法》第5条第1款、第2款规定,个人合理自用的进境物品,按照简易征收办法征收关税。超过个人合理自用数量的进境物品,按照进口货物征收关税。个人合理自用的进境物品,在规定数额以内免征关税。该条规定意为,超过"合理自用数量"的物品,按货物税计征,只要超过合理数量,不管是不是自用物品,都应按货物征税。

进口货物的收货人、出口货物的发货人、进境物品的携带人或者收件人,是关税的纳税人。进出口货物的收、发货人是依法取得对外贸易经营权,并进口或者出口货物的法人或者其他社会团体。进出境物品的所有人包括该物品的所有人和推定为所有人的人。在一般情况下,对携带进境的物品,推定其携带人为所有人;对分离运输的行李,推定相应的进出境旅客为所有人;对以邮递方式进境的物品,推定其收件人为所有人;对以邮递或其他运输方式出境的物品,推定其寄件人或托运人为所有人。

《关税法》第3条第2款明确规定了跨境电商关税扣缴义务人制度:"从事跨境电子商务零售进口的电子商务平台经营者、物流企业和报关企业,以及法律、行政法规规定负有代扣代缴、代收代缴关税税款义务的单位和个人,是关税的扣缴义务人。"跨境电商近年来蓬勃发展,但是其法规依据主要为商务部、发展改革委、财政部、海关总署、税务总局、市场监管总局发布的《关于完善跨境电子商务零售进口监管有关工作的通知》(商财发〔2018〕486号)等低层级规定,且该业务模式下涉及的多个主体中孰为扣缴义务人的问题长期未能得到解决,扼制了行业的发展。《关税法》第3条明确了跨境电商模式下各参与主体的扣缴义务。不仅如此,跨境电商平台经营者负有对进口商品关税的代扣代缴义务,应扣未扣、应收未收,造成税款流失风险的,海关可以对平台企业处以相应税款50%~300%的罚款,跨境电商平台企业未代扣代缴税款的法律责任不容忽视。

三、关税的税目与税率

《关税法》对原产地制度进行了规定,将原规定于《中华人民共和国进出口货物原产地条例》的原产地认定规则上升为法律层级。随着《区域全面经济伙伴关系协定》的实施,原产地规则成为越来越多市场主体理解和应用的重要规则。《关税法》明确了海关可以依申请或者依职权确定原产地,概括了确认原产地的最核心的准则,更规定了无法确认原产地时税率适用的规则,在立法技术上实现了原产地这一重要技术事实和法律事实的认定逻辑,对于税率计核、海关执法、案件处理都有着重要的指导意义。

关税税目和税率的确定需要借助海关进出口税则。海关进出口税则是一国政府根据国家关税政策和经济政策,通过一定的立法程序制定、公布、实施的进出口货物和物品应税的关税税率表。进出口税则以税率表为主体,通常还包括实施税则的法令、适用税则的有关说明和附录等。《进出口税则》是我国海关征收关税的法律依据,也是我国关税政策的具体体现。

(一)关税的税目

在《进出口税则》中,税率表是主体,它包括税则商品分类目录和税率栏两大部分。我国目前实施以《商品名称及编码协调制度》(Harmonized Commodity Description and Coding System)为基础的进出口税则。《商品名称及编码协调制度》由海关合作理事会(1994 年 1 月改名为世界海关组织)组织编制,采用国际公认的语言,按照商品的自然属性、成分、用途、加工程度或制造阶段等对商品进行分类编码,是一部科学、系统的国际贸易商品分类体系。不同编码的商品实际上就是不同的关税税目。

我国现行《进出口税则》采用八位编码法,由税则号列(以下简称税号)和目录条文等组成。其中,税号在税号栏中列示,目录条文在货品名称栏中列示。税号前六位数字及对应的目录条文与《商品名称及编码协调制度》保持一致;第七、八位数字及对应的目录条文是依据《商品名称及编码协调制度》的分类原则和方法,根据我国实际需要而制定的。关税税目适用规则包括归类规则等。进口货物的商品归类,应当按照《进出口税则》规定的目录条文和归类总规则、类注、章注、子目注释、本国子目注释以及其他归类注释确定,并归入相应的税号。

(二)进口关税税率

我国加入 WTO 之后,自 2002 年 1 月 1 日起,进口税则设有最惠国税率、协定税率、特惠税率、普通税率、关税配额税率等税率,对进口货物在一定期限内还可以实行暂定税率。

我国《关税法》第 12 条规定,原产于共同适用最惠国待遇条款的世界贸易组织成员的进口货物,原产于与中华人民共和国缔结或者共同参加含有相互给予最惠国待遇条款的国际条约、协定的国家或者地区的进口货物,以及原产于中华人民共和国境内的进口货物,适用最惠国税率;原产于与中华人民共和国缔结或者共同参加含有关税优惠条款的国际条约、协定的国家或者地区且符合国际条约、协定有关规定的进口货物，适用协定税率；原产于中华人民共和国给予特殊关税优惠安排的国家或者地区且符合国家原产地管理规定的进口货物，适用特惠税率；原产于适用最惠国税率、协定税率、特惠税率的国家或者地区以外的国家或者地区的进口货物，以及原产地不明的进口货物，适用普通税率。

根据经济发展需要，国家对部分进口原材料、零部件、农药原药和中间体、乐器及生产设备实行暂定税率。适用最惠国税率、协定税率、特惠税率、关税配额税率的进口货物在一定期限内可以实行暂定税率。适用普通税率的进口货物不适用暂定税率。同时，对部分进口农产品和化肥产品实行关税配额，即一定数量内的上述进口商品适用税率较低的配额内税率，超出该数量的进口商品适用税率较高的配额外税率。

根据《关税法》第 17 条和第 18 条的规定，任何国家或者地区不履行与我国缔结或者共同参加的国际条约、协定中的最惠国待遇条款或者关税优惠条款，国务院关税税则委员会可以提出按照对等原则采取相应措施的建议，报国务院批准后执行；任何国家或者地区违反与我国缔结或者共同参加的国际条约、协定，对我国在贸易方面采取禁止、限制、加征关税或者其他影响正常贸易的措施的，对原产于该国家或者地区的进口货物可以采取征收报复性关税等措施。其中，征收报复性关税的货物范围、适用国别或者地区、税率、期限和征收办法，由国务院关税税则委员会提出建议，报国务院批准后执行。

我国对进口商品主要实行从价税，即以进口货物的完税价格作为计税依据，以应征税额占货物完税价格的百分比作为税率。不过，从 1997 年 7 月 1 日起，我国对部分商品实行从量税、复合税和滑准税。从量税以进口商品的重量、长度、容量、面积等为计税依据。复合税是对某种进口商品同时使用从价和从量计征的一种计征关税方法。滑准税是一种随进口商品价格由高到低而由低至高设置关税税率的计征关税方法，可以使进口商品价格越高，其进口关税税率越低，进口商品的价格越低，其进口关税税率越高。其主要特点是可保持滑准税商品国内市场价格相对稳定，尽可能减少国际市场价格波动的影响。

（三）出口关税税率

出口关税税率没有普通税率与优惠税率之分，按不同商品实行差别比例税率。目前，我国仅对少数资源性产品及需要规范出口秩序的半制成品征收出口关税。

（四）税率的适用

《关税法》规定，进出口的货物应当依照税则规定的归类原则归入合适的税号，并按照适用的税率征税。其中：

1. 进出口货物,应当适用纳税人、扣缴义务人完成申报之日实施的税率。

2. 进口货物到达前,经海关核准先行申报的,应当适用装载该货物的运输工具申报进境之日实施的税率。

3. 保税货物不复运出境,转为内销时,减免税货物经批准转让、移作他用或者进行其他处置时,暂时进境货物不复运出境或者暂时出境货物不复运进境时,租赁进口货物留购或者分期缴纳税款时,应当适用纳税人、扣缴义务人办理纳税手续之日实施的税率。

4. 补征或者退还关税税款,应当按照《关税法》的规定确定适用的税率。因纳税人、扣缴义务人违反规定需要追征税款的,应当适用违反规定行为发生之日实施的税率;行为发生之日不能确定的,适用海关发现该行为之日实施的税率。

5. 对于涉及反倾销、反补贴、保障措施、对等措施、报复性关税等措施的进口货物,纳税人未提供证明材料,或者提供了证明材料但经海关审核仍无法排除该货物原产于被采取规定措施的国家或者地区的,对该货物适用下列两项税率中较高者:(1)因采取规定措施对相关货物所实施的最高税率与按照《关税法》第12条、第13条、第14条规定适用的税率相加后的税率;(2)普通税率。

四、完税价格

《关税法》明确海关可以依申请或者依职权,对进出口货物、进境物品的计税价格、商品归类和原产地依法进行确定。必要时,海关可以组织化验、检验,并将海关认定的化验、检验结果作为确定计税价格、商品归类和原产地的依据。这也是首次将计税价格、商品归类和原产地三大涉税要素在法律中予以明确,并明确海关有权对三类要素予以确定,化验、检验的方式也不再局限于"商品归类"。

根据《海关法》的规定,进出口货物的完税价格,由海关以该货物的成交价格为基础审查确定。成交价格不能确定时,完税价格由海关依法估定。进口货物的完税价格包括货物的货价、货物运抵我国境内输入地点起卸前的运输及其相关费用、保险费。我国境内输入地为入境海关地,包括内陆河、江口岸,一般为第一口岸。进口货物的成交价格是指买方为购买该货物,并按《中华人民共和国海关审定进出口货物完税价格办法》的有关规定调整后的实付或应付价格,包括直接支付的价款和间接支付的价款。

(一)进口货物的成交价格

进口货物的成交价格应当符合下列条件:(1)对买方处置或者使用该货物不予限制,但法律、行政法规规定的限制,对货物转售地域的限制和对货物价格无实质性影响的限制除外;(2)该货物的成交价格没有因搭售或者其他因素的影响而无法确定;

(3)卖方不得从买方直接或者间接获得因该货物进口后转售、处置或者使用而产生的任何收益,或者虽有收益但能够按照《关税法》第 25 条、第 26 条规定进行调整;(4)买卖双方没有特殊关系,或者虽有特殊关系但未对成交价格产生影响。

有下列情形之一的,应当视为对买方处置或者使用进口货物进行了限制:(1)进口货物只能用于展示或者免费赠送的;(2)进口货物只能销售给指定第三方的;(3)进口货物加工为成品后只能销售给卖方或者指定第三方的;(4)其他经海关审查,认定买方对进口货物的处置或者使用受到限制的。

有下列情形之一的,应当视为进口货物的价格受到了使该货物成交价格无法确定的条件或者因素的影响:(1)进口货物的价格是以买方向卖方购买一定数量的其他货物为条件而确定的;(2)进口货物的价格是以买方向卖方销售其他货物为条件而确定的;(3)其他经海关审查,认定货物的价格受到使该货物成交价格无法确定的条件或者因素影响的。

(二)成交价格的调整项目

以成交价格为基础审查确定进口货物的完税价格时,未包括在该货物实付、应付价格中的下列费用或者价值应当计入完税价格:(1)由买方负担的下列费用:除购货佣金以外的佣金和经纪费;与该货物视为一体的容器费用;包装材料费用和包装劳务费用。(2)与进口货物的生产和向我国境内销售有关的,由买方以免费或者低于成本的方式提供,并且可以按适当比例分摊的下列货物或者服务的价值:进口货物包含的材料、部件、零件和类似货物;在生产进口货物过程中使用的工具、模具和类似货物;在生产进口货物过程中消耗的材料;在境外进行的为生产进口货物所需的工程设计、技术研发、工艺及制图等相关服务。(3)买方需向卖方或者有关方直接或者间接支付的特许权使用费,但是符合下列情形之一的除外:特许权使用费与该货物无关;特许权使用费的支付不构成该货物向我国境内销售的条件。(4)卖方直接或者间接从买方对该货物进口后销售、处置或者使用所得中获得的收益。

进口货物的价款中单独列明的下列税收、费用,不计入该货物的完税价格:(1)厂房、机械或者设备等货物进口后发生的建设、安装、装配、维修或者技术援助费用,但是保修费用除外;(2)进口货物运抵我国境内输入地点起卸后发生的运输及其相关费用、保险费;(3)进口关税及国内税收;(4)为在境内复制进口货物而支付的费用;(5)境内外技术培训及境外考察费用。

(三)对买卖双方之间有特殊关系的规定

买卖双方有特殊关系,是指买卖双方为同一家族成员;买卖双方互为商业上的高级职员或董事；一方直接或间接地受另一方控制；买卖双方都直接或间接地受第三方控制；买卖双方共同直接或间接地控制第三方；一方直接或间接地拥有、控制或持有对方5%及以上公开发行的有表决权的股票或股份；一方是另一方的雇员、高级职员或董事；买卖双方是同一合伙的成员。买卖双方在经营上相互有联系，一方是另一方的独家代理、经销或受让人，如果存在前述情况，也应当视为有特殊关系。

买卖双方之间存在特殊关系，但是纳税义务人能证明其成交价格与同时或者大约同时发生的下列任何一款价格相近的，应当视为特殊关系未对进口货物的成交价格产生影响：(1)向境内无特殊关系的买方出售的相同或者类似进口货物的成交价格；(2)按照《中华人民共和国海关审定进出口货物完税价格办法》第23条的规定所确定的相同或者类似进口货物的完税价格；(3)按照《中华人民共和国海关审定进出口货物完税价格办法》第25条规定所确定的相同或者类似进口货物的完税价格。海关在使用上述价格进行比较时，应当考虑商业水平和进口数量的不同，以及买卖双方有无特殊关系造成的费用差异。海关在使用上述价格进行比较时，应当考虑商业水平和进口数量的不同，以及买卖双方有无特殊关系造成的费用差异。

（四）特殊进口货物的完税价格

运往境外修理的机械器具、运输工具或者其他货物。出境时已向海关报明，并且在海关规定的期限内复运进境的，应当以境外修理费和料件费为基础审查确定完税价格。出境修理货物复运进境超过海关规定期限的，由海关按照《中华人民共和国海关审定进出口货物完税价格办法》第二章的规定审查确定完税价格。

运往境外加工的货物。出境时已向海关报明，并且在海关规定期限内复运进境的，应当以境外加工费和料件费以及该货物复运进境的运输及其相关费用、保险费为基础审查确定完税价格。出境加工货物复运进境超过海关规定期限的，由海关按照《中华人民共和国海关审定进出口货物完税价格办法》的规定审查确定完税价格。

经海关批准的暂时进境货物。应当缴纳税款的，由海关按照《中华人民共和国海关审定进出口货物完税价格办法》第二章的规定审查确定完税价格。经海关批准留购的暂时进境货物，以海关审查确定的留购价格作为完税价格。

租赁方式进口的货物。按照下列方法审查确定完税价格：(1)以租金方式对外支付的租赁货物，在租赁期间以海关审查确定的租金作为完税价格，利息应当予以计入；(2)留购的租赁货物以海关审查确定的留购价格作为完税价格；(3)纳税义务人申请一次性缴纳税款的，可以选择申请按照《中华人民共和国海关审定进出口货物完税价格办法》第6条列明的方法确定完税价格，或者按照海关审查确定的租金总额作为完税价格。

补税事项。减税或者免税进口的货物应当补税时，应当以海关审查确定的该货物原进口时的价格，扣除折旧部分价值作为完税价格，其计算公式如下：完税价格 = 海关审查确定的该货物原进口时的价格 ×1 − 补税时实际已进口的时间（月）监管年限 ×12。上述计算公式中"补税时实际已进口的时间"按月计算，不足 1 个月但是超过 15 日的，按照 1 个月计算；不超过 15 日的，不予计算。

不存在成交价格情况的处理。易货贸易、寄售、捐赠、赠送等不存在成交价格的进口货物，海关与纳税义务人进行价格磋商后，按照《中华人民共和国海关审定进出口货物完税价格办法》第 6 条列明的方法审查确定完税价格。

进口载有专供数据处理设备用软件的介质。具有下列情形之一的，应当以介质本身的价值或者成本为基础审查确定完税价格：（1）介质本身的价值或者成本与所载软件的价值分列；（2）介质本身的价值或者成本与所载软件的价值虽未分列，但是纳税义务人能够提供介质本身的价值或者成本的证明文件，或者能提供所载软件价值的证明文件。含有美术、摄影、声音、图像、影视、游戏、电子出版物的介质不适用前款规定。

五、税收减免

关税减免是贯彻国家关税政策的一项重要措施。关税减免分为法定减免税和临时减免税。根据《海关法》的规定，除法定减免税外的其他减免税均由国务院决定。减征关税在我国加入 WTO 之前以税则规定税率为基准，在我国加入 WTO 之后以最惠国税率或者普通税率为基准。

《关税法》规定，根据维护国家利益、促进对外交往、经济社会发展、科技创新需要或者由于突发事件等原因，国务院可以制定关税专项优惠政策，报全国人民代表大会常务委员会备案。

《关税法》规定的"关税专项优惠政策"包含了特定减免税政策的相关内容。特定减免税政策是在特定地区、特定用途和特定主体的条件下实施的税收优惠政策，如今这些特定条件和背景已经发生了很大变化，所以《关税法》不再将其表述为特定减免税政策，而表述为"关税专项优惠政策"，其内涵更广。

六、税收征管

关税的征收管理主要依据《海关法》。具体而言，其主要包括以下几项内容。

（一）关税缴纳

进口货物自运输工具申报进境之日起 14 日内，出口货物在货物运抵海关监管区后、装货的 24 小时以前，应由进出口货物的纳税义务人向海关申报，海关根据税则归类和完税价格计算应缴纳的关税和进口环节代征税,并填发税款缴款书。

纳税义务人应当自海关填发税款缴款书之日起15日内向指定银行缴纳税款。如关税缴纳期限的最后一日是周末或法定休假日则关税缴纳期限顺延至周末或法定休假日过后的第一个工作日。《关税法》规定,纳税人未按照规定的期限缴纳税款的,海关可以书面通知银行业金融机构划拨纳税人金额相当于应纳税款的存款、汇款。

纳税义务人一般应当向货物进(出)境地海关申报纳税。经申请且海关同意,进口货物的收货人可以在设有海关的指运地、出口货物的发货人可以在设有海关的启运地办理海关手续。

纳税义务人因不可抗力或者国家税收政策调整不能按期缴纳税款的,经申请并依法提供担保后,可以延期缴纳税款,但最长不得超过6个月。

(二)关税滞纳的强制措施

纳税义务人未在缴纳期限内缴纳税款,即构成关税滞纳,《海关法》赋予了海关对滞纳关税的纳税义务人强制执行的权利。强制措施主要有两类:第一,征收关税滞纳金。滞纳金自关税缴纳期限届满之日起计算,至纳税义务人缴纳关税之日止,按滞纳税款万分之五的比例按日征收,周末或法定节假日不予扣除。第二,强制执行措施。如纳税义务人自海关填发税款缴款书之日起超过3个月仍未缴纳税款,经海关关长批准,海关可以采取强制扣缴、变价抵缴等强制措施。强制扣缴即海关从纳税义务人在银行或者其他金融机构的存款中直接扣缴税款。变价抵缴即海关将应税货物依法变卖,以变卖所得抵缴税款。欠缴应纳税款的纳税人,采取转移、藏匿财产等手段,妨碍海关依法追征的,除应追征税款、滞纳金外,还应处欠缴税款50%以上5倍以下的罚款。

《关税法》规定了对纳税人欠缴税款的强制措施,包括海关可以按照规定通知移民管理机构对纳税人或者其法定代表人依法采取限制出境措施。实践中,大量跨国企业开展进出口贸易活动,法定代表人有出境需求,如不慎欠缴税款,则可能导致法定代表人出境受限。

(三)关税退还

《关税法》中,纳税人申请退还多缴税款的期限为3年。同时,纳税人可申请退还多缴税款的期限与海关确认应纳税额的期限相同,纳税人的权利和义务与海关的权力取得了平衡。

对已征出口关税的出口货物和已征进口关税的进口货物,因货物品种、规格原因或不可抗力,一年内原状复运进境或出境的,可以向海关申请退还关税,海关查验属实,也应退还已征关税。海关应当自受理退税申请之日起 30 日内查实并通知纳税人办理退还手续。

（四）关税补征和追征

纳税义务人按海关核定的完税价格缴纳关税后,如果海关发现实际征收的税额少于应当征收的税额,应当责令纳税义务人补缴短征税款。《关税法》保留了对违规情形的 3 年追征期限,删除了 1 年的补征期限,并新增了税款确认制度:“自纳税人、扣缴义务人缴纳税款或者货物放行之日起三年内,海关有权对纳税人、扣缴义务人的应纳税额进行确认。海关确认的应纳税额与纳税人、扣缴义务人申报的税额不一致的,海关应当向纳税人、扣缴义务人出具税额确认书。纳税人、扣缴义务人应当按照税额确认书载明的应纳税额,在海关规定的期限内补缴税款或者办理退税手续。”新增的税款确认制度事实上将原来的 1 年补征期限延长至 3 年。此外,对走私行为的追征税款不受时限限制。

（五）关税纳税争议

纳税义务人同海关发生纳税争议时,可以依法申请行政复议,但同时应当在规定期限内按海关核定的税额缴纳关税;对复议决定仍不服的,可以依法向人民法院提起诉讼。纳税争议的内容一般为进出境货物和物品的纳税义务人对海关在原产地认定,税则归类,税率或汇率适用,完税价格确定,关税减征、免征、追征、补征和退还等征税行为是否合法或适当,是否侵害了纳税义务人的合法权益,而对海关征收关税的行为表示异议。

纳税义务人可自海关签发税款缴款书之日起 30 日内向原征税海关的上一级海关书面申请复议。逾期申请复议的,海关不予受理。海关应当自收到复议申请之日起 60 日内作出复议决定,并以复议决定书的形式正式答复纳税义务人;纳税义务人对海关复议决定仍然不服的,可以自收到复议决定书之日起 15 日内向人民法院提起诉讼。

七、关税特别措施

在征收一般性关税之外,对于特定类型的进口产品,政府还可能采取特别措施,使本国产业免受实质性损害,或者报复外国的关税歧视。关税特别措施包括反倾销税、反补贴税和保障措施。国务院曾于 1997 年制定了《中华人民共和国反倾销和反补贴条例》(以下简称《反倾销和反补贴条例》)。2002 年 1 月 1 日,《中华人民共和国反倾销条例》(以下简称《反倾销条例》)和《中华人民共和国反补贴条例》(以下简称《反补贴条例》)施行,《反倾销和反补贴条例》被废止,同时施行的还有《中华人民共和国保障措施条例》(以下简称《保障措施条例》)。2004 年 3 月,《反倾销条例》《反补贴条例》《保障措施条例》同时被修改,并自2004年6月1日起实施。另外,我国已于2001年加入WTO,WTO《反倾销协议》《补贴与反补贴措施协定》《保障措施协议》对我国也具有约束力。

《关税法》规定了对不履行与我国缔结或者共同参加的国际条约、协定中的最惠国待遇条款或者关税优惠条款的国家和地区,可以按照对等原则采取相应措施,由国务院关税税则委员会报国务院批准后执行。另外,对规避《关税法》第二章、第三章有关规定,不具有合理商业目的而减少应纳税额的行为,国家可以采取调整关税等反规避措施。以上是统筹发展和安全需要,在维持现行的反倾销、反补贴和保障措施等基础之上新增的相应措施安排,充实了关税应对措施。

(一)反倾销税

根据《反倾销条例》的规定,进口产品以倾销方式进入我国市场,并对已经建立的国内产业造成实质损害或者产生实质损害威胁,或者对建立国内产业造成实质阻碍的,我国将依照该条例进行调查,采取反倾销措施。所谓倾销,是指在正常贸易过程中,进口产品以低于其正常价值的出口价格进入我国市场。对倾销和损害的调查和确定,由商务部负责;其中,涉及农产品的反倾销国内产业损害调查,由商务部会同农业部进行。征收反倾销税的具体程序如下。

1. 反倾销调查

国内产业或者代表国内产业的自然人、法人或者有关组织,可以依照《反倾销条例》的规定向商务部提出反倾销调查的书面申请。商务部应当自收到申请人提交的申请书及有关证据之日起60日内,对申请是否由国内产业或者代表国内产业提出、申请书内容及所附具的证据等进行审查,并决定是否立案调查。在决定立案调查前,应当通知有关出口国(地区)政府。在特殊情形下,商务部没有收到反倾销调查的书面申请,但有充分证据认为存在倾销和损害以及二者之间有因果关系的,也可以依职权决定立案调查。

2. 临时反倾销税

商务部根据调查结果,就倾销、损害和二者之间的因果关系是否成立作出初裁决定,并予以公告。初裁决定确定倾销成立,并由此对国内产业造成损害的,可以采取临时反倾销措施,包括征收临时反倾销税以及要求提供保证金、保函或者其他形式的担保。临时反倾销税税额或者要求提供担保的金额,应当不超过初裁决定确定的倾销幅度。征收临时反倾销税,由商务部提出建议,国务院关税税则委员会作出决定,由商务部予以公告。海关自公告规定实施之日起执行。临时反倾销措施实施的期限,自临时反倾销措施决定公告规定实施之日起，不超过 4 个月；在特殊情形下，可以延长至 9 个月。自反倾销立案调查决定公告之日起 60 日内，不得采取临时反倾销措施。

3. 价格承诺

倾销进口产品的出口经营者在反倾销调查期间，可以向商务部作出改变价格或者停止以倾销价格出口的价格承诺。商务部也可以向出口经营者提出价格承诺的建议。出口经营者不作出价格承诺或者不接受价格承诺的建议的，不妨碍对反倾销案件的调查和确定。出口经营者继续倾销进口产品的，商务部有权确定损害威胁更有可能出现。

商务部认为出口经营者作出的价格承诺能够接受并符合公共利益的，可以决定中止或者终止反倾销调查，不采取临时反倾销措施或者征收反倾销税。中止或者终止反倾销调查的决定由商务部予以公告。商务部不接受价格承诺的，应当向有关出口经营者说明理由。商务部对倾销以及由倾销造成的损害作出肯定的初裁决定前，不得寻求或者接受价格承诺。

中止或者终止反倾销调查后，应出口经营者请求或者商务部认为有必要的，商务部可以对倾销和损害继续进行调查。商务部根据调查结果，作出倾销或者损害的否定裁定的，价格承诺自动失效；作出倾销和损害的肯定裁定的，价格承诺继续有效。

出口经营者违反其价格承诺的，商务部可以立即决定恢复反倾销调查；根据可获得的最佳信息，可以决定采取临时反倾销措施，并可以对实施临时反倾销措施前 90 日内进口的产品追溯征收反倾销税，但违反价格承诺前进口的产品除外。

4. 征收反倾销税

初裁决定确定倾销、损害以及二者之间的因果关系成立的，商务部应当对倾销及倾销幅度、损害及损害程度继续进行调查，并根据调查结果作出终裁决定，予以公告。终裁决定确定倾销成立，并由此对国内产业造成损害的，可以征收反倾销税。征收反倾销税应当符合公共利益。征收反倾销税，由商务部提出建议，国务院关税税则委员会根据商务部的建议作出决定，由商务部予以公告。海关自公告规定实施之日起执行。

5. 反倾销税的期限与救济

反倾销税的征收期限和价格承诺的履行期限不超过 5 年，但是，经复审确定终止征收反倾销税有可能导致倾销和损害的继续或者再度发生的，反倾销税的征收期限可以适当延长。

反倾销税生效后，商务部可以在有正当理由的情况下，决定对继续征收反倾销税的必要性进行复审;也可以在经过一段合理时间,应利害关系方的请求并对利害关系方提供的相应证据进行审查后,决定对继续征收反倾销税的必要性进行复审。

根据复审结果,由商务部依照《反倾销条例》的规定提出保留、修改或者取消反倾销税的建议,国务院关税税则委员会根据商务部的建议作出决定,由商务部予以公告。复审期限自决定复审开始之日起,不超过12个月。在复审期间,复审程序不妨碍反倾销措施的实施。

对倾销仲裁决定不服的,对是否征收反倾销税的决定不服的,以及对追溯征收、退税、对新出口经营者征税的决定不服的,或者对复审决定不服的,可以依法申请行政复议,也可以依法向人民法院提起诉讼。

(二)反补贴税

根据《反补贴条例》的规定,进口产品存在补贴,并对已经建立的国内产业造成实质损害或者产生实质损害威胁,或者对建立国内产业造成实质阻碍的,我国将依照该条例进行调查,采取反补贴措施。这里所谓的补贴,是指出口国(地区)政府或者其任何公共机构提供的并为接受者带来利益的财政资助以及任何形式的收入或者价格支持。对补贴和损害的调查和确定,由商务部负责;其中,涉及农产品的反补贴国内产业损害调查,由商务部会同农业部进行。征收反补贴税的具体程序如下。

1. 反补贴调查

国内产业或者代表国内产业的自然人、法人或者有关组织,可以向商务部提出反补贴调查的书面申请。商务部应当自收到申请人提交的申请书及有关证据之日起60日内,决定立案调查或者不立案调查。在特殊情形下,可以适当延长审查期限。在决定立案调查前,应当就有关补贴事项向产品可能被调查的国家(地区)政府发出进行磋商的邀请。在特殊情形下,商务部有充分证据认为存在补贴和损害以及二者之间有因果关系的,可依职权决定立案调查。

2. 临时反补贴税

商务部根据调查结果,就补贴、损害和二者之间的因果关系是否成立作出初裁决定,并予以公告。初裁决定确定补贴成立,并由此对国内产业造成损害的,可以采取临时反补贴措施。临时反补贴措施采取以保证金或者保函作为担保的征收临时反补贴税的形式。

3. 价格承诺

在反补贴调查期间,出口国(地区)政府提出取消、限制补贴或者其他有关措施的承诺,或者出口经营者提出修改价格的承诺的,商务部应当予以充分考虑。商务部可以向出口经营者或者出口国（地区）政府提出有关价格承诺的建议。商务部认为承诺能够接受并符合公共利益的，可以决定中止或者终止反补贴调查，不采取临时反补贴措施或者征收反补贴税。

4. 征收反补贴税

初裁决定确定补贴、损害以及二者之间的因果关系成立的，商务部应当对补贴及补贴金额、损害及损害程度继续进行调查，并根据调查结果作出终裁决定，予以公告。在磋商没有取得效果的情况下，终裁决定确定补贴成立，并由此对国内产业造成损害的，可以征收反补贴税。

5. 反补贴税的期限与救济

反补贴税的征收期限不超过 5 年，但是，经复审确定终止征收反补贴税有可能导致补贴和损害的继续或者再度发生的，反补贴税的征收期限可以适当延长。

反补贴税生效后，商务部可以在有正当理由的情况下，决定对继续征收反补贴税的必要性进行复审；也可以在经过一段合理时间，应利害关系方的请求并对利害关系方提供的相应证据进行审查后，决定对继续征收反补贴税的必要性进行复审。

对反补贴终裁决定不服的，对是否征收反补贴税的决定以及追溯征收的决定不服的，或者对复审决定不服的，既可以依法申请行政复议，也可以依法向人民法院提起诉讼。

（三）保障措施

根据《保障措施条例》的规定，进口产品数量增加，并对生产同类产品或者直接竞争产品的国内产业造成严重损害或者严重损害威胁的，我国将依照该条例进行调查，采取保障措施。

1. 调查与裁定

与国内产业有关的自然人、法人或者其他组织，可以向商务部提出采取保障措施的书面申请。商务部没有收到采取保障措施的书面申请，但有充分证据认为国内产业因进口产品数量增加而受到损害的，可以决定立案调查。商务部根据调查结果，既可以作出初裁决定，也可以直接作出终裁决定，并予以公告。

2. 临时保障措施

有明确证据表明进口产品数量增加，在不采取临时保障措施将对国内产业造成难以补救的损害的紧急情况下，可以作出初裁决定，并采取临时保障措施。临时保障措施采取提高关税的形式，自决定公告规定实施之日起，不超过 200 日。

3. 保障措施

终裁决定确定进口产品数量增加，并由此对国内产业造成损害的，可以采取保障措施。实施保障措施应当符合公共利益。保障措施可以采取提高关税、数量限制等形式。终裁决定确定不采取保障措施的，已征收的临时关税应当予以退还。

第五节 车辆购置税法

案例研讨

2015 年 9 月 1 日，原告向被告车购税分局递交车辆购置税申报表。原告认为该车属于库存旧款车型，且该车已有行驶里程并存在外观方面的瑕疵，应以车辆实际交易价格（不含税价 547,008.55 元）作为计税价；车购税分局认为该车虽存在以上情况，但不满足 2014 年《车辆购置税征收管理办法》第 9 条第 6 项所列“进口旧车、因不可抗力因素导致受损的车辆、库存超过 3 年的车辆、行驶 8 万公里以上的试验车辆、国家税务总局规定的其他车辆”的条件，应当按照国家税务总局规定的该款车型最低计税价格（1,015,000 元）征收车辆购置税。

二审法院认为，2014 年《车辆购置税征收管理办法》第 12 条系除外条款，除该办法第 9 条第 6 项规定的情形之外，可能存在其他情形。根据《税收征收管理法》第 3 条的规定，车购税分局无权擅自认定原告所提出的情形是否属于正当理由或者“国家税务总局规定的其他车辆”的情形，车购税分局可通过逐级请示的方式，由国家税务总局或者其他有权机关认定案涉情形是否属于正当理由。车购税分局未提供证据证明案涉情形不属于正当理由，应承担举证不利的后果。

最高人民法院再审认为，车购税分局对原告申报车辆购置税的资料进行了审定，原告提供的申报计税价格低于同类型应税车辆的最低计税价格，且原告提供的申报资料反映，原告并无正当理由按其所要求的计税价格计收税款，因此，车购税分局按国家税务总局核定的最低计税价格决定向原告征收税款 101,500 元，认定事实清楚，程序合法。

请研讨：

1. 从该案中，“国家税务总局规定的其他车辆”应当如何认定？
2. 试从该案出发，探讨实质课税原则。
3. 核定计税的性质、作用、目的为何？
4. 该案反映出税法有何不同于其他部门法的性质和功能？

一、概述

我国车辆购置税为一次性征收，于 2001 年 1 月 1 日正式开征，前身为车辆购置附加费。车辆购置附加费于 1985 年经国务院批准在全国范围内普遍强制征收，主要用于国家公路建设，是当时国家交通基础公共设施建设的重要资金来源。但是，在车辆购置附加费征收过程中，个别地区搭车收费，对经济社会产生严重不良影响。在此背景下，伴随着 1998 年国务院规范政府行为、深化财税改革、理顺税费关系的“费改税”改革，车辆购置附加费也顺势改为车辆购置税。2000 年 10 月 22 日，国务院颁布了《中华人民共和国车辆购置税暂行条例》，于 2001 年 1 月 1 日正式开征车辆购置税，至此，由交通管理部门征收的车辆购置附加费被车辆购置税所取代。

车辆购置附加费改为车辆购置税，是“费改税”改革的重要突破口，有效地规范了政府部门和地方政府的财政行为，节约了征收税款的人力成本，提高了征收的规范性和及时性，将收支分开，从根本上杜绝了地区、部门挤占和挪用相关资金的现象。

目前，我国征收车辆购置税的依据是 2018 年 12 月 29 日公布、2019 年 7 月 1 日施行的《中华人民共和国车辆购置税法》（以下简称《车辆购置税法》）。

二、主要内容

（一）纳税人

根据《车辆购置税法》第 1 条的规定，我国车辆购置税的纳税人为在中华人民共和国境内购置汽车、有轨电车、汽车挂车、排气量超过 150 毫升的摩托车的单位和个人。

根据《车辆购置税法》第 2 条的规定，购置是指“以购买、进口、自产、受赠、获奖或者其他方式取得并自用应税车辆的行为”。

（二）税率

根据《车辆购置税法》第 4 条的规定，车辆购置税税率为 10%。

车辆购置税的应纳税额计算公式为：计税价格 × 税率。

（三）计税依据

根据《车辆购置税法》第 6 条的规定，应税车辆的计税价格，按照下列规定确定：（1）纳税人购买自用应税车辆的计税价格，为纳税人实际支付给销售者的全部价款，不包括增值税税款；（2）纳税人进口自用应税车辆的计税价格，为关税完税价格加上关税和消费税；（3）纳税人自产自用应税车辆的计税价格，按照纳税人生产的同类应税车辆的销售价格确定，不包括增值税税款；（4）纳税人以受赠、获奖或者其他方式取得自用应税车辆的计税价格，按照购置应税车辆时相关凭证载明的价格确定，不包括增值税税款。

《车辆购置税法》第8条规定,纳税人以外汇结算应税车辆价款的,按照申报纳税之日的人民币汇率中间价折合成人民币计算缴纳税款。

《车辆购置税法》第14条规定,免税、减税车辆因转让、改变用途等原因不再属于免税、减税范围的,计税价格以免税、减税车辆初次办理纳税申报时确定的计税价格为基准,每满一年扣减10%。

(四)税收减免

《车辆购置税法》第9条规定,下列车辆免征车辆购置税:(1)依照法律规定应当予以免税的外国驻华使馆、领事馆和国际组织驻华机构及其有关人员自用的车辆;(2)中国人民解放军和中国人民武装警察部队列入装备订货计划的车辆;(3)悬挂应急救援专用号牌的国家综合性消防救援车辆;(4)设有固定装置的非运输专用作业车辆;(5)城市公交企业购置的公共汽电车辆。根据国民经济和社会发展的需要,国务院可以规定减征或者其他免征车辆购置税的情形,报全国人民代表大会常务委员会备案。

其中,设有固定装置的非运输专用作业车辆的具体内容可参见国家税务总局、工业和信息化部发布的《免征车辆购置税的设有固定装置的非运输专用作业车辆目录》,该目录目前共15批。

《车辆购置税法》第15条规定,纳税人将已征车辆购置税的车辆退回车辆生产企业或者销售企业的,可以向主管税务机关申请退还车辆购置税。退税额以已缴税款为基准,自缴纳税款之日至申请退税之日,每满一年扣减10%。

根据相关财税文件,目前减免车辆购置税的情形还包括下列内容。

1. 新能源汽车

根据财政部、税务总局、工业和信息化部2020年4月16日联合发布的《关于新能源汽车免征车辆购置税有关政策的公告》,2022年9月18日联合发布的《关于延续新能源汽车免征车辆购置税政策的公告》和2023年6月19日联合发布的《关于延续和优化新能源汽车车辆购置税减免政策的公告》,自2021年1月1日至2025年12月31日购置新能源汽车免征车辆购置税,其中,2024年1月1日至2025年12月31日每辆新能源乘用车免税额不超过3万元;2026年1月1日至2027年12月31日购置新能源汽车减半征收车辆购置税,其中,每辆新能源乘用车减税额不超过1.5万元。

适用减免税政策的新能源汽车的具体车型,可参见工业和信息化部发布的《免征车辆购置税的新能源汽车车型目录》和《减免车辆购置税的新能源汽车车型目录》。目前《免征车辆购置税的新能源汽车车型目录》共发布73批,《减免车辆购置税的新能源汽车车型目录》共发布 3 批。

2. 挂车

根据财政部、税务总局、工业和信息化部 2018 年 5 月 25 日发布的《关于对挂车减征车辆购置税的公告》和 2023 年 9 月 22 日发布的《关于继续对挂车减征车辆购置税的公告》，至 2027 年 12 月 31 日，对购置挂车减半征收车辆购置税。

3. 部分乘用车

根据财政部、税务总局 2022 年 5 月 31 日发布的《关于减征部分乘用车车辆购置税的公告》，对购置日期在 2022 年 6 月 1 日至 12 月 31 日内且单车价格（不含增值税）不超过 30 万元的 2.0 升及以下排量乘用车，减半征收车辆购置税。

4. 长期来华定居专家等

根据财政部、国家税务总局 2001 年 3 月 16 日发布的《关于防汛专用等车辆免征车辆购置税的通知》，回国服务的在外留学人员用现汇购买 1 辆个人自用国产小汽车，长期来华定居专家进口 1 辆自用小汽车，免征车辆购置税。

三、征收管理

（一）纳税义务发生时间

《车辆购置税法》第 12 条规定，车辆购置税的纳税义务发生时间为纳税人购置应税车辆的当日。纳税人应当自纳税义务发生之日起 60 日内申报缴纳车辆购置税。

（二）纳税期限

《车辆购置税法》第 13 条第 1 款规定，纳税人应当在向公安机关交通管理部门办理车辆注册登记前，缴纳车辆购置税。

《车辆购置税法》第 14 条规定，免税、减税车辆因转让、改变用途等原因不再属于免税、减税范围的，纳税人应当在办理车辆转移登记或者变更登记前缴纳车辆购置税。

（三）纳税地点

《车辆购置税法》第 11 条规定，纳税人购置应税车辆，应当向车辆登记地的主管税务机关申报缴纳车辆购置税；购置不需要办理车辆登记的应税车辆的，应当向纳税人所在地的主管税务机关申报缴纳车辆购置税。

四、最新发展

利用车辆购置税的税收减免，引导消费者的购买偏好，从而促进新能源汽车行业的发展，进而促进节能减排，助力实现“双碳”目标，是车辆购置税当前最引人注目的发展方向。目前，我国对新能源汽车的车辆购置税采取免税政策，2026 年到 2027 年则采取减半征收政策。有学者研究认为，车辆购置税优惠能显著提升新能源汽车企业的创新绩效。① 亦有学者建议根据车辆周期碳排放量划分不同的税率等级，并且降低车辆购置税的最低税率。②

思考题

1. 车辆购置税是一次性征收还是逐年征收？

2. 我国为何要对新能源汽车制定车辆购置税优惠政策？

拓展阅读

1. 刘剑文：《财税法——原理、案例与材料》（第5版），北京大学出版社2022年版。

2. 刘剑文主编：《税法学》（第5版），北京大学出版社2017年版。

3. 国务院关税税则委员会办公室、中华人民共和国财政部关税司编著：《中国关税——制度、政策与实践（2022年版）》，经济科学出版社2023年版。

4. 张守文：《税法原理》（第10版），北京大学出版社2021年版。

5. 蔡昌主编：《税法》（第3版），中国人民大学出版社2021年版。

6. 陈少英主编：《税法学》（第3版），格致出版社、上海人民出版社2020年版。

7. 朱为群主编：《中国税制》（第2版），高等教育出版社2020年版。

8. 陈清秀：《现代财税法原理》（第3版），台北，元照出版有限公司2020年版。

9. 翟继光、张晓冬编著：《税法案例研习》，中国政法大学出版社2020年版。

10. 王玮编著：《税收学原理》（第4版），清华大学出版社2020年版。

11. 葛克昌、钟芳桦：《财税法基本问题——财政宪法篇》（增3版），台北，元照出版有限公司2020年版。

12. 张怡主编：《财税法教程》，法律出版社2019年版。

13. [美]艾伦·申克、[美]维克多·瑟仁伊、崔威：《增值税比较研究》，熊伟、任宛立译，法律出版社2018年版。

14. 李时宇：《中国税制改革：迈向统一市场的步伐》，经济科学出版社2018年版。

---

① 参见陈旭东、鹿洪源、王培浩：《“双碳”目标下我国车辆购置税和车船税的改革建议：国际经验与借鉴》，载《税务研究》2023年第5期。

② 参见高新伟、周春燕：《车辆购置税优惠对新能源汽车企业创新绩效的影响分析》，载《中国石油大学学报（社会科学版）》2021年第1期。

15. 刘春玲、高璐、李伯慧：《增值税理论与实务研究》，经济日报出版社2017年版。

16. 朱大旗编著：《税法》（第3版），中国人民大学出版社2015年版。

17. 黄茂荣：《法学方法与现代税法》，北京大学出版社2011年版。

18. 国家税务总局教材编写组编：《消费税实务》，中国财政经济出版社2009年版。

19. 钟典晏：《扣缴义务问题研析》，北京大学出版社2005年版。

20. 陈旭东、鹿洪源、王培浩：《“双碳”目标下我国车辆购置税和车船税的改革建议：国际经验与借鉴》，载《税务研究》2023年第5期。

21. 高新伟、周春燕：《车辆购置税优惠对新能源汽车企业创新绩效的影响分析》，载《中国石油大学学报（社会科学版）》2021年第1期。

第三章　所 得 税 法

学习目标

1. 低阶学习目标

(1)了解企业所得税量能课税的理念

(2)熟悉企业所得税制度中应纳税所得额的计算方式

(3)掌握个人所得税综合所得中的附加扣除

2. 高阶学习目标

(1)理解企业所得税制度对实现我国宏观调控目标的重要性

(2)分析个人所得税制度在调整居民收入差距过程中起到的作用

(3)阐述所得税制度中非居民纳税人的纳税义务

案例研讨

元天公司是一家生产芯片的高科技国有企业。2018 年 10 月,为寻求创收的捷径,以适应市场需求,总经理于某决定自行设立一个“高科技创业委员会”,该委员会既没有办理营业执照,也没有进行税务登记,而是悄悄地进行新产品的研发、加工。截至 2020 年 9 月,该委员会非法获利达 1000 万元;同年,该委员会对外转让一项高科技技术,获得转让费 200 万元。根据公司总经理于某的决定,上述收入的利润作为本年度公司员工的福利发放。2021 年 4 月,主管税务机关根据群众的举报,对该公司进行了税务检查,查明了以上事实,责令公司补缴税款。在本次税务检查中另外查明:2020 年元天公司高科技产品销售收入为 9000 万元,从境外分回投资利润 1000 万元,公司对外投资房产支出 1.6 亿元,在申报所得税时,该公司以当年支出大于当年收入为由拒绝缴纳企业所得税;另外,元天公司 2018 年 1 月有 1000 万元税前收入未经报税便被股东以“借款”的形式从公司划出,截至税务检查时仍未归还。

请研讨:

1. 企业所得税的课税对象是什么?

2. 什么是企业所得税的应纳税所得额?

3. 企业的应纳税所得额与企业的收入、企业的利润之间是什么关系?

4. 企业在对员工发放工资、薪金时如何进行代扣代缴?

5. 股东以“借款”形式从公司挪用资金并长期不还,是否应当缴纳税款?

第一节　所得税法原理

一、所得税的概念与功能

(一)所得税的概念

所得税,也称收益税,是指以纳税人在一定期间内的净所得(净收入)为课税对象的一类税的统称。① 所得税几乎是所有国家都开征的税种,但各个国家有关所得税的法定名称及分类方式并不完全相同。例如,日本将所得税分为法人所得税,资本、利息所得税,个人所得税;瑞典有国家所得税、公众表演所得税、公共所得税和利润分享税等;而加拿大、巴西、新加坡则只有所得税一个名称。所得税在我国税收体系中具有重要地位,对财政收入的贡献很大,近年来,我国个人所得税与企业所得税之和已经超过增值税。由于个人所得税属于直接税且不易转嫁,因而具有重要的收入再分配功能;企业所得税对企业经营行为能够产生重要影响,调控作用也十分明显。在世界税制竞争的大背景下,宽税基与低税率成为所得税发展的方向。所得税是我国少有的几种由狭义法律规定的税种。

所得税是指以纳税人在一定期间内的纯所得(净收入)为课税对象的一类税。目前,我国的所得税主要包括两大部分:企业所得税和个人所得税。企业所得税中,居民企业与非居民企业的征税范围有所不同。企业各项收入总额减去不征税收入、免税收入、各项扣除、以前年度亏损等项目后得到应纳税所得额,再乘以对应的税率即是应纳税额。目前,我国对不同的纳税人规定了基本税率、低税率两档税率,对农林牧副渔、企业创新节能环保、高新技术产业等产业和相关企业规定了不同程度和形式的税收优惠。个人所得税中,居民个人和非居民个人的应税收入范围不同。目前,我国实施的是分类个人所得税制,每一类所得有不同的税率,具体的税率包括比例税率、超额累进税率,每类所得减除对应的扣除额乘以税率即是应纳税额。个人所得税实行代扣代缴

① 参见董玉明、樊雪茫编著:《中国税法教程》,中国法制出版社 2022 年版,第 190 页。

与个人申报并行的征税制度。

(二)所得税的功能

第一,增加财政收入。所得税以企业和个人所获取的各项所得为课税对象,只要有所得就可以课税,税基广阔。因此,所得税便成为政府税收收入的重要组成部分,是财政收入的主要来源。

第二,调节收入分配,体现社会公平。市场经济是有效的资源配置方式,但由于在分配上是按照要素的质量和多少进行分配,可能会造成收入分配的差距,从而影响社会的协调和稳定,进而损害效率。与商品流转间接税不同,所得税直接征用纳税人的纯收入,不会进行进一步的税负转嫁。因此,通过所得税制度让收益较高的自然人、企业依法缴纳个人所得税和企业所得税,平衡个人之间和企业之间的收益差距,防止在收入方面出现“穷者愈穷,富者愈富”的“马太效应”,防止出现收入的两极分化影响社会的稳定。

第三,调节经济运行。所得税的调节作用在于公平税负、量能负担。世界各国往往通过各项税收优惠的实施,发挥政府在纳税人投资、产业结构调整、环境治理等方面的调控作用。例如,在特定的行业进行免税、减税,可以促进纳税义务人在此领域的投资积极性,通过国家的税收政策,利用市场“看不见的手”调节国民经济。《中共中央关于制定国民经济和社会发展第十四个五年规划和二〇三五年远景目标的建议》(2020年)明确提出,要完善现代税收制度,健全地方税、直接税体系,优化税制结构,适当提高直接税比重,深化税收征管制度改革。

二、所得税的特征及分类

(一)所得税的特征

1. 应税所得是具有合法来源性质的所得

所得税纳税义务人从事生产或商业经营等取得的所得,须是国家经济政策和法律允许并予以保障的所得,即必须是合法的,属于各国所得税法规定的应纳税所得。至于走私、贪污、盗窃、赌博、抢劫、诈骗等非法所得,都不应列入所得税的征税范围,各国均将依法予以没收。一种观点认为,应税所得应为合法所得。另一种观点认为,应税所得不一定应合法。其理由是,国家税务部门与检察院等司法部门的职能和作用不同,税务部门不可能也不必要在对企业和个人征税时,先调查每一笔所得的合法性,然后再对所得征税,否则必然造成征管效率的降低。本书认为,如果在征税过程中发现某项所得为非法所得,应向司法机关通报。国家对相关所得征税,并不意味着承认这种所得的合法性,也不是对这种所得提供税法之外的法律保护。征税后如果发现其为非法所得，可对非法所得予以追缴；如需对违法者课处没收或罚款，已纳所得税税金可以从中抵扣，甚至不抵扣。应当说明的是，各国对于合法所得与非法所得的认定标准有区别，如对赌博取得的收入，有的国家认定为合法所得，而依我国现行法律则应认定为非法所得。

2. 以连续性的所得为主

通说观点在指出应税所得为合法所得的同时，也强调应当将偶然所得排除在应税所得之外，而只计入经常性的所得。这对于企业（公司）所得税来说尤为重要，否则非连续性的所得亏损就不可能用以后年度的盈余弥补。但在第二次世界大战以后，一些学者主张将偶然所得，如特许权使用费等，纳入应税所得范围进行征税。从各国税法的实际规定来看，都是将一些一次性或偶然所得作为应税所得计征所得税的。但总体上看，大多数国家的应税所得是以经常性或连续性的所得为主。但《个人所得税法》既有连续性所得的规定，又有偶然所得的规定。应当指出的是，对偶然、临时所得不征税，有损税法公平原则。

3. 以净所得为主

按照经济学的原理，经济主体通过经济与社会活动所取得的收益可以分为毛利润和纯利润。毛利润包含了从事经济与社会活动所花费的成本、费用等，[①]而后者不包含这些内容，因此又被称为净所得。各国税法规定的应税所得，通常分为经营所得、财产所得、劳动所得、投资所得和其他所得五类。纳税人在取得上述任何一项所得的过程中，均会有相应的物化劳动或劳动的投入和支出。因此，只有在依法作了合理的扣减消耗和支出后，才能依法课征所得税。从所得税法的规定来看，对股息、利息和特许权使用费这类投资所得，大多数国家都不扣减费用，而按毛收入金额降低税率，采取预提所得税的方式征收，这是因为这类投资所得的支付者往往有固定的营业场所，而取得者都比较分散，并且这些所得还有可能分散在其他国家，不便按通常的程序和方法计征。因此，各国一般都采取单独规定比公司所得税税率更低的比例税率，按照毛收入金额（不扣除任何费用）征收预提所得税。这种通过以规定低比例税率计算征税的简单方法，一方面保证了有关国家分享税权的权力，另一方面在确定税率时就已经考虑了计算征税后应当扣除成本费用的因素，所以这种预提所得税的税基仍然是对这类投资活动的净所得进行征税。

4. 应税所得应为货币所得

税法规定的所得，仅限于经济上的所得，而不包括精神上的所得。精神上的所得

---

① 参见董玉明、樊雪茫编著：《中国税法教程》，中国法制出版社 2022 年版，第 191 页。

如荣誉性、知识性的所得和体质上、心理上的收益，都不属于应税所得，对此，各国税法都有明确规定。而经济上的所得包括现金所得和实物所得。实物所得如不能用货币衡量和计算其价值，则无法按率计征。因此，各国都规定，应税所得应当是能以货币表示其价值的所得。所得税税额通常以本国货币为计算单位，所得税税额为外国货币的，要按外汇牌价或通过其他方式将其折合成本国货币后缴纳税款。纳税人取得的应税所得，如有实物或有价证券，则应当按照当时取得的市场价格或按其他方式计算折合金额计算纳税。可见，应税所得是指货币所得或能以货币衡量和计算的价值所得。①

案例研讨

甲企业在2023年的生产经营活动中，获得了当地政府颁发的“服务社会先进企业”荣誉奖励。此外，甲企业销售给乙企业价值500万元的商品，乙企业支付给甲企业300万元现金后，又提出以乙企业名下的一处房产抵销剩余的价款，甲企业认为该房产价值较高遂表示同意。

在该案例中，乙企业支付的300万元现金，属于甲企业当然的应税所得。而甲企业获得的“服务社会先进企业”荣誉奖励，并非货币所得或者经济所得，因此无须纳税。需要注意的是，甲企业获得的抵债用的房产，虽然不是货币本身，但是属于可用货币衡量的实物所得。

请研讨：

1. 所得税法上所得的含义？

2. 企业所得税法上确认为所得的依据是什么？

3. 房产属于企业所得税上的哪种所得？

（二）应税所得的分类

基于国情，各个国家对应税所得分类的规定并非一致，但总体上可归为五类。

1. 经营所得

经营所得，亦称事业所得，是指纳税人从事工业、农业、畜牧业、建筑业、金融业、服

---

① 参见刘剑文：《财税法——原理、案例与材料》（第4版），北京大学出版社2020年版，第244～245页。

务业等一切生产性或非生产性经营活动所取得的纯收益。判断依据在于纳税人取得该项所得的经济活动是否为其主要经济活动。

2. 财产所得

财产所得是指纳税人凭借拥有的财产或通过销售财产所获取的收益。财产所得又分为两类:一类是不动产所得和动产所得,即纳税人从其拥有的不动产和动产上所取得的定期收益;另一类是在财产包括各种动产和不动产的转让过程中所产生的溢价收益,通常又称为资本所得。

3. 劳动所得

劳动所得,亦称劳务所得,是指个人从事劳务活动所获取的报酬,通常是个人所得税的课税对象。劳动所得又分为独立劳动所得和非独立劳动所得。前者指自由职业者从事专业性劳务取得的报酬;后者指纳税人因雇佣关系或相当于雇佣关系的关系而取得的工资、薪金、奖金等工资性报酬。值得注意的是,劳动所得有时候并不需要以货币的形式表示,货币以外的资产或者其他经济利益,只要具有劳务对价的性质,也算作劳动所得。

4. 投资所得

投资所得是指纳税人通过直接或间接投资形式所取得的股息、红利、利息、特许权使用费等收益。投资所得是纳税人凭借占有资产而产生的利润追索权所获得的收益,属无形动产所得。当各种权利的提供者和使用者在同一个国家的时候,投资所得来源地是非常明确的,但是如果他们分别在不同的国家,那到底哪个国家对这种所得享有征税权就会产生极大的分歧。目前,世界各国对投资所得来源地的确定一般采用以下三个标准或原则:第一,权利使用方所在地标准。当前,各国对贷款利息、特许权使用费等主要采用权利使用方所在地标准。第二,支付方所在地标准。这一标准主要适用于确定股息、债券和银行存款利息等收入来源的情形。第三,常设机构所在地。常设机构指企业进行全部或部分经营的固定营业场所,包括管理场所、分支机构、办事处、工厂、车间、开采自然资源的场所等。①

5. 其他所得

上述四类所得以外的为其他所得,如保险赔偿金、终身劳保津贴、财产赠与所得、博彩收入等。

三、新中国所得税的历史沿革

新中国成立之后,原政务院于 1950 年颁布了《全国税政实施要则》,统一了全国税

---

① 参见 OECD《关于对所得和财产避免双重征税的协定范本》第 5 条。

政,确定全国税收分为14种:货物税、工商业税(包括坐商、行商、摊商的营业税及所得税)、盐税、关税、薪给报酬所得税、存款利息所得税、印花税、遗产税、交易税、屠宰税、房产税、地产税、特种消费行为税(包括筵席、娱乐、冷饮、旅店)、使用牌照税等,其中的薪给报酬所得税和存款利息所得税就属于最初的所得税。但是在实际执行过程中薪给报酬所得税并未实际开征,而存款利息所得税至1959年也基于各种原因而停征。当时并没有提出要开征企业所得税,因为在当时的时代背景下,企业,尤其是对资本主义工商业进行社会主义改造后的国有企业、集体企业要求特殊的办法向国家缴纳利润,企业所得税立法并没有现实的需求。加之当时我国的人均收入水平不高,所得税制度的作用未能得到充分发挥,这种情况一直持续到改革开放后。

(一)企业所得税法的演变

我国最早的《企业所得税法》颁布于2007年,在此之前,企业并非没有纳税义务,而是长期以来一直实行内资企业和外资企业分轨纳税的办法。

就内资企业而言,企业所得税源于改革开放之初的"利改税"。1983年起,国家开征了国营企业所得税;1985年起,集体企业所得税开征;1988年,企业所得税的征税主体扩展到了内资的私营企业。社会主义市场经济体制需要统一税制以创造公平竞争的市场环境,因此,国务院于1993年发布了《中华人民共和国企业所得税暂行条例》(已失效),第二年财政部发布了《中华人民共和国企业所得税暂行条例实施细则》(已失效),统一了内资企业的所得税制。

就外资企业而言,改革开放后,我国需要解决外资涌入我国成立企业后的税收问题,并通过一定的税收优惠政策吸引外资,因此,针对外资企业的所得税税法比针对内资企业的所得税税法更早出台。1980年9月10日,第五届全国人民代表大会第三次会议通过了《中华人民共和国中外合资经营企业所得税法》(已失效),第1条规定在中华人民共和国境内的中外合资经营企业(以下简称合营企业),从事生产、经营所得和其他所得,都按照该法的规定缴纳所得税,合营企业在中国境内和境外的分支机构,从事生产、经营所得和其他所得,由总机构汇总缴纳所得税。同时第3条第1款规定合营企业的所得税税率为30%,另按应纳所得税税额附征10%的地方所得税。1981年12月13日由第五届全国人民代表大会第四次会议通过、1982年1月1日施行的《中华人民共和国外国企业所得税法》(已失效)第1条规定除另有规定外,在中国境内设立机构,独立经营或者同中国企业合作生产、合作经营的外国公司、企业和其他经济组织是外国企业,其在中华人民共和国境内的生产、经营所得和其他所得,都按照该法的规定缴纳所得税。第3条规定,外国企业的所得税,按应纳税的所得额超额累进计算,税率为20%至40%。1991年4月9日,《中华人民共和国外商投资企业和外国企业所得税法》(已失效)由第七届全国人民代表大会第四次会议通过,除保留"外国企业"这一表述外,第2条第1款将在中国境内设立的合营企业、中外合作经营企业和外资企业统称为外商投资企业。第5条规定,外商投资企业的企业所得税和外国企业就其在中国境内设立的从事生产、经营的机构、场所的所得应纳的企业所得税,按应纳税的所得额计算,税率为30%;地方所得税,按应纳税的所得额计算,税率为3%。

虽然截至此时,内资企业和外资企业分别完成了所得税的统一,但是二者之间的制度仍不一致,有的企业为了获得外资企业的税收优惠,伪装成"外资企业",给税收监管带来了很多障碍。2007年,第十届全国人民代表大会第五次会议通过了《企业所得税法》,改变了内外资企业所得税不一致的情况。

(二)个人所得税法的演变

为适应改革开放的需要,1980年第五届全国人民代表大会第三次会议通过了我国第一部《个人所得税法》。该法规定相对简洁,只有15条,实行分类所得税制,即将个人所得税纳税人的所得分为6大类,分别为工资、薪金所得,劳务报酬所得,特许权使用费所得,利息、股息、红利所得,财产租赁所得以及经财政部确定征税的其他所得①。第3条规定除工资、薪金所得适用5%至45%的超额累进税率外,其他所得适用20%的比例税率。该法为了适应改革开放浪潮中对在我国取得收入的外国人征税的需要,将纳税人的范围扩展到了符合特定条件的外国人,其第1条规定,在中华人民共和国境内居住满1年的个人,从中国境内和境外取得的所得,都按照该法的规定缴纳个人所得税;不在中华人民共和国境内居住或者居住不满1年的个人,只就从中国境内取得的所得,缴纳个人所得税。同时,该法第5条规定了个人所得税的扣除标准,如工资、薪金所得,按每月收入减去费用800元,就超过800元的部分纳税。当时我国个人收入水平较低,能够达到800元的人较少。

中国共产党第十四次全国代表大会提出建立社会主义市场经济体制的目标,国家根据改革的需求也于1993年对《个人所得税法》进行了修正。本次修改将原来按照纳税人类型分别设立的个人所得税、个人收入调节税和个体工商户所得税合并为统一的个人所得税,提出了居民纳税人和非居民纳税人的区分,并将所得分为了11大类(工资、薪金所得,个体工商户的生产、经营所得,对企事业单位的承包经营、承租经营所得,劳务报酬所得,稿酬所得,特许权使用费所得,利息、股息、红利所得,财产租赁所

---

①　参见1980年《个人所得税法》第2条。

得,财产转让所得,偶然所得,经国务院财政部门确定征税的其他所得),并增加修改了个人所得税减征、免征的规定。此后,为适应经济和社会变化,我国分别于1999年、2005年、2007年6月、2007年12月、2011年、2018年对《个人所得税法》进行了6次修正,这其中既涉及对工资、薪金收入起征点的修改(如2005年《个人所得税法》第6条第1款第1项将工资、薪金所得起征点从800元改为1600元,2007年12月《个人所得税法》第6条第1款第1项改为2000元,2011年《个人所得税法》第6条第1款第1项改为3500元),又涉及对具体税目(如1999年《个人所得税法》删除了对储蓄存款利息的免税规定,2007年6月《个人所得税法》第12条修改为对储蓄存款利息所得开征、减征、停征个人所得税及其具体办法,由国务院规定)和税率(如2011年《个人所得税法》第3条第1项将工资、薪金所得适用税率从5%至45%的超额累进税率改为3%至45%)的修改。这其中以2018年的修正影响最大,形成了分类和综合相结合的所得税制。

第二节 企业所得税

一、企业所得税纳税义务人和课税对象

(一)企业所得税纳税义务人

企业所得税纳税义务人,是指在中国境内的企业和其他取得收入的组织。根据《企业所得税法》第2条的规定,企业所得税的纳税义务人,又分为居民企业和非居民企业。

1. 居民企业,指依法在中国境内成立,或者依照外国(地区)法律成立但实际管理机构在中国境内的企业,包括依照中国法律、行政法规在中国境内成立的企业、事业单位、社会团体以及其他取得收入的组织。

2. 非居民企业,指依照外国(地区)法律成立且实际管理机构不在中国境内,但在中国境内设立机构、场所的,或者在中国境内未设立机构、场所,但有来源于中国境内所得的企业,包括依照外国(地区)法律成立的企业和其他取得收入的组织。

上述所称机构、场所,是指在中国境内从事生产经营活动的机构、场所,包括:(1)管理机构、营业机构、办事机构;(2)工厂、农场、开采自然资源的场所;(3)提供劳务的场所;(4)从事建筑、安装、装配、修理、勘探等工程作业的场所;(5)其他从事生产经营活动的机构、场所。

非居民企业委托营业代理人在中国境内从事生产经营活动的,包括委托单位或者

个人经常代其签订合同,或者储存、交付货物等,该营业代理人视为非居民企业在中国境内设立的机构、场所。

值得注意的是,作为企业所得税纳税义务人的“企业”,并不是我们经济学意义上的企业。在2008年之前,我国的企业所得税纳税人包含所有类型的企业,既包括法人企业又包括非法人企业,既有公司又有非公司,合伙企业、个人独资企业曾一度被纳入该税种的纳税人范畴;企业的分支机构,如果符合独立核算的条件,也应该单独进行税务登记。依照我国现行规范,依照我国法律、行政法规成立的个人独资企业、合伙企业不适用企业所得税法,且企业的分支机构不是独立的纳税人。因此,我国《企业所得税法》所称的“企业”,主要是指法人企业,其他取得收入的组织,也应当缴纳企业所得税。

案例研讨

张甲和刘乙打算各出资50%成立一家企业从事商贸活动,预计该企业一年的税前利润为1000万元。在不考虑税会差异的情况下,默认该企业的税前利润与应税所得相同。此时,律师告诉张甲和刘乙,该企业在设立时对于采用公司的形式还是合伙企业的形式应当有所选择。选择不同的企业形式对于该企业以及张甲、刘乙的税收义务有何影响?

如果张甲和刘乙设立了一家公司,该公司的应纳税所得额是1000万元,此时公司应当缴纳25%的企业所得税,剩余的750万元作为公司的税后利润进行分红。在分红过程中,张甲、刘乙还需要缴纳20%的个人所得税(利息、股息、红利所得),因此,张甲、刘乙各自取得的税后分红为300万元。

如果张甲和刘乙设立的是合伙企业,该企业不是《企业所得税法》规定的纳税人,张甲和刘乙只需要就各自500万元的生产经营所得缴纳个人所得税,此时适用35%的超额累进税率,应纳税额 = 500万元 × 35% − 6.55万元(速算扣除数) = 168.45万元。此时,张甲和刘乙各自取得的税后收入为331.55万元。

请研讨:

1. 有限公司和合伙企业在所得税上的差异?
2. 如何看待合伙企业上的所得税“穿透”原则?

在本章开篇的研讨案例中,元天公司成立的所谓委员会从事的生产经营活动,并未反映在税务机关的征税活动中。该案例中的高科技创业委员会本身并不是独立的法人企业，因此不是独立的企业所得税纳税人。根据《税收征收管理法》第 15 条第 1 款的规定，企业，企业在外地设立的分支机构和从事生产、经营的场所，个体工商户和从事生产、经营的事业单位自领取营业执照之日起 30 日内，应持有关证件，向税务机关申报办理税务登记。该委员会没有取得营业执照，也就没有进行相应的税务登记，其取得收入并私自分配的行为就违反了税法的规定。

(二)企业所得税课税对象

居民企业与非居民企业的课税对象不同。居民企业的课税对象是其来源于中国境内、境外的所得。非居民企业在中国境内设立机构、场所的，应当就其所设机构、场所取得的来源于中国境内的所得，以及发生在中国境外但与其所设机构、场所有实际联系的所得，缴纳企业所得税。非居民企业在中国境内未设立机构、场所的，或者虽设立机构、场所但取得的所得与其所设机构、场所没有实际联系的，应当就其来源于中国境内的所得缴纳企业所得税。所谓实际联系，是指非居民企业在中国境内设立的机构、场所拥有据以取得所得的股权、债权，以及拥有、管理、控制据以取得所得的财产等。

居民企业与非居民企业课税对象中的“所得”，包括销售货物所得，提供劳务所得，转让财产所得，股息、红利等权益性投资所得，利息所得，租金所得，特许权使用费所得，接受捐赠所得和其他所得。要确定中国境内、境外的所得来源，应当按照以下原则确定：

(1)销售货物所得，按照交易活动发生地确定；

(2)提供劳务所得，按照劳务发生地确定；

(3)转让财产所得，不动产转让所得按照不动产所在地确定，动产转让所得按照转让动产的企业或者机构、场所所在地确定，权益性投资资产转让所得按照被投资企业所在地确定；

(4)股息、红利等权益性投资所得，按照分配所得的企业所在地确定；

(5)利息所得、租金所得、特许权使用费所得，按照负担、支付所得的企业或者机构、场所所在地确定，或者按照负担、支付所得的个人的住所地确定；

(6)接受捐赠所得，按照《企业所得税法》第 3 条和《企业所得税法实施条例》第 6 ~ 7 条的规定，接受捐赠所得没有明确解释境内外所得确定原则，通常理解上就是捐赠来源地；

(7)其他所得，由国务院财政、税务主管部门确定。

二、企业所得税的计税依据、税率

(一)企业所得税的计税依据

应纳税所得额是企业所得税的计税依据,按照企业所得税法的规定,应纳税所得额是企业每一纳税年度的收入总额减除不征税收入、免税收入、各项扣除以及允许弥补的以前年度亏损后的余额。其计算公式为:

应纳税所得额 = 收入总额 - 不征税收入 - 免税收入 - 各项扣除 - 以前年度亏损

应纳税所得额 = 利润总额 ± 纳税调整项目金额

企业应纳税所得额的计算,以权责发生制为原则,属于当期的收入和费用,无论款项是否收付,均作为当期的收入和费用;不属于当期的收入和费用,即使款项已经在当期收付,均不作为当期的收入和费用。法律另有规定的除外。

企业以货币形式和非货币形式从各种来源取得的收入,为收入总额。货币形式的收入包括现金、存款、应收账款、应收票据、准备持有至到期的债券投资、债务的豁免等。非货币形式的收入包括固定资产、生物资产、无形资产、股权投资、存货、不准备持有至到期的债券投资、劳务以及有关权益等。企业以非货币形式取得的收入,应当按照公允价值即市场价格确定的价值确定收入额。具体而言分为 9 大类:

(1)销售货物收入,包括企业销售商品、产品、原材料、包装物、低值易耗品以及其他存货取得的收入。

(2)提供劳务收入,是指企业从事建筑安装、修理修配、交通运输、仓储租赁、金融保险、邮电通信、咨询经纪、文化体育、科学研究、技术服务、教育培训、餐饮住宿、中介代理、卫生保健、社区服务、旅游、娱乐、加工以及其他劳务服务活动取得的收入。

(3)转让财产收入,是指企业转让固定资产、生物资产、无形资产、股权、债权等财产取得的收入。

(4)股息、红利等权益性投资收益,是指企业因权益性投资从被投资方取得的收入。股息、红利等权益性投资收益,除国务院财政、税务主管部门另有规定外,按照被投资方作出利润分配决定的日期确认收入的实现。

(5)利息收入,是指企业将资金提供他人使用但不构成权益性投资,或者因他人占用本企业资金取得的收入,包括存款利息、贷款利息、债券利息、欠款利息等收入。利息收入,按照合同约定的债务人应付利息的日期确认收入的实现。

(6)租金收入,是指企业提供固定资产、包装物或者其他有形资产的使用权取得的收入。租金收入,按照合同约定的承租人应付租金的日期确认收入的实现。

(7)特许权使用费收入,是指企业提供专利权、非专利技术、商标权、著作权以及其他特许权的使用权取得的收入。特许权使用费收入,按照合同约定的特许权使用人应付特许权使用费的日期确认收入的实现。

(8)接受捐赠收入,是指企业接受的来自其他企业、组织或者个人无偿给予的货币性资产、非货币性资产。接受捐赠收入,按照实际收到捐赠资产的日期确认收入的实现。

(9)其他收入,是指企业取得的除上述第1项至第8项规定的收入外的其他收入,包括企业资产溢余收入、逾期未退包装物押金收入、确实无法偿付的应付款项、已作坏账损失处理后又收回的应收款项、债务重组收入、补贴收入、违约金收入、汇兑收益等。

国家为了扶持和鼓励某些特殊的纳税人和特定的项目,或者避免因征税影响企业的正常经营,对企业取得的某些收入予以不征税或免税的特殊政策,以减轻企业的负担,促进经济的协调发展。

根据我国《企业所得税法》第7条的规定,财政拨款,依法收取并纳入财政管理的行政事业性收费、政府性基金以及国务院规定的其他不征税收入为收入总额中的不征税收入。财政拨款,是指各级政府对纳入预算管理的事业单位、社会团体等组织拨付的财政资金,但国务院和国务院财政、税务主管部门另有规定的除外。行政事业性收费,是指依照法律法规等有关规定,按照国务院规定程序批准,在实施社会公共管理,以及在向公民、法人或者其他组织提供特定公共服务过程中,向特定对象收取并纳入财政管理的费用。政府性基金,是指企业依照法律、行政法规等有关规定,代政府收取的具有专项用途的财政资金。国务院规定的其他不征税收入,是指企业取得的,由国务院财政、税务主管部门规定专项用途并经国务院批准的财政性资金。

下列收入为免税收入:

(1)国债利息收入。为鼓励企业积极购买国债,支援国家建设,税法规定,企业因购买国债所得的利息收入,免征企业所得税。

(2)符合条件的居民企业间的股息、红利等权益性投资收益,是指居民企业直接投资于其他居民企业取得的投资收益。

(3)在中国境内设立机构、场所的非居民企业从居民企业取得与该机构、场所有实际联系的股息、红利等权益性投资收益。该收益不包括连续持有居民企业公开发行并上市流通的股票不足12个月取得的投资收益。

(4)符合条件的非营利组织的收入。符合条件的非营利组织是指:①依法履行非营利组织登记手续。②从事公益性或者非营利性活动。③取得的收入除用于与该组织有关的、合理的支出外,全部用于登记核定或者章程规定的公益性或者非营利性事业。④财产及其孳息不用于分配。⑤按照登记核定或者章程规定，该组织注销后的剩余财产用于公益性或者非营利性目的，或者由登记管理机关转赠给与该组织性质、宗旨相同的组织，并向社会公告。⑥投入人对投入该组织的财产不保留或者享有任何财产权利。⑦工作人员工资福利开支控制在规定的比例内，不变相分配该组织的财产。

非营利组织的下列收入为免税收入：①接受其他单位或者个人捐赠的收入。②除《企业所得税法》第7条第1项规定的财政拨款以外的其他政府补助收入，但不包括因政府购买服务取得的收入。③按照省级以上民政、财政部门规定收取的会费。④不征税收入和免税收入孳生的银行存款利息收入。⑤财政部、国家税务总局规定的其他收入。

（二）企业所得税的税率

企业所得税实行比例税率。相对来说，比例税率的透明度高，不会因为征税而改变企业之间的收入比例分配而影响市场竞争，也有利于促进税收的效率。我国现行的企业所得税税率分为两档，即区分不同的纳税义务人而分别适用基本税率和低税率。（见表3－1）

表3－1　我国现行的企业所得税税率

<table>
<tr><th colspan="2">纳税义务人</th><th>税收管辖权</th><th>课税对象</th><th>税率</th></tr>
<tr><td colspan="2">居民企业</td><td>居民管辖权，就其全球范围所得征税</td><td>居民企业、非居民企业在华机构的生产经营所得和其他所得</td><td>基本税率25%</td></tr>
<tr><td rowspan="2">非居民企业</td><td>取得所得与在中国境内设立的机构、场所有联系的</td><td rowspan="2">地域管辖权，就来源于中国的所得以及发生在中国境外但与其在中国境内所设的机构、场所有实际联系的所得征税</td><td>来源于中国的所得，以及发生在中国境外但与其在中国境内所设的机构、场所有实际联系的所得</td><td>低税率20%</td></tr>
<tr><td>取得所得与在中国境内设立的机构、场所没有实际联系的，或者在中国境内没有设立机构、场所的</td><td>来源于中国的所得</td><td>减按10%的税率征收</td></tr>
</table>

基本税率为25%。适用25%基本税率的纳税义务人包括居民企业和在中国境内设立机构、场所的且所得与机构场所有关联的部分非居民企业。

低税率是20%(目前减按10%)。适用低税率的纳税义务人是在中国境内未设立机构、场所的,或者虽设立机构、场所但取得的所得与其所设机构、场所没有实际联系的部分非居民企业和符合条件的小型微利企业。

三、扣除

(一)扣除项目范围

企业实际发生的与取得收入有关的、合理的支出,包括成本、费用、税金、损失和其他支出,在计算应纳税所得额时准予扣除。合理的支出,是指符合生产经营活动常规,应当计入当期损益或者有关资产成本的必要和正常的支出。企业发生的支出应当区分收益性支出和资本性支出。收益性支出应在发生当期直接予以扣除;资本性支出应当分期予以扣除或者计入有关资产成本,不得在发生当期直接予以扣除。企业的不征税收入用于支出所形成的费用或者财产,不得扣除或者计算对应的折旧、摊销扣除。除《企业所得税法》和《企业所得税法实施条例》另有规定外,企业实际发生的成本、费用、税金、损失和其他支出,不得重复扣除。扣除项目范围包括以下几种:

1. 成本,是指企业在生产经营活动中发生的销售成本、销货成本、业务支出以及其他耗费。

2. 费用,是指企业在生产经营活动中发生的销售费用、管理费用和财务费用,已经计入成本的有关费用除外。

3. 税金,是指企业发生的除企业所得税和允许抵扣的增值税以外的各项税金及其附加。即企业按规定缴纳的消费税、城市维护建设税、关税、资源税、土地增值税、房产税、车船税、土地使用税、印花税、教育费附加等产品销售税金及附加。这些已纳税金准予税前扣除。

4. 损失,是指企业在生产经营活动中发生的固定资产和存货的盘亏、毁损、报废损失,转让财产损失,呆账损失,坏账损失,自然灾害等不可抗力因素造成的损失以及其他损失。企业发生的损失,减除责任人赔偿和保险赔款后的余额,依照国务院财政、税务主管部门的规定扣除。企业已经作为损失处理的资产,在以后纳税年度又全部收回或者部分收回时,应当计入当期收入。

5. 其他支出,是指除成本、费用、税金、损失外,企业在生产经营活动中发生的与生产经营活动有关的、合理的支出。①

（二）扣除项目及其标准

1. 企业发生的合理的工资、薪金支出，准予扣除。工资、薪金，是指企业每一纳税年度支付给在本企业任职或者受雇的员工的所有现金形式或者非现金形式的劳动报酬，包括基本工资、奖金、津贴、补贴、年终加薪、加班工资，以及与员工任职或者受雇有关的其他支出。

2. 企业依照国务院有关主管部门或者省级政府规定的范围和标准为职工缴纳的基本养老保险费、基本医疗保险费、失业保险费、工伤保险费、生育保险费等基本社会保险费和住房公积金，准予扣除。

企业为投资者或者职工支付的补充养老保险费、补充医疗保险费，在国务院财政、税务主管部门规定的范围和标准内，准予扣除。

3. 除企业依照国家有关规定为特殊工种职工支付的人身安全保险费和国务院财政、税务主管部门规定可以扣除的其他商业保险费外，企业为投资者或者职工支付的商业保险费，不得扣除。

4. 企业在生产经营活动中发生的合理的不需要资本化的借款费用，准予扣除。

企业为购置、建造固定资产、无形资产和经过 12 个月以上的建造才能达到预定可销售状态的存货发生借款的，在有关资产购置、建造期间发生的合理的借款费用，应当作为资本性支出计入有关资产的成本，并依照《企业所得税法实施条例》的规定扣除。

5. 企业在生产经营活动中发生的下列利息支出，准予扣除：

非金融企业向金融企业借款的利息支出、金融企业的各项存款利息支出和同业拆借利息支出、企业经批准发行债券的利息支出；非金融企业向非金融企业借款的利息支出，不超过按照金融企业同期同类贷款利率计算的数额的部分。

6. 企业在货币交易中，以及纳税年度终了时将人民币以外的货币性资产、负债按照期末即期人民币汇率中间价折算为人民币时产生的汇兑损失，除已经计入有关资产成本以及与向所有者进行利润分配相关的部分外，准予扣除。

---

①　企业所得税中特定收入的应纳税所得额的计算，以权责发生制为原则，在数额上往往与按收付实现制计算出的数额不一致。因此，有时候即使该企业没有实现现实的利润，也需要缴纳企业所得税。在本章研讨的案例中，元天公司虽然有 16,000 万元的对外投资，但根据《企业所得税法》第 11 条的规定，企业计算应纳税所得额时，按照规定计算的固定资产折旧准予扣除，但与经营活动无关的固定资产不得扣除。本案中元天公司对外投资房产与其经营活动无关，该投资款项不得在计算应纳税所得额时予以扣除。

7. 企业发生的职工福利费支出，不超过工资、薪金总额14%的部分，准予扣除。

企业拨缴的工会经费，不超过工资、薪金总额2%的部分，准予扣除。

除国务院财政、税务主管部门另有规定外，企业发生的职工教育经费支出，不超过工资、薪金总额2.5%的部分，准予扣除；超过部分，准予在以后纳税年度结转扣除。

8. 企业发生的与生产经营活动有关的业务招待费支出，按照发生额的60%扣除，但最高不得超过当年销售(营业)收入的5‰。

9. 企业发生的符合条件的广告费和业务宣传费支出，除国务院财政、税务主管部门另有规定外，不超过当年销售(营业)收入15%的部分，准予扣除；超过部分，准予在以后纳税年度结转扣除。

10. 企业依照法律、行政法规有关规定提取的用于环境保护、生态恢复等方面的专项资金，准予扣除。上述专项资金提取后改变用途的，不得扣除。

11. 企业参加财产保险，按照规定缴纳的保险费，准予扣除。

12. 企业根据生产经营活动的需要租入固定资产所支付的租赁费，按照以下方法扣除：以经营租赁方式租入固定资产发生的租赁费支出，按照租赁期限均匀扣除；以融资租赁方式租入固定资产发生的租赁费支出，按照规定，构成融资租入固定资产价值的部分应当提取折旧费用，分期扣除。

13. 企业发生的合理的劳动保护支出，准予扣除。

14. 企业之间支付的管理费、企业内营业机构之间支付的租金和特许权使用费，以及非银行企业内营业机构之间支付的利息，不得扣除。

15. 非居民企业在中国境内设立的机构、场所，就其中国境外总机构发生的与该机构、场所生产经营有关的费用，能够提供总机构出具的费用汇集范围、定额、分配依据和方法等证明文件，并合理分摊的，准予扣除。

16. 企业发生的符合条件的公益性捐赠支出，不超过年度利润总额12%的部分，准予扣除。年度利润总额，是指企业依照国家统一会计制度的规定计算的年度会计利润。

四、应纳税额的计算

(一)企业所得税应纳税额的正常计算

企业的应纳税所得额乘以适用税率，减除依照《企业所得税法》关于税收优惠的规定减免和抵免的税额后的余额，为应纳税额。其计算公式为：

应纳税额 = 应纳税所得额 × 适用税率 − 减免税额 − 抵免税额

应纳税所得额 = 纳税年度收入总额 − 不征税收入 − 免税收入 − 各项扣除允许弥

补的以前年度亏损

案例研讨

某境内居民企业2022年发生下列业务：

(1)销售产品收入2000万元。

(2)接受捐赠材料一批，取得赠出方开具的增值税发票，注明价款10万元，增值税1.7万元。

(3)转让一项商标所有权，取得营业外收入60万元。

(4)收取当年让渡资产使用权的专利实施许可费，取得其他业务收入10万元。

(5)取得国债利息2万元。

(6)全年销售成本1000万元；销售税金及附加100万元。

(7)全年销售费用500万元，含广告费400万元；全年管理费用200万元，含业务招待费80万元；全年财务费用50万元。

(8)全年营业外支出40万元，含通过政府部门对灾区捐款20万元，直接对私立小学捐款10万元，违反政府规定被罚款2万元。

要求计算：

(1)该企业的会计利润总额

(2)国债利息是否纳入应税所得

(3)该企业对广告费、招待费和营业外支出的纳税调整

(4)该企业应纳税所得额和应纳所得税额

税款计算如下：

(1)该企业的会计利润总额

企业账面利润 = 2000 + 10 + 1.7 + 60 + 10 + 2 − 1000 − 100 − 500 − 200 − 50 − 40 = 193.7(万元)。

(2)国债利息属于免税收入

2万元国债利息属于免税收入。

(3)该企业对广告费、招待费和营业外支出的纳税调整额

广告费、招待费和营业外支出都需要依据企业所得税法规定进行调整。

以销售营业收入(2000 + 10)万元为基数，不能包括营业外收入。广告费限额 = (2000 + 10) × 15% = 301.5(万元)；广告费超支 400 − 301.5 = 98.5(万元)，调增应纳税所得额98.5万元。

招待费限额计算：①80×60%=48万元；②(2000+10)×5‰=10.05(万元)。招待费限额为10.05万元，超支69.95万元。

捐赠限额=193.7×12%=23.24(万元)。该企业20万元公益性捐赠可以扣除；直接对私立小学的捐赠不得扣除；行政罚款不得扣除。对营业外支出的纳税调整额12万元。

(4)该企业应纳税所得额和应纳所得税额

应纳税所得额=193.7-2+98.5+69.95+12=372.15(万元)。

应纳所得税额=372.15×25%=93.04(万元)。

请研讨：

1. 会计利润为何不能直接作为应纳税所得额？
2. 企业所得税法为何要设定对成本费用扣除的特殊规则？
3. 企业所得税法中的应纳税所得额与应纳税额的区别和联系。

(二)居民企业核定征收应纳税所得额

企业不提供与其关联方之间业务往来资料，或者提供虚假、不完整资料，未能真实反映其关联业务往来情况的，税务机关有权依法核定其应纳税所得额。纳税人采用核定征收方式的，不得享受企业所得税各项优惠政策。

核定企业的应纳税所得额时，可以采用下列方法：(1)参照同类或者类似企业的利润率水平核定。(2)按照企业成本加合理的费用和利润的方法核定。(3)按照关联企业集团整体利润的合理比例核定。(4)按照其他合理方法核定。企业对税务机关按照前述规定的方法核定的应纳税所得额有异议的，应当提供相关证据，经税务机关认定后，调整核定的应纳税所得额。

(三)非居民企业核定征收应纳税所得额

非居民企业因会计账簿不健全，资料残缺难以查账，或者其他原因不能准确计算并据实申报其应纳税所得额的，税务机关有权采取以下方法核定其应纳税所得额：

(1)按收入总额核定应纳税所得额。适用于能够正确核算收入总额或通过合理方法推定收入总额，但不能正确核算成本费用的非居民企业。计算公式如下：

应纳税所得额=收入总额×经税务机关核定的利润率

(2)按成本费用核定应纳税所得额。适用于能够正确核算成本费用，但不能正确核算收入总额的非居民企业。计算公式如下：

应纳税所得额 = 成本费用总额 ÷ (1 - 经税务机关核定的利润率) × 经税务机关核定的利润率

(3) 按经费支出换算收入总额核定应纳税所得额。适用于能够正确核算经费支出总额,但不能正确核算收入总额和成本费用总额的非居民企业。计算公式如下:

应纳税所得额 = 本期经费支出额 ÷ (1 - 经税务机关核定的利润率) × 经税务机关核定的利润率

税务机关可按照以下标准确定非居民企业的利润率:

(1) 从事承包工程作业、设计和咨询劳务的,利润率为 15% ~30% ;

(2) 从事管理服务的,利润率为 30% ~50% ;

(3) 从事其他劳务或劳务以外经营活动的,利润率不低于 15% 。

税务机关有根据认为非居民企业的实际利润率明显高于上述标准的,可以按照比上述标准更高的利润率核定其应纳税所得额。

(四) 特别纳税调整

企业与其关联方之间的业务往来,不符合独立交易原则而减少企业或者其关联方应纳税收入或者所得额的,税务机关有权按照合理方法调整。企业与其关联方共同开发、受让无形资产,或者共同提供、接受劳务发生的成本,在计算应纳税所得额时应当按照独立交易原则进行分摊。这里的关联方,是指与企业有下列关联关系之一的企业、其他组织或者个人:(1) 在资金、经营、购销等方面存在直接或者间接的控制关系;(2) 直接或者间接地同为第三者控制;(3) 在利益上具有相关联的其他关系。独立交易原则,是指没有关联关系的交易各方,按照公平成交价格和营业常规进行业务往来遵循的原则。

进行特别纳税调整的合理方法,包括:(1) 可比非受控价格法,是指按照没有关联关系的交易各方进行相同或者类似业务往来的价格进行定价的方法;(2) 再销售价格法,是指按照从关联方购进商品再销售给没有关联关系的交易方的价格,减除相同或者类似业务的销售毛利进行定价的方法;(3) 成本加成法,是指按照成本加合理的费用和利润进行定价的方法;(4) 交易净利润法,是指按照没有关联关系的交易各方进行相同或者类似业务往来取得的净利润水平确定利润的方法;(5) 利润分割法,是指将企业与其关联方的合并利润或者亏损在各方之间采用合理标准进行分配的方法;(6) 其他符合独立交易原则的方法。

五、税收优惠

(一)免征与减征

企业的下列所得,可以免征、减征企业所得税。企业如果从事国家限制和禁止发展的项目,不得享受企业所得税优惠。

企业从事农、林、牧、渔业项目的所得,包括免征和减征两部分。

1. 企业从事下列项目的所得,免征企业所得税:

(1)蔬菜、谷物、薯类、油料、豆类、棉花、麻类、糖料、水果、坚果的种植。(2)农作物新品种的选育。(3)中药材的种植。(4)林木的培育和种植。(5)牲畜、家禽的饲养。(6)林产品的采集。(7)灌溉、农产品初加工、兽医、农技推广、农机作业和维修等农、林、牧、渔服务业项目。(8)远洋捕捞。

2. 企业从事下列项目的所得,减半征收企业所得税:

(1)花卉、茶以及其他饮料作物和香料作物的种植。(2)海水养殖、内陆养殖。

(二)"三免三减半"项目

"三免三减半"项目,是指国家对于符合条件的企业,实行自项目取得第一笔生产经营收入所属纳税年度起,第一年至第三年免征企业所得税,第四年至第六年减半征收企业所得税的优惠政策。

1. 从事国家重点扶持的公共基础设施项目投资经营的所得。

《企业所得税法》第27条第2项所称国家重点扶持的公共基础设施项目,是指《公共基础设施项目企业所得税优惠目录》规定的港口码头、机场、铁路、公路、电力、水利等项目。

企业从事国家重点扶持的公共基础设施项目的投资经营的所得,自项目取得第一笔生产经营收入所属纳税年度起,第一年至第三年免征企业所得税,第四年至第六年减半征收企业所得税。企业承包经营、承包建设和内部自建自用国家重点扶持的公共基础设施项目的,不得享受该条规定的企业所得税优惠。

2. 从事符合条件的环境保护、节能节水项目的所得。

符合条件的环境保护、节能节水项目,包括公共污水处理、公共垃圾处理、沼气综合开发利用、节能减排技术改造、海水淡化等。项目的具体条件和范围由国务院财政、税务主管部门商国务院有关部门制订,报国务院批准后公布施行。

符合条件的环境保护、节能节水项目的所得,自项目取得第一笔生产经营收入所属纳税年度起,第一年至第三年免征企业所得税,第四年至第六年减半征收企业所得税。

案例研讨

张甲打算成立一家公司从事公共垃圾处理业务，该业务为符合“三免三减半”条件的环境保护、节能节水项目。该公司于2023年6月开始筹办，正常情况下半年后可以正式投产，2024年1月该公司可以取得第一笔营业收入。但是张甲作为投资人认为公司筹办的效率很低，于是对参与此项目的员工布置任务，要将计划提前一个月完成，即让公司于2023年12月取得第一笔收入。此时张甲的律师刘乙建议，公司的筹办进度不要改变。因为如果公司2024年1月取得第一笔营业收入，那2024年至2026年全年都可以享受免征企业所得税的待遇，即免税时间实际为3年；如果2023年12月取得第一笔营业收入，那该纳税年度虽然可以免税，但实际享受到免税的时间仅有1个月，到2025年年底的实际免税时间仅为2年零1个月。张甲认可了刘乙的建议，对于公司及项目的推进时间未做调整。

请研讨：

1. 企业所得税法的税收优惠的意义。

2. 企业如何安排生产经营以充分利用税收优惠政策？

（三）高新技术企业优惠

国家需要重点扶持的高新技术企业，减按15%的税率征收企业所得税。

国家需要重点扶持的高新技术企业，是指拥有核心自主知识产权，并同时符合下列条件的企业：

（1）产品（服务）属于《国家重点支持的高新技术领域》规定的范围；

（2）研究开发费用占销售收入的比例不低于规定比例；

（3）高新技术产品（服务）收入占企业总收入的比例不低于规定比例；

（4）科技人员占企业职工总数的比例不低于规定比例；

（5）《高新技术企业认定管理办法》规定的其他条件。

（四）小型微利企业

小型微利企业，是指从事国家非限制和禁止行业，且同时符合年度应纳税所得额不超过300万元、从业人数不超过300人、资产总额不超过5000万元3个条件的企业。

从业人数，包括与企业建立劳动关系的职工人数和企业接受的劳务派遣用工人数。所称从业人数和资产总额指标，应按企业全年季度平均值确定。具体计算公式如下：

季度平均值 = (季初值 + 季末值) ÷ 2

全年季度平均值 = 全年各季度平均值之和 ÷ 4

对小型微利企业年度应纳税所得额不超过100万元的部分,减按25%计入应纳税所得额,按20%的税率缴纳企业所得税。对个体工商户年度应纳税所得额不超过100万元的部分,在现行优惠政策基础上,减半征收个人所得税。

(五)非居民企业优惠

非居民企业在中国境内设立机构、场所的,应当就其所设机构、场所取得的来源于中国境内的所得,以及发生在中国境外但与其所设机构、场所有实际联系的所得,按20%的税率征收企业所得税。非居民企业在中国境内未设立机构、场所的,或者虽设立机构、场所但取得的所得与其所设机构、场所没有实际联系的,应当就其来源于中国境内的所得缴纳企业所得税,具体执行过程中减按10%的税率征收企业所得税。非居民企业取得的下列所得免征企业所得税:(1)外国政府向中国政府提供贷款取得的利息所得。(2)国际金融组织向中国政府和居民企业提供优惠贷款取得的利息所得。(3)经国务院批准的其他所得。

(六)抵免税额

企业取得的下列所得已在境外缴纳的所得税税额,可以对其当期应纳税额进行抵免,抵免限额为该项所得依照以下公式计算的应纳税额;超过抵免限额的部分,可以在以后5个年度内,用每年度抵免限额抵免当年应抵税额后的余额进行抵补:(1)居民企业来源于中国境外的应税所得;(2)非居民企业在中国境内设立机构、场所,取得发生在中国境外但与该机构、场所有实际联系的应税所得。

抵免限额 = 中国境内、境外所得依照《企业所得税法》及实施条例的规定计算的应纳税总额 × 来源于某国(地区)的应纳税所得额 ÷ 中国境内、境外应纳税所得总额

居民企业从其直接或者间接控制的外国企业分得的来源于中国境外的股息、红利等权益性投资收益,外国企业在境外实际缴纳的所得税税额中属于该项所得负担的部分,可以作为该居民企业的可抵免境外所得税税额,在抵免限额内抵免。

除此之外,企业购置用于环境保护、节能节水、安全生产等专用设备的投资额,也可以按一定比例抵免税额。这里的抵免税额是指企业购置并实际使用《环境保护专用设备企业所得税优惠目录》、《节能节水专用设备企业所得税优惠目录》和《安全生产专用设备企业所得税优惠目录》规定的环境保护、节能节水、安全生产等专用设备的,该专用设备的投资额的10%可以从企业当年的应纳税额中抵免;当年不足抵免的,可以在以后5个纳税年度结转抵免。

六、企业所得税纳税地点和纳税期限

(一)纳税地点

除税收法律、行政法规另有规定外,居民企业以企业登记注册地为纳税地点;但登记注册地在境外的,以实际管理机构所在地为纳税地点。企业登记注册地,是指企业依照国家有关规定登记注册的住所地。

非居民企业在中国境内设立机构、场所的,应当就其所设机构、场所取得的来源于中国境内的所得,以及发生在中国境外但与其所设机构、场所有实际联系的所得,以机构、场所所在地为纳税地点缴纳所得税。非居民企业在中国境内设立两个或者两个以上机构、场所的,经税务机关审核批准,可以选择由其主要机构、场所汇总缴纳企业所得税。非居民企业经批准汇总缴纳企业所得税后,需要增设、合并、迁移、关闭机构、场所或者停止机构、场所业务的,应当事先由负责汇总申报缴纳企业所得税的主要机构、场所向其所在地税务机关报告;需要变更汇总缴纳企业所得税的主要机构、场所的,依照前述规定办理。

非居民企业在中国境内未设立机构、场所的,或者虽设立机构、场所但取得的所得与其所设机构、场所没有实际联系的,以扣缴义务人所在地为纳税地点。

除国务院另有规定外,企业之间不得合并缴纳企业所得税。

(二)纳税期限

企业所得税按纳税年度计算。纳税年度自公历1月1日起至12月31日止。企业在一个纳税年度中间开业,或者终止经营活动,使该纳税年度的实际经营期不足12个月的,应当以其实际经营期为一个纳税年度。企业依法清算时,应当以清算期间作为一个纳税年度。

企业所得税分月或者分季预缴,由税务机关具体核定,年终汇算清缴,多退少补。分月或者分季预缴企业所得税时,应当按照月度或者季度的实际利润额预缴;按照月度或者季度的实际利润额预缴有困难的,可以按照上一纳税年度应纳税所得额的月度或者季度平均额预缴,或者按照经税务机关认可的其他方法预缴。预缴方法一经确定,该纳税年度内不得随意变更。

企业应当自月度或者季度终了之日起15日内,向税务机关报送预缴企业所得税纳税申报表,预缴税款。企业应当自年度终了之日起5个月内,向税务机关报送年度企业所得税纳税申报表,并汇算清缴,结清应缴应退税款。企业在报送企业所得税纳税申报表时,应当按照规定附送财务会计报告和其他有关资料。

企业在年度中间终止经营活动的,应当自实际经营终止之日起60日内,向税务机

关办理当期企业所得税汇算清缴。

企业应当在办理注销登记前,应就其清算所得向税务机关申报并依法缴纳企业所得税。

依照本法缴纳的企业所得税,以人民币计算。所得为人民币以外的货币的,应当折合成人民币计算并缴纳税款。

第三节 个人所得税法

一、个人所得税纳税义务人

根据我国法律的规定,个人所得税的纳税义务人,包括中国公民、个体工商业户、个人独资企业、合伙企业投资者以及在中国有所得的外籍人员(包括无国籍人员)和香港同胞、澳门同胞、台湾同胞。根据《个人所得税法》第 1 条的规定,以住所和居住时间为标准,可以将个人所得税纳税人区分为居民纳税人和非居民纳税人两种。

(一)居民个人

居民个人是指在中国境内有住所,或者无住所而在中国境内居住满 183 天的个人。在中国境内有住所的个人,是指因户籍、家庭、经济利益关系而在中国境内习惯性居住的个人。在境内居住满 183 天是指在一个纳税年度中在中国境内累计居住满 183 日。综上可知,个人所得税的居民个人包括以下两类:(1)在中国境内定居的中国公民和外国侨民,但不包括虽具有中国国籍,并没有在中国大陆定居,而是侨居海外的华侨和居住在香港特别行政区、澳门特别行政区和台湾地区的同胞。(2)从每年公历 1 月 1 日起至 12 月 31 日止,在中国境内累计居住满 183 天的外国人、海外侨胞、香港同胞、澳门同胞和台湾同胞。对于居民个人从中国境内和境外取得的所得,应当依法缴纳个人所得税。

(二)非居民个人

非居民个人,是指不符合居民个人判定标准(条件)的纳税义务人,非居民个人承担有限纳税义务,即仅就其来源于中国境内的所得,向中国缴纳个人所得税。《个人所得税法》第 1 条第 2 款规定,非居民个人是"在中国境内无住所又不居住,或者无住所而一个纳税年度内在中国境内居住累计不满一百八十三天的个人"。(纳税人类别见表 3-2)

表3－2　纳税人类别

纳税人类别	承担的纳税义务	判定标准
居民个人	其所取得的应纳税所得，无论是来源于中国境内还是中国境外，都要在中国境内缴纳个人所得税	住所标准和居住时间标准只要满足一个就是居民个人： (1)住所标准："在中国境内有住所"是指因户籍、家庭、经济利益关系而在中国境内习惯性居住。 (2)居住时间标准："在中国境内居住满1年"是指在一个纳税年度(公历1月1日起至12月31日止)内，在中国境内居住满183天
非居民个人	只就其来源于中国境内的所得，向中国缴纳个人所得税	在我国境内无住所又不居住或者无住所而在境内居住不满183天的个人。所以，非居民个人必须同时具备以下两个条件： (1)在我国无住所。 (2)在我国不居住或居住不满183天

注：①根据《中华人民共和国个人所得税法实施条例》(以下简称《个人所得税法实施条例》)第4条的规定，在中国境内无住所的个人，在中国境内居住累计满183天的年度连续不满6年的，经向主管税务机关备案，其来源于中国境外且由境外单位或者个人支付的所得，免予缴纳个人所得税；在中国境内居住累计满183天的任一年度中有一次离境超过30天的，其在中国境内居住累计满183天的年度的连续年限重新起算。

②根据《个人所得税法实施条例》第5条的规定，在中国境内无住所的个人，在一个纳税年度内在中国境内居住累计不超过90天的，其来源于中国境内的所得，由境外雇主支付并且不由该雇主在中国境内的机构、场所负担的部分，免予缴纳个人所得税。

二、个人所得税应税所得项目

个人所得税应税所得项目是指纳税人应当纳税的收入。下列各项个人所得应纳个人所得税：(1)工资、薪金所得；(2)劳务报酬所得；(3)稿酬所得；(4)特许权使用费所得；(5)经营所得；(6)利息、股息、红利所得；(7)财产租赁所得；(8)财产转让所得；(9)偶然所得。

个人独资企业和合伙企业投资人的生产经营所得和其他所得也列入个人所得税征税范围，按照经营所得的五级超额累进税率表计税。

(一)工资、薪金所得

工资、薪金所得，是指个人因任职或者受雇而取得的工资、薪金、奖金、年终加薪、劳动分红、津贴、补贴以及与任职或者受雇有关的其他所得。

一般来说，工资、薪金所得属于非独立个人劳动所得。所谓非独立个人劳动，是指个人所从事的是由他人指定、安排并接受管理的劳动，工作或服务于公司、工厂，行政、事业单位的人员（私营企业主除外）均为非独立个人劳动者。他们从上述单位取得的劳动报酬，是以工资、薪金的形式体现的。除工资、薪金外，奖金、年终加薪、劳动分红、津贴、补贴也被列入工资、薪金范畴。其中，年终加薪、劳动分红不分种类和取得情况，一律按工资、薪金所得课税。

（二）劳务报酬所得

劳务报酬所得，是指个人从事劳务取得的所得，包括从事设计、装潢、安装、制图、化验、测试、医疗、法律、会计、咨询、讲学、翻译、审稿、书画、雕刻、影视、录音、录像、演出、表演、广告、展览、技术服务、介绍服务、经纪服务、代办服务以及其他劳务取得的所得。具体内容如下：

1. 设计，是指按照客户的要求，代为制定工程、工艺等各类设计业务。

2. 装潢，是指接受委托，对物体进行装饰、修饰，使之美观或具有特定用途的作业。

3. 安装，是指按照客户要求，对各种机器、设备进行装配、安置，以及对机器、设备相连的附属设施进行装设和对被安装机器设备进行绝缘、防腐、保温、油漆等工程作业。

4. 制图，是指受托按实物或设想物体的形象，依体积、面积、距离等，用一定比例绘制成平面图、立体图、透视图等的业务。

5. 化验，是指受托用物理或化学的方法，检验物质的成分和性质等业务。

6. 测试，是指利用仪器仪表或其他手段代客对物品的性能和质量进行检测试验的业务。

7. 医疗，是指从事各种病情诊断、治疗等医护业务。

8. 法律，是指受托担任辩护律师、法律顾问，撰写辩护词、起诉书等法律文书的业务。

9. 会计，是指受托从事会计核算的业务。

10. 咨询，是指对客户提出的政治、经济、科技、法律、会计、文化等方面的问题进行解答、说明的业务。

11. 讲学，是指应邀（聘）进行讲课、做报告、介绍情况等业务。

12. 翻译，是指受托从事中、外语言或文字的翻译（包括笔译和口译）的业务。

13. 审稿，是指对文字作品或图形作品进行审查、核对的业务。

14. 书画，是指按客户要求，或自行从事书法、绘画、题词等业务。

15. 雕刻，是指代客镌刻图章、牌匾、碑、玉器、雕塑等业务。

16. 影视，是指应邀（聘）在电影、电视节目中出任演员，或担任导演、音响、化妆、道具、制作、摄影等与拍摄影视节目有关的业务。

17. 录音,是指用录音器械代客录制各种音响带的业务,或考应邀演讲、演唱、采访而被录音的服务。

18. 录像,是指用录像器械代客录制各种图像、节目的业务,或者应邀表演、采访被录像的业务。

19. 演出,是指参加戏剧、音乐、舞蹈、曲艺等文艺演出活动的业务。

20. 表演,是指从事杂技、体育、武术、健美、时装、气功以及其他技巧性表演活动的业务。

21. 广告,是指利用图书、报纸、杂志、广播、电视、电影、招贴、路牌、橱窗、霓虹灯、灯箱、墙面及其他载体,为介绍商品、经营服务项目、文体节目或通告、声明等事项,进行宣传和提供相关服务的业务。

22. 展览,是指举办或参加书画展、影展、盆景展、邮展、个人收藏品展、花鸟虫鱼展等各种展示活动的业务。

23. 技术服务,是指利用一技之长而进行技术指导、提供技术帮助的业务。

24. 介绍服务,是指介绍供求双方商谈,或者介绍产品、经营服务项目等服务的业务。

25. 经纪服务,是指经纪人通过居间介绍,促成各种交易和提供劳务等服务的业务。

26. 代办服务,是指代委托人办理受托范围内的各项事宜的业务。

27. 其他劳务,是指上述列举劳务项目之外的各种劳务。

在实际操作过程中,还可能出现难以判定一项所得是属于工资、薪金所得,还是属于劳务报酬所得的情况。这两者的区别在于:工资、薪金所得是属于非独立个人劳务活动,即在机关、团体、学校、部队、企业、事业单位及其他组织中任职、受雇而得到的报酬;而劳务报酬所得,则是个人独立从事各种技艺、提供各项劳务取得的报酬。

(三)稿酬所得

稿酬所得,是指个人因其作品以图书、报刊形式出版、发表而取得的所得。将稿酬所得独立划归一个征税项目,而对不以图书、报刊形式出版、发表的翻译、审稿、书画所得归为劳务报酬所得,主要是考虑了出版、发表作品的特殊性。第一,它是一种依靠较高智力创作的精神产品;第二,它具有普遍性;第三,它与社会主义物质文明和精神文明密切相关;第四,它的报酬相对偏低。因此,稿酬所得应当与一般劳务报酬相区别,并给予适当优惠照顾。

（四）特许权使用费所得

特许权使用费所得，是指个人提供专利权、商标权、著作权、非专利技术以及其他特许权的使用权取得的所得。提供著作权的使用权取得的所得，不包括稿酬所得。

专利权，是由国家专利主管机关依法授予专利申请人或其权利继承人在一定期间内实施其发明创造的专有权。对于专利权，许多国家只将提供他人使用取得的所得视为特许权使用费所得，而将转让专利权所得视为资本利得税的课税对象。我国没有开征资本利得税，故将个人提供和转让专利权取得的所得，都列为特许权使用费所得征收个人所得税。

商标权，即商标注册人享有的商标专用权。

著作权，即版权，是指作者依法对文学、艺术和科学作品享有的专有权。

个人提供或转让商标权、著作权、专有技术或技术秘密、技术诀窍取得的所得，应当依法缴纳个人所得税。

非专利技术，是指不为外界所知的、在生产经营活动中已采用了的、不享有专利法律特别保护的各种技术和经验，包括工业专有技术、商业贸易专有技术、管理专有技术等。

其他特许权，是指非前述专利权、商标权、著作权、非专利技术等但能为权利人带来利益的特许权。

（五）经营所得

经营所得，包括：(1)个体工商户从事生产、经营活动取得的所得，个人独资企业投资人、合伙企业的个人合伙人来源于境内注册的个人独资企业、合伙企业生产、经营的所得；(2)个人依法从事办学、医疗、咨询以及其他有偿服务活动取得的所得；(3)个人对企业、事业单位承包经营、承租经营以及转包、转租取得的所得；(4)个人从事其他生产、经营活动取得的所得。

（六）利息、股息、红利所得

利息、股息、红利所得，是指个人通过拥有的债权、股权而取得的利息、股息、红利所得。利息，是指个人通过拥有的债权而取得的利息，包括存款利息、贷款利息和各种债券的利息。按税法规定，个人取得的利息所得，除国债和国家发行的金融债券利息外，应当依法缴纳个人所得税。股息、红利，是指个人通过拥有的股权取得的股息、红利，按照一定的比率按股发放的息金叫作股息；公司、企业应分配的利润，按股份分配的叫作红利。股息、红利所得，除另有规定外，都应当缴纳个人所得税。

除个人独资企业、合伙企业以外的其他企业的个人投资者，以企业资金为本人、家庭成员及其相关人员支付与企业生产经营无关的消费性支出及购买汽车、住房等财产性支出，视为企业对个人投资者的红利分配，依照“利息、股息、红利所得”项目计征个人所得税。企业的上述支出不允许在计算所得税时扣除。

纳税年度内个人投资者从其投资企业（个人独资企业、合伙企业除外）借款，在该纳税年度终了后既不归还又未用于企业生产经营的，其未归还的借款可视为企业对个人投资者的红利分配，依照“利息、股息、红利所得”项目计征个人所得税。

（七）财产租赁所得

财产租赁所得，是指个人出租不动产、机器设备、车船以及其他财产取得的所得。

个人取得的财产转租收入，属于财产租赁所得，由财产转租人缴纳个人所得税。在确认纳税义务人时，应以产权凭证为依据；对无产权凭证的，由主管税务机关根据实际情况确定。产权所有人死亡，在未办理产权继承手续期间，该财产出租而有租金收入的，以领取租金的个人为纳税义务人。

（八）财产转让所得

财产转让所得，是指个人转让有价证券、股权、合伙企业中的财产份额、不动产、机器设备、车船以及其他财产取得的所得。

在现实生活中，个人进行的财产转让主要是个人财产所有权的转让。财产转让实际上是一种买卖行为，当事人双方通过签订、履行财产转让合同，形成财产买卖的法律关系，使出让财产的个人从对方取得价款（收入）或其他经济利益。财产转让所得因其性质的特殊性，需要单独列举项目征税。对个人取得的各项财产转让所得，除股票转让所得外，都要征收个人所得税。

（九）偶然所得

偶然所得，是指个人得奖、中奖、中彩以及其他偶然性质的所得。得奖是指在参加的各种有奖竞赛活动中因取得名次而得到的奖金；中奖、中彩是指参加各种有奖活动，如有奖销售、有奖储蓄，或者购买彩票，经过规定程序，抽中、摇中号码而取得的奖金。偶然所得应缴纳的个人所得税税款，一律由发奖单位或机构代扣代缴。

三、应纳税所得额

个人所得税的应纳税所得额是计算应纳税额的依据，与企业所得税应纳税额类似，个人所得税的应纳税所得额也不同于收入总额，而是需要从收入总额中扣除法定的支出或者专项附加扣除，不同的收入有不同的扣除标准。

（一）居民个人综合所得的应纳税所得额

居民个人综合所得，以每一纳税年度的收入额减除 6 万元费用以及专项扣除、专项附加扣除和依法确定的其他扣除后的余额为应纳税所得额。专项扣除、专项附加扣除和依法确定的其他扣除,以居民个人一个纳税年度的应纳税所得额为限额;一个纳税年度扣除不完的,不结转以后年度扣除。个人将其所得对教育、扶贫、济困等公益慈善事业进行捐赠,捐赠额未超过纳税人申报的应纳税所得额30%的部分,可以从其应纳税所得额中扣除;国务院规定对公益慈善事业捐赠实行全额税前扣除的,从其规定。具体计算公式为:

居民个人综合所得的应纳税所得额 = 每一纳税年度的收入额 - 费用6万元 - 专项扣除 - 专项附加扣除 - 依法确定的其他扣除

值得注意的是,居民个人的综合所得包括四项,分别为工资、薪金所得,劳务报酬所得,稿酬所得和特许权使用费所得。其中劳务报酬所得、稿酬所得、特许权使用费所得以收入减除20%的费用后的余额为收入额,稿酬所得的收入额减按70%计算(减除20%后再减按70%计算)。劳务报酬所得、稿酬所得、特许权使用费所得,属于一次性收入的,以取得该项收入为一次;属于同一项目连续性收入的,以一个月内取得的收入为一次。① 因此,居民个人综合所得中的劳务报酬所得、稿酬所得和特许权使用费所得的具体计算公式为:

居民个人劳务报酬所得的应纳税所得额 = 每次收入额 ×(1 - 20%)

居民个人稿酬所得的应纳税所得额 = 每次收入额 ×(1 - 20%)×70%

居民个人特许权使用费所得的应纳税所得额 = 每次收入额 ×(1 - 20%)

所谓专项扣除,包括居民个人按照国家规定的范围和标准缴纳的基本养老保险、基本医疗保险、失业保险等社会保险费和住房公积金等。而依法确定的其他扣除,包括个人缴付符合国家规定的企业年金、职业年金,个人购买符合国家规定的商业健康保险、税收递延型商业养老保险的支出,以及国务院规定可以扣除的其他项目。

所谓专项附加扣除,包括3岁以下婴幼儿照护、子女教育、继续教育、大病医疗、住房贷款利息、住房租金、赡养老人7项支出。个人所得税专项附加扣除遵循公平合理、利于民生、简便易行的原则,根据教育、医疗、住房、养老等民生支出变化情况,适时调整专项附加扣除范围和标准。具体内容包括以下几个方面。

---

① 如果这些类型的收入是单次获得的,那么它们就被视为一次性收入。此外,如果这些收入属于同一项目且是连续性获得的,则以一个月内取得的收入为一次。这一规定确保了个人所得税在处理这些类型的一次性或连续性收入时的明确性和一致性。

(1)3 岁以下婴幼儿照护

3 岁以下婴幼儿照护是目前 7 项专项附加扣除中出台最晚的,为了落实 2021 年《中共中央 国务院关于优化生育政策促进人口长期均衡发展的决定》,国务院决定,纳税人照护 3 岁以下婴幼儿子女的相关支出可以在计算居民个人的综合所得时予以扣除,目前的实施标准为每个婴幼儿每月 2000 元。父母可以选择由其中一方按扣除标准的 100% 扣除,也可以选择由双方分别按扣除标准的 50% 扣除,具体扣除方式在一个纳税年度内不能变更。

(2)子女教育

纳税人的子女接受全日制学历教育的相关支出,按照每个子女每月 2000 元的标准进行定额扣除。学历教育包括义务教育(小学、初中教育)、高中阶段教育(普通高中、中等职业、技工教育)、高等教育(大学专科、大学本科、硕士研究生、博士研究生教育)。年满 3 岁至小学入学前处于学前教育阶段的子女,也按本标准执行。父母可以选择由其中一方按扣除标准的 100% 扣除,也可以选择由双方分别按扣除标准的 50% 扣除,具体扣除方式在一个纳税年度内不能变更。

(3)继续教育

纳税人在中国境内接受学历(学位)继续教育的支出,在接受学历(学位)教育期间按照每月 400 元定额扣除。同一学历(学位)继续教育的扣除期限不能超过 48 个月。纳税人接受技能人员职业资格继续教育、专业技术人员职业资格继续教育的支出,在取得相关证书的当年,按照 3600 元定额扣除。个人接受本科及以下学历(学位)继续教育,符合《个人所得税专项附加扣除暂行办法》规定扣除条件的,可以选择由其父母扣除,也可以选择由本人扣除。

案例研讨

吉林省税务部门在 2022 年度个人所得税汇算退税审核时发现,某出版社存在部分纳税人错误填报继续教育专项附加扣除的情况。根据《个人所得税专项附加扣除暂行办法》第 8 条的规定,纳税人接受技能人员职业资格继续教育的,在取得该证书的当年可以享受个人所得税继续教育专项附加扣除。经查,该单位少数纳税人在汇算时选择以专业技术人员职业资格填报专项附加扣除的继续教育,实际仅为接受取得证书后每年的学时教育,不符合继续教育专项附加扣除相关规定。吉林省税务部门进一步对该单位纳税人以前年度的专项附加扣除填报情况进行了核查,对错误填报的纳税人逐一纠正补征税款,并依法加收滞纳金。

税务机关郑重提示广大纳税人，依法办理个人所得税汇算是每个纳税人的法定义务，若轻信所谓退税“秘籍”或虚假传言，不仅会因虚假填报影响自己的纳税信用，还可能将个人隐私信息泄露给网络诈骗不法分子。希望纳税人在办理汇算时，通过个人所得税 App 认真查看自己的收入、扣除、扣缴税款等信息，依法诚信办理汇算。对于存在虚假填报收入或扣除项目、篡改证明材料等恶劣情节的，税务部门将依法严肃处理，追缴税款和滞纳金；对拒不整改的，将依法依规立案检查。在此，税务机关也提醒广大扣缴单位，冒用他人身份，为纳税人办理虚假扣缴申报是违法行为，扣缴单位要严格遵守《个人所得税法》规定，依法履行全员全额扣缴申报义务。①

请研讨：

1. 个人所得税的专项附加扣除有哪些？
2. 个人所得税申报有哪些实体性和程序性要求？

（4）大病医疗

在一个纳税年度内，纳税人发生的与基本医保相关的医药费用支出，扣除医保报销后个人负担（指医保目录范围内的自付部分）累计超过 1.5 万元的部分，由纳税人在办理年度汇算清缴时，在 8 万元限额内据实扣除。纳税人发生的医药费用支出可以选择由本人或者其配偶扣除；未成年子女发生的医药费用支出可以选择由其父母一方扣除。纳税人及其配偶、未成年子女发生的医药费用支出，按《个人所得税专项附加扣除暂行办法》第 11 条的规定分别计算扣除额。

案例研讨

丈夫张甲和妻子刘乙的家庭中有一儿一女。2022 年，妻子刘乙和女儿不幸感染重病，分别支出与基本医保相关的医药费用，扣除医保报销后个人负担（医保目录范围内自付部分）10 万元和 5 万元。

张甲家庭中妻子刘乙和女儿的大病医疗费用可以在减除 1.5 万元之后，在当年按照最高 8 万元的个人所得税专项附加额度扣除大病医疗支出。其中，妻子刘乙的大病医疗专项附加扣除额为 8 万元（10 万元 − 1.5 万元 = 8.5 万元，大于 8 万元的限额，按

---

① 参见《个人所得税汇算清缴月底截止　税务部门再公布 5 起违规办理案例》，载国家税务总局官网 2023 年 6 月 9 日，https://www.chinatax.gov.cn/chinatax/n810219/n810780/c5205220/content.html。

照8万元扣除);女儿的大病医疗专项附加扣除额为3.5万元(5万元-1.5万元=3.5万元,小于8万元的限额,按照3.5万元扣除)。此时,张甲家庭中妻子刘乙和女儿的大病医疗专项附加扣除可以采取如下几种扣除方法:

(1)由丈夫张甲进行额度为11.5万元(8万元+3.5万元)的大病医疗专项附加扣除,妻子刘乙不再享受大病医疗专项附加扣除。

(2)由妻子刘乙进行额度为11.5万元(8万元+3.5万元)的大病医疗专项附加扣除,丈夫张甲不再享受大病医疗专项附加扣除。

(3)由丈夫张甲进行额度为8万元的大病医疗专项附加扣除,妻子刘乙进行额度为3.5万元的大病医疗专项附加扣除。

(4)由丈夫张甲进行额度为3.5万元的大病医疗专项附加扣除,妻子刘乙进行额度为8万元的大病医疗专项附加扣除。

请研讨:

1. 大病医疗专项附加扣除应如何扣除?

2. 大病医疗专项附加扣除的费用为何限定与基本医保相关?

(5)住房贷款利息

纳税人本人或者配偶单独或者共同使用商业银行或者住房公积金个人住房贷款为本人或者其配偶购买中国境内住房,发生的首套住房贷款利息支出,在实际发生贷款利息的年度,按照每月1000元的标准定额扣除,扣除期限最长不超过240个月。纳税人只能享受一次首套住房贷款的利息扣除。首套住房贷款是指购买住房享受首套住房贷款利率的住房贷款。经夫妻双方约定,可以选择由其中一方扣除,具体扣除方式在一个纳税年度内不能变更。夫妻双方婚前分别购买住房发生的首套住房贷款,其贷款利息支出,婚后可以选择其中一套购买的住房,由购买方按扣除标准的100%扣除,也可以由夫妻双方对各自购买的住房分别按扣除标准的50%扣除,具体扣除方式在一个纳税年度内不能变更。

(6)住房租金

纳税人在主要工作城市没有自有住房而发生的住房租金支出,可以按照以下标准定额扣除:①直辖市、省会(首府)城市、计划单列市以及国务院确定的其他城市,扣除标准为每月1500元。②除第①项所列城市以外,市辖区户籍人口超过100万的城市,扣除标准为每月1100元;市辖区户籍人口不超过100万的城市,扣除标准为每月800

元。市辖区户籍人口，以国家统计局公布的数据为准。纳税人的配偶在纳税人的主要工作城市有自有住房的，视同纳税人在主要工作城市有自有住房。主要工作城市是指纳税人任职受雇的直辖市、计划单列市、副省级城市、地级市（地区、州、盟）全部行政区域范围；纳税人无任职受雇单位的，为受理其综合所得汇算清缴的税务机关所在城市。夫妻双方主要工作城市相同的，只能由一方扣除。住房租金支出由签订租赁住房合同的承租人扣除。

值得注意的是，纳税人及其配偶在一个纳税年度内不能同时分别享受住房贷款利息和住房租金专项附加扣除。

（7）赡养老人

纳税人赡养一位及以上被赡养人的赡养支出，统一按照以下标准定额扣除：①纳税人为独生子女的，按照每月3000元的标准定额扣除；②纳税人为非独生子女的，由其与兄弟姐妹分摊每月3000元的扣除额度，每人分摊的额度不能超过每月1500元。可以由赡养人均摊或者约定分摊，也可以由被赡养人指定分摊。约定或者指定分摊的须签订书面分摊协议，指定分摊优先于约定分摊。具体分摊方式和额度在一个纳税年度内不能变更。被赡养人是指年满60岁的父母，以及子女均已去世的年满60岁的祖父母、外祖父母。

（二）非居民个人的工资、薪金所得，劳务报酬所得，稿酬所得和特许权使用费所得的应纳税所得额

非居民个人的工资、薪金所得，劳务报酬所得，稿酬所得和特许权使用费所得不以综合所得的形式汇算清缴，而应按月或者按次分项计算个人所得税。其中非居民个人的工资、薪金所得以每月收入额减除费用5000元后的余额为应纳税所得额，具体计算公式为：

非居民个人的工资、薪金所得的应纳税所得额＝每月收入额－5000元

非居民个人的劳务报酬所得、稿酬所得和特许权使用费所得以每次收入额为应纳税所得额，而具体的计算过程也与居民个人的劳务报酬所得、稿酬所得和特许权使用费一样，以三项所得的收入减除20%的费用后的余额为收入额，其中稿酬所得的收入额减按70%计算（减除20%后再减按70%计算），因此，其计算公式与上文中居民个人的劳务报酬所得、稿酬所得和特许权使用费所得的应纳税所得额计算公式相同。

非居民个人劳务报酬所得的应纳税所得额＝每次收入额×（1－20%）

非居民个人稿酬所得的应纳税所得额＝每次收入额×（1－20%）×70%

非居民个人特许权使用费所得的应纳税所得额＝每次收入额×（1－20%）

（三）经营所得的应纳税所得额

经营所得，以每一纳税年度的收入总额减除成本、费用以及损失后的余额，为应纳税所得额。成本、费用，是指生产、经营活动中发生的各项直接支出和分配计入成本的间接费用以及销售费用、管理费用、财务费用；所称损失，是指生产、经营活动中发生的固定资产和存货的盘亏、毁损、报废损失，转让财产损失，坏账损失，自然灾害等不可抗力因素造成的损失以及其他损失。取得经营所得的个人，没有综合所得的，计算其每一纳税年度的应纳税所得额时，应当减除费用6万元、专项扣除、专项附加扣除以及依法确定的其他扣除。专项附加扣除在办理汇算清缴时减除。具体公式为：

经营所得的应纳税所得额＝每一年度的收入总额－成本－费用－损失

（四）财产租赁所得的应纳税所得额

财产租赁所得，每次收入不超过4000元的，减除费用800元，4000元以上的，减除20%的费用，其余额为应纳税所得额。财产租赁所得，以一个月内取得的收入为一次。具体公式为：

财产租赁所得的应纳税所得额＝每次收入额－800元（当每次收入≤4000元时）

或财产租赁所得的应纳税所得额＝每次收入额×（1－20%）（当每次收入＞4000元时）

（五）财产转让所得的应纳税所得额

财产转让所得，以转让财产的收入额减除财产原值和合理费用后的余额，为应纳税所得额。具体公式为：

财产转让所得的应纳税所得额＝收入额－财产原值－合理费用

财产转让过程中的财产原值按照下列方法确定：（1）有价证券，为买入价以及买入时按照规定交纳的有关费用；（2）建筑物，为建造费或者购进价格以及其他有关费月；（3）土地使用权，为取得土地使用权所支付的金额、开发土地的费用以及其他有关费用；（4）机器设备、车船，为购进价格、运输费、安装费以及其他有关费用。其他财产，参照上述规定的方法确定财产原值。

（六）利息、股息、红利所得和偶然所得的应纳税所得额

利息、股息、红利所得和偶然所得，以每次收入额为应纳税所得额。利息、股息、红利所得，以支付利息、股息、红利时取得的收入为一次。偶然所得，以每次取得该项收入为一次。

四、个人所得税税率及应纳税额的计算

（一）居民个人综合所得的税率及应纳税额的计算

居民个人综合所得，适用3%～45%的七级超额累进税率。所谓超额累进税率是把课税对象的数额划分为若干等级，对每个等级分别规定相应税率，分别计算税额，各级税额之和为应纳税额。（见表3－3）

表3－3 个人所得税税率表（居民个人综合所得适用）

全年应纳税所得额	税率/%	速算扣除数/元
不超过36,000元的部分	3	0
超过36,000元至144,000元（含）的部分	10	2520
超过144,000元至300,000元（含）的部分	20	16,920
超过300,000元至420,000元（含）的部分	25	31,920
超过420,000元至660,000元（含）的部分	30	52,920
超过660,000元至960,000元（含）的部分	35	85,920
超过960,000元的部分	45	181,920

居民个人综合所得的全年应纳税所得额＝居民个人综合所得的应纳税所得额×适用税率－速算扣除数＝（每一纳税年度的收入额－60,000元－专项扣除－专项附加扣除－依法确定的其他扣除）×适用税率－速算扣除数

（二）非居民个人的工资、薪金所得，劳务报酬所得，稿酬所得和特许权使用费所得的的税率及应纳税额的计算

非居民个人的工资、薪金所得，劳务报酬所得，稿酬所得和特许权使用费所得按月或者按次分项计算个人所得税，具体计算方式和税率如下（见表3－4）。

非居民个人的工资、薪金所得的应纳税额＝（每月收入额－5000元）×适用税率－速算扣除数

非居民个人劳务报酬所得的应纳税额＝每次收入额×（1－20%）×适用税率－速算扣除数

非居民个人稿酬所得的应纳税额＝每次收入额×（1－20%）×70%×适用税率－速算扣除数

非居民个人特许权使用费所得的应纳税额＝每次收入额×（1－20%）×适用税率－

速算扣除数

表 3－4　个人所得税税率表（非居民个人工资、薪金所得、劳务报酬所得、稿酬所得和特许权使用费所得适用）

应纳税所得额	税率/%	速算扣除数/元
不超过 3000 元（含）的部分	3	0
超过 3000 元至 12,000 元（含）的部分	10	210
超过 12,000 元至 25,000 元（含）的部分	20	1410
超过 25,000 元至 35,000 元（含）的部分	25	2660
超过 35,000 元至 55,000 元（含）的部分	30	4410
超过 55,000 元至 80,000 元（含）的部分	35	7160
超过 80,000 元的部分	45	15,160

（三）经营所得的税率及应纳税额的计算

经营所得，适用 5% ~35% 的五级超额累进税率（见表 3－5）。

表 3－5　个人所得税税率表（经营所得适用）

全年应纳税所得额	税率/%	速算扣除数/元
不超过 30,000 元（含）的部分	5	0
超过 30,000 元至 90,000 元（含）的部分	10	1500
超过 90,000 元至 300,000 元（含）的部分	20	10,500
超过 300,000 元至 500,000 元（含）的部分	30	40,500
超过 500,000 元的部分	35	65,500

经营所得的全年应纳税额 = 经营所得的应纳税所得额 × 适用税率 － 速算扣除数 =（每一年度的收入总额 － 成本 － 费用 － 损失）× 适用税率 － 速算扣除数

（四）其他类型所得的税率及应纳税额的计算

除了上述所得种类外的其他所得，包括财产租赁所得，财产转让所得，利息、股息、红利所得，偶然所得等，均适用统一的比例税率，即 20%。具体计算公式如下：

财产租赁所得的应纳税额 = 每次收入额 － 800 元（当每次收入 ≤4000 元时）

或财产租赁所得的应纳税额 = 每次收入额 ×（1 －20%）（当每次收入 >4000 元时）

财产转让所得的应纳税额 =（收入额 － 财产原值 － 合理费用）×20%

利息、股息、红利所得的应纳税额 = 每次收入额 ×20%

偶然所得的应纳税额 = 每次收入额 ×20%

五、税收优惠

(一)个人所得税的减免

1. 免征个人所得税的收入

(1)省级人民政府、国务院部委和中国人民解放军军以上单位,以及外国组织颁发的科学、教育、技术、文化、卫生、体育、环境保护等方面的奖金。

(2)国债和国家发行的金融债券利息。这里所说的国债利息,是指个人持有我国财政部发行的债券而取得的利息所得;所说的国家发行的金融债券利息,是指个人持有经国务院批准发行的金融债券而取得的利息所得。

(3)按照国家统一规定发给的补贴、津贴。这里所说的按照国家统一规定发给的补贴、津贴,是指按照国务院规定发给的政府特殊津贴和国务院规定免纳个人所得税的补贴、津贴。

(4)福利费、抚恤金、救济金。这里所说的福利费,是指根据国家有关规定,从企业、事业单位、国家机关、社会团体提留的福利费或者工会经费中支付给个人的生活补助费;所说的救济金,是指国家民政部门支付给个人的生活困难补助费。

(5)保险赔款。

(6)军人的转业费、复员费、退役金。

(7)按照国家统一规定发给干部、职工的安家费、退职费、基本养老金或退休费、离休费、离休生活补助费。

(8)依照有关法律规定应予免税的各国驻华使馆、领事馆的外交代表、领事官员和其他人员的所得。

(9)中国政府参加的国际公约、签订的协议中规定免税的所得。

(10)国务院规定的其他免税所得。

2. 减征个人所得税的优惠

根据《个人所得税法》第5条的规定,以下两种情况可以减征个人所得税,具体幅度和期限,由省、自治区、直辖市人民政府规定,并报同级人民代表大会常务委员会备案:(1)残疾、孤老人员和烈属的所得;(2)因自然灾害遭受重大损失的。此外,国务院还可以规定其他减税情形,报全国人民代表大会常务委员会备案。

(二)个人所得税的抵免

居民个人从中国境外取得的所得,可以从其应纳税额中抵免已在境外缴纳的个人所得税税额,但抵免额不得超过该纳税人境外所得依照《个人所得税法》规定计算的应纳税额。

纳税人境外所得依照《个人所得税法》规定计算的应纳税额,是居民个人抵免已在境外缴纳的综合所得、经营所得以及其他所得的所得税税额的限额(以下简称抵免限额)。除国务院财政、税务主管部门另有规定外,来源于中国境外一个国家(地区)的综合所得抵免限额、经营所得抵免限额以及其他所得抵免限额之和,为来源于该国家(地区)所得的抵免限额。

居民个人在中国境外一个国家(地区)实际已经缴纳的个人所得税税额,低于依照《个人所得税法实施条例》第21条规定计算出的来源于该国家(地区)所得的抵免限额的,应当在中国缴纳差额部分的税款;超过来源于该国家(地区)所得的抵免限额的,其超过部分不得在本纳税年度的应纳税额中抵免,但是可以在以后纳税年度来源于该国家(地区)所得的抵免限额的余额中补扣。补扣期限最长不得超过5年。居民个人申请抵免已在境外缴纳的个人所得税税额,应当提供境外税务机关出具的税款所属年度的有关纳税凭证。

六、税收征管

(一)自行申报纳税

自行申报纳税,是指由纳税人自行在税法规定的纳税期限内,向税务机关申报取得的应税所得项目和数额,如实填写个人所得税纳税申报表,并按照税法规定计算应纳税额,据此缴纳个人所得税。纳税人可以采用远程办税端、邮寄等方式申报,也可以直接到主管税务机关申报。有下列情形之一的,纳税人应当依法办理纳税申报:(1)取得综合所得需要办理汇算清缴;(2)取得应税所得没有扣缴义务人;(3)取得应税所得,扣缴义务人未扣缴税款;(4)取得境外所得;(5)因移居境外注销中国户籍;(6)非居民个人在中国境内从两处以上取得工资、薪金所得;(7)国务院规定的其他情形。根据国家税务总局《关于个人所得税自行纳税申报有关问题的公告》(国家税务总局公告2018年第62号)的规定,自行申报纳税的方法、期限、地点等的具体内容如下。

1.取得综合所得需要办理汇算清缴的纳税申报

取得综合所得且符合下列情形之一的纳税人,应当依法办理汇算清缴:(1)从两处以上取得综合所得,且综合所得年收入额减除专项扣除后的余额超过6万元;(2)取得劳务报酬所得、稿酬所得、特许权使用费所得中一项或者多项所得,且综合所得年收入额减除专项扣除的余额超过6万元;(3)纳税年度内预缴税额低于应纳税额;(4)纳税人申请退税。

需要办理汇算清缴的纳税人,应当在取得所得的次年3月1日至6月30日内,向任职、受雇单位所在地主管税务机关办理纳税申报,并报送《个人所得税年度自行纳税申报表》。纳税人有两处以上任职、受雇单位的,选择向其中一处任职、受雇单位所在地主管税务机关办理纳税申报;纳税人没有任职、受雇单位的,向户籍所在地或经常居住地主管税务机关办理纳税申报。

纳税人办理综合所得汇算清缴,应当准备与收入、专项扣除、专项附加扣除、依法确定的其他扣除、捐赠、享受税收优惠等相关的资料,并按规定留存备查或报送。

2. 取得经营所得的纳税申报

个体工商户业主、个人独资企业投资者、合伙企业个人合伙人、承包承租经营者个人以及其他从事生产、经营活动的个人取得经营所得,包括以下情形:(1)个体工商户从事生产、经营活动取得的所得,个人独资企业投资者、合伙企业的个人合伙人来源于境内注册的个人独资企业、合伙企业生产、经营的所得;(2)个人依法从事办学、医疗、咨询以及其他有偿服务活动取得的所得;(3)个人对企业、事业单位承包经营、承租经营以及转包、转租取得的所得;(4)个人从事其他生产、经营活动取得的所得。

纳税人取得经营所得,按年计算个人所得税,由纳税人在月度或季度终了后15日内,向经营管理所在地主管税务机关办理预缴纳税申报,并报送《个人所得税经营所得纳税申报表(A表)》;在取得所得的次年3月31日前,向经营管理所在地主管税务机关办理汇算清缴,并报送《个人所得税经营所得纳税申报表(B表)》;从两处以上取得经营所得的,选择向其中一处经营管理所在地主管税务机关办理年度汇总申报,并报送《个人所得税经营所得纳税申报表(C表)》。

3. 取得应税所得,扣缴义务人未扣缴税款的纳税申报

纳税人取得应税所得,扣缴义务人未扣缴税款的,应当区分以下情形办理纳税申报:(1)居民个人取得综合所得的,按照国家税务总局《关于个人所得税自行纳税申报有关问题的公告》第1条办理。(2)非居民个人取得工资、薪金所得,劳务报酬所得,稿酬所得,特许权使用费所得的,应当在取得所得的次年6月30日前,向扣缴义务人所在地主管税务机关办理纳税申报,并报送《个人所得税自行纳税申报表(A表)》。有两个以上扣缴义务人均未扣缴税款的,选择向其中一处扣缴义务人所在地主管税务机关办理纳税申报。非居民个人在次年6月30日前离境(临时离境除外)的,应当在离境前办理纳税申报。(3)纳税人取得利息、股息、红利所得,财产租赁所得,财产转让所得和偶然所得的,应当在取得所得的次年6月30日前,按相关规定向主管税务机关办理纳税申报,并报送《个人所得税自行纳税申报表(A表)》。税务机关通知限期缴纳的,纳

税人应当按照期限缴纳税款。

4. 取得境外所得的纳税申报

居民个人从中国境外取得所得的，应当在取得所得的次年 3 月 1 日至 6 月 30 日内，向中国境内任职、受雇单位所在地主管税务机关办理纳税申报；在中国境内没有任职、受雇单位的，向户籍所在地或中国境内经常居住地主管税务机关办理纳税申报；户籍所在地与中国境内经常居住地不一致的，选择其中一地主管税务机关办理纳税申报；在中国境内没有户籍的，向中国境内经常居住地主管税务机关办理纳税申报。

5. 因移居境外注销中国户籍的纳税申报

纳税人因移居境外注销中国户籍的，应当在申请注销中国户籍前，向户籍所在地主管税务机关办理纳税申报，进行税款清算。(1)纳税人在注销户籍年度取得综合所得的，应当在注销户籍前，办理当年综合所得的汇算清缴，并报送《个人所得税年度自行纳税申报表》。尚未办理上一年度综合所得汇算清缴的，应当在办理注销户籍纳税申报时一并办理。(2)纳税人在注销户籍年度取得经营所得的，应当在注销户籍前，办理当年经营所得的汇算清缴，并报送《个人所得税年度自行纳税申报表》。从两处以上取得经营所得的，还应当一并报送《个人所得税经营所得纳税申报表(C 表)》。尚未办理上一年度经营所得汇算清缴的，应当在办理注销户籍纳税申报时一并办理。(3)纳税人在注销户籍当年取得利息、股息、红利所得，财产租赁所得，财产转让所得和偶然所得的，应当在注销户籍前，申报当年上述所得的完税情况，并报送《个人所得税自行纳税申报表(A 表)》。(4)纳税人有未缴或者少缴税款的，应当在注销户籍前，结清欠缴或未缴的税款。纳税人存在分期缴税且未缴纳完毕的，应当在注销户籍前，结清尚未缴纳的税款。(5)纳税人办理注销户籍纳税申报时，需要办理专项附加扣除、依法确定的其他扣除的，应当向税务机关报送《个人所得税专项附加扣除信息表》《商业健康保险税前扣除情况明细表》《个人税收递延型商业养老保险税前扣除情况明细表》等。

6. 非居民个人在中国境内从两处以上取得工资、薪金所得的纳税申报

非居民个人在中国境内从两处以上取得工资、薪金所得的，应当在取得所得的次月 15 日内，向其中一处任职、受雇单位所在地主管税务机关办理纳税申报，并报送《个人所得税自行纳税申报表(A 表)》。

(二)源泉扣缴

我国的个人所得税征收管理试行源泉扣缴制，即按照税法规定负有扣缴税款义务的单位或者个人，在向个人支付应纳税所得时，应计算应纳税额，从其所得中扣除并缴入国库，同时向税务机关报送扣缴个人所得税报告表。这种方法，有利于控制税源、防

止漏税和逃税。《个人所得税法》第 9 条第 1 款规定，个人所得税以所得人为纳税人，以支付所得的单位或者个人为扣缴义务人。

居民个人取得综合所得，按年计算个人所得税；有扣缴义务人的，由扣缴义务人按月或者按次预扣预缴税款；需要办理汇算清缴的，应当在取得所得的次年 3 月 1 日至 6 月 30 日内办理汇算清缴。居民个人向扣缴义务人提供专项附加扣除信息的，扣缴义务人按月预扣预缴税款时应当按照规定予以扣除，不得拒绝。非居民个人取得工资、薪金所得，劳务报酬所得，稿酬所得和特许权使用费所得，有扣缴义务人的，由扣缴义务人按月或者按次代扣代缴税款，不办理汇算清缴。

（三）预扣预缴

在日常生活中，有些纳税人发现，在自己税前薪资不变的前提下，可能会发生年初到手工资、薪金比年末高的情况，这是因为根据《个人所得税扣缴申报管理办法（试行）》（国家税务总局公告 2018 年第 61 号）的规定，个人所得税的扣缴申报采用预扣预缴制度，尤其是对于工资、薪金所得，扣缴义务人采用累计预扣法，可能导致在不同月份的累计预扣中累计至更高的税率档，从而缴纳更多的税款。

《个人所得税扣缴申报管理办法（试行）》第 6 条规定，扣缴义务人向居民个人支付工资、薪金所得时，应当按照累计预扣法计算预扣税款，并按月办理扣缴申报。所谓累计预扣法，是指扣缴义务人在一个纳税年度内预扣预缴税款时，以纳税人在本单位截至当前月份工资、薪金所得累计收入减除累计免税收入、累计减除费用、累计专项扣除、累计专项附加扣除和累计依法确定的其他扣除后的余额为累计预扣预缴应纳税所得额，适用表 3－6，计算累计应预扣预缴税额，再减除累计减免税额和累计已预扣预缴税额，其余额为本期应预扣预缴税额。余额为负值时，暂不退税。纳税年度终了后余额仍为负值时，由纳税人通过办理综合所得年度汇算清缴，税款多退少补。具体计算公式如下：

本期应预扣预缴税额 =（累计预扣预缴应纳税所得额 × 预扣率 － 速算扣除数）－累计减免税额 － 累计已预扣预缴税额

累计预扣预缴应纳税所得额 = 累计收入 － 累计免税收入 － 累计减除费用 － 累计专项扣除 － 累计专项附加扣除 － 累计依法确定的其他扣除

其中，累计减除费用按照 5000 元/月乘以纳税人当年截至本月在本单位的任职、受雇月份数计算。（见表 3－6）

表3-6　个人所得税预扣率表(居民个人工资、薪金所得预扣预缴适用)

累计预扣预缴应纳税所得额	预扣率/%	速算扣除数/元
不超过36,000元(含)的部分	3	0
超过36,000元至144,000元(含)的部分	10	2520
超过144,000元至300,000元(含)的部分	20	16,920
超过300,000元至420,000元(含)的部分	25	31,920
超过420,000元至660,000元(含)的部分	30	52,920
超过660,000元至960,000元(含)的部分	35	85,920
超过960,000元的部分	45	181,920

通过对比可发现,居民个人工资、薪金所得预扣预缴适用的个人所得税税率,在内容上和居民个人综合所得适用的个人所得税税率是相似的,因此,居民个人在一个自然年度内只在一个单位领取工资、薪金而没有其他类型的个人所得,那其一年累计预扣预缴的税款总额与本年度应当缴纳的税款是一致的。

扣缴义务人向居民个人支付劳务报酬所得、稿酬所得、特许权使用费所得时,应当按照以下方法按次或者按月预扣预缴税款,劳务报酬所得、稿酬所得、特许权使用费所得以收入额减除费用后的余额为收入额;其中,稿酬所得的收入额减按70%计算。预扣预缴税款时,劳务报酬所得、稿酬所得、特许权使用费所得每次收入不超过4000元的,减除费用按800元计算;每次收入4000元以上的,减除费用按收入的20%计算。劳务报酬所得、稿酬所得、特许权使用费所得,以每次收入额为预扣预缴应纳税所得额计算应预扣预缴税额。劳务报酬所得适用计算预扣预缴应纳税额(见表3-7),稿酬所得、特许权使用费所得适用20%的比例预扣率。由于这些类型的所得到了年终需要与工资、薪金所得一起汇总成综合所得并计算应纳税额,因此,取得劳务报酬所得、稿酬所得、特许权使用费所得并预扣预缴时,预扣预缴的税款经常与年终最终需要缴纳的税款数额不一致,居民个人办理年度综合所得汇算清缴时,应当依法计算劳务报酬所得、稿酬所得、特许权使用费所得的收入额,并将其并入年度综合所得计算应纳税款,税款多退少补。

表3-7　个人所得税预扣率表(居民个人劳务报酬所得预扣预缴适用)

预扣预缴应纳税所得额	预扣率/%	速算扣除数/元
不超过20,000元(含)的部分	20	0
超过20,000元至50,000元(含)的部分	30	2000
超过50,000元的部分	40	7000

扣缴义务人向非居民个人支付工资、薪金所得,劳务报酬所得,稿酬所得和特许权使用费所得时,应当按照以下方法按月或者按次代扣代缴税款:非居民个人的工资、薪金所得,以每月收入额减除费用5000元后的余额为应纳税所得额;劳务报酬所得、稿酬所得、特许权使用费所得,以每次收入额为应纳税所得额,适用表3-8计算应纳税额。劳务报酬所得、稿酬所得、特许权使用费所得以收入减除20%的费用后的余额为收入额;①其中,稿酬所得的收入额减按70%计算。非居民个人在一个纳税年度内税款扣缴方法保持不变,达到居民个人条件时,应当告知扣缴义务人基础信息变化情况,年度终了后按照居民个人有关规定办理汇算清缴。(见表3-8)

表3-8　个人所得税预扣率表(非居民个人工资、薪金所得,劳务报酬所得,稿酬所得和特许权使用费所得适用)

应纳税所得额	税率/%	速算扣除数/元
不超过3000元(含)的部分	3	0
超过3000元至12,000元(含)的部分	10	210
超过12,000元至25,000元(含)的部分	20	1410
超过25,000元至35,000元(含)的部分	25	2660
超过35,000元至55,000元(含)的部分	30	4410
超过55,000元至80,000元(含)的部分	35	7160
超过80,000元的部分	45	15,160

扣缴义务人支付利息、股息、红利所得,财产租赁所得,财产转让所得或者偶然所得时,应当依法按次或者按月代扣代缴税款。

(四)特别纳税调整

有下列情形之一的,税务机关有权按照合理方法进行纳税调整:(1)个人与其关联

① 注意,与居民个人的计算方式不同,非居民个人的劳务报酬所得、稿酬所得、特许权使用费所得不区分是4000元以上还是不超过4000元,而是统一以减除20%的费用后的余额为收入额。

方之间的业务往来不符合独立交易原则而减少本人或者其关联方应纳税额,且无正当理由;(2)居民个人控制的,或者居民个人和居民企业共同控制的设立在实际税负明显偏低的国家(地区)的企业,无合理经营需要,对应当归属于居民个人的利润不作分配或者减少分配;(3)个人实施其他不具有合理商业目的的安排而获取不当税收利益。税务机关依照前款规定作出纳税调整,需要补征税款的,应当补征税款,并依法加收利息。

思考题

1. 企业所得税和个人所得税有何异同?
2. 个人独资企业属于企业,为什么要缴纳个人所得税?
3. 企业所得税的计税依据是如何规定的?
4. 如何正确计算企业所得税和个人所得税的应纳税额?
5. 如何理解个人所得税的预扣预缴征管方式?

拓展阅读

1. 刘剑文:《财税法——原理、案例与材料》(第4版),北京大学出版社2020年版。
2. 葛克昌:《所得税与宪法》,北京大学出版社2004年版。
3. 钟典晏:《扣缴义务问题研析》,北京大学出版社2005年版。
4. 汤洁茵:《个人所得税改革中纳税人权利的实现与保障》,法律出版社2022年版。
5. 欧阳天健:《个人所得税反避税问题研究》,法律出版社2024年版。
6. [日]金子宏:《日本税法》,战宪斌、郑林根等译,法律出版社2004年版。
7. [美]丹尼尔·沙维尔:《解密美国公司税法》,许多奇译,北京大学出版社2011年版。
8. [美]休·奥尔特、[加]布赖恩·阿诺德等:《比较所得税法——结构性分析》(第3版),丁一、崔威译,北京大学出版社2013年版。

第四章　财产行为税法律制度

学习目标

1. 低阶学习目标

(1)了解我国财产行为税的主要税种

(2)理解我国财产行为税的历史发展脉络

(3)了解我国财产行为税的最新立法动向

2. 高阶学习目标

(1)掌握房产税、印花税等主要税种应纳税额的计算方式

(2)理解财产行为税未来的改革方向

(3)理解财产税与行为税的本质区别

第一节　财产行为税法原理

案例研讨

2020 年 12 月 31 日，上海市财政局、国家税务总局上海市税务局、上海市房屋管理局发布《关于本市开展对部分个人住房征收房产税试点若干问题的通知》(沪财发〔2020〕18 号)，该通知与 2011 年 1 月 30 日印发的《关于本市开展对部分个人住房征收房产税试点若干问题的通知》(沪财税〔2011〕10 号)主要内容一致，重申了上海的房产税改革试点政策。例如，包括夫妻和一个小孩的一家三口在 2016 年花费 600 万元购买了一套 100 平方米的房子，该房产属于这个家庭的首套房，因此不需要缴纳房产税。2021 年，这个家庭又花费 1400 万元买了一套 140 平方米的房子用作投资，每平方米的单价为 10 万元。该房产属于第二套房，应该缴纳房产税。每个家庭成员有 60 平方米的免税面积，一家三口总共有 180 平方米的免税面积。但是两套房子加起来的总面积为 240 平方米，因此第二套房需要缴纳的房产税为：(240 − 180) × 100,000 × 70% × 0.6% = 25,200(元)。

2024 年 1 月 21 日，《重庆市人民政府关于修改〈重庆市关于开展对部分个人住房征收房产税改革试点的暂行办法〉和〈重庆市个人住房房产税征收管理实施细则〉的决定》（重庆市人民政府令第 367 号）出台。一是将个人住房房产税的计税依据由“房产交易价”调整为“房产交易价的 70%”；二是将不同交易价格区间独栋商品住宅和高档住房对应执行的 0.5%、1%、1.2% 三档税率调整为统一的 0.5% 一档税率；三是将试点以来新购独栋商品住宅、高档住房的家庭免税面积由 100 平方米调整为 180 平方米；四是将应纳税额的计算公式调整为：应纳税额 = 应税建筑面积 × 建筑面积交易单价 × 70% × 税率（其中应税建筑面积是指纳税人应税住房的建筑面积扣除免税面积后的面积）；五是增加“市政府认为需要减税或者免税的其他情形”的兜底条款。重庆市民王某持有 2018 年在两江新区购买的家庭首套应税独栋商品住宅，当年已办理不动产权证，建筑面积 200 平方米，交易价 320 万元，原税率 0.5%。政策调整前王某应缴纳该房的个人住房房产税税额为：(200 − 100) × (3,200,000 ÷ 200) × 0.5% = 8000（元）；2024 年政策调整后应纳税额为：(200 − 180) × (3,200,000 ÷ 200) × 70% × 0.5% = 1120（元）。市民刘某持有 2018 年在北碚区购买的应税高档住房，当年已办理不动产权证，建筑面积 160 平方米，交易价 256 万元，原税率 0.5%。该房是刘某家庭持有的第二套应税高档住房，根据规定免税面积以家庭为单位进行扣除，一个家庭只能对一套应税住房扣除免税面积。政策调整前应纳税额为：(160 − 0) × (2,560,000 ÷ 160) × 0.5% = 12,800（元）；2024 年政策调整后应纳税额为：(160 − 0) × (2,560,000 ÷ 160) × 70% × 0.5% = 8960（元）。

请研讨：

1. 试从上述案例出发，研讨财产行为税的征收是否会对个人和企业的行为产生影响，这种影响是积极的还是消极的？

2. 财产税的主要功能是什么？

依据财税法学界的分类，财产税与行为税通常并称财产行为税，但就本质而言，两者的课税对象不同，是两个独立的税系。由于两者的体量相对较小，就精简表述的角度而言，将两者并称也无可厚非。所谓财产行为税，是指以纳税人所拥有或支配的特定财产及特定的应税行为为课税对象的一类税。当然，由于两者的课税对象不同，在本节中对两者分开加以论述。

一、财产税的概念与特征

(一)财产税的概念

就财产税而言,它是对社会财富的存量课税,作为财产税课税对象的财产多是不直接参与流转或交易的财产。我国现行的财产税法律制度包括房产税法律制度、土地增值税法律制度、车船税法律制度、城镇土地使用税法律制度、耕地占用税法律制度、契税法律制度等。

财产在广义上包括自然资源以及人类创造的各种物质财富和非物质财富。但作为财产税课税对象的财产并不是广义上的全部财产,而只能是某些特定的财产。作为财产税课税对象的财产,可以分为两大类:一类是不动产,如土地、房屋、建筑物等,这类财产不易被隐藏和转移,对其征税容易;另一类是动产,包括有形动产和无形动产,有形动产如营业用设备、原材料、车辆等,无形动产如股票、债券、银行存款等。由于无形动产易被隐藏和转移,不利于控制税源,征收管理比较困难,因此,各国一般只将不动产和有形动产作为课税对象。

(二)财产税的特征

同其他税种相比,财产税主要具有以下特点:

1. 财产税的课税对象是财产,是对社会财富的存量课税。作为课税对象的财产多是不直接参与流转或交易的财产。这是财产税与流转税、所得税的最根本的区别。

2. 财产税属于直接税,税负不易转嫁。财产税主要由对财产进行占有、使用或收益的主体直接承担,并且主要是对使用、消费过程中的财产征收,而不是对生产、流通领域的财产征收,因而其税负很难转嫁。

3. 财产税税源稳定且广泛。在一定时间段内,社会财富的存量及其价值是相对固定的,房产、车辆等大型资产更是如此。因此财产税能为财政提供较为稳定的税收来源,且财产税的课税对象无论是动产还是不动产其流动性均较弱,因此财产税又通常为地方税。

4. 财产税是辅助性税种。财产税历史悠久,但现代国家多以商品税、所得税为主体税种,而财产税在各国税制体系中多为辅助性税种。

二、财产税的历史沿革

财产税的历史大致可以追溯到私有制产生之时,但当时生产力水平低下,社会财富较少,土地是最重要的生产资料,也是私有财产的一种主要形式,对土地的税收就成了最早的财产税。我国奴隶社会对土地课征的“贡”“助”“彻”是我国历史上财产税的雏形。春秋时期鲁国于公元前 594 年开始对井田以外的私田征税,称为“初税亩”,这是我国历史上首次以法律形式承认了土地的私有权和地主经济的合法化。实行“初税亩”后，土地不再具有王室所有的性质，而真正成为私人的财产，对土地征收的财产税也就从雏形阶段走向成熟阶段。汉代课征的“车船税”、唐代课征的“间架税”都属于财产税。

现代意义上的财产税创始于1892年的荷兰，之后德国、丹麦、瑞典、挪威等国相继开征了财产税。随着社会生产力的发展和政治经济情况的发展变化，财产的种类日益增多，财产税的课税对象发生了很大变化，财产税的征收范围因此不断扩大，税种也渐渐增多，除了土地税，还有房产税、车船税、遗产税等。

新中国成立后，财产税一直作为整个税制的辅助部分而存在。1950年1月，由原政务院颁布的《全国税政实施要则》规定的14个税种中，属于财产税的有房产税、地产税、遗产税。改革开放以后，经济迅速发展，城乡居民收入水平大幅度提高，个人和法人拥有的各类财产大量增加，在我国课征财产税已有了深厚的经济基础，因此我国先后恢复了部分财产税。目前我国的财产税体系包括房产税、城镇土地使用税、耕地占用税、契税、土地增值税、车船税等，随着经济社会的发展，也有学者提出要在未来进一步开征遗产税等。①

三、财产税的未来发展

在未来，应通过改革着力将财产税改造成地方主体税种。其实就财产税的本质而言，其也是适合当地方主体税种的。其一，财产税以非流动性生产要素为课税对象，可以避免因地方的税收竞争导致资源配置的效率损失；其二，财产税中很多税种诸如房产税、城镇土地使用税、耕地占用税、土地增值税等涉及房产、土地等财产的增值及收益的高低，与当地的基础设施及地方政府的公共服务的优劣密切相关，由当地的企业和居民承担纳税义务，而征收的财产税主要用于地区性的公共服务，从而体现了缴税与受益对等原则；其三，财产税的税源比较分散，而且具有相当的地区差别，征收难度较大，地方征管可以带来更高的税务行政效率；其四，财产税以不动产税为主要形式，由于房屋等不动产不能随意移动，隐藏比较困难，故房产税等财产税税源比较可靠、稳定，并且随着人口的增加和经济的发展，房屋等财产不断增加，财产税可以成为地方政府一个重要的税收来源。

因此，在我国推进财产税作为地方税主体税种有较大的发展空间，确立财产税为地方税主体税种，不仅有助于有效地调节收入与财富的差距，还有助于为地方经济的

---

①　参见高皓、何静：《共同富裕视角下遗产税的国际比较研究》，载《税务研究》2022年第5期。

可持续发展筹集足额的财政资金,并可以为分税制财政体制的真正完善提供可靠的保障。

四、行为税概论

就行为税而言,它是对特定应税行为课征的一种税。当然从广义的“行为”考量,流转税的课税对象也是行为——交易行为;环境保护税的课税对象也是行为——排污行为,但在如今的主流税法理论中,它们都不属于行为税的范畴。其实就本质而言,现行的印花税等行为税是在税收发展的历史长河中所遗存的古老税种,当它们无法归入现有的税收划分体系时,便被统称为行为税。因此实践中又有人将这些税种统称为“杂税”也并非没有道理。

具体来说,行为税的财政属性远高于调控属性。以印花税为例,其作为一个古老的税种,无论是古代中国还是古代欧洲都有类似的税种存在。官府在民间契约上盖章,作为一种“见证”和“增信”的手段,其本身是没有财政意义的,但出于增加财政收入之目的,这种行为也被纳入征税范围,进而演化为对合同、产权书据的课税。又如,城市维护建设税,它并不是对城市维护建设行为课税,而是将所课之税用于城市维护建设,其税基是增值税和消费税税额,与纳税人的行为没有关系,是为城市维护建设筹集资金而开征的一种附加税。当然,我国在改革开放后,也曾开征过筵席税等带有调节目的的行为税,但这些税种大多在开征后不久因难以实现有效征管而停征。具体而言,从新中国成立至1992年开征过的行为税如表4-1所示。

表4-1 1949~1992年开征过的行为税

税种	公布时间	法律文件	课税对象	税率
印花税	1950年12月19日	《印花税暂行条例》	书立、领受凭证行为	比例税率和定额税率
屠宰税	1950年12月19日	《屠宰税暂行条例》	牲畜屠宰行为	多档定额税率
特种消费行为税	1951年1月16日	《特种消费行为税暂行条例》	特定几种消费行为	有幅度的比例税率
车船使用牌照税	1951年9月13日	《中华人民共和国车船使用牌照税暂行条例》(以下简称《车船使用牌照税暂行条例》)	外国车、船	分类定额税率

续表

税种	公布时间	法律文件	课税对象	税率
船舶吨税	1952 年 9 月 29 日	《中华人民共和国海关船舶吨税暂行办法》	行驶于中国港口的中外船舶	定额税率
文化娱乐税	1956 年 5 月 3 日	《文化娱乐税条例》	文化娱乐企业、文化娱乐组织和举办文化娱乐演出单位所得	多档比例税率
烧油特别税	1982 年 4 月 22 日	《国务院批转关于征收烧油特别税的试行规定》	工业用重油、原油	从量定额征税
建筑税	1983 年 9 月 20 日	《建筑税征收暂行办法》	建筑工程投资行为	建设项目实际完成投资额
车船使用税	1986 年 9 月 15 日	《中华人民共和国车船使用税暂行条例》(以下简称《车船使用税暂行条例》)	我国境内拥有并且使用的车、船	分类定额税率
筵席税	1988 年 9 月 22 日	《中华人民共和国筵席税暂行条例》	筵席价款达到或超过起征点的举办筵席的行为	从价计征
城市维护建设税	1985 年 2 月 8 日	《中华人民共和国城市维护建设税暂行条例》(以下简称《城市维护建设税暂行条例》)	纳税人实际缴纳的增值税和消费税	多档比例税率
固定资产投资方向调节税	1991 年 4 月 16 日	《中华人民共和国固定资产投资方向调节税暂行条例》	固定资产投资行为	差别比例税率

行为税并非我国的主体税种，且税收收入对财政的贡献远远不及流转税和所得税，故行为税长期以来受到忽视，是辅助性税种。中央一直强调要发挥市场配置资源的决定性作用，以宏观调控为辅助手段。所以，宏观调控职能显著的行为税的重要性也势必进一步弱化。

第二节 房地产税法

案例研讨

房地产税是适合作为地方税的税种，有利于提高和稳定地方政府收入。① 目前我国房产税的纳税范围主要集中于经营性房产，计税方式分为从价计征和从租计征，并规定有相应税率，现列举两个典型的房产税计算案例如下：

1. A 公司办公大楼原值为 3 亿元，2022 年 12 月 31 日将其中原值为 6000 万元的闲置房产出租，租期为 2 年，2023 年免租 3 个月，取得 2023 年当年的不含增值税租金 100 万元。当地规定房产税原值减除比例为 20%。

2. 王某拥有两处房产，一处原值为 50 万元的房产供自己和家人居住，另一处原值为 60 万元的房产于 2023 年 6 月 30 日开始出租给赵某居住，按市场价每月取得不含增值税租金收入 1200 元。

请研讨：

1. 根据案例 1，请分别计算该公司 2023 年从租计征和从价计征的应纳房产税数额。

2. 根据案例 2，请计算王某 2023 年应缴纳的房产税。

3. 请简述房产税的纳税范围和纳税人。

一、概述

房产税是以房产为课税对象，依据房产价格或房产租金收入向房产所有人或经营人征收的一种税。

房地产税在我国的历史可以追溯到周代。周代典籍《礼记 · 王制》中就有“廛，市

① 2021 年 10 月 23 日，第十三届全国人民代表大会常务委员会第三十一次会议通过《关于授权国务院在部分地区开展房地产税改革试点工作的决定》，国务院按照积极稳妥的原则，统筹考虑深化试点与统一立法、促进房地产市场平稳健康发展等情况确定试点地区，报全国人民代表大会常务委员会备案。后因房地产市场及经济社会发展新情况，相关改革试点暂缓。本章所称房地产税，是从房产税和城镇土地使用税的合并上位概念来理解的，也可以理解为此前对立法中的房地产税制度进行介绍，现行税法中的具体税种仍为房产税和城镇土地使用税。

物邸舍,税其舍而不税物”的记载,这是历史上最早有关经营性房产征税的记载,此后在历史的长河中也曾出现过“间架税”等以房产为课税对象的税种,但这些税种都非政府的主要财政来源,均是作为补充性税源而存在的。

新中国成立以后,1951 年 8 月原政务院颁布了《中华人民共和国城市房地产税暂行条例》(以下简称《城市房地产税暂行条例》),规定将房产税和地产税合并征收。此后几经变动,1984 年工商税制改革时我国恢复了该税种。但由于城市的土地属于国家所有,因而将城市房地产税分为房产税和城镇土地使用税两个税种,并于 1986 年 9 月颁布《中华人民共和国房产税暂行条例》(以下简称《房产税暂行条例》)。但对外商投资企业等涉外企业和外籍人员的房产,仍适用 1951 年颁布的《城市房地产税暂行条例》。

为了解决内外两套税的问题,自 2009 年 1 月 1 日起,原政务院颁布的《城市房地产税暂行条例》被正式废止,外商投资企业、外国企业和组织以及外籍个人也依照《房产税暂行条例》缴纳房产税。这标志着我国对内外资分设税种的历史彻底结束,体现了税收公平原则和国民待遇原则,并有利于内外资企业的公平竞争。现行房产税的基本规范即为国务院 1986 年 9 月颁布、2011 年修订的《房产税暂行条例》。

房地产税改革是新一轮税制改革的重中之重,牵涉社会公众的期待与利益诉求。2010 年《中共中央关于制定国民经济和社会发展第十二个五年规划的建议》再次提出研究推进房地产税改革,并被纳入“十二五”规划。2011 年,经国务院发文批准,上海、重庆开始房产税改革试点,由两市人民政府主导。

十二届、十三届全国人大常委会立法规划也均涉及房地产税法的立法。2021 年 10 月 23 日,全国人民代表大会常务委员会发布《关于授权国务院在部分地区开展房地产税改革试点工作的决定》,房地产税试点改革工作再度开启。此前上海、重庆的试点改革基于“立法先行”,以地方立法引导推进试点工作。而此次试点工作则由全国人大常委会授权国务院办理,体现出“先试点后立法”的特点,更为稳妥。另外,本次改革以 5 年为试点期限,国务院可在期限内根据试点情况随时调整授权情况,更加体现了中央对房地产税改革的审慎态度。虽然截至目前此轮改革尚未具体推进,但房地产税改革的势头并未停止。

二、课税对象

房产税的课税对象是房产,即有屋面和围护结构(有墙或两边有柱),可供人们在其中生产、学习、工作、娱乐、居住或贮藏物资的场所。

房产税的征税范围为城市、县城、建制镇和工矿区。城市房产税的征税范围为市区、郊区和市辖县县城,不包括农村。县城指未设立建制镇的县人民政府所在地。建制镇的征税范围为镇人民政府所在地,不包括所辖的行政村。工矿区是指工商业比较发达,人口比较集中,符合国务院规定的建制镇标准,但尚未设立镇建制的大中型工矿企业所在地。开征房产税的工矿区须经省、自治区、直辖市人民政府批准。

房产税的课税对象限于征税范围内的经营性房屋,农村房产不征收房产税,居民自住的住房免征房产税(上海、重庆试点地区除外)。

三、纳税义务人

我国房产税的纳税主体是在我国境内拥有房屋产权的单位和个人。其中:(1)产权属国家所有的,由经营管理单位纳税。(2)产权属集体和个人所有的,由集体单位和个人纳税。(3)产权出典的,由承典人纳税。(4)产权所有人、承典人不在房屋所在地的,由房产代管人或者使用人纳税。(5)产权未确定及租典纠纷未解决的,由房产代管人或者使用人纳税。(6)纳税单位和个人无租使用房产管理部门、免税单位及纳税单位的房产的,由使用人代为缴纳房产税。

四、计税依据

房产税的计税依据是房产的计税余值或房产的租金收入。按照房产计税余值征税的,称为从价计征;按照房产租金收入征税的,称为从租计征。

(一)从价计征

《房产税暂行条例》第 3 条第 1 款规定:“房产税依照房产原值一次减除 10% 至 30% 后的余值计算缴纳。具体减除幅度,由省、自治区、直辖市人民政府规定。”

房产原值以会计账簿记录为基础,但与会计核算有所区别。无论会计核算如何,房产原值应包括地价以及与房屋不可分割的各种附属设备。纳税人对原有房屋进行改建、扩建的,要相应增加房屋的原值。

而独立的地下建筑物的原值确定有特殊之处,其根据用途的不同可以分为工业用途和商业及其他用途。属于工业用途的,房产原值为房屋原价的 50% 至 60%;属于商业及其他用途的,房产原值为房屋原价的 70% 至 80%。

对于投资联营的房产,应根据投资联营的具体情况,在计征房产税时予以区别对待。对于以房产投资联营,投资者参与投资利润分红,共担风险的情况,以房产原值作为计税依据计征房产税;对于以房产投资,收取固定收入,不承担联营风险的情况,实际上是以联营名义取得房产的租金,则应根据《房产税暂行条例》的有关规定,由出租方按租金收入计缴房产税。

对于融资租赁的房产,由承租人自融资租赁合同约定开始日的次月起依照房产余值缴纳房产税。合同未约定开始日的，由承租人自合同签订的次月起依照房产余值缴纳房产税。

房产原值减除10%至30%的损耗后即为房产计税余值。

（二）从租计征

《房产税暂行条例》第3条第3款规定："房产出租的，以房产租金收入为房产税的计税依据。"

所谓房产的租金收入，是房屋产权所有人出租房产使用权所得的报酬，包括货币收入和实物收入，不包括增值税。以劳务或者其他形式抵付房租的，应根据当地同类房产的租金水平，确定一个标准租金额从租计征。地下建筑出租的，按照出租地上房屋建筑的有关规定从租计征。

五、税率

房产税采用比例税率，设置有两档规定税率，另有一档优惠税率。《房产税暂行条例》第4条规定："房产税的税率，依照房产余值计算缴纳的，税率为1.2%；依照房产租金收入计算缴纳的，税率为12%。"

优惠税率方面，财政部、税务总局、住房城乡建设部《关于完善住房租赁有关税收政策的公告》规定："对企事业单位、社会团体以及其他组织向个人、专业化规模化住房租赁企业出租住房的，减按4%的税率征收房产税。"财政部、国家税务总局《关于廉租住房经济适用住房和住房租赁有关税收政策的通知》则规定，对个人出租住房，不区分用途，按4%的税率征收房产税。

因此，从价计征时房产税的应纳税额计算公式为：

应纳税额＝应税房产原值×（1－扣除比例）×1.2%

而从租计征时的应纳税额计算公式为：

应纳税额＝租金收入×12%（或4%）

六、税收优惠

根据《房产税暂行条例》第5条的规定，目前房产税的税收优惠主要有：

1. 国家机关、人民团体、军队自用的房产免征房产税

上述人民团体，是指经国务院授权的政府部门批准设立或登记备案并由国家拨付行政事业费的各种社会团体。上述自用的房产，是指这些单位本身的办公用房和公务用房。

需要注意的是，上述免税单位的出租房产以及非自身业务使用的生产、营业用房不属于免税范围。

2. 由国家财政部门拨付事业经费的单位自用的房产免征房产税

需要注意的是,由国家财政部门拨付事业经费的单位,其经费实行自收自支后,应征收房产税。

3. 宗教寺庙、公园、名胜古迹自用的房产免征房产税

宗教寺庙自用的房产,是指举行宗教仪式等的房屋和宗教人员使用的生活用房。公园、名胜古迹自用的房产,是指供公共参观游览的房屋及其管理单位的办公用房。宗教寺庙、公园、名胜古迹中附设的营业单位如影剧院、饮食部、茶社、照相馆等所使用的房产及出租的房产,不属于免税范围,应照章纳税。

4. 个人所有非营业用的房产免征房产税

个人所有的非营业用房,主要是指居民住房,不分面积大小,一律免征房产税。

个人拥有的营业用房或者出租的房产,不属于免税房产,应照章纳税。

5. 经财政部批准免税的其他房产免征房产税

此外,非营利性医疗机构、疾病控制机构和妇幼保健机构等卫生机构自用的房产免征房产税。

从 2001 年 1 月 1 日起,对按政府规定价格出租的公有住房和廉租住房,包括企业和自收自支事业单位向职工出租的单位自有住房,房管部门向居民出租的公有住房,落实私房政策中带户发还产权并以政府规定的租金标准向居民出租的私有住房等,暂免征收房产税。

暂免征收房产税的企业和自收自支事业单位向职工出租的单位自有住房,是指按照公有住房管理或纳入县级以上政府廉租住房管理的单位自有住房。

除上面提出的可以免纳房产税的情况以外,纳税人确有困难的,可由省、自治区、直辖市人民政府确定,定期减征或者免征房产税。

七、税收征管

(一)纳税义务发生时间

1. 纳税人将原有房产用于生产经营,从生产经营之月起,缴纳房产税。

2. 纳税人自行新建房屋用于生产经营,从建成之次月起,缴纳房产税。

3. 纳税人委托施工企业建设的房屋,从办理验收手续之次月起,缴纳房产税。

4. 纳税人购置新建商品房,自房屋交付使用之次月起,缴纳房产税。

5. 纳税人购置存量房,自办理房屋权属转移、变更登记手续,房地产权属登记机关签发房屋权属证书之次月起,缴纳房产税。

6. 纳税人出租、出借房产,自交付出租、出借房产之次月起,缴纳房产税。

7. 房地产开发企业自用、出租、出借本企业建造的商品房,自房屋使用或交付之次月起,缴纳房产税。

8. 纳税人因房产的实物或权利状态发生变化而依法终止房产税纳税义务的,其应纳税款的计算应截止到房产的实物或权利状态发生变化的当月末。

(二)纳税期限

根据《房产税暂行条例》第 7 条的规定,房产税实行按年征收、分期缴纳的征收方法,具体纳税期限由省、自治区、直辖市人民政府规定。

(三)纳税地点

根据《房产税暂行条例》第 9 条的规定,房产税在房产所在地缴纳。房产不在同一地方的纳税人,应按房产的坐落地点分别向房产所在地的税务机关申报纳税。

八、房产税改革

2011 年 1 月 27 日,重庆市和上海市相继颁布《重庆市关于开展对部分个人住房征收房产税改革试点的暂行办法》和《上海市开展对部分个人住房征收房产税试点的暂行办法》,两地决定自当年 1 月 28 日起对个人所有非营利性房产开征房产税。

在课税对象上,上海侧重于对本市及非本市居民家庭新增住房进行征税。而重庆不仅对新增住房征税,对存量房也进行征税。在税率上,上海分为两档,而重庆分为三档,上海最高税率为 0.6% ,重庆最高税率为 1.2% 。在税率的设置细节上,重庆更为严格。在计税依据上,上海的计税依据是房地产市场确认的评估价值的 70% ,评估价值按照特定的周期重新进行评估,试点初期暂按房屋市场交易价格的 70% 作为计税依据。而重庆并没有优惠,即以房屋交易价作为计税依据。在税收优惠上,上海本市居民的免税面积在计算上以家庭为单位,人均面积在 60 平方米及以下的免税。而重庆的免税面积为首套家庭住房,且不同情况下的免税面积均高于上海。在税款的具体用途上,上海和重庆均用于保障中等偏下收入者有所居的保障性住房的建设,相关群体的住房需求得到了切实满足(见表 4 – 2)。

表 4 – 2　上海、重庆两市房产税改革试点情况

城市	上海	重庆
试点区域	上海市行政区域	主城九区
课税对象	1. 本市居民新购家庭第二套及以上住房 2. 非本市居民新购住房	1. 个人拥有的独栋商品住宅 2. 个人新购的高档住房 3. 在重庆市同时无户籍、无企业、无工作的个人新购的第二套及以上普通住房

续表

城市	上海	重庆
纳税人	住房产权所有人	住房产权所有人
计税依据	市场交易价格的70%	房产交易价
适用税率	1. 0.6% 2. 应税住房每平方米市场交易价格低于本市上年度新建商品住房平均售价2倍的,税率暂为0.4%	1. 独栋商品住宅和高档住房建筑面积交易单价在上两年主城九区新建商品住房成交建筑面积均价3倍以下的,税率为0.5%,3倍至4倍的,税率为1%,4倍及以上的,税率为1.2% 2. 在重庆市同时无户籍、无企业、无工作的个人新购的第二套及以上普通住房税率为0.5%
税收减免	1. 本市居民新购家庭第二套及以上住房的,合并计算家庭全部住房面积,人均60平方米及以下的暂免征收 2. 符合规定的高层次人才、重点产业紧缺急需人才,新购住房的暂免征收 3. 持有本市居住证满3年并在本市工作生活的购房人,属于家庭唯一住房的暂免征收 4. 本市居民新购第二套住房且在1年内出售原有家庭唯一住房的,可退还房产税 5. 本市居民家庭子女因需要首次新购住房,且属于其唯一住房的暂免征收	1. 免税面积:一个家庭有一套应税住房扣除面积。在试点前拥有的独栋商品住宅免税面积为180平方米,新购的免税面积为100平方米。在重庆市同时无户籍、无企业、无工作的个人无免税面积 2. 税收减免: (1)对农民在宅基地上建造的自有住房,暂免征收房产税 (2)在重庆市同时无户籍、无企业、无工作的个人拥有的普通应税住房,纳税人在重庆市具备有户籍、有企业、有工作任一条件的,从当年起免征房产税,已缴纳税款的,退还当年已缴税款 (3)因自然灾害等不可抗力因素,纳税人纳税确有困难的,可向税务机关申请减免税和缓缴税款
收入用途	用于保障性住房建设	用于公共租赁房的维护和建设

第三节 城镇土地使用税法

案例研讨

1:A公司2022年10月以出让方式取得X地块土地使用权,并于当月签订土地出让合同,合同未约定土地交付时间,但由于种种原因,X地块一直未交付给A公司,因此A公司一直未申报城镇土地使用税。2023年6月A公司收到税务预警,预警原因是A公司X地块未缴纳城镇土地使用税。

2.H公司开发B项目,该项目土地证载明土地使用权面积为20,698平方米。取得《商品房项目竣工交付使用备案证》后,H公司从进行住宅产权分割的次月起,对公共市政道路、绿化等公共配套设施用地终止了城镇土地使用税纳税义务。扣除公共配套占地面积后的土地面积为20,000平方米,可售建筑面积为60,000平方米。B项目建成后分两批交付,其中一批约定交付日期为2020年6月,该批累计销售面积为55,000平方米;另一批约定交付日期为2021年5月,该批累计销售面积为4500平方米。

请研讨:

1.例1中A公司是否应当申报城镇土地使用税?

2.例2中该项目城镇土地使用税的终止时间以及计税面积如何确定?城镇土地使用税的计税依据是什么?

3.试总结上述案例,对房地产开发公司进行土地交易时有关城镇土地使用税的事项提出管理建议。

一、概述

自古以来,各国都对土地十分重视,土地税制因而也成为国家税制的重要组成部分。各国土地税从具体名称到计税依据都有很大的不同,例如,有的国家以土地数量为计税依据征收田赋;有的国家以土地价值为计税依据征收地价税;有的国家以土地收益额或所得额为计税依据征收土地收益税或所得税;有的国家以土地增值额为计税依据征收土地增值税;等等。

我国现行的土地税制度包括土地使用税、耕地占用税和土地增值税。城镇土地使用税是我国土地使用税的表现形式。它是以国有土地为课税对象,对拥有土地使用权的单位和个人征收的一种税。1984年我国进行了工商税制改革,原来的城市房地产税分离为房产税和城镇土地使用税。国务院于1988年9月27日颁布的《中华人民共和国城镇土地使用税暂行条例》(以下简称《城镇土地使用税暂行条例》规定在全国范围内开征城镇土地使用税,但纳税义务人为内资企业和个人。

此后,国务院对该暂行条例进行了多次修改。为了实施土地宏观调控的新政策,抑制建设用地过度扩张,以及公平税负,2006年12月,国务院决定修改该暂行条例,将税率提高,并将纳税义务人扩大到外商投资企业和外国企业。2011年1月,国务院对该暂行条例中的个别文字进行修改。2013年12月,国务院再次对该暂行条例进行修订,将有关税收减免的审批要求从“由省、自治区、直辖市税务机关审核后,报国家税务局批准”改为“由县以上地方税务机关批准”,从而实现行政审批制度改革、转变政府职能。2019 年 3 月,为了配合国务院机构改革,国务院亦对该暂行条例进行了相应修改。当然,考虑到我国“房地一体”的客观情况,在未来的税制改革中,或许有将房产税与城镇土地使用税合并为新的房地产税的改革动议。

二、课税对象

根据《城镇土地使用税暂行条例》第 2 条的规定,城镇土地使用税的征税范围包括在城市、县城、建制镇和工矿区内的国家所有和集体所有的土地。

上述城市、县城、建制镇和工矿区分别按以下标准确认:(1)城市是指经国务院批准设立的市。(2)县城是指县人民政府所在地。(3)建制镇是指经省、自治区、直辖市人民政府批准设立的建制镇。(4)工矿区是指工商业比较发达,人口比较集中,符合国务院规定的建制镇标准,但尚未设立镇建制的大中型工矿企业所在地,工矿区须经省、自治区、直辖市人民政府批准。

在上述城镇土地使用税的征税范围中,城市的土地包括市区和郊区的土地。县城的土地是指县人民政府所在地的城镇的土地。建制镇的土地是指镇人民政府所在地的土地。

建立在城市、县城、建制镇和工矿区以外的企业不需要缴纳城镇土地使用税。

三、纳税义务人

《城镇土地使用税暂行条例》第 2 条规定:“在城市、县城、建制镇、工矿区范围内使用土地的单位和个人,为城镇土地使用税(以下简称土地使用税)的纳税人,应当依照本条例的规定缴纳土地使用税。前款所称单位,包括国有企业、集体企业、私营企业、股份制企业、外商投资企业、外国企业以及其他企业和事业单位、社会团体、国家机关、军队以及其他单位;所称个人,包括个体工商户以及其他个人。”

城镇土地使用税的纳税人通常包括以下几类:(1)拥有土地使用权的单位和个人。(2)拥有土地使用权的单位和个人不在土地所在地的,其土地的实际使用人和代管人为纳税人。(3)土地使用权未确定或权属纠纷未解决的,其实际使用人为纳税人。(4)土地使用权共有的,共有各方都是纳税人,由共有各方分别纳税。(5)在城镇土地使用税征税范围内承租集体所有建设用地的,由直接从集体经济组织承租土地的单位和个人缴纳城镇土地使用税。

几个人或几个单位共同拥有一块土地的使用权,这块土地的城镇土地使用税的纳税人应是对这块土地拥有使用权的每一个人或每一个单位。因此共有各方都是城镇土地使用税的纳税人,他们应以其实际使用的土地面积占总面积的比例分别计算缴纳城镇土地使用税。

1990 年以前,外商投资企业和外国企业通过行政划拨方式取得土地使用权的,需要按照有关法律、行政法规的规定缴纳场地使用费。1990 年开始我国实行土地有偿使用制度,生产经营用地一般需要通过出让方式取得,并缴纳土地出让金。因此,外商投资企业和外国企业取得土地使用权的,需要缴纳场地使用费和土地出让金,不缴纳城镇土地使用税;而内资企业除了缴纳土地出让金,还需要缴纳城镇土地使用税。为了公平税负,2006 年国务院对《城镇土地使用税暂行条例》进行了修改,自 2007 年 1 月 1 日以后,纳税义务人增加了外商投资企业和外国企业在华机构。

四、计税依据

《城镇土地使用税暂行条例》第 3 条规定:“土地使用税以纳税人实际占用的土地面积为计税依据,依照规定税额计算征收。前款土地占用面积的组织测量工作,由省、自治区、直辖市人民政府根据实际情况确定。”

土地面积计量标准为每平方米。税务机关根据纳税人实际占用的土地面积,按照规定的税额计算应纳税额,向纳税人征收城镇土地使用税。

纳税人实际占用的土地面积按下列办法确定:(1)由省、自治区、直辖市人民政府确定的单位组织测定土地面积的,以测定的面积为准。(2)尚未组织测定,但纳税人持有政府部门核发的土地使用证书的,以证书确认的土地面积为准。(3)尚未核发土地使用证书的,应由纳税人据实申报土地面积,并据以纳税,待核发土地使用证书以后再作调整。(4)对在城镇土地使用税征税范围内单独建造的地下建筑用地,按规定征收城镇土地使用税。其中,已取得地下土地使用权证的,按土地使用权证确认的土地面积计算应征税款;未取得地下土地使用权证或地下土地使用权证上未标明土地面积的,按地下建筑垂直投影面积计算应征税款。对上述地下建筑用地暂按应征税款的 50% 征收城镇土地使用税。

五、税率

城镇土地使用税采取从量计征的方式。确定税率的依据为《城镇土地使用税暂行条例》第 4 条和第 5 条。

《城镇土地使用税暂行条例》第 5 条规定了基本的城镇土地使用税税额,城镇土地使用税每平方米年税额为:(1)大城市 1.5 元至 30 元。(2)中等城市 1.2 元至 24 元。(3)小城市 0.9 元至 18 元。(4)县城、建制镇、工矿区 0.6 元至 12 元。

城镇土地使用税的税额计算公式为:

全年应纳税额 = 实际占用应税土地面积 × 适用税额

《城镇土地使用税暂行条例》第 5 条则规定了地方政府确定税额幅度的权力，具体规定如下：“省、自治区、直辖市人民政府，应当在本条例第四条规定的税额幅度内，根据市政建设状况、经济繁荣程度等条件，确定所辖地区的适用税额幅度。市、县人民政府应当根据实际情况，将本地区土地划分为若干等级，在省、自治区、直辖市人民政府确定的税额幅度内，制定相应的适用税额标准，报省、自治区、直辖市人民政府批准执行。”

另外，该条例第 5 条还规定了地方政府调整经济落后或经济发达地区的适用税额标准的权力，具体规定如下：“经省、自治区、直辖市人民政府批准，经济落后地区土地使用税的适用税额标准可以适当降低，但降低额不得超过本条例第四条规定最低税额的 30%。经济发达地区土地使用税的适用税额标准可以适当提高，但须报经财政部批准。”

六、税收优惠

《城镇土地使用税暂行条例》第 6 条规定，下列土地免缴城镇土地使用税：(1)国家机关、人民团体、军队自用的土地。(2)由国家财政部门拨付事业经费的单位自用的土地。(3)宗教寺庙、公园、名胜古迹自用的土地。(4)市政街道、广场、绿化地带等公共用地。(5)直接用于农、林、牧、渔业的生产用地。(6)经批准开山填海整治的土地和改造的废弃土地，从使用的月份起免缴土地使用税 5 年至 10 年。(7)由财政部另行规定免税的能源、交通、水利设施用地和其他用地。

在此基础上，《城镇土地使用税暂行条例》第 7 条规定：“除本条例第六条规定外，纳税人缴纳土地使用税确有困难需要定期减免的，由县以上税务机关批准。”

其他主要的税收优惠如下：(1)经批准开山填海整治的土地和改造的废弃土地，从使用的月份起免征城镇土地使用税 5 ~ 10 年。具体免税期限由各省、自治区、直辖市税务局在《城镇土地使用税暂行条例》规定的期限内自行确定。(2)对非营利性医疗机构、疾病控制机构和妇幼保健机构等卫生机构和非营利性科研机构自用的土地，免征城镇土地使用税。(3)对国家拨付事业经费和企业办的各类学校、托儿所、幼儿园自用的土地，免征城镇土地使用税。

七、税收征管

(一)纳税义务发生时间

《城镇土地使用税暂行条例》第 9 条对纳税义务发生时间进行了明确规定：“新征收的土地，依照下列规定缴纳土地使用税：(一)征收的耕地，自批准征收之日起满 1 年时开始缴纳土地使用税;(二)征收的非耕地,自批准征收次月起缴纳土地使用税。”

其他有关纳税义务发生时间的规定如下:(1)纳税人购置新建商品房,自房屋交付使用之次月起,缴纳城镇土地使用税。(2)纳税人购置存量房,自办理房屋权属转移、变更登记手续,房地产权属登记机关签发房屋权属证书之次月起,缴纳城镇土地使用税。

(二)纳税期限

《城镇土地使用税暂行条例》第8条规定:“土地使用税按年计算、分期缴纳。缴纳期限由省、自治区、直辖市人民政府确定。”

(三)纳税地点和纳税机构

城镇土地使用税在土地所在地缴纳。

《城镇土地使用税暂行条例》第10条规定:“土地使用税由土地所在地的税务机关征收。土地管理机关应当向土地所在地的税务机关提供土地使用权属资料。”

第四节 城市维护建设税

案例研讨

城市维护建设税计算实例一则。位于某市市区的一家外商投资企业,2023年9月实际缴纳增值税500,000元、消费税400,000元。计算该企业的城市维护建设税税额。应纳城市维护建设税税额=(实际缴纳的增值税+实际缴纳的消费税)×适用税率=(500,000+400,000)×7%=63,000(元)。

请研讨:

1. 城市维护建设税的计税依据是什么?
2. 为何强调计税依据是实际缴纳的增值税、消费税税额?

一、概述

城市维护建设税法是指国家制定的用以调整城市维护建设税征收与缴纳关系的法律规范。

我国现行城市维护建设税是一种附加税,本身没有特定的课税对象,而是以纳税人实际缴纳的增值税、消费税的税额之和为计税依据。目前我国的附加税制度包括两类,除了城市维护建设税制度外,便是教育费附加制度。我国已经制定了《中华人民共和国城市维护建设税法》(以下简称《城市维护建设税法》),但教育费附加的制度建设仍然需要进一步发展。

新中国成立以来,我国城市建设和维护取得了较大成绩,但国家在城市维护建设方面的资金一直不足。1979 年以前,我国城市维护建设的资金主要来源于当时的工商税附加、城市公用事业附加和国家下拨的城市维护费。1985 年 2 月 8 日国务院正式颁布《中华人民共和国城市维护建设税暂行条例》,并规定自 1985 年 1 月 1 日起施行。2020 年 8 月 11 日,十三届全国人大常委会第二十一次会议表决通过《城市维护建设税法》。该法自 2021 年 9 月 1 日开始施行。

为贯彻落实《城市维护建设税法》等有关法律法规的规定,进一步规范城市维护建设税征收管理,国家税务总局发布了《关于城市维护建设税征收管理有关事项的公告》(国家税务总局公告 2021 年第 26 号),财政部、税务总局发布了《关于继续执行的城市维护建设税优惠政策的公告》(财政部、税务总局公告 2021 年第 27 号)、《关于城市维护建设税计税依据确定办法等事项的公告》(财政部、税务总局公告 2021 年第 28 号)。

二、课税对象

作为附加税,城市维护建设税本身并没有特定的课税对象。由于其附加于增值税和消费税,一般而言,纳税人缴纳增值税、消费税就要缴纳城市维护建设税。增值税、消费税是我国流转环节的主体税种,因此城市维护建设税的征收范围也相应较广。同时《城市维护建设税法》第 3 条规定,对进口货物或者境外单位和个人向境内销售劳务、服务、无形资产缴纳的增值税、消费税税额,不征收城市维护建设税。

三、纳税义务人和扣缴义务人

《城市维护建设税法》第 1 条规定,在中华人民共和国境内缴纳增值税、消费税的单位和个人,为城市维护建设税的纳税人,应当依照本法规定缴纳城市维护建设税。

同时,国家税务总局《关于城市维护建设税征收管理有关事项的公告》规定,采用委托代征、代扣代缴、代收代缴、预缴、补缴等方式缴纳增值税、消费税的,应当同时缴纳城市维护建设税。

由于在增值税和消费税中存在扣缴制度,作为其附加税的城市维护建设税也存在扣缴义务人。《城市维护建设税法》第 8 条规定,城市维护建设税的扣缴义务人为负有增值税、消费税扣缴义务的单位和个人,在扣缴增值税、消费税的同时扣缴城市维护建设税。上述的代扣代缴,不含因境外单位和个人向境内销售劳务、服务、无形资产代扣代缴增值税情形。

四、计税依据

（一）基本规定

根据《城市维护建设税法》第2条的规定，城市维护建设税以纳税人依法实际缴纳的增值税、消费税税额为计税依据。城市维护建设税的计税依据应当按照规定扣除期末留抵退税退还的增值税税额。城市维护建设税计税依据的具体确定办法，由国务院依据本法和有关税收法律、行政法规规定，报全国人民代表大会常务委员会备案。

根据国家税务总局《关于城市维护建设税征收管理有关事项的公告》，依法实际缴纳的增值税税额，是指纳税人依照增值税相关法律法规和税收政策规定计算应当缴纳的增值税税额，加上增值税免抵税额，扣除直接减免的增值税税额和期末留抵退税退还的增值税税额（留抵退税额）后的金额。依法实际缴纳的消费税税额，是指纳税人依照消费税相关法律法规和税收政策规定计算应当缴纳的消费税税额，扣除直接减免的消费税税额后的金额。且应当缴纳的增值税、消费税税额，不含因进口货物或境外单位和个人向境内销售劳务、服务、无形资产缴纳的增值税、消费税税额。

城市维护建设税计税依据的具体计算公式为：

城市维护建设税计税依据＝依法实际缴纳的增值税税额＋依法实际缴纳的消费税税额

依法实际缴纳的增值税税额＝纳税人依照增值税相关法律法规和税收政策规定计算应当缴纳的增值税税额＋增值税免抵税额－直接减免的增值税税额留抵退税额

依法实际缴纳的消费税税额＝纳税人依照消费税相关法律法规和税收政策规定计算应当缴纳的消费税税额－直接减免的消费税税额

需要注意的是，纳税人违反增值税、消费税的有关规定而加收的滞纳金和罚款，是税务机关对纳税人违法行为的经济制裁，因此不能作为城市维护建设税的计税依据。但是，纳税人在被查补增值税、消费税并被处以罚款时，应同时对其偷漏的城市维护建设税进行补税、征收滞纳金并按规定处以罚款。

（二）增值税留抵退税的情况

关于增值税留抵退税情况下城市维护建设税的缴纳，根据上述国家税务总局《关于城市维护建设税征收管理有关事项的公告》，纳税人自收到留抵退税额之日起，应当在下一个纳税申报期从城市维护建设税计税依据中扣除。留抵退税额仅允许在按照增值税一般计税方法确定的城市维护建设税计税依据中扣除。当期未扣除完的余额，在以后纳税申报期按规定继续扣除。

对于增值税小规模纳税人更正、查补此前按照一般计税方法确定的城市维护建设税计税依据，允许扣除尚未扣除完的留抵退税额。

（三）增值税免抵税额的情况

根据上述国家税务总局《关于城市维护建设税征收管理有关事项的公告》，对增值税免抵税额征收的城市维护建设税，纳税人应在税务机关核准免抵税额的下一个纳税申报期内向主管税务机关申报缴纳。

（四）直接减免的增值税、消费税税额的含义

直接减免的增值税、消费税税额，是指依照增值税、消费税相关法律法规和税收政策规定，直接减征或免征的增值税、消费税税额。同时，根据上述国家税务总局《关于城市维护建设税征收管理有关事项的公告》，增值税、消费税实行先征后返、先征后退、即征即退的，除另有规定外，不予退还随增值税、消费税附征的城市维护建设税。

五、税率

根据城镇规模和地区的差别，城市维护建设税相应地存在不同的比例税率。

根据《城市维护建设税法》第 4 条的规定，纳税人所在地在市区的，税率为 7%；纳税人所在地在县城、镇的，税率为 5%；纳税人所在地不在市区、县城或者镇的，税率为 1%。这里所说的纳税人所在地，是指纳税人住所地或者与纳税人生产经营活动相关的其他地点，具体地点由省、自治区、直辖市确定。

同时，根据上述国家税务总局《关于城市维护建设税征收管理有关事项的公告》，这里的市区、县城、镇按照行政区划确定。行政区划变更的，自变更完成当月起适用新行政区划对应的城市维护建设税税率，纳税人在变更完成当月的下一个纳税申报期按新税率申报缴纳。

因此，城市维护建设税纳税人的应纳税额的计算公式为：

应纳税额 = 纳税人实际缴纳的增值税、消费税税额 × 适用税率

六、税收优惠

《城市维护建设税法》第 6 条规定，根据国民经济和社会发展的需要，国务院对重大公共基础设施建设、特殊产业和群体以及重大突发事件应对等情形可以规定减征或者免征城市维护建设税，报全国人民代表大会常务委员会备案。

另外，财政部、国家税务总局《关于继续执行的城市维护建设税优惠政策的公告》规定，《城市维护建设税法》实施后，部分优惠政策继续执行，例如：

1. 对黄金交易所会员单位通过黄金交易所销售且发生实物交割的标准黄金，免征

城市维护建设税。具体操作按照财政部、国家税务总局《关于黄金税收政策问题的通知》(财税〔2002〕142号)有关规定执行。

2. 对上海期货交易所会员和客户通过上海期货交易所销售且发生实物交割并已出库的标准黄金,免征城市维护建设税。具体操作按照财政部、国家税务总局《关于黄金期货交易有关税收政策的通知》(财税〔2008〕5号)有关规定执行。

此外,根据财政部、税务总局《关于进一步支持小微企业和个体工商户发展有关税费政策的公告》(财政部、税务总局公告2023年第12号),自2023年1月1日至2027年12月31日,对增值税小规模纳税人、小型微利企业和个体工商户减半征收资源税(不含水资源税)、城市维护建设税、房产税、城镇土地使用税、印花税(不含证券交易印花税)、耕地占用税和教育费附加、地方教育附加。

七、税收征管

《城市维护建设税法》第7条规定,城市维护建设税的纳税义务发生时间与增值税、消费税的纳税义务发生时间一致,分别与增值税、消费税同时缴纳。

根据国家税务总局《关于城市维护建设税征收管理有关事项的公告》,城市维护建设税的纳税义务发生时间与增值税、消费税的纳税义务发生时间一致,分别与增值税、消费税同时缴纳。同时缴纳是指在缴纳增值税、消费税时,应当在增值税、消费税同一缴纳地点、同一缴纳期限内,一并缴纳对应的城市维护建设税。

另外,对出口产品退还增值税、消费税的,不退还已缴纳的城市维护建设税。

第五节　印花税法

案例研讨

2023年2月,某企业开业并在当年发生以下业务事项:股东出资实收资本(股本)1000万元;与其他企业订立转移专用技术使用权书据1份,所载金额100万元;订立产品购销合同1份,所载金额为200万元;订立金融机构借款合同1份,所载金额为300万元;订立财政无息贷款合同,所载金额为100万元。财务经理老张让财务主管小王计算该企业上述业务所应缴纳的印花税税额。小王的计算方法如下:应纳税额 = 领受权利、许可证照应纳税额 + 订立产权转移书据应纳税额 + 订立购销合同应纳税额 + 订立借款合同应纳税额(财政无息贷款合同免税),并得出当年企业应纳印花税税额 = 10,000,000 × 0.25‰ + 1,000,000 × 0.3‰ + 2,000,000 × 0.3‰ + 3,000,000 × 0.05‰ =

2500 + 300 + 600 + 150 = 3550(元)。

请研讨:

1. 印花税的计税依据包括哪些类型合同和交易行为?

2. 如何看待印花税税率的差异性?

一、概述

(一)印花税概述

印花税是对经济活动和经济交往中书立、使用、领受具有法律效力的凭证的单位和个人征收的一种税。

随着商品经济的发展,经济交往日益频繁,契约簿据在这一过程中得到了广泛的应用,此为印花税提供了大量的课征对象。为了适应改革开放的新形势,国务院于1988年8月6日发布《中华人民共和国印花税暂行条例》,自当年10月1日起施行。2021年6月10日,十三届全国人大常委会审议并通过了《中华人民共和国印花税法》(以下简称《印花税法》),自2022年7月1日起施行。

与其他税种相比,印花税具有以下特点:

1. 征税面广。印花税的征税范围广泛,凡税法列举的相关合同或具有合同性质的凭证、产权转移书据都必须依法纳税。

2. 税率低,税负轻。印花税最高税率为1‰,最低税率为0.05‰。具有"广集资金,积少成多"的财政效应。

3. 纳税方法特殊。印花税主要由纳税人自我完税,纳税人通过自行计算、购买并粘贴注销印花税票的方式来完成纳税义务。

(二)证券交易印花税

证券交易印花税并不是一个独立的税种,准确地来说应当是印花税下的一个二级税目。在资本市场发展早期,现代数字信息技术并未应用于证券交易,证券买卖必须通过签订书面的证券交易合同来实现,而这个合同与普通的应税凭证性质相似,属于印花税的课征对象。随着证券市场的发展,证券交易实现了电子化,书面的应税凭证被取代,证券交易的电子凭证成为一种比较特殊的课税对象。伴随着征税模式的发展,在证券交易环节征税,实际上是对买卖双方所发生的交易金额征税,证券交易印花税实际承担了"证券交易税"的职能。

证券交易印花税作为印花税的一个特别税目逐渐成为监管层传递政策意图、对证券市场进行宏观调控的重要手段，具体体现为：

1. 调控资金流向。证券交易印花税税率的高低对股市交易成本的影响显而易见，从而间接影响市场中股票的变动，尤其是盈利率的变化，这也使市场资金的流动方向不断变动。如果证券市场实行较低的税负，那么势必会让更多的投资者将资金投入资本市场。征税的合理化对整个资本市场资金流向的调节起着积极作用。

2. 抑制投机行为。以税收的手段对证券市场中的投机炒作行为进行规制，通过加重交易的负担，进而影响证券投资方的交易计划和交易行为，在一定程度上能够稳定股票价格并抑制短期投资。

3. 传递政策信号。在我国，证券市场不仅是一个资本市场，也是一个政策市场，对证券交易印花税税率的调整本身也是国家对目前的证券市场环境所公布的一个政策信号。由于投资者对政策的出台和变化极其关注，国家可以通过税收政策的变化影响投资者在证券市场中的决策，合理引导证券市场中的资金流动方向。

二、主要内容

（一）印花税的纳税人

印花税的纳税人是在我国境内书立应税凭证、进行证券交易的单位和个人。这里的单位和个人，是指国内各类企业、事业单位、机关、团体、部队以及中外合资企业、中外合作企业、外资企业以及在华机构等单位和个人。印花税的纳税人，按照书立、领受应税凭证的不同可以分为以下几种。

1. 立合同人

立合同人是指合同的当事人。当事人是对凭证有直接权利义务关系的单位和个人，但不包括合同的担保人、证人、鉴定人。

2. 立据人

产权转移书据的纳税人是立据人。产权转移书据是指财产所有权、版权、商标专用权、专利权和专有技术使用权等产权的买卖、继承、赠与、互换、分割时所书立的书据。

3. 立账簿人

营业账簿的纳税人是立账簿人，所谓立账簿人是指设立并使用营业账簿的单位和个人。

4. 证券交易人

证券交易的纳税人是证券交易活动的当事人，即进行证券交易的买卖双方。

5. 使用人

在国外书立、领受但在国内使用的应税凭证，其纳税人是使用人。

同一凭证由两方或者两方以上当事人书立的，按照各自涉及的金额分别计算应纳税额。当事人的代理人有代理纳税的义务，其与纳税人负有同等的税收法律义务与责任。

(二)印花税的税目与税率

印花税共有14个税目，其中11个书面合同为借款合同、融资租赁合同、买卖合同、承揽合同、建设工程合同、运输合同、技术合同、租赁合同、保管合同、仓储合同、财产保险合同以及产权转移书据、营业账簿、证券交易3个税目。只有上述列举的对象才需要缴纳印花税，自《印花税法》颁布之后“权利、许可证照”不再纳入征收范围，国家知识产权局于2022年7月1日起终止印花税代征业务。《印花税法》规定印花税一律适用比例税率。印花税的比例税率分为五个档次，分别为0.05‰、0.25‰、0.3‰、0.5‰、1‰(见表4-3)。

表4-3 印花税的税目及税率

税目		税率	备注
合同(指书面合同)	借款合同	借款金额的0.05‰	指银行业金融机构、经国务院银行业监督管理机构批准设立的其他金融机构与借款人(不包括同业拆借)的借款合同
	融资租赁合同	租金的0.05‰	
	买卖合同	价款的0.3‰	指动产买卖合同(不包括个人书立的动产买卖合同)
	承揽合同	报酬的0.3‰	
	建设工程合同	价款的0.3‰	
	运输合同	运输费用的0.3‰	指货运合同和多式联运合同(不包括管道运输合同)
	技术合同	价款、报酬或者使用费的0.3‰	不包括专利权、专有技术使用权转让书据

续表

税目		税率	备注
合同(指书面合同)	租赁合同	租金的1‰	
	保管合同	保管费的1‰	
	仓储合同	仓储费的1‰	
	财产保险合同	保险费的1‰	不包括再保险合同
产权转移书据	土地使用权出让书据	价款的0.5‰	
	土地使用权、房屋等建筑物和构筑物所有权转让书据(不包括土地承包经营权和土地经营权转移)	价款的0.5‰	转让包括买卖(出售)、继承、赠与、互换、分割
	股权转让书据(不包括应缴纳证券交易印花税的)	价款的0.5‰	
	商标专用权、著作权、专利权、专有技术使用权转让书据	价款的0.3‰	
营业账簿		实收资本(股本)、资本公积合计金额的0.25‰	
证券交易		成交金额的1‰	

(三)计税依据

1. 印花税计税依据的一般规定

印花税的计税依据为各种应税凭证上所记载的计税金额。具体如下:

(1)各类合同以合同上所记载的金额、收入或费用为计税依据,其中买卖合同为买卖金额,承揽合同为加工或承揽收入,建设工程合同为设计合同所收取的费用或施工合同的承包金额,租赁合同为租金,仓储、保管合同为仓储费、保管费,借款合同为借款金额,财产保险合同为保险费,技术合同为合同所载金额,融资租赁合同为租金,运输合同为运费,不包括列明的增值税税款。

(2)产权转移书据以书据所载金额为计税依据,不包括列明的增值税税款。

(3)营业账簿的计税依据为账簿记载的实收资本(股本)、资本公积合计金额。实收资本包括现金、实物、无形资产和材料物资。

(4)证券交易的计税依据是证券交易当事人的成交金额。

2.印花税计税依据的特殊规定

(1)应税合同、产权转移书据未列明金额的，印花税的计税依据按照实际结算的金额确定。实际结算金额不能确定的，按照书立合同、产权转移书据时的市场价格确定；依法应当执行政府定价或者政府指导价的，按照国家有关规定确定。

(2)证券交易无转让价格的，按照办理过户登记手续时该证券前一个交易日收盘价计算确定计税依据；无收盘价的，按照证券面值计算确定计税依据。

(3)同一应税凭证载有两个以上税目事项并分别列明金额的，按照各自适用的税目税率分别计算应纳税额；未分别列明金额的，从高适用税率。

(4)已缴纳印花税的营业账簿，以后年度记载的实收资本(股本)、资本公积合计金额比已缴纳印花税的实收资本(股本)、资本公积合计金额增加的，按照增加部分计算应纳税额。

(5)应税凭证金额为人民币以外的货币的，应当按照凭证书立当日的人民币汇率中间价折合人民币确定计税依据。

(6)境内的货物多式联运，采用在起运地统一结算全程运费的，以全程运费作为运输合同的计税依据，由起运地运费结算双方缴纳印花税；采用分程结算运费的，以分程的运费作为计税依据，分别由办理运费结算的各方缴纳印花税。

(四)印花税的税收减免

1.减征印花税

(1)为了活跃资本市场、提振投资者信心，2023 年 8 月 27 日财政部、国家税务总局发布公告，自 2023 年 8 月 28 日起，证券交易印花税实施减半征收。

(2)自 2023 年 1 月 1 日至 2027 年 12 月 31 日，对增值税小规模纳税人、小型微利企业和个体工商户减半征收印花税(不含证券交易印花税)。小型微利企业，是指从事国家非限制和禁止行业，且同时符合年度应纳税所得额不超过 300 万元、从业人数不超过 300 人、资产总额不超过 5000 万元等三个条件的企业。

2.免征印花税

下列内容免征印花税：

(1)应税凭证的副本或者抄本。凭证的正式签署本已按规定缴纳了印花税，其副本或者抄本对外不产生权利义务关系，仅备存查，故免贴印花。但以副本或者抄本视同正本使用的，应当另贴印花。

(2)依照法律规定应当予以免税的外国驻华使馆、领事馆和国际组织驻华代表机构为获得馆舍书立的应税凭证。

(3)中国人民解放军、中国人民武装警察部队书立的应税凭证。

(4)农民、家庭农场、农民专业合作社、农村集体经济组织、村民委员会购买农业生产资料或者销售农产品书立的买卖合同和农业保险合同。

(5)无息或者贴息借款合同、国际金融组织向中国提供优惠贷款书立的借款合同。

(6)财产所有权人将财产赠与政府、学校、社会福利机构、慈善组织书立的产权转移书据。这里的社会福利机构是指扶养孤老伤残的社会福利机构。

(7)非营利性医疗卫生机构采购药品或者卫生材料书立的买卖合同。

(8)个人与电子商务经营者订立的电子订单。

(9)与高校学生签订的高校学生公寓租赁合同。高校学生公寓,是指为高校学生提供住宿服务,按照国家规定的收费标准收取住宿费的学生公寓。

(10)图书、报纸、期刊以及音像制品的各类发行单位之间,以及发行单位与订阅单位或个人之间书立的征订凭证。

(11)军事物资运输、抢险救灾物资运输所产生的运费结算凭证。

(12)资产公司成立时设立的资金账簿,资产公司收购、承接和处置不良资产时产生的购销合同和产权转移书据。

(13)社保基金持有的证券在社保基金证券账户之间的划拨过户交易。

(14)电网与用户之间签订的供用电合同。

三、征收管理

(一)纳税方法

1. 自行贴花

这种方式适用于应税凭证较少或者贴花次数较少的纳税人。纳税人应当根据应税凭证的性质和适用的税目税率自行计算应纳税额,自行购买印花税票,自行一次贴足印花税票并加以注销。

对于已贴花的凭证,修改后所载金额增加的,其增加部分应当补贴印花税票,凡多贴印花税票者,不得申请退税或者抵用。

2. 汇贴或汇缴

应纳税额较大或者贴花次数频繁的,纳税人可以向税务机关提出申请,采取以缴款书代替贴花或者按期汇总缴纳的办法。一份凭证应纳税额超过500元的应当向当地税务机关申请填写缴款书或者完税证,将其中的一联粘贴在凭证上或者由税务机关在凭证上加注完税标记代替贴花,这就是所说的汇贴方法。

同一种类应税凭证需要频繁贴花的,可以根据实际情况自行决定是否采用按期汇总缴纳印花税的方式,汇总缴纳的期限为1个月。采用按期汇总缴纳方式的纳税人应当事先告知主管税务机关。缴纳方式一经选定,1年内不得改变,主管税务机关对于要求以按期汇总缴纳方式缴纳印花税的纳税人,应加强日常监督、检查。

3. 委托代征

委托代征办法主要是通过税务机关的委托,经由发放或者办理应税凭证的单位代为征收印花税税款,税务机关应与代征单位签订代征委托书。

纳税人无论采取哪种纳税办法,均应对纳税凭证妥善保存。凭证的保存期限,凡国家有明确规定的按规定处理,未明确规定的在履行完毕后保存1年。

(二)纳税环节

印花税应当于应税凭证书立或者领受时贴花,即在合同签订时、书据立据时、账簿启用时和证券交易完成时贴花。如果合同是在国外签订的,应在国内使用时贴花,即应税合同在国外签订时不便按规定贴花的,应在带入境内时办理贴花完税手续。

印花税按季、按年或者按次计征。实行按季、按年计征的,纳税人应当自季度、年度终了之日起15日内申报缴纳税款;实行按次计征的,纳税人应当自纳税义务发生之日起15日内申报缴纳税款。证券交易印花税按周解缴。证券交易印花税扣缴义务人应当自每周终了之日起五日内申报解缴税款以及银行结算的利息。

(三)纳税地点

印花税一般实行就地纳税。纳税人为单位的,应当向其机构所在地的主管税务机关申报缴纳印花税;纳税人为个人的,应当向应税凭证书立地或者纳税人居住地的主管税务机关申报缴纳印花税。

不动产产权发生转移的,纳税人应当向不动产所在地的主管税务机关申报缴纳印花税。证券登记结算机构为证券交易印花税的扣缴义务人,应当向其机构所在地的主管税务机关申报解缴税款以及银行结算的利息。

第六节 资源税法

案例研讨

2020年5月,河南省焦作市中站区人民检察院(以下简称中站区院)在开展辖区资源保护专项活动中发现相关线索，于2020年6月4日立案。通过深入辖区62家企业现场取证、查阅台账，对企业自备井使用以及水资源税缴纳情况进行调查，发现尚有36家企业未办理取水许可证，也未缴纳水资源税。

2020年7月3日，中站区院向该区水利、税务部门公开送达检察建议，督促行政机关共同履行监管职责和政策落实职责，对问题用水企业依法规范用水并征收水资源税；加强协调配合，采取有力措施，全面排查整改，推进对水资源税政策的全面落实，维护国家水资源税收利益。

检察建议发出后，中站区院对辖区水资源税存在的问题向区委、区人大作了专题报告，指出现状和问题，提出解决对策。中站区委和区人大高度重视，由区政府责令区水利部门牵头，协调、组织相关部门合力推进费改税落实工作。水利和税务部门抽调人员，制定措施和工作推进时间表，向涉案企业联合制发通知，印发宣传材料，深入全区自备井用水企业进行宣传和问题排查，对存在的问题登记造册，简化办事流程，短期内取得明显成效，多家企业主动办理许可证并缴纳水资源税。随后，两部门根据各自行政职责明确工作流程，建立企业用水计划申请、水利部门定期抄表上传、税务部门通知依法缴税的一体化工作网络平台，健全水资源保护和水资源税征收刚性保障长效机制，全面铺开费改税政策。截至2021年年底，除部分企业接通自来水源外，辖区内59家用水企业均办理了取水许可证并缴纳了水资源税。该区水资源税收逐年增长，2019年为1446.45万元，2020年达2742.23万元，2021年达2838.89万元。

请研讨：

1. 试分析资源税在我国环境保护和社会治理中的作用。

2. 试总结水资源费改税的优点。

3. 结合案例分析我国水资源税制改革应该解决哪些问题。

一、概述

资源税是对在我国境内和我国管辖的其他海域开发应税资源的单位和个人课征的一种税。

我国资源税开征于1984年，对在我国境内从事原油、天然气、煤炭等矿产资源开采的单位和个人征收。1993年12月国务院发布的《中华人民共和国资源税暂行条例》（以下简称《资源税暂行条例》）及《中华人民共和国资源税暂行条例实施细则》把盐并入资源税征收范围中，将资源税征收范围扩大为原油、天然气、煤炭、其他非金属矿原矿、黑色金属矿原矿、有色金属矿原矿和盐七大类。2011 年国务院修订的《资源税暂行条例》增加了从价定率计征方式。随后开展水资源费改税试点工作,将部分地区的地表水和地下水纳入征税范围。2019 年 8 月 26 日十三届全国人大常委会通过《中华人民共和国资源税法》(以下简称《资源税法》),自 2020 年 9 月 1 日起施行。征收资源税的主要作用有以下几个方面。

1. 促进企业之间开展平等竞争

我国资源税属于比较典型的级差资源税,根据应税产品的品种、质量、存在形式、开采方式以及企业所处地理位置和交通运输条件等客观因素的差异确定差别税率,从而能够比较有效地调节由于自然资源条件差异等客观因素给企业带来的收入差异,对资源状况好的适用高税率,对资源状况差的适用低税率,为企业之间开展平等竞争创造了有利的外部条件。

2. 促进自然资源的合理开发利用

矿产资源属于国家所有,通过征收资源税,国家可以加强对资源的管理和保护,防止资源的浪费,提高资源的利用率。

3. 为国家募集财政资金

随着课征范围的扩展,资源税的收入规模不断扩大,对稳定税收和增加财政收入的作用日益明显。

二、主要内容

(一)资源税的纳税人

资源税的纳税人是在中华人民共和国领域和中华人民共和国管辖的其他海域开发应税资源的单位和个人。单位是指国有企业、集体企业、私营企业、股份制企业、其他企业和行政单位、事业单位、军事单位、社会团体及其他单位;个人是指个体经营者和其他个人;其他单位和其他个人包括外商投资企业、外国企业及外籍人员。

(二)资源税的税目与税率

资源税的适用税率由省、自治区、直辖市人民政府统筹考虑该应税资源的品位、开采条件以及对生态环境的影响等情况,在《资源税法》所附《税目税率表》规定的税率幅度内提出,报同级人民代表大会常务委员会决定,并报全国人民代表大会常务委员会和国务院备案。《税目税率表》中规定课税对象为原矿或者选矿的,应当分别确定具体适用税率。

(三)计税依据

资源税的应纳税额,实行从价计征的,应纳税额按照应税产品的销售额乘以具体适用税率计算。实行从量计征的,应纳税额按照应税产品的销售数量乘以具体适用税率计算。

纳税人开采或者生产不同税目应税产品的,应当分别核算不同税目应税产品的销售额或者销售数量;未分别核算或者不能准确提供不同税目应税产品的销售额或者销售数量的,从高适用税率。

纳税人开采或者生产应税产品自用的,应当依照本法规定缴纳资源税;但是,自用于连续生产应税产品的,不缴纳资源税。

（四）税收减免

税收减免有以下几种情况:

第一,有下列情形之一的,免征资源税:(1)开采原油以及在油田范围内运输原油过程中用于加热的原油、天然气;(2)煤炭开采企业因安全生产需要抽采的煤成(层)气。

第二,有下列情形之一的,减征资源税:(1)从低丰度油气田开采的原油、天然气,减征20%资源税;(2)高含硫天然气、三次采油和从深水油气田开采的原油、天然气,减征30%资源税;(3)稠油、高凝油减征40%资源税;(4)从衰竭期矿山开采的矿产品,减征30%资源税。

第三,为了鼓励煤炭资源集约开采利用,自2023年9月1日至2027年12月31日,对充填开采置换出来的煤炭,资源税减征50%。

第四,为促进页岩气开发利用,有效增加天然气供给,在2027年12月31日之前,对页岩气资源税(按6%的规定税率)减征30%。

第五,有下列情形之一的,省、自治区、直辖市可以决定免征或者减征资源税:(1)纳税人开采或者生产应税产品过程中,因意外事故或者自然灾害等原因遭受重大损失;(2)纳税人开采共伴生矿、低品位矿、尾矿。以上规定的免征或者减征资源税的具体办法,由省、自治区、直辖市人民政府提出,报同级人民代表大会常务委员会决定,并报全国人民代表大会常务委员会和国务院备案。

三、征收管理

（一）纳税义务发生时间

纳税人销售应税产品,纳税义务发生时间为收讫销售款或者取得索取销售款凭据的当日;自用应税产品的,纳税义务发生时间为移送应税产品的当日。

（二）纳税期限

资源税按月或者按季申报缴纳;不能按固定期限计算缴纳的,可以按次申报缴纳。

纳税人按月或者按季申报缴纳的,应当自月度或者季度终了之日起15日内,向税务机关办理纳税申报并缴纳税款;按次申报缴纳的,应当自纳税义务发生之日起15日内,向税务机关办理纳税申报并缴纳税款。

(三)纳税地点

纳税人应当向应税产品开采地或者生产地的税务机关申报缴纳资源税。

四、水资源税改革试点

(一)概述

我国部分地区由于气候、地质、工业生产等原因,存在水资源匮乏、用水矛盾突出、用水结构畸形的问题,而过去的水资源费征收政策由于征收率低、执行效果弱等缺点,对水资源进行节约利用的调控效果并不明显。于是,2016年财政部、国家税务总局、水利部颁布《水资源税改革试点暂行办法》,在河北省进行水资源费改水资源税的改革试点活动。第二年试点地区扩展到包括华北五省在内的10个省、自治区、直辖市,并且根据不同地区所面临的水资源难题进行了因地制宜的制度设计。

(二)水资源费改税的主要优点

1. 强制程度更高

相比而言,水资源税的强制程度更高,因为过去的水资源费主要依靠当地水利部门进行征收,其法定性和强制性都相对较弱,存在少缴、漏缴水资源费的情况,而在费改税之后逃避缴纳水资源税的行为属于违法行为,能够更好地落实相关征管工作。

2. 征收标准有所提升

水资源税的征收标准略微有所提高,主要目的是充分发挥调节作用,潜移默化地提高取用水人的节水意识和回收利用意识,从而促进节约用水。

3. 税收收入分配更科学

过去水资源费的收入是由水利部门根据1∶9的比例在中央政府和各地政府间划分,而在水资源税试点后,税收收入为地方所有,从筹集财政资金的角度出发,这样更有利于提高试点地区开展水资源税试点工作的积极性。

(三)水资源费改税的成效

经过两年的水资源税试点改革,华北地区一些过去耗水量极高的企业转而开始节约用水,征收水资源税倒逼企业和行业转变其日常生产经营过程中粗放浪费的用水方式。2019年制定的《资源税法》明确了对取用地表水或者地下水的单位和个人试点征收水资源税的决定由国务院作出,报全国人民代表大会常务委员会备案。并且应当根据当地水资源状况、取用水类型和经济发展等情况实行差别税率。为了巩固改革成果,《资源税法》规定国务院在该法施行 5 年内就征收水资源税试点情况向全国人民代表大会常务委员会报告,并及时提出修改法律的建议。资源税税目及税率见表 4－4。

表 4－4　资源税税目及税率

税目			课税对象	税率
能源矿产	原油		原矿	6%
	天然气、页岩气、天然气水合物		原矿	6%
	煤		原矿或者选矿	2% ~10%
	煤成(层)气		原矿	1% ~2%
	铀、钍		原矿	4%
	油页岩、油砂、天然沥青、石煤		原矿或者选矿	1% ~4%
	地热		原矿	1% ~ 20% 或者每立方米 1 ~30 元
金属矿产	黑色金属	铁、锰、铬、钒、钛	原矿或者选矿	1% ~9%
	有色金属	铜、铅、锌、锡、镍、锑、镁、钴、铋、汞	原矿或者选矿	2% ~10%
		铝土矿	原矿或者选矿	2% ~9%
		钨	选矿	6.5%
		钼	选矿	8%
		金、银	原矿或者选矿	2% ~6%
		铂、钯、钌、锇、铱、铑	原矿或者选矿	5% ~10%
		轻稀土	选矿	7% ~12%
		中重稀土	选矿	20%
		铍、锂、锆、锶、铷、铯、铌、钽、锗、镓、铟、铊、铪、铼、镉、硒、碲	原矿或者选矿	2% ~10%

续表

税目			课税对象	税率
非金属矿产	矿物类	高岭土	原矿或者选矿	1% ~6%
		石灰岩	原矿或者选矿	1% ~6%或者每吨(或者每立方米)1 ~10元
		磷	原矿或者选矿	3% ~8%
		石墨	原矿或者选矿	3% ~12%
		萤石、硫铁矿、自然硫	原矿或者选矿	1% ~8%
		天然石英砂、脉石英、粉石英、水晶、工业用金刚石、冰洲石、蓝晶石、硅线石(矽线石)、长石、滑石、刚玉、菱镁矿、颜料矿物、天然碱、芒硝、钠硝石、明矾石、砷、硼、碘、溴、膨润土、硅藻土、陶瓷土、耐火粘土、铁矾土、凹凸棒石粘土、海泡石粘土、伊利石粘土、累托石粘土	原矿或者选矿	1% ~12%
		叶蜡石、硅灰石、透辉石、珍珠岩、云母、沸石、重晶石、毒重石、方解石、蛭石、透闪石、工业用电气石、白垩、石棉、蓝石棉、红柱石、石榴子石、石膏	原矿或者选矿	2% ~12%
		其他粘土(铸型用粘土、砖瓦用粘土、陶粒用粘土、水泥配料用粘土、水泥配料用红土、水泥配料用黄土、水泥配料用泥岩、保温材料用粘土)	原矿或者选矿	1% ~5%或者每吨(或者每立方米)0.1 ~5元
	岩石类	大理岩、花岗岩、白云岩、石英岩、砂岩、辉绿岩、安山岩、闪长岩、板岩、玄武岩、片麻岩、角闪岩、页岩、浮石、凝灰岩、黑曜岩、霞石正长岩、蛇纹岩、麦饭石、泥灰岩、含钾岩石、含钾砂页岩、天然油石、橄榄岩、松脂岩、粗面岩、辉长岩、辉石岩、正长岩、火山灰、火山渣、泥炭	原矿或者选矿	1% ~10%
		砂石	原矿或者选矿	1% ~5%或者每吨(或者每立方米)0.1 ~5元
	宝玉石类	宝石、玉石、宝石级金刚石、玛瑙、黄玉、碧玺	原矿或者选矿	4% ~20%

续表

税目		课税对象	税率
水气矿产	二氧化碳气、硫化氢气、氦气、氡气	原矿	2% ~5%
	矿泉水	原矿	1% ~20% 或者每立方米 1~30 元
盐	钠盐、钾盐、镁盐、锂盐	选矿	3% ~15%
	天然卤水	原矿	3% ~15% 或者每吨(或者每立方米)1~10 元
	海盐		2% ~5%

第七节　土地增值税法

案例研讨

万家房地产开发公司为某区一家内资企业，公司于 2020 年 1 月至 2023 年 2 月开发万丽家园住宅项目，相关情况如下：

2020 年 1 月，万家房地产开发公司通过竞拍获得一宗国有土地使用权，合同记载总价款为 1.7 亿元，并载明 2020 年 3 月 1 日动工开发。由于公司资金短缺，于 2021 年 5 月才开始动工。因超过期限 1 年未进行开发建设，被政府相关部门按照规定征收土地受让总价款 10% 的土地闲置费。

万家房地产开发公司支付拆迁补偿费、前期工程费、基础设施费、公共配套设施费和间接开发费用合计 2450 万元。

2022 年 3 月，万丽家园住宅项目竣工验收，应支付建筑企业工程总价款 3150 万元，根据合同约定当期实际支付价款为总价的 95%，剩余 5% 作为质量保证金留存 2 年，建筑企业按照工程总价款开具了发票。

发生销售费用、管理费用 1200 万元，万家房地产开发公司向商业银行借款支付利息 600 万元，含超过贷款期限的利息和罚息 150 万元，已取得相关凭证。

2022 年 4 月，万丽家园住宅项目开始销售，可售总面积为 45,000 平方米。截至 2022 年 8 月底，万丽家园住宅项目销售面积为 40,500 平方米，万家房地产开发公司取得收入4.05亿元；万丽家园住宅项目尚余4500平方米房屋未销售。

2022年9月，主管税务机关要求万家房地产开发公司就万丽家园住宅项目进行土地增值税清算，万家房地产开发公司以该项目尚未销售完毕为由对此提出异议。

2023年2月底，万家房地产开发公司将万丽家园住宅项目剩余的4500平方米房屋打包销售，收取价款4320万元。

请研讨：

1. 根据上述案例，简要说明主管税务机关于2022年9月要求万家房地产开发公司对万丽家园住宅项目进行土地增值税清算的理由。

2. 在计算土地增值税和企业所得税时，缴纳的土地闲置费是否可以扣除？

一、概述

土地增值税是指转让国有土地使用权、地上建筑物及其附着物并取得收入的单位和个人，将转让总收入（货币收入、实物收入和其他收入）减去法定扣除项目金额后的增值额作为计税依据，向国家缴纳的一种税负。土地增值税可以理解为一种通过对土地开发所得收益征税所产生的应纳税额。

我国征收土地增值税始于1994年1月1日《中华人民共和国土地增值税暂行条例》（以下简称《土地增值税暂行条例》）的正式实施；为了更好地对土地增值税的具体征收进行细化和界定，财政部于同年的1月27日颁布了《中华人民共和国土地增值税暂行条例实施细则》（以下简称《土地增值税暂行条例实施细则》）。这项税收自开征至今，已经取得了显著的成果，在政府财政资金的筹措、维持房地产市场的稳定以及税制的完善等方面均发挥了十分重要的作用。目前土地增值税是我国仅次于增值税、消费税、企业所得税、个人所得税、进口货物增值税和消费税的第六大税源。此外，2019年7月，财政部、国家税务总局公布《中华人民共和国土地增值税法（征求意见稿）》，更是标志着我国土地增值税的立法取得了较大的进展。

具体而言，我国现阶段土地增值税的功能定位主要包括以下四个方面：

首先，土地增值税有利于对房地产市场进行适度调节。从中央对房地产调控政策与土地增值税制度的相关性来看，土地增值税在一定程度上对房地产市场产生了调节效能。

其次，土地增值税有助于增加政府的财政收入。我国每年大约有90%的财政收入来自税收，而房地产行业作为地方经济发展的主要支柱之一，它对于国内生产总值有着举足轻重的影响力,产值占国内生产总值的比重在1/10左右,土地增值税同时还是地方政府财政收入的重要来源。

再次,土地增值税还有明显的调节收入分配和资源配置的效果。税收的征收会使纳税人的部分财富转化成为政府的财政收入,然后国家会再以公共投资、建设和公共服务等多样化的方式转移支付给纳税人,因此,土地增值税不可避免地会产生强大的收入再分配效应。

最后,也要看到,土地增值税的真正潜能并未得到充分发掘。目前,税务行政机关在具体征收土地增值税的时候大多采用预征的方式,且当前的预征率水平相对较低,各个地方的土地增值税征管口径存在差异,土地增值税征收的规范性、法治性和统一性问题仍需得到进一步有效解决。此外,准确区分土地自然增值和投资增值仍然是一项巨大挑战,课税力度过大或者过小都有可能引发纳税主体行为的转变,从而使土地增值税偏离中性税收的定位。这些问题都有待于下一阶段的立法改革进行优化。

二、主要内容

(一)纳税人

土地增值税的纳税人为转让国有土地使用权、地上的建筑物及其附着物(以下简称转让房地产)并取得收入的单位和个人。单位包括各类企业、事业单位、国家机关、社会团体及其他组织;个人包括个体经营者。总结来说,只要单位和个人有偿转让房地产,并且产生土地增值,都是土地增值税的纳税人。

(二)征收范围

按照《土地增值税暂行条例》及其实施细则的规定,凡有偿转让房地产并取得收入的,都属于土地增值税的征收范围。在界定土地增值税的征收范围时应注意以下三点:

第一,只有转让国有土地(按照法律规定属于国家所有的土地)的使用权,才属于土地增值税的征收范围;农村集体所有的土地不得自行转让,只有根据有关法律规定由国家征收以后变为国家所有才能进行转让,并被纳入土地增值税的征收范围。

第二,只有有偿转让(出售或以其他方式有偿转让)房地产才属于征税范围。此外,国有土地使用权出让是指国家以土地所有者的身份将土地使用权在一定年限内让与土地使用者,并由土地使用者向国家支付土地使用权出让金的行为。土地出让的目的是实行国有土地的有偿使用制度,合理开发、利用土地。因此,国有土地使用权的出让行为也不是土地增值税的课税对象。

第三,地上的建筑物及其附着物是指建于地上的一切建筑物、构筑物,地上地下的各种附属设施,附着于该土地不能移动,一经移动即遭损坏的种植物、养殖物及其他物品。

无论是单独转让国有土地使用权,还是房屋产权与国有土地使用权一并转让,只要取得收入,均属于土地增值税的征收范围。

征收土地增值税的具体情形有:(1)以出售方式转让房地产,包括:出售国有土地使用权、取得国有土地使用权进行房屋开发建造后出售、存量房地产的买卖。其中,出售国有土地使用权,是指土地使用者通过出让方式向政府缴纳土地出让金有偿受让土地使用权后,仅对土地进行通水、通电、通路和平整地面等土地开发,不进行房产开发,然后直接将空地出售出去。取得国有土地使用权进行房屋开发建造后出售即一般所谓的房地产开发。虽然这种行为通常被称为卖房,但按照国家有关规定,卖房的同时,土地使用权也随之发生转让,所以应纳入土地增值税的征收范围。存量房地产的买卖是指已经建成并投入使用的房地产的所有人将房屋产权和土地使用权一并转让给其他单位和个人。这种情况既发生了产权转移又取得了收入,因此应纳入土地增值税的征收范围。(2)以继承、赠与方式转让房地产。(3)房地产交换。(4)以房地产进行投资、联营。(5)合作建房。(6)企业兼并转让房地产。

(三)计税依据

根据《土地增值税暂行条例》及其实施细则的规定,纳税人转让房地产取得的应税收入,应包括转让房地产的全部价款及有关的经济收益。从收入的形式来看,包括货币收入、实物收入和其他收入。其中,货币收入是指纳税人转让房地产而取得的现金,银行存款,支票、本票、汇票等各种信用票据和国库券、金融债券、企业债券、股票等有价证券。这些收入都属于转让方因转让土地使用权、房屋产权而向取得方收取的价款。实物收入是指纳税人转让房地产而取得的各种实物形态的收入,如钢材、水泥等建材,房屋、土地等不动产。实物收入的价值不太容易确定,一般要对这些实物形态的财产进行估价。其他收入是指纳税人转让房地产而取得的无形资产或具有财产价值的权利,如专利权、商标权、著作权、专有技术使用权、商誉权。这种类型的收入在交易中比较少见,其价值需要进行专门评估。

关于土地增值税的扣除项目,土地增值税和针对一般商品和服务的增值税不一样,在计算应纳税额时,不采用税额扣除法,直接对转让房地产所取得的收入征税,而是采用税基相减法,将纳税人一定时间内的房地产销售收入减去应扣除项目,计算出转让房地产的增值额,然后乘以相应的税率,计算出应纳土地增值税额。因此,要计算应纳税额，首先要计算增值额；而要计算增值额，首先要确定扣除项目。税法准予纳税人从转让收入中扣除的项目包括如下几项。

1. 取得土地使用权所支付的金额

纳税人为取得土地使用权所支付的地价款。以协议、招标、拍卖等出让方式取得土地使用权的，地价款为纳税人所支付的土地出让金；以行政划拨方式取得土地使用权的，地价款为按照国家有关规定补交的土地出让金；以转让方式取得土地使用权的，地价款为向原土地使用权人实际支付的地价款。

纳税人在取得土地使用权时按国家统一规定缴纳的有关费用，如登记、过户手续费。

2. 房地产开发成本

房地产开发成本，是指纳税人房地产开发项目实际发生的成本，包括土地征用及拆迁补偿费、前期工程费、建筑安装工程费、基础设施费、公共配套设施费、开发间接费用等。

土地征用及拆迁补偿费，包括土地征用费、耕地占用税、劳动力安置费及有关地上、地下附着物拆迁补偿的净支出、安置动迁用房支出等。

前期工程费，包括规划、设计、项目可行性研究和水文、地质、勘察、测绘、“三通一平”等支出。

建筑安装工程费，是指以出包方式支付给承包单位的建筑安装工程费，以自营方式发生的建筑安装工程费。

基础设施费，包括开发小区内道路、供水、供电、供气、排污、排洪、通讯、照明、环卫、绿化等工程发生的支出。

公共配套设施费，包括不能有偿转让的开发小区内公共配套设施发生的支出。

开发间接费用，是指直接组织、管理开发项目发生的费用，包括工资、职工福利费、折旧费、修理费、办公费、水电费、劳动保护费、周转房摊销等。

3. 房地产开发费用

房地产开发费用，是指与房地产开发项目有关的销售费用、管理费用和财务费用。根据现行财务会计制度，这三项费用作为期间费用，直接计入当期损益，不按成本核算对象进行分摊。所以，作为土地增值税扣除项目的房地产开发费用，不按纳税人房地产开发项目实际发生的费用进行扣除，而按《土地增值税暂行条例实施细则》的标准进行扣除。具体的要求是：(1)财务费用中的利息支出，凡能够按转让房地产项目计算分摊并提供金融机构证明的，允许据实扣除，但最高不能超过按商业银行同类同期贷款利率计算的金额。其他房地产开发费用，按取得土地使用权所支付的金额和房地产开发成本之和的5%以内计算扣除。(2)凡不能按转让房地产项目计算分摊利息支出或不能提供金融机构证明的，房地产开发费用按取得土地使用权所支付的金额和房地产开发成本之和的10%以内计算扣除。计算扣除的具体比例，由各省、自治区、直辖市人民政府规定。

4. 旧房及建筑物的评估价格

旧房及建筑物的评估价格，是指在转让已使用的房屋及建筑物时，由政府批准设立的房地产评估机构评定的重置成本价乘以成新度折扣率后的价格。评估价格须经当地税务机关确认。

5. 与转让房地产有关的税金

与转让房地产有关的税金，是指在转让房地产时缴纳的营业税、城市维护建设税、印花税。因转让房地产缴纳的教育费附加，也可视同税金予以扣除。

6. 财政部规定的其他扣除项目

财政部规定的其他扣除项目包括：对从事房地产开发的纳税人可按其取得土地使用权所支付的金额加房地产开发成本计算的金额之和，再加计20%的扣除；纳税人成片受让土地使用权后，分期分批开发、转让房地产的，其扣除项目金额的确定，可按转让土地使用权的面积占总面积的比例计算分摊，或按建筑面积计算分摊，也可按税务机关确认的其他方式计算分摊等情况。

(四)税率

土地增值税实行四级超率累进税率，具体税率见表4－5。

表4－5 土地增值税税率

级数	增值额未超过扣除项目金额的比例	税率/%	速算扣除系数/%
1	不超过50%的部分	30	0
2	超过50%未超过100%的部分	40	5
3	超过100%未超过200%的部分	50	15
4	超过200%的部分	60	35

注：上述四级超率累进税率，每级“增值额未超过扣除项目金额的比例”，均包括本比例数。

三、征收管理

土地增值税的纳税人应向房地产所在地主管税务机关办理纳税申报，并在税务机关核定的期限内缴纳土地增值税。这里所说的房地产所在地，是指房地产的坐落地。纳税人转让的房地产坐落在两个或两个以上地区的，应按房地产所在地分别申报纳税。

土地增值税的纳税人应在转让房地产合同签订后的7日内，到房地产所在地主管税务机关办理纳税申报，并向税务机关提交房屋及建筑物产权、土地使用权证书，土地转让、房产买卖合同，房地产评估报告及其他与转让房地产有关的资料。纳税人因经常发生房地产转让而难以在每次转让后申报的，经税务机关审核同意后，可以定期进行纳税申报，具体期限由税务机关根据情况确定。纳税人在办理纳税申报时，还应如实填写《土地增值税纳税申报表》。

按照《土地增值税暂行条例实施细则》的规定，纳税人在项目全部竣工结算前转让房地产取得的收入，可以预征土地增值税，具体办法由各省、自治区、直辖市地方税务局根据当地情况制定。因此，对于纳税人预售房地产所取得的收入，凡当地税务机关预征土地增值税的，纳税人应当到主管税务机关办理纳税申报，并按规定比例预缴土地增值税，待办理结算后，多退少补。

第八节　车 船 税 法

案例研讨

车船税计算实例一则。甲商贸公司为增值税一般纳税人。2022年4月，甲公司购买了一辆燃油载货汽车自用，取得机动车销售统一发票，支付含税款项33.9万元。该载货汽车的整备质量为11吨。已知载货汽车车船税年税额为60元/吨。

请研讨：

1. 甲公司2022年应缴纳多少车船税？

2. 车船税的扣缴义务人是谁？

3. 本案中车船税的纳税义务发生时间是什么时候？

一、概述

新中国成立后,原政务院于1951年制定并正式颁布了《车船使用牌照税暂行条例》,以此来规范车船所需要缴纳的税费。直至1986年9月,国务院在推动工商税收制度改革期间,颁布了《中华人民共和国车船使用税暂行条例》。这部新条例实际上是在原有的《车船使用牌照税暂行条例》的基础上进行修订而形成的。《中华人民共和国车船税法》(以下简称《车船税法》)是由全国人大常委会通过的第一部财产行为税法律,于2012年1月1日起正式施行,这标志着我国税收法定主义原则及立法先行工作向前迈出了重要一步。征收车船税不仅有助于集中分散在众多纳税人手中的财力资源,更能大大提升地方政府的税收来源与财政收入水平。

考虑到车船税纳税人多为自然人,为最大限度减轻纳税人负担,车船税现行的税率并不高,更加趋向于追求税收公正合理。自2012年《车船税法》实施以来,国家税务总局针对车船税税源分散、流动频繁、管理难度较大等问题,始终贯彻"依法征税、精细管理、热情服务"的指导方针,致力于构建并完善"社会共治、源泉扣缴、联网征收、便捷服务"的车船税管理体系,有力地促进了车船税征管质量与服务水准的上升,充分展现出车船税在引领绿色消费观念、调整社会财富分配、增强地方财政实力、完善自然人税收管理体系等方面的积极作用。

二、主要内容

(一)纳税人和征税范围

在中国境内属于《车船税法》所附《车船税税目税额表》规定的车辆、船舶(以下简称车船)的所有人或者管理人,为车船税的纳税人。车船的适用税额依《车船税税目税额表》执行。

车船税的课税对象包括:(1)依法应当在公安、交通、农业、渔业、军事等车船管理部门登记的车船;(2)依法不需要在车船管理部门登记,在单位内部场所行驶或者作业的车船。其中船舶包括机动船舶和非机动船舶。机动船舶,指依靠燃料等能源作为动力运行的船舶,如客轮、货船、气垫船等;非机动船舶,指依靠人力或者其他力量运行的船舶,如木船、帆船、舢板等。

（二）税目和税率

车船税税目税额见表4－6。

表4－6 车船税税目税额

税目		计税单位	年基准税额	备注
乘用车［按发动机汽缸容量（排气量）分档］	1.0升（含）以下的	每辆	60～360元	核定载客人数9人（含）以下
	1.0升以上至1.6升（含）的		300～540元	
	1.6升以上至2.0升（含）的		360～660元	
	2.0升以上至2.5升（含）的		660～1200元	
	2.5升以上至3.0升（含）的		1200～2400元	
	3.0升以上至4.0升（含）的		2400～3600元	
	4.0升以上的		3600～5400元	
商用车	客车	每辆	480～1440元	核定载客人数9人以上，包括电车
	货车	整备质量每吨	16～120元	包括半挂牵引车、三轮汽车和低速载货汽车等
挂车		整备质量每吨	按照货车税额的50%计算	
其他车辆	专用作业车	整备质量每吨	16～120元	不包括拖拉机
	轮式专用机械车		16～120元	
摩托车		每辆	36～180元	
船舶	机动船舶	净吨位每吨	3～6元	拖船、非机动驳船分别按照机动船舶税额的50%计算
	游艇	艇身长度每米	600～2000元	

（三）车船税的减免

根据《车船税法》，下列车船免征车船税：（1）捕捞、养殖渔船；（2）军队、武装警察部队专用的车船；（3）警用车船；（4）悬挂应急救援专用号牌的国家综合性消防救援车辆和国家综合性消防救援专用船舶；（5）依照法律规定应当予以免税的外国驻华使领馆、国际组织驻华代表机构及其有关人员的车船。

对节约能源、使用新能源的车船可以减征或者免征车船税；对受严重自然灾害影响纳税困难以及有其他特殊原因确需减税、免税的，可以减征或者免征车船税。

1. 对节能汽车，减半征收车船税

减半征收车船税的节能乘用车应同时符合以下标准：(1)获得许可在中国境内销售的排量为1.6升以下(含1.6升)的燃用汽油、柴油的乘用车(含非插电式混合动力、双燃料和两用燃料乘用车)；(2)综合工况燃料消耗量应符合相关标准。

减半征收车船税的节能商用车应同时符合以下标准：(1)获得许可在中国境内销售的燃用天然气、汽油、柴油的轻型和重型商用车(含非插电式混合动力、双燃料和两用燃料轻型和重型商用车)；(2)燃用汽油、柴油的轻型和重型商用车综合工况燃料消耗量应符合相关标准。

2. 对新能源车船，免征车船税

免征车船税的新能源汽车是指纯电动商用车、插电式(含增程式)混合动力汽车、燃料电池商用车。纯电动乘用车和燃料电池乘用车不属于车船税征税范围，对其不征车船税。

免征车船税的新能源汽车应同时符合以下标准：(1)获得许可在中国境内销售的纯电动商用车、插电式(含增程式)混合动力汽车、燃料电池商用车；(2)符合新能源汽车产品技术标准；(3)通过新能源汽车专项检测，符合新能源汽车标准；(4)新能源汽车生产企业或进口新能源汽车经销商在产品质量保证、产品一致性、售后服务、安全监测、动力电池回收利用等方面符合相关要求。

免征车船税的新能源船舶应符合以下标准：船舶的主推进动力装置为纯天然气发动机。发动机采用微量柴油引燃方式且引燃油热值占全部燃料总热值的比例不超过5%的，视同纯天然气发动机。

三、征收管理

由于车船税纳税人多为个人，且税源的覆盖范围过广，征管难度极大，给车船税的征收工作带来了很大的负担。因此，依照《车船税法》，从事机动车第三者责任强制保险业务的保险机构为机动车车船税的扣缴义务人，它们必须在收取保险费用的同时严格按照法律程序代收代缴机动车的车船税，并开具相应的代收税款凭证。

车船税的纳税地点为车船的登记地或者车船税扣缴义务人所在地。依法不需要办理登记的车船，车船税的纳税地点为车船的所有人或者管理人所在地。此外，车船税纳税义务发生时间为取得车船所有权或者管理权的当月。车船税按年申报缴纳。

关于纳税申报的具体期限，由各省、自治区、直辖市人民政府根据自身情况合理确定。公安、交通运输、农业、渔业等车船登记管理部门、船舶检验机构和车船税扣缴义务人的行业主管部门应当在提供车船有关信息等方面，协助税务机关加强车船税的征收管理。车辆所有人或者管理人在申请办理车辆相关登记、定期检验手续时，应当向公安机关交通管理部门提交依法纳税或者免税证明。公安机关交通管理部门核查后办理相关手续。

第九节　烟叶税法

案例研讨

某烟厂为位于某市A区的增值税一般纳税人，2024年1月从某市B县的烟农手中收购烟叶，支付价款300万元，并按规定支付了10%的价外补贴，已开具烟叶收购发票（烟叶税税率为20%）。

请研讨：

1. 该烟厂当月应缴纳烟叶税多少元？
2. 该烟厂应该在哪里缴纳烟叶税？

一、概述

（一）烟叶税的概念

烟叶税是以烟叶为课税对象，对在中国境内依法收购烟叶的单位就其收购金额而征收的一种税。《中华人民共和国烟叶税法》（以下简称《烟叶税法》）规定，依照《中华人民共和国烟草专卖法》（以下简称《烟草专卖法》）的规定收购烟叶的单位为烟叶税的纳税人。烟叶包括烤烟叶、晾晒烟叶。其计税依据为纳税人收购烟叶实际支付的价款总额，税率为20%。

（二）《烟叶税法》的背景

新中国成立初期，国家规定对采购单位收购的烟叶实行从价计税。1966年起，按照实际收购价格，我国以40%的税率对烟叶征收工商统一税。由于烟农生产热情高涨，产区政府重视，烟叶生产迅速发展，为卷烟工业企业提供了充足的原料。1984年第二步利改税后，烤烟由税率40%的工商税调整为税率38%的产品税。1994年税制改革后，我国对烟叶等7种农产品开始征收农业特产农业税，税率为31%。这是一种收购环节征收的从价税，税收归地方政府。在高税率驱动下各产区烟叶生产出现了盲目发展的趋势。为加强对烟草行业的宏观管理，促进烟叶供求总量平衡，国务院于1999年再次调整烟叶税制，提高烟叶收购价格的同时，将烟叶农业特产农业税税率降低为20%。为减轻农民负担，党的十六届三中全会确立了深化农村税费改革的目标，加快了减免农业税和农业特产农业税的步伐。2005年12月29日，十届全国人大常委会第十九次会议决定废止《中华人民共和国农业税条例》（以下简称《农业税条例》）。农业特产农业税是依据《农业税条例》开征的，取消农业税意味着农业特产农业税也要同时取消。这样，对烟叶征收农业特产农业税也失去了法律依据。但是，考虑到烟草行业的特殊性和烟叶产区县乡经济发展等因素，为了保持政策的连续性，国务院在2006年制定了《中华人民共和国烟叶税暂行条例》（以下简称《烟叶税暂行条例》），开征烟叶税取代原烟叶的农业特产农业税，税率维持在20%。自《烟叶税暂行条例》实施以来，2006年至2016年，全国累计征收烟叶税1097亿元，年均增长达12%。2013年，党的十八届三中全会提出要落实税收法定原则。2017年，在《烟叶税暂行条例》实施11年后，国家将其上升为《烟叶税法》，体现了我国国家法治化治理和财税制度改革的重要进步。2018年7月1日，《烟叶税法》正式施行，《烟叶税暂行条例》同时废止。

与《烟叶税暂行条例》相比，《烟叶税法》有“两变三不变”：“两变”一是计税依据由收购金额调整为实际支付的价款总额。烟叶生产过程中烟草行业实际负担的成本包括收购价款和价外补贴两部分，《烟叶税法》将计税依据调整为实际支付的价款总额，涵盖了价外补贴。二是纳税时点改变，由按日计征调整为按月计征，《烟叶税法》规定纳税义务发生月终了之日起15日内申报纳税。“三不变”一是税制框架不变，纳税人、课税对象等基本要素不变，体现了烟叶税的严肃性、长期性、稳定性。二是基本条款不变，两者均是10条。三是税率不变，维持20%的税率。

二、主要内容

（一）烟叶税的纳税人

在中华人民共和国境内，依照《烟草专卖法》的规定收购烟叶的单位为烟叶税的纳税人。我国实行烟草专卖制度，烟叶由烟草公司或其委托单位依法统一收购。烟草公司或其委托单位根据需要，可以在国家下达烟叶收购计划的地区设立烟叶收购站（点）收购烟叶。设立烟叶收购站（点），应当经设区的市级烟草专卖行政主管部门批准。未经批准，任何单位和个人不得收购烟叶。因此，烟叶税的纳税人具有特定性，一般是有权收购烟叶的烟草公司或者受其委托收购烟叶的单位。

（二）烟叶税的征税范围

烟叶税的课税对象是烟叶，征税范围包括烤烟叶、晾晒烟叶。晾晒烟叶包括列入名晾晒烟名录的晾晒烟叶和未列入名晾晒烟名录的其他晾晒烟叶，具体名录可参看国家烟草专卖局的有关通知。

（三）烟叶税的税率

烟叶税实行比例税率，税率为20%。实行全国统一的税率，主要是考虑烟叶属于特殊的专卖品，其税率不宜存在地区间的差异，否则会形成各地之间的不公平竞争，不利于烟叶种植的统一规划和烟叶市场、烟叶收购价格的统一。

（四）烟叶税的计税依据

烟叶税的计税依据是纳税人收购烟叶实际支付的价款总额，具体包括纳税人支付给烟叶销售者的烟叶收购价款和价外补贴。价外补贴统一暂按烟叶收购价款的10%计入收购金额。实际支付的价款总额的计算公式为：实际支付的价款总额＝烟叶收购价款×（1＋10%）。

（五）烟叶税的计税方法

烟叶税的应纳税额按照纳税人收购烟叶实际支付的价款总额乘以税率计算。计算公式为：应纳税额＝实际支付的价款总额×20%。

应纳税额＝烟叶收购价款×（1＋10%）×20%。

三、征收管理

（一）纳税义务发生时间

烟叶税的纳税义务发生时间为纳税人收购烟叶的当天，具体指纳税人向烟叶销售者支付收购烟叶款项或者开具收购烟叶凭证的当天。

（二）纳税期限

烟叶税在烟叶收购环节征收。纳税人收购烟叶即产生纳税义务。烟叶税按月计征，纳税人应当于纳税义务发生月终了之日起15日内申报并缴纳税款。

（三）征收机关

烟叶税的征收机关是地方税务机关，纳税人收购烟叶，应当向烟叶收购地的主管税务机关申报纳税。烟叶收购地的主管税务机关，是指烟叶收购地的县级地方税务局或其所指定的税务分局、所。①

① 参见财政部、国家税务总局《关于烟叶税若干具体问题的规定》（财税〔2006〕64号）。

第十节 契 税 法

案例研讨

2007年11月13日,黄某与广西某房产公司签订《商品房买卖合同》,总价为115,011元。时隔7年多即2014年11月25日,黄某到地税局办理纳税事宜,契税为3450元,同时地税局认为其滞纳税款2540天,应加收契税滞纳金4381.50元。

黄某不服,提起行政复议,复议决定维持。黄某仍不服,提起行政诉讼,一审、二审均败诉,后黄某申请再审。

请研讨:

1. 黄某应当何时向房屋所在地的契税征收机关办理纳税申报?

2. 黄某应当何时缴纳契税税款?

3. 关于契税纳税申报时间和纳税义务产生时间,《中华人民共和国契税暂行条例》与《中华人民共和国契税法》(以下简称《契税法》)对此规定一致吗?如果不一致,有何区别?

4.《契税法》实施后是否还会存在契税滞纳金的问题?

一、概述

(一)契税的概念

契税是指在中华人民共和国境内,因土地、房屋权属发生移转变更而在当事人之间订立契约时,由产权承受人缴纳的一种财产税。

(二)契税的性质

关于契税的性质,主要有四种观点:(1)规费,是财产转移当事人为取得法律认可的效力向国家支付的费用。(2)流通性质的登记税,是对不动产流通的结果登记造册时征收的税。(3)财产税,是对不动产承受人或取得人征收的税。(4)不动产转移税,在不动产发生转移时课税。

目前通说认为契税属于财产税,理由在于:第一,契税不同于规费,它不遵循规费常有的利益交换原则和收入专用原则。第二,契税的缴纳并不能代替财产登记,即契税的征收以财产登记为前提,并不是交税就等于已登记。第三,现今许多学者已把对不动产转移单独课征的遗产税与继承税等不动产取得税归为财产税,而且契税表面上是就契约征收,实际上仍是课于不动产取得者的税收。

(三)契税的形成与发展

契税是我国一个古老的税种,它起源于东晋的"估税"。凡买卖田宅、奴婢、牛马,立有契券者,每万钱向官输钱四百,卖者输三百,买者输一百,名"输估",无契券者,从价百抽四,名"散估"。这里的买卖田宅向官输钱,就是我国历史上最早的契税。与当今契税所不同的是,彼时买卖双方都要纳税。至北宋开宝二年(公元969年)时,契税已趋完善。凡民间典、买田宅,要在两月内向官输钱,请求验印,名"印契钱",每贯钱向官输四十文,合4%,由买者独输。从此开始以保障产权为由征收契税。以后历代对不动产的买卖、典当等产权变动都征收契税,但征收范围和税率不完全相同。如清初顺治四年(公元1647年)规定,民间买卖、典押土地、房屋登录于官时,由买主依买卖价格,每两银纳税银三分,合3%。以后,随着统治机构的扩大,支出增加,契税税率不断提高。至清朝末期,土地、房屋买卖契税的税率提高到9%,典当契税税率提高到6%。民国时期,契税基本上沿袭清制,并增加"验契费"和"注册费"。契税税率有浮动,有的买契税高达15%,典契税达10%。正税之外还有附加,有些地方附加往往超过正税。

新中国成立后,为了适应群众的习惯和要求,原政务院于1950年颁布实施了《契税暂行条例》。该条例规定,凡土地房屋之买卖、典当、赠与或交换,均应凭土地房屋所有证,并由当事人双方订立契约,由承受人依照该条例完纳契税。税率定为:买契税,按买价征收6%;典契税,按典价征收3%;赠与契税,按现值价格征收6%。交换之土地房屋,两方价值相等者,免征契税。不相等者,其超过部分,按买卖税率纳税。社会主义改造完成后,土地由私有转为集体所有。为适应新形势,1956年国务院决定,在农业已基本实现合作化的地区,停办土地所有权的变动登记,同时停止对土地征收契税。1962年财政部根据中央关于宅基地属于生产队集体所有不准出租和买卖的精神,进一步明确规定,对宅基地不能征收契税。由于当时城乡房屋买卖很少发生,房屋契税也于1963年起停征。1978年《宪法》公布后,由于逐步落实党的各项政策,城乡的房屋买卖又活跃起来,财政部决定自1982年1月1日起恢复征收契税。1997年7月7日,国务院发布《中华人民共和国契税暂行条例》。2020年8月11日《契税法》由第十三届全国人民代表大会常务委员会第二十一次会议通过,自2021年9月1日起施行,《中华人民共和国契税暂行条例》同时废止。

二、主要内容

(一)契税的纳税人

在中华人民共和国境内转移土地、房屋权属,承受的单位和个人为契税的纳税人,应当依照《契税法》的规定缴纳契税。

（二）契税的征税范围

契税的征税范围是所有因转移土地、房屋权属而订立的契约。转移土地、房屋权属，是指下列行为：（1）土地使用权出让；（2）土地使用权转让，包括出售、赠与、互换（不包括土地承包经营权和土地经营权的转移）；（3）房屋买卖、赠与、互换；（4）以作价投资（入股）、偿还债务、划转、奖励等方式转移土地、房屋权属。

（三）契税的税率

契税税率为3% ~5%。契税的具体适用税率，由省、自治区、直辖市人民政府在前款规定的税率幅度内提出，报同级人民代表大会常务委员会决定，并报全国人民代表大会常务委员会和国务院备案。省、自治区、直辖市可以依照前述程序对不同主体、不同地区、不同类型的住房的权属转移在3% ~5%的范围内确定差别税率。

（四）契税的计税依据

1. 土地使用权出让、出售，房屋买卖，计税依据为土地、房屋权属转移合同确定的成交价格，包括应交付的货币以及实物、其他经济利益对应的价款。

2. 土地使用权互换、房屋互换，计税依据为所互换的土地使用权、房屋价格的差额。

3. 土地使用权赠与、房屋赠与以及其他没有价格的转移土地、房屋权属行为，计税依据为税务机关参照土地使用权出售、房屋买卖的市场价格依法核定的价格。

4. 纳税人申报的成交价格、互换价格差额明显偏低且无正当理由的，由税务机关依照《税收征收管理法》的规定核定。

5. 以划拨方式取得的土地使用权，经批准改为出让方式重新取得该土地使用权的，应由该土地使用权人以补缴的土地出让价款为计税依据缴纳契税。

6. 先以划拨方式取得土地使用权，后经批准转让房地产，划拨土地性质改为出让的，承受方应分别以补缴的土地出让价款和房地产权属转移合同确定的成交价格为计税依据缴纳契税。

7. 先以划拨方式取得土地使用权，后经批准转让房地产，划拨土地性质未发生改变的，承受方应以房地产权属转移合同确定的成交价格为计税依据缴纳契税。

8. 土地使用权及所附建筑物、构筑物等（包括在建的房屋、其他建筑物、构筑物和其他附着物）转让的，计税依据为承受方应交付的总价款。

9. 土地使用权出让的，计税依据包括土地出让金、土地补偿费、安置补助费、地上附着物和青苗补偿费、征收补偿费、城市基础设施配套费、实物配建房屋等应交付的货币以及实物、其他经济利益对应的价款。

10. 房屋附属设施(包括停车位、机动车库、非机动车库、顶层阁楼、储藏室及其他房屋附属设施)与房屋为同一不动产单元的,计税依据为承受方应交付的总价款,并适用与房屋相同的税率;房屋附属设施与房屋为不同不动产单元的,计税依据为转移合同确定的成交价格,并按当地确定的适用税率计税。

11. 承受已装修房屋的,应将包括装修费用在内的费用计入承受方应交付的总价款。

12. 土地使用权互换、房屋互换,互换价格相等的,互换双方计税依据为零;互换价格不相等的,以其差额为计税依据,由支付差额的一方缴纳契税。

13. 契税的计税依据不包括增值税。

(五)税收优惠

1. 免征契税的情形

(1)国家机关、事业单位、社会团体、军事单位承受土地、房屋权属用于办公、教学、医疗、科研、军事设施。

(2)非营利性的学校、医疗机构、社会福利机构承受土地、房屋权属用于办公、教学、医疗、科研、养老、救助。

(3)承受荒山、荒地、荒滩土地使用权用于农、林、牧、渔业生产。

(4)婚姻关系存续期间夫妻之间变更土地、房屋权属。

(5)法定继承人通过继承承受土地、房屋权属。

(6)依照法律规定应当予以免税的外国驻华使馆、领事馆和国际组织驻华代表机构承受土地、房屋权属。

根据国民经济和社会发展的需要,国务院对居民住房需求保障、企业改制重组、灾后重建等情形可以规定免征或者减征契税,报全国人民代表大会常务委员会备案。

2. 省、自治区、直辖市可以决定免征或者减征契税的情形

(1)因土地、房屋被县级以上人民政府征收、征用,重新承受土地、房屋权属。

(2)因不可抗力灭失住房,重新承受住房权属。

免征或者减征契税的具体办法,由省、自治区、直辖市人民政府提出,报同级人民代表大会常务委员会决定,并报全国人民代表大会常务委员会和国务院备案。

(六)契税的计税方法

契税的应纳税额按照计税依据乘以具体适用税率计算。

应纳税额计算公式:应纳税额 = 计税依据 × 税率

三、征收管理

（一）纳税义务发生时间

契税的纳税义务发生时间，为纳税人签订土地、房屋权属转移合同的当日，或者纳税人取得其他具有土地、房屋权属转移合同性质凭证的当日。纳税人应当在依法办理土地、房屋权属登记手续前申报缴纳契税。

1. 因人民法院、仲裁委员会的生效法律文书或者监察机关出具的监察文书等发生土地、房屋权属转移的，纳税义务发生时间为法律文书等生效当日。

2. 因改变土地、房屋用途等情形应当缴纳已经减征、免征契税的，纳税义务发生时间为改变有关土地、房屋用途等情形的当日。

3. 因改变土地性质、容积率等土地使用条件需补缴土地出让价款，应当缴纳契税的，纳税义务发生时间为改变土地使用条件当日。

（二）纳税期限

《中华人民共和国契税暂行条例》（已废止）对纳税期限的规定为："纳税人应当自纳税义务发生之日起10日内，向土地、房屋所在地的契税征收机关办理纳税申报，并在契税征收机关核定的期限内缴纳税款。"《契税法》将契税纳税申报期限和税款缴纳期限合二为一，既未硬性规定必须在纳税义务发生之日起几日内办理纳税申报，也未规定由征收机关核定具体的税款缴纳期限，而是按照"先税后证"的原则规定了"办理土地、房屋权属登记手续前"这个总的底线期限，纳税人只需在办理土地、房屋权属登记手续前完成契税纳税申报和税款缴纳并在产权转移后办理好权属登记即可。

按规定不再需要办理土地、房屋权属登记的，纳税人应自纳税义务发生之日起90日内申报缴纳契税。

（三）退税

在依法办理土地、房屋权属登记前，权属转移合同、权属转移合同性质凭证不生效、无效、被撤销或者被解除的，纳税人可以向税务机关申请退还已缴纳的税款，税务机关应当依法办理。纳税人缴纳契税后发生下列情形，可依照有关法律法规申请退税：

1. 因人民法院判决或者仲裁委员会裁决导致土地、房屋权属转移行为无效、被撤销或者被解除，且土地、房屋权属变更至原权利人的。

2. 在出让土地使用权交付时，因容积率调整或实际交付面积小于合同约定面积需退还土地出让价款的。

3. 在新建商品房交付时，因实际交付面积小于合同约定面积需返还房价款的。

（四）征收机关

契税由土地、房屋所在地的税务机关依照《契税法》和《税收征收管理法》的规定征收管理。

第十一节 耕地占用税法

案例研讨

税务人员在税源巡查过程中，发现外来建筑企业A公司因建设项目施工占用较大块林地和园地。经查询系统及核实相关情况，A公司已获得相关部门的耕地占用批准，其中林地23,418平方米、园地7983平方米，临时占用批准时长为10个月，但未向税务机关申报缴纳耕地占用税。A公司财务人员认为，临时占用林地、园地不属于耕地占用税征税范围，而且临时占用时间较短，不需要缴纳耕地占用税，故一直未进行税务处理。

请研讨：

1. 临时占用耕地是否需要缴纳耕地占用税？
2. 本案中A公司是否为耕地占用税的合法纳税人？
3. 审批文件是否能够作为确定耕地占用税的标准？
4. 复垦后符合条件是否能申请退税？

一、概述

耕地占用税是国家对占用耕地建房或者从事其他非农业建设的单位和个人，依其占用耕地的面积征收的一种财产税。耕地占用税设立的初衷是加强土地的合理利用，保护日益减少的农用耕地资源，1987年4月1日，国务院发布了《中华人民共和国耕地占用税暂行条例》（以下简称《耕地占用税暂行条例》），标志着耕地占用税制度在我国正式确立。2007年12月1日，国务院对《耕地占用税暂行条例》进行修订，并于2018年1月1日起实施。该次修订考虑到物价上涨、地价上涨的国情，结合从严保护耕地资源、落实“三农”政策的需要，将原税额标准的上、下限都提高了4倍左右，同时为重点保护基本农田，规定占用基本农田的，适用税额应当在上述适用税额的基础上再提高50%。此外，该次修订还从严规定了减免项目，取消了对铁路线路、飞机场跑道和停机坪、炸药库用地免税的规定。2016 年 1 月 15 日,国家税务总局发布《耕地占用税管理规程(试行)》,旨在进一步规范和加强征收管理,提高耕地占用税管理水平。2018 年 12 月 29 日,全国人大常委会通过《中华人民共和国耕地占用税法》(以下简称《耕地占用税法》),并于 2019 年 9 月 1 日起施行。财政部等五部委制定的《中华人民共和国耕地占用税法实施办法》作为该法的配套文件同步实施。总的来说,《耕地占用税法》以及相关配套文件的正式施行,更大力度地贯彻落实了国家的耕地保护制度,限制非农业建设无序、低效地占用农业生产用地,以经济手段保护有限的土地资源,尤其是耕地资源,促进土地资源合理配置。

现行耕地占用税制度具有如下特点:

第一,以农业为根本。耕地占用税以建房或者从事其他非农业建设所占用的耕地为课税对象,用于农业生产的耕地则不在征税之列。

第二,按资源定税额。耕地占用税以县为单位,以人均耕地面积为标准,分别规定单位税额。人均耕地面积越小的地区,单位税额标准越高,体现了国家在耕地资源稀缺地区严格限制占用耕地的政策。

第三,一次性征收。耕地占用税在占用耕地环节一次性征收,以补偿占用耕地所造成的部分损失。这一特点决定了耕地占用税既可以通过规定较高的税额强化对纳税人占用耕地的限制和调节,控制非农业基本建设,又可以避免税额较高对纳税人生产和生活产生长期影响。

二、主要内容

(一)立法宗旨

根据《耕地占用税法》第 1 条的规定,该法的立法宗旨是合理利用土地资源,加强土地管理,保护耕地。耕地占用税主要针对我国人均耕地不足、土地管理形势严峻的现状,对占用耕地建房或从事非农业建设的单位和个人征收,以强化土地管理,保护耕地资源。

(二)纳税人、课税对象、计税依据与应纳税额

耕地占用税的纳税人是在中华人民共和国境内占用耕地建设建筑物、构筑物或者从事非农业建设的单位和个人。耕地占用税的课税对象是耕地,故纳税人需具备两个条件:一是占用耕地、园地、林地、草地、农田水利用地、养殖水面、渔业水域滩涂以及其他农用地。这里的耕地,是指用于种植农作物的土地。二是建设建筑物、构筑物或者从事非农业建设。占用耕地建设农田水利设施和占用耕地以外的农用地建设直接为农业生产服务的生产设施的,不缴纳耕地占用税。而因挖损、采矿塌陷、压占、污染等

损毁耕地,属于《耕地占用税法》所称的“非农业建设”。

纳税人因建设项目施工或者地质勘查临时占用耕地,应当依照《耕地占用税法》的规定缴纳耕地占用税。上述的临时占用耕地,是指经自然资源主管部门批准,在一般不超过2年内临时使用耕地并且没有修建永久性建筑物的行为。

纳税人在批准临时占用耕地期满之日起1年内依法复垦,恢复种植条件的,全额退还已经缴纳的耕地占用税。

经批准占用耕地的,纳税人为农用地转用审批文件中标明的建设用地人;农用地转用审批文件中未标明建设用地人的,纳税人为用地申请人。未经批准占用耕地的,纳税人为实际用地人。

耕地占用税的计税依据是纳税人实际占用的耕地面积,按照规定的适用税额一次性征收,应纳税额为纳税人实际占用的耕地面积(平方米)乘以适用税额。

上述实际占用的耕地面积,包括经批准占用的耕地面积和未经批准占用的耕地面积。

(三)税率

由于全国各地人均耕地面积和经济发展情况的差异较大,耕地占用税以县为单位,实行差别税率,税额如下:(1)人均耕地不超过1亩的地区(以县、自治县、不设区的市、市辖区为单位,下同),每平方米为10元至50元;(2)人均耕地超过1亩但不超过2亩的地区,每平方米为8元至40元;(3)人均耕地超过2亩但不超过3亩的地区,每平方米为6元至30元;(4)人均耕地超过3亩的地区,每平方米为5元至25元。

各地区耕地占用税的适用税额,由省、自治区、直辖市人民政府根据人均耕地面积和经济发展等情况,在前款规定的税额幅度内提出,报同级人民代表大会常务委员会决定,并报全国人民代表大会常务委员会和国务院备案。各省、自治区、直辖市耕地占用税适用税额的平均水平,不得低于《耕地占用税法》所附《各省、自治区、直辖市耕地占用税平均税额表》规定的平均税额。

在人均耕地低于0.5亩的地区,省、自治区、直辖市可以根据当地经济发展情况,适当提高耕地占用税的适用税额,但提高的部分不得超过同级人大常委会确定的适用税额的50%。

占用基本农田的,应当按照该省、自治区、直辖市人大常委会确定的当地适用税额,加按150%征收。上述的基本农田,是指依据《基本农田保护条例》划定的基本农田保护区范围内的耕地。

占用园地、林地、草地、农田水利用地、养殖水面、渔业水域滩涂以及其他农用地的，适用税额可以适当低于该省、自治区、直辖市人大常委会确定的适用税额，但降低的部分不得超过50%。

（四）税收优惠

1. 免征耕地占用税的情形

（1）军事设施、学校、幼儿园、社会福利机构、医疗机构占用耕地，免征耕地占用税。

上述军事设施，具体范围为《中华人民共和国军事设施保护法》规定的军事设施；上述学校，具体范围包括县级以上人民政府教育行政部门批准成立的大学、中学、小学，学历性职业教育学校和特殊教育学校，以及经省级人民政府或其人力资源社会保障行政部门批准成立的技工院校；上述幼儿园，具体范围限于县级以上人民政府教育行政部门批准成立的幼儿园内专门用于幼儿保育、教育的场所；上述社会福利机构，具体范围限于依法登记的养老服务机构、残疾人服务机构、儿童福利机构、救助管理机构、未成年人救助保护机构内，专门为老年人、残疾人、未成年人、生活无着的流浪乞讨人员提供养护、康复、托管等服务的场所；上述医疗机构，具体范围限于县级以上人民政府卫生健康行政部门批准设立的医疗机构内专门从事疾病诊断、治疗活动的场所及其配套设施。

学校内经营性场所和教职工住房占用耕地的，以及医疗机构内职工住房占用耕地的，按照当地适用税额缴纳耕地占用税。

（2）农村居民经批准搬迁，新建自用住宅占用耕地不超过原宅基地面积的部分，免征耕地占用税。

（3）农村烈士遗属、因公牺牲军人遗属、残疾军人以及符合农村最低生活保障条件的农村居民，在规定用地标准以内新建自用住宅，免征耕地占用税。

2. 减征耕地占用税的情形

（1）铁路线路、公路线路、飞机场跑道、停机坪、港口、航道、水利工程占用耕地，减按每平方米2元的税额征收耕地占用税。

（2）农村居民在规定用地标准以内占用耕地新建自用住宅，按照当地适用税额减半征收耕地占用税。

根据国民经济和社会发展的需要，国务院可以规定免征或者减征耕地占用税的其他情形，报全国人民代表大会常务委员会备案。

存在上述情形免征或者减征耕地占用税后，纳税人改变原占地用途，不再属于免征或者减征耕地占用税情形的，应当按照当地适用税率补缴耕地占用税。

三、征收管理

在征税主体方面，耕地占用税由税务机关负责征收。

在纳税期限方面，耕地占用税的纳税义务发生时间为纳税人收到自然资源主管部门办理占用耕地手续的书面通知的当日。未经批准占用耕地的，纳税义务发生时间为自然资源主管部门认定的纳税人实际占用耕地的当日。因挖损、采矿塌陷、压占、污染等损毁耕地的，纳税义务发生时间为自然资源、农业农村等相关部门认定损毁耕地的当日。纳税人应当自纳税义务发生之日起30日内申报缴纳耕地占用税。自然资源主管部门凭耕地占用税完税凭证或者免税凭证和其他有关文件发放建设用地批准书。

在工作机制方面，税务机关应当与相关部门建立耕地占用税涉税信息共享机制和工作配合机制。县级以上地方人民政府自然资源、农业农村、水利等相关部门应当定期向税务机关提供农用地转用、临时占地等信息，协助税务机关加强耕地占用税征收管理。税务机关发现纳税人的纳税申报数据资料异常或者纳税人未按照规定期限申报纳税的，可以提请相关部门进行复核，相关部门应当自收到税务机关复核申请之日起30日内向税务机关出具复核意见。

第十二节　环境保护税法

案例研讨

某省A房地产公司请B建筑企业建设楼盘，规划面积10,000平方米，2018年2月建筑面积2000平方米。该楼盘施工时设置了边界围挡，对易扬尘物料全部按照规定进行了覆盖，同时为运输车辆安装了机械冲洗装置防止二次扬尘污染。

请研讨：

1. 本案中环保税的纳税人是谁？
2. 如何确定环保税的征收方式？
3. 2月环保税的应纳税额该如何计算？

一、概述

环境保护税是以环境保护为目的，以纳税人在生产过程中产生的污染排放行为为课税对象的一种生态税。我国现行环境保护税制度的基础是2016年12月25日全国人大常委会审议通过并经2018年10月26日第十三届全国人民代表大会常务委员会第六次会议修正的《中华人民共和国环境保护税法》（以下简称《环境保护税法》）。

环境保护税制度系由排污费制度平移而来。排污费制度大体经历了三个发展阶段:第一阶段是排污费制度的提出与试行阶段。1978 年 12 月,国务院原环境保护领导小组在《环境保护工作汇报要点》中首次提出在我国实行“排放污染物收费制度”的设想。1979 年 9 月颁布的《中华人民共和国环境保护法(试行)》第 18 条从法律上确立了我国的排污费制度。自 1979 年起,苏州市在全国率先进行排污收费试点,至 1981 年年底,全国已有 27 个省、自治区、直辖市开展排污收费的试点工作。

第二阶段是排污费制度的建立和实施阶段。1982 年 2 月,国务院在总结全国 27 个省、自治区、直辖市开展排污收费工作的试点经验的基础上,发布了《征收排污费暂行办法》,对实行排污收费的目的,排污费的征收、管理和使用作出规定。自此,排污费制度在全国普遍实行。1984 年财政部和原建设部联合颁布的《征收超标准排污费财务管理和会计核算办法》对排污收费的财务与财政意义有了新的认识。1984 年国务院发布了《关于环境保护工作的决定》,其中重申了排污费的 80% 可以用作重点污染源治理的补助资金,其余 20% 作为地区的综合性污染防治和环境保护机构的业务和建设活动开支。1985 年全国第一次排污收费工作会议提出了排污收费“拨改贷”的思想,为排污费制度的改革奠定了基础。

第三阶段是排污费制度的改革发展与完善阶段。1988 年国务院颁布《污染源治理专项基金有偿使用暂行办法》,在全国实行污染源治理专项基金有偿使用。根据《中华人民共和国水污染防治法》的规定,原国家计委、财政部 1993 年颁布《关于征收污水排污费的通知》,全国一些省市在征收超标排污费的同时,开始征收污水排污费。同时,原有不合理的收费标准逐步得到调整。如 1991 年国家环保局、物价局、财政部下发《超标污水排污费征收标准》和《超标环境噪声排污费征收标准》。另外,对一些新污染物征收排污费。如 1992 年《征收工业燃煤二氧化硫排污费试点方案》,并首先在贵州、广东两省,重庆、宜宾等九个城市开展征收工业燃煤二氧化硫排污费试点。到 1995 年这一收费扩展到其他省市地区。2003 年国务院颁布了《排污费征收使用管理条例》,随后,国家发改委、财政部等部门还联合发布《排污费征收标准管理办法》,确立了市场经济条件下的排污费制度,进一步规范了排污费的征收、使用与管理。此后,排污费制度随着环境保护相关法律制度的修订有所调整,但是变化不大。

2007 年 5 月,国务院颁布《节能减排综合性工作方案》,提出“研究开征环境税”。同年 10 月,党的十七大报告提出“实行有利于科学发展的财税制度,建立健全资源有偿使用制度和生态环境补偿机制”,在政策层面为环境税的制度设计提供了支持。2011 年 10 月国务院《关于加强环境保护重点工作的意见》及 2013 年 11 月《中共中央关于全面深化改革若干重大问题的决定》均提出推动环境保护费改税问题，环境保护税相关立法进入快车道。2014年4月《中华人民共和国环境保护法》修订，明确规定"依照法律规定征收环境保护税的，不再征收排污费"，为环境保护税法的出台提供了法律支持。2016年9月《环境保护税法(草案)》发布。次年，国务院颁布《中华人民共和国环境保护税法实施条例》，同时废止了《排污费征收使用管理条例》，环境保护税制度基本形成。2018年1月《环境保护税法》及其实施条例在全国范围内施行，标志着环境保护税制度正式确立。

二、主要内容

(一)立法宗旨

根据《环境保护税法》第1条的规定，该法的立法宗旨是保护和改善环境，减少污染物排放，推进生态文明建设。针对环境污染问题，环境保护税主要着眼于减少生产端的污染物排放，对大气污染物、水污染物、噪声、固体废物四类直接排放行为进行征税。

(二)纳税人、课税对象、应税污染物、税目、税额

环境保护税的纳税人是在中华人民共和国领域和中华人民共和国管辖的其他海域，直接向环境排放应税污染物的企业事业单位和其他生产经营者。也就是说，排放生活污水和垃圾的居民个人是不需要缴纳环境保护税的，这主要是考虑到目前我国大部分市县的生活污水和垃圾已进行集中处理，不直接向环境排放。

环境保护税的课税对象是纳税人直接向环境排放应税污染物的行为，而间接向环境排放应税污染物的，不需要缴纳环境保护税。纳税人向依法设立的污水集中处理、生活垃圾集中处理场所排放应税污染物的，在符合国家和地方环境保护标准的设施、场所贮存或者处置固体废物的，依法对畜禽养殖废弃物进行综合利用和无害化处理的，都不属于直接向环境排放污染物，不需要缴纳环境保护税。而依法设立的城乡污水集中处理、生活垃圾集中处理场所超过国家和地方规定的排放标准向环境排放应税污染物的，纳税人贮存或者处置固体废物不符合国家和地方环境保护标准的，均应当缴纳环境保护税。

应税污染物共分为大气污染物、水污染物、固体废物和噪声四大类。应税大气污染物包括二氧化硫、氮氧化物等44种主要大气污染物。应税水污染物包括生化需氧量、化学需氧量、氨氮等65种主要水污染物。应税固体废物包括煤矸石、尾矿、危险废物、冶炼渣、粉煤灰、炉渣以及其他固体废物，其中，其他固体废物的具体范围由各省、自治区、直辖市人大常委会决定。应税噪声仅指工业噪声，是指在工业生产中使用固定设备时，产生的超过国家规定的噪声排放标准的声音，不包括建筑噪声等其他噪声。

应税大气污染物和水污染物实行浮动税额，固体废物和噪声实行固定税额。应税污染物的具体税目、税额依据《环境保护税法》所附的《环境保护税税目税额表》(见表4－7)和《应税污染物和当量值表》执行。应税大气污染物和水污染物的具体适用税额的确定和调整，由省、自治区、直辖市人民政府统筹考虑本地区环境承载能力、污染物排放现状和经济社会生态发展目标要求，在《环境保护税税目税额表》规定的税额幅度内提出，报同级人大常委会决定，并报全国人大常委会和国务院备案。

表4－7 环境保护税税目税额

<table>
<tr><th colspan="2">税目</th><th>计税单位</th><th>税额</th><th>备注</th></tr>
<tr><td colspan="2">大气污染物</td><td>每污染当量</td><td>1.2元至12元</td><td></td></tr>
<tr><td colspan="2">水污染物</td><td>每污染当量</td><td>1.4元至14元</td><td></td></tr>
<tr><td rowspan="4">固体废物</td><td>煤矸石</td><td>每吨</td><td>5元</td><td></td></tr>
<tr><td>尾矿</td><td>每吨</td><td>15元</td><td></td></tr>
<tr><td>危险废物</td><td>每吨</td><td>1000元</td><td></td></tr>
<tr><td>冶炼渣、粉煤灰、炉渣、其他固体废物(含半固态、液态废物</td><td>每吨</td><td>25元</td><td></td></tr>
<tr><td rowspan="6">噪声</td><td rowspan="6">工业噪声</td><td>超标1～3分贝</td><td>每月350元</td><td rowspan="6">1.一个单位边界上有多处噪声超标，根据最高一处超标声级计算应纳税额；当沿边界长度超过100米有两处以上噪声超标，按照两个单位计算应纳税额。
2.一个单位有不同地点作业场所的，应当分别计算应纳税额，合并计征。
3.昼、夜均超标的环境噪声，昼、夜分别计算应纳税额，累计计征。
4.声源一个月内超标不足15天的，减半计算应纳税额。
5.夜间频繁突发和夜间偶然突发厂界超标噪声，按等效声级和峰值噪声两种指标中超标分贝值高的一项计算应纳税额</td></tr>
<tr><td>超标4～6分贝</td><td>每月700元</td></tr>
<tr><td>超标7～9分贝</td><td>每月1400元</td></tr>
<tr><td>超标10～12分贝</td><td>每月2800元</td></tr>
<tr><td>超标13～15分贝</td><td>每月5600元</td></tr>
<tr><td>超标16分贝以上</td><td>每月11,200元</td></tr>
</table>

（三）计税依据和应纳税额

1. 应税污染物的计税依据

根据《环境保护税法》第7条的规定，应税污染物的计税依据，按照下列方法确定：(1)应税大气污染物按照污染物排放量折合的污染当量数确定；(2)应税水污染物按照污染物排放量折合的污染当量数确定；(3)应税固体废物按照固体废物的排放量确定；(4)应税噪声按照超过国家规定标准的分贝数确定。

2. 应税污染物排放量的计算方法

根据《环境保护税法》第10条的规定，应税大气污染物、水污染物、固体废物的排放量和噪声的分贝数，按照下列方法和顺序计算：(1)纳税人安装使用符合国家规定和监测规范的污染物自动监测设备的，按照污染物自动监测数据计算；(2)纳税人未安装使用污染物自动监测设备的，按照监测机构出具的符合国家有关规定和监测规范的监测数据计算；(3)因排放污染物种类多等原因不具备监测条件的，按照国务院生态环境主管部门规定的排污系数、物料衡算方法计算；(4)不能按照前述方法计算的，按照省、自治区、直辖市人民政府生态环境主管部门规定的抽样测算的方法核定计算。

3. 应税污染物排放量确定的例外：以产生量为排放量的情形

纳税人有下列情形之一的，以其当期应税大气污染物、水污染物的产生量作为污染物的排放量：(1)未依法安装使用污染物自动监测设备或者未将污染物自动监测设备与环境保护主管部门的监控设备联网；(2)损毁或者擅自移动、改变污染物自动监测设备；(3)篡改、伪造污染物监测数据；(4)通过暗管、渗井、渗坑、灌注或者稀释排放以及不正常运行防治污染设施等方式违法排放应税污染物；(5)进行虚假纳税申报。纳税人有下列情形之一的，以其当期应税固体废物的产生量作为固体废物的排放量：(1)非法倾倒应税固体废物；(2)进行虚假纳税申报。

4. 大气、水污染物污染当量数计算方法

应税大气污染物、水污染物的污染当量数，以该污染物的排放量除以该污染物的污染当量值计算。根据《环境保护税法》第9条的规定，每一排放口或者没有排放口的应税大气污染物，按照污染当量数从大到小排序，对前三项污染物征收环境保护税。每一排放口的应税水污染物，按照《环境保护税法》所附《应税污染物和当量值表》，区分第一类水污染物和其他类水污染物，按照污染当量数从大到小排序，对第一类水污染物按照前五项征收环境保护税，对其他类水污染物按照前三项征收环境保护税。省、自治区、直辖市人民政府根据本地区污染物减排的特殊需要，可以增加同一排放口征收环境保护税的应税污染物项目数，报同级人民代表大会常务委员会决定，并报全国人民代表大会常务委员会和国务院备案。

5. 大气、水污染物污染当量值确定依据

污染当量，是指根据污染物或者污染排放活动对环境的有害程度以及处理的技术经济性，衡量不同污染物对环境污染的综合性指标或者计量单位。同一介质相同污染当量的不同污染物，其污染程度基本相当。污染当量值，用于衡量大气污染物和水污染物对环境造成的危害和处理费用。每种应税大气污染物、水污染物的具体污染当量值，依照《环境保护税法》所附《应税污染物和当量值表》执行。

6. 应税污染物应纳税额的计算

根据《环境保护税法》第 11 条的规定，环境保护税应纳税额按照下列方法计算：(1)应税大气污染物的应纳税额为污染当量数乘以具体适用税额；(2)应税水污染物的应纳税额为污染当量数乘以具体适用税额；(3)应税固体废物的应纳税额为固体废物排放量乘以具体适用税额；(4)应税噪声的应纳税额为超过国家规定标准的分贝数对应的具体适用税额。

(四)税收优惠

《环境保护税法》建立了“多排多缴、少排少缴、不排不缴”的激励机制，目前减免税规定主要集中在以下三个方面：

一是鼓励集中处理。依法设立的城乡污水集中处理、生活垃圾集中处理场所排放相应应税污染物，不超过国家和地方规定的排放标准的，暂予免征环境保护税。

二是鼓励资源利用。纳税人综合利用的固体废物，符合国家和地方环境保护标准的，暂予免征环境保护税。

三是鼓励清洁生产。对于应税大气污染物和水污染物，纳税人排放的污染物浓度值低于国家和地方规定排放标准 30% 的，减按 75% 征税；纳税人排放的污染物浓度值低于国家和地方规定排放标准 50% 的，减按 50% 征税。

此外，除规模化养殖以外的农业生产排放应税污染物的，机动车、铁路机车、非道路移动机械、船舶和航空器等流动污染源排放应税污染物的，及国务院批准免税的其他情形，均暂予免征环境保护税。

三、征收管理

在征税主体方面，《环境保护税法》对税务机关与生态环境主管部门的职能分工及协调机制进行了规定。环境保护税由税务机关征收管理，生态环境主管部门依照该法和有关环境保护法律法规的规定负责对污染物的监测管理。生态环境主管部门和税务机关应当建立涉税信息共享平台和工作配合机制。

在纳税地点方面，《环境保护税法》规定的纳税地点具体是：(1)排放应税大气污染物、水污染物的，纳税地点为排放口所在地；(2)排放应税固体废物、应税噪声的，纳税地点为固体废物或噪声的产生地。纳税人跨区域排放应税污染物，税务机关对税收征收管辖有争议的，由争议各方按照有利于征收管理的原则协商解决；不能协商一致的，报请共同的上级税务机关决定。

在纳税期限方面，环境保护税按月计算，按季申报缴纳，纳税人要在季度终了之日起15日内办理纳税申报并缴纳税款。不能按固定期限计算缴纳的，可以按次申报缴纳，纳税人要在纳税义务发生之日起15日内办理纳税申报并缴纳税款。

在税收调整方面，税务机关应当将纳税人的纳税申报数据资料与生态环境主管部门交送的相关数据资料进行比对。税务机关发现纳税人的纳税申报数据资料异常或者纳税人未按照规定期限办理纳税申报的，可以提请生态环境主管部门进行复核。生态环境主管部门应当自收到税务机关的数据资料之日起15日内向税务机关出具复核意见。税务机关应当按照生态环境主管部门复核的数据资料调整纳税人的应纳税额。

思考题

1. 试论环境保护税在生态文明建设中的必要性及作用。
2. 试论财产税与行为税的异同。
3. 结合目前的试点情况，请谈谈你对水资源课税的理解。
4. 结合新一轮财税体制改革的背景，请谈谈你对房地产税立法的理解。

拓展阅读

1. 陈少英：《生态税法论》，北京大学出版社2008年版。
2. 饶立新：《中国印花税研究》，中国税务出版社2009年版。
3. 杨小强、吴玉梅、程佩：《房地产税法之国际比较——应税、免税与估价》，中山大学出版社2011年版。
4. 叶金育：《环境税整体化研究——一种税理、法理与技术整合的视角》，法律出版社2018年版。
5. 陈少英等：《财产税法论》，法律出版社2019年版。
6. 刘剑文：《房产税改革正当性的五维建构》，载《法学研究》2014年第2期。
7. 熊伟：《环境财政、法制创新与生态文明建设》，载《法学论坛》2014年第4期。

8. 叶姗:《环境保护税法设计中的利益衡量》,载《厦门大学学报(哲学社会科学版)》2016 年第 3 期。

9. 叶金育:《资源税的改革与立法——从主导目的到税制协调》,载《法学》2020 年第 3 期。

10. 张守文:《税收立法要素探析——以印花税立法为例》,载《政治与法律》2022 年第 5 期。

第五章 税收程序法

学习目标

1. 低阶学习目标

(1) 了解我国税收征管改革和税收征管立法修订的进程,对税收程序法基本原理有清晰的认知

(2) 初步掌握税务管理制度、税款征收制度、税收检查制度的基本原理,尤其应理解税款征收制度中的征收方式和税收保障制度中的税收保全等制度设计

(3) 了解不同主体的税收法律责任的主要内容等,并在此基础上对税收法律责任有一个整体的认识,能够做到对税收法律风险的预防及控制

2. 高阶学习目标

(1) 能够运用本章所学习的内容,对税收征管实践中的案例作出初步分析与判断

(2) 在掌握本章核心概念与制度的基础上,对税收征管法律制度的不足与完善作出进一步的思考

第一节 税收程序法原理

案例研讨

广东省税务局通过“机器学习”算法,对省内114户疑点企业进行办税实名结果的分析,进一步延伸分析了“上下游”和“同一人在其他企业任职”的情况,发现了13组疑似团伙,涉嫌虚开发票的企业达到98户。其中,已有21户被采取了严格的限量供应发票、异常增值税扣税凭证管理、暂停网上申报业务和纳税评估等措施。此外,还有一户虚开嫌疑明显的企业,其办税员同时也兼任了16户同行业其他企业的办税员,这些企业大多数在开业后领用了几百份万元的发票,且购进的货物发票多为手机整机,销项发票多为集成电路、摄像头、电芯、镜头、主板等手机零件,进销比对严重不匹配。经过基层核查,确认这16户企业疑似同一虚开团伙,涉嫌虚开增值税专用发票合计4.06亿

元。根据“机器学习”算法的扫描结果，联合公安部门查获了一个虚开增值税专用发票的窝点，抓获了6名犯罪嫌疑人，查获了9户涉嫌虚开增值税专用发票的企业，及一批印章、税控器、空白发票和已经开具的发票等涉案物品。广东省税务局将继续推进基于云架构的大数据治理体系及应用系统建设工作，把先进的大数据分析技术和应用理念引入风险管理工作，以税收实名数据为基础，将有限的征管资源配置于税收风险更集中、风险级别更高的纳税人处，不断提升税收征管效能，夯实税收征管现代化的征管基础。

请研讨：

1. 广东省税务局通过“机器学习”算法进行税收征管的依据是什么？
2. 我国《税收征收管理法》经历过几次修改？分别有哪些内容？
3. 我国《税收征收管理法》应当在哪些方面进行调整？

法律的实质正义需要通过程序正义予以保障，因此，税收程序法在现代税收法律体系中发挥着越来越重要的作用。税收征收管理法是税收程序法的核心，是纳税人依法纳税和依法维护纳税人权益的合法依据，也是税务机关依法征税、依法行政的基本准绳，更是国家税收债权得以实现的重要保障，对于防止征税机关及其工作人员滥用职权、保护纳税人权利具有重要意义。在普遍重视程序建设的当下，税收征收管理法更具有其特殊的价值。

一、税收征收管理法的概念与立法模式

（一）税收征收管理法的概念

税收征收管理，简称税收征管，是指国家及其税务机关根据税收法律、行政法规及行政规章，指导纳税人正确履行纳税义务，并对征纳过程进行组织、管理、监督、检查等一系列工作的总称。

从广义来看，税收征收管理法，又称税收征管法，是调整国家在税收征收和税收管理的过程中所发生的社会关系的法律规范的总称。从法律渊源来看，税收征管法既包括由全国人大常委会制定和修改的《税收征收管理法》，又包括由国务院颁布的行政法规及规范性文件，如《税收征收管理法实施细则》《发票管理办法》，还包括由财政部、国家税务总局等部门制定和发布的部门规章及规范性文件，如《税务登记管理办法》《增值税专用发票使用规定》《网络发票管理办法》《中华人民共和国发票管理办法实施细则》《税收执法过错责任追究办法》等。

从狭义上看，我国税收征收管理法是指1992年9月4日由七届全国人大常委会第二十七次会议通过的、1993年1月1日起施行的《税收征收管理法》。随着经济社会的发展和税收法治实践的需要，《税收征收管理法》先后经过1995年2月28日八届全国人大常委会第十二次会议、2001年4月28日九届全国人大常委会第二十一次会议、2013年6月29日十二届全国人大常委会第三次会议、2015年4月24日十二届全国人大常委会第十四次会议修改。《税收征收管理法》第1条明确了其立法宗旨，即加强税收征收管理，规范税收征收和缴纳行为，保障国家税收收入，保护纳税人的合法权益，促进经济和社会发展。

1993年8月4日，国务院颁布了《税收征收管理法实施细则》。2002年9月7日又颁布新的实施细则，旧的实施细则被废止。新的实施细则根据2012年11月9日《国务院关于修改和废止部分行政法规的决定》第一次修订，根据2013年7月18日《国务院关于废止和修改部分行政法规的决定》第二次修订，根据2016年2月6日《国务院关于修改部分行政法规的决定》第三次修订。

（二）税收征收管理法的立法模式

一般而言，税收征收管理法的立法模式大致可以分为三种：

第一种立法模式是分税立法模式，即在各单行税法中对税收征管程序予以分别规定。这种立法模式容易造成征管规则的重复以及法律适用成本的提高。

第二种立法模式是综合性法典模式，即所有的税收法律规范均规定在一部统一的《税法典》之中，美国就适用此种模式。综合性法典模式具有体系性，有利于征税机关和纳税人适用法律，但同时也面临着法典化的痼疾，即法律修订问题。①

第三种立法模式是折中模式，也是我国目前所采用的模式，即《税收征收管理法》将税收征管的共通性事项予以明确。除了《税收征收管理法》之外，我国其他单行税法中也对部分税收征管措施进行了特别明确。在法律适用上，单行税法一般明确规定，税收征管适用各单行税法及《税收征收管理法》。例如，《个人所得税法》第20条规定："个人所得税的征收管理，依照本法和《中华人民共和国税收征收管理法》的规定执行。"

（三）税收征收管理法的法律框架

我国《税收征收管理法》一共包括6章94条。第1章为总则，第2章为税务管理（包括税务登记，账簿、凭证管理，纳税申报等），第3章为税款征收，第4章为税务检

① 参见闫海主编：《税收征收管理的法理与制度》，法律出版社2011年版，第1页。

查，第 5 章为法律责任，第 6 章为附则。

二、税收征收管理法的适用范围

《税收征收管理法》第 2 条明确了其适用范围，即凡依法由税务机关征收的各种税收的征收管理，均适用《税收征收管理法》。据此，我国当前税种中，增值税、消费税、资源税、企业所得税、个人所得税、城镇土地使用税、土地增值税、房产税、车船税、印花税、城市维护建设税、环境保护税等的征收管理，均适用《税收征收管理法》。

对于由海关征收的关税以及在进口环节征收的消费税、增值税的征收管理，则适用《关税法》等相关规定。此外，我国同外国缔结的有关税收的条约、协定同《税收征收管理法》有不同规定的，依照条约、协定的规定办理。

三、税收征收管理法的历史发展

（一）《全国税政实施要则》颁布

我国最初在 1950 年颁布的《全国税政实施要则》（已失效）中，统一了全国税政，对税收征管作了原则性规定。在加强税务工作方面，《全国税政实施要则》要求各级税收领导机关着重搞好城市税收工作，保证税收按时入库。明确各级税收机关受上级局与同级政府双重领导，税务局局长可以参加同级政府的政务会议。规定各级税务机关必须建立严格的请示报告、税款报解、统计、会计、票照、稽查和奖惩等各项制度。

（二）《中华人民共和国税收征收管理暂行条例》颁布

1986 年，国务院发布了《中华人民共和国税收征收管理暂行条例》（已失效）。该条例对当时施行的税收法规征收管理条款进行集中、充实、完善。国务院《关于发布〈中华人民共和国税收征收管理暂行条例〉的通知》中提到，该条例发布施行前，国务院制定的税收法规中规定由税务机关负责征收的各个税种的征收管理，今后一律以该条例的规定为准。该条例发布施行后，国务院制定的税收法规，除对征收管理另有特殊规定者外，都适用该条例的规定。《中华人民共和国税收征收管理暂行条例》初步实现了我国税收实体法与程序法的相对分离。

（三）《税收征收管理法》颁布

1992 年 9 月 4 日，七届全国人大常委会第二十七次会议通过了《税收征收管理法》，自 1993 年 1 月 1 日起施行。相比之前的《中华人民共和国税收征收管理暂行条例》，《税收征收管理法》统一了对内税收和涉外税收的征管制度，实现了一切纳税人在适用税收征收管理法上的平等，也强化了税务机关的行政执法权，增强了税法的刚性，并进一步完善了对税务机关的执法制约制度，完善了对纳税人合法权益的保护制度和法律责任制度，确立了税务代理制度。

（四）《税收征收管理法》第一次修正

1995年2月28日，八届全国人大常委会第十二次会议通过的《全国人民代表大会常务委员会关于修改〈中华人民共和国税收征收管理法〉的决定》，对《税收征收管理法》进行了第一次修正。此次修改对增值税发票管理的相关规定进行了调整，即在第14条第1款明确“增值税专用发票由国务院税务主管部门指定的企业印制；其他发票，按照国务院税务主管部门的规定，分别由省、自治区、直辖市国家税务局、地方税务局指定企业印制”①。

（五）《税收征收管理法》修订

2001年4月28日，九届全国人大常委会第二十一次会议通过了对《税收征收管理法》的修订。修订后的《税收征收管理法》由原来的6章62条变为6章94条，新增加了32条，在税款征收管理、对纳税人合法权益保护、法律责任等方面作出了进一步完善，修改内容较为全面。此次修订，是《税收征收管理法》颁布之后修改的里程碑事件。

此次修订，从立法理念上来看，将第1条规定从原来的“加强税收征收管理，保障国家税收收入，保护纳税人的合法权益”，调整为“加强税收征收管理，规范税收征收和缴纳行为，保障国家税收收入，保护纳税人的合法权益，促进经济和社会发展”，赋予了税收征管更多的权利理念，初步实现了从“管理纳税人的法”到“保障纳税人的法”的转变。

在具体制度上，本次修订也体现了较多对公权力的约束，尤其是新增的32条中，对征税方义务的设定、对征税行为的规范和限制，占新增条款的半数以上。如第7条、第9条、第10条，从宣传服务、依法行政、监督管理等方面加强对纳税人权益的保障，且都置于“总则”一章，充分体现了对征税行为约束和规范的底层逻辑。②

（六）《税收征收管理法》第二次修正

2013年6月29日，十二届全国人大常委会第三次会议通过《全国人民代表大会常务委员会关于修改〈中华人民共和国文物保护法〉等十二部法律的决定》，对《税收征收管理法》进行了第二次修正。此次修正涉及第15条第1款③中的税务登记有关规定，

---

① 《税收征收管理法》（1992年）第14条规定：发票必须由省、自治区、直辖市人民政府税务主管部门指定的企业印制；未经省、自治区、直辖市人民政府税务主管部门指定，不得印制发票。发票的管理办法由国务院规定。

② 参见谭飞燕：《基于底层逻辑构建看〈税收征管法〉的修订》，载《税务研究》2021年第1期。

③ 《税收征收管理法》（2001年）第15条第1款规定：“企业，企业在外地设立的分支机构和从事生产、经营的场所，个体工商户和从事生产、经营的事业单位（以下统称从事生产、经营的纳税人）自领取营业执照之日起三十日内，持有关证件，向税务机关申报办理税务登记。税务机关应当自收到申报之日起三十日内审核并发给税务登记证件。”

即“企业,企业在外地设立的分支机构和从事生产、经营的场所,个体工商户和从事生产、经营的事业单位(以下统称从事生产、经营的纳税人)自领取营业执照之日起三十日内,持有关证件,向税务机关申报办理税务登记。税务机关应当于收到申报的当日办理登记并发给税务登记证件”。此次修改缩短了税务登记的时间,是对我国简政放权、放管结合、优化服务改革的回应。

(七)《税收征收管理法》第三次修正

2015 年 4 月 24 日,十二届全国人大常委会第十四次会议通过《全国人民代表大会常务委员会关于修改〈中华人民共和国港口法〉等七部法律的决定》,对《税收征收管理法》进行了第三次修正。此次修正针对第 33 条进行调整,即将第 33 条修改为:“纳税人依照法律、行政法规的规定办理减税、免税。地方各级人民政府、各级人民政府主管部门、单位和个人违反法律、行政法规规定,擅自作出的减税、免税决定无效,税务机关不得执行,并向上级税务机关报告。”[①]此次修正取消了书面申请减税、免税的限制,同样也是推进我国“放管服”改革的重要举措。

四、税收征收管理法的修改展望

尽管《税收征收管理法》已经历经多次修正和修订,但目前的税收征收管理法依然难以满足社会实践的需求,尤其随着数字经济的发展和我国税收征管改革的推进,我国当前的税收征管措施及税收征管立法面临着极大的变革。

(一)修改《税收征收管理法》的重要尝试

早在 2013 年 6 月 7 日,国务院原法制办就将《中华人民共和国税收征收管理法修正案(征求意见稿)》在网上进行公布,向全社会公开征求意见。2013 年 10 月,第十二届全国人大常委会再次将修改《税收征收管理法》纳入立法规划。2015 年 1 月 5 日,国务院原法制办将国家税务总局、财政部起草的《中华人民共和国税收征收管理法修订草案(征求意见稿)》(以下简称税收征收管理法征求意见稿)及其说明进行公布,征求社会各界意见。税收征收管理法征求意见稿是在党的第十八届三中全会对税收制度改革提出的新要求,以及国家税务总局、财政部研究、吸收社会各界意见的基础上,对 2013 年 6 月向社会公开征求意见的《中华人民共和国税收征收管理法修正案(征求意见稿)》进行的修改完善。税收征收管理法征求意见稿的主要内容包括:

---

① 《税收征收管理法》(2013 年)第 33 条规定:“纳税人可以依照法律、行政法规的规定书面申请减税、免税。减税、免税的申请须经法律、行政法规规定的减税、免税审查批准机关审批。地方各级人民政府、各级人民政府主管部门、单位和个人违反法律、行政法规规定,擅自作出的减税、免税决定无效,税务机关不得执行,并向上级税务机关报告。”

第一，增加对自然人纳税人的税收征管规定。一是明确纳税人识别号制度的法律地位。纳税人识别号是税务部门按照国家标准为企业、公民等纳税人编制的唯一且终身不变的确认其身份的数字代码标识。税务部门通过纳税人识别号进行税务管理，实现社会全覆盖。纳税人签订合同、协议，缴纳社会保险费，办理不动产登记以及办理其他涉税事项时，应当使用纳税人识别号。二是明确纳税人自行申报制度的基础性地位。第36条规定，纳税人自行计税申报，并对其纳税申报的真实性和合法性承担责任。三是强化自然人税收征管措施。第29条第1款规定，向自然人纳税人支付所得的单位和个人应当主动提供相关支付凭证，规定将税收保全和强制执行措施扩大适用于自然人，且第88条第1项规定，税务机关可以对自然人纳税人取得收入的单位与纳税相关的账簿和资料进行税务检查。同时，第72条增加相关部门对未完税不动产不予登记的规定。四是建立税收优先受偿权制度。纳税人因故意或者过失，不能履行纳税义务时，税务机关可以对纳税人的不动产设置税收优先受偿权，在纳税人处置不动产时优先受偿。

第二，进一步完善纳税人权益保护体系。一是完善纳税人权利体系。第6条第1款规定，税务机关按照法定程序实施税收征管，不得侵害纳税人合法权益；同时，完善延期、分期缴税制度，第43条将延期缴纳税款批准权放给县以上税务机关，对补缴税款能力不足的纳税人适用分期缴税制度；新增修正申报制度。二是减轻纳税人负担。第60条增加税收利息中止加收、不予加收的规定。第124条第2款规定，对主动纠正税收违法行为或者配合税务机关查处税收违法行为的，可以减免税收利息。降低对纳税人的处罚标准，限制行政处罚裁量权，将多数涉及罚款的条款由“百分之五十以上五倍以下”改为“百分之五十以上三倍以下”，并视情节从轻、减轻或者免予处罚。三是取消先缴税后复议的规定。发挥行政复议的主渠道作用，对在纳税上发生的争议，取消先缴税后复议的规定。同时，第127条第4款规定复议机关维持原处理决定的，申请人须支付税收利息。四是引进预约裁定制度。纳税人可以就其预期未来发生、有重要经济利益关系的特定复杂事项向税务机关申请预约裁定。纳税人遵从预约裁定而未缴或少缴税款的，免除缴纳责任。

第三，进一步规范税收征管行为。一是规范税收征管的基本程序。税收征管基本程序以纳税人自行计税申报为基础，由申报纳税、税额确认、税款追征、争议处理等环节构成。把税额确认作为税收征管的中心环节，专设一章，对税额确认的程序规则、确认规则、举证责任分配等作出规定。二是规范税收征管的时效。一般情况下，税务机关应在5年内对纳税人的税收义务进行确认。对未登记、未申报或者需立案查处的追征时效为15年。对欠税的追征时效为20年。三是增强税务机关获取涉税信息的能力。专设"信息披露"一章,对税务机关获取涉税信息予以规定。明确第三方向税务机关提交涉税信息的义务,明确银行和其他金融机构的信息报送义务,完善政府职能部门的信息提交协作制度,规定税务机关对涉税信息的保密义务。

第四,实现与相关法律的衔接。一是与行政强制法相衔接。"滞纳金"与"税收利息"并行,税收利息的利率由国务院结合人民币贷款基准利率和市场借贷利率的合理水平综合确定,以与行政强制法中的滞纳金相区别。完善税收行政强制执行程序,第61条第1款规定,税务机关采取扣押等税收保全措施时,应在24小时内报告并补办批准手续。二是与《中华人民共和国刑法修正案(七)》相衔接。将"偷税"改为"逃避缴纳税款",同时规定因过失造成少缴或者未缴税款的,承担比逃避缴纳税款轻的法律责任,减轻纳税人负担。三是与预算法相衔接。第3条第3款规定,除法律、行政法规和国务院规定外,任何单位不得突破国家统一税收制度规定税收优惠政策。违反法律、行政法规规定,擅自下达的税收收入指标无效,税务机关不得执行。

第五,健全争议解决机制。一是规定涉及税款的税收争议实行复议前置。在直接涉及税款的行政处罚上发生争议的,将复议作为税收争议解决的必经程序,以体现"穷尽行政救济"的原则。二是鼓励通过和解、调解解决争议。和解、调解是税收行政争议双方在各自利益均得到照顾的情况下达成的折中结果,具有其他纠纷解决方式所不具有的优势。经过多年实践,效果良好,将其上升为法律。

(二)《税收征收管理法》修改的立法展望

《中共中央关于全面深化改革若干重大问题的决定》提出,财政是国家治理的基础和重要支柱。税收是国家财政的重要支撑,国家治理涉及国计民生,没有坚实的财力作为保障,国家治理效果也难以保证。制定科学合理的税收征管制度,是我国财税法治的重要环节。在数字经济、数字治理的新阶段,我国《税收征收管理法》应适应新形势、新要求。

1. 立法理念的变化

立法理念是《税收征收管理法》的核心,也是指导其制度修改、法律实施的关键。当前,《税收征收管理法》立法理念的调整实质上就是在纳税人利益和国家税收利益之间寻求平衡。应当在征管理念上体现出强调对纳税人权益的保障,保障纳税人的合法权益。对此,更有学者强调,"税收征收管理法"在名称上应当调整为"税收征纳程序法"。[①]

---

① 参见熊伟、李刚主编:《税收征收管理法修订建议稿及立法理由》,法律出版社2022年版,第10页。

2. 顺应数字经济发展，完善征管制度

信息技术革命带动的网络化、数字化、智能化，极大地推动了数字经济的发展。但这也会带来一些问题，其应对方式不仅有赖于技术进步，还需要进行多种法律的综合调整。[①] 2021 年 3 月，中共中央办公厅、国务院办公厅印发《关于进一步深化税收征管改革的意见》，第 1 部分第 3 项提出：到 2022 年，在税务执法规范性、税费服务便捷性、税务监管精准性上取得重要进展。到 2023 年，基本建成"无风险不打扰、有违法要追究、全过程强智控"的税务执法新体系，实现从经验式执法向科学精确执法转变；基本建成"线下服务无死角、线上服务不打烊、定制服务广覆盖"的税费服务新体系，实现从无差别服务向精细化、智能化、个性化服务转变；基本建成以"双随机、一公开"监管和"互联网 + 监管"为基本手段、以重点监管为补充、以"信用 + 风险"监管为基础的税务监管新体系，实现从"以票管税"向"以数治税"分类精准监管转变。到 2025 年，深化税收征管制度改革取得显著成效，基本建成功能强大的智慧税务，形成国内一流的智能化行政应用系统，全方位提高税务执法、服务、监管能力。

数字治理、智慧税务是当前及未来税务治理的关键和抓手。一方面给税务机关提供了极大的便利，另一方面也给税务机关带来了难题，诸如平台经济监管问题、数据治理问题等，都需要在立法中予以回应，对我国税收征管立法的回应性和实践性提出更高要求。

3. 顺应征管改革的步伐，体现改革成果

近年来，我国税收制度改革不断深化，税收征管体制持续优化，纳税服务和税务执法的规范性、便捷性、精准性不断提升，逐步推进税务领域"放管服"改革，完善税务监管体系，打造市场化、法治化、国际化营商环境。在征管体制方面，2015 年，为落实《中共中央关于全面深化改革若干重大问题的决定》及《深化财税体制改革总体方案》的有关要求，深化税收征管体制改革，中共中央办公厅、国务院办公厅印发《深化国税、地税征管体制改革方案》，第 1 部分第 2 项提出，到 2020 年要建成与国家治理体系和治理能力现代化相匹配的现代税收征管体制，降低征纳成本，提高征管效率，增强税法遵从度和纳税人满意度，确保税收职能作用有效发挥，促进经济健康发展和社会公平正义。2018 年 6 月 15 日，全国各省（自治区、直辖市）级以及计划单列市国税、地税机构合并且统一挂牌，就此结束了我国国税、地税分立的局面。在征管措施上，2017 年 9 月，国家税务总局发布了《国家税务总局关于进一步深化税务系统"放管服"改革优化税收环

① 参见张守文：《数字经济与经济法的理论拓展》，载《地方立法研究》2021 年第 1 期。

境的若干意见》,提出要进一步深化简政放权,切实创新监管方式,不断优化纳税服务,持续改进税收执法,统筹升级信息系统。税收征管改革是我国的重要尝试,重大改革应当于法有据,也应当尽可能地将征管改革的成果体现在我国的税收立法中。

4. 顺应税收制度改革,提供配套的征管措施

《中共中央关于全面深化改革若干重大问题的决定》对我国税制改革提出了新要求,房地产税立法呼声不断,增值税法、关税法立法也被提上日程。2018 年 8 月 31 日,《个人所得税法》第七次修正的决定通过,对税收征管制度进行了更细致的规范。实体税制的完善需要程序制度作为保障,《税收征收管理法》的修订需要顺应税收制度改革的趋势,进一步实现税收征管的现代化。

第二节 税收征收与管理

案例研讨

四川省税务部门通过精准分析线索,发现四川省成都市某餐饮管理有限公司高管姚某未办理2021 年度个人所得税综合所得汇算清缴补税。经税务部门多次提醒督促,姚某仍拒不办理申报,并有拒不签收甚至撕毁相关法律文书等行为,税务部门遂对其立案检查。经查,纳税人姚某未在法定期限内办理2021 年度个人所得税综合所得汇算清缴,少缴个人所得税。依据《个人所得税法》《税收征收管理法》《中华人民共和国行政处罚法》等相关法律法规规定,成都市税务局第一稽查局依法对其送达《税务处理决定书》和《税务行政处罚决定书》,姚某仍以各种借口拒不缴纳。税务部门遂将该案件移交成都市锦江区人民法院执行局强制执行,冻结了姚某全部银行账号、微信和支付宝账号等资金账号,并发出限制消费令。经税务部门和法院联合约谈,在法律的震慑下,目前姚某已缴清了全部税款、滞纳金、罚款和加处罚款共计 35 万元。

请研讨:

1. 税务机关冻结姚某全部资金账号的法律依据是什么?
2. 税务机关冻结姚某全部资金账号前,应当注意的程序规定有哪些?
3. 姚某能否申请适用延期申报和延期纳税?
4. 姚某如仍然拒不缴纳,税务机关还可以采取哪些税收征收措施?

税收征收与管理是税务机关与纳税人及其他主体之间展开的最重要的活动，也是税收征收管理法的核心内容。

一、税务管理制度

税务管理制度是国家税务机关根据税收法律规范对纳税人进行的一系列管理活动的总称，一般主要包括税务登记制度，账簿、凭证管理制度，纳税申报制度。

（一）税务登记制度

税务登记制度，是指纳税人在开业、歇业前以及生产、经营期间发生有关变动时，在法定时间内就其经营情况向所在地的税务机关办理书面登记的一项基本制度。税务登记是纳税人的法定义务，也是税务机关掌握纳税人信息、对纳税人进行监督管理的依据。

1. 开业登记

从事生产、经营的纳税人应当自领取营业执照之日起30日内，向生产、经营地或者纳税义务发生地的主管税务机关申报办理税务登记，如实填写税务登记表，并按照税务机关的要求提供有关证件、资料。除国家机关和个人外，从事生产、经营的纳税人以外的纳税人，应当自纳税义务发生之日起30日内，持有关证件向所在地的主管税务机关申报办理税务登记。税务机关应当于收到申报的当日办理登记并发给税务登记证件。工商行政管理机关应当将办理登记注册、核发营业执照的情况定期向税务机关通报。扣缴义务人应当自扣缴义务发生之日起30日内，向所在地的主管税务机关申报办理扣缴税款登记，领取扣缴税款登记证件；税务机关对已办理税务登记的扣缴义务人，可以只在其税务登记证件上登记扣缴税款事项，不再发给扣缴税款登记证件。

2015年，国务院要求在全国范围内推行“三证合一”登记制度改革。“三证合一”登记制度是指将企业登记时依次申请，分别由工商行政管理部门核发工商营业执照、质量技术监督部门核发组织机构代码证、税务部门核发税务登记证，改为一次申请、由工商行政管理部门核发一个加载法人和其他组织统一社会信用代码的营业执照，即“一照一码”登记模式。从2016年10月1日起，在“三证合一”登记制度改革的基础上，国务院办公厅要求再整合社会保险登记证和统计登记证，实现“五证合一、一照一码”。按照国务院办公厅《关于加快推进“多证合一”改革的指导意见》（国办发〔2017〕41号）第1部分要求，“多证合一”改革于2017年10月1日前落到实处，取得实效。

2. 变更登记

纳税人税务登记内容发生变化的，应当自工商行政管理机关或者其他机关办理变更登记之日起30日内，持有关证件向原税务登记机关申报办理变更税务登记。纳税人税务登记内容发生变化，按规定不需要到工商行政管理机关或者其他机关办理变更登记的，应当自发生变化之日起30日内，持有关证件向原税务登记机关申报办理变更税务登记。

3. 注销登记

纳税人发生解散、破产、撤销以及其他情形，依法终止纳税义务的，应当在向工商行政管理机关或者其他机关办理注销登记前，持有关证件向原税务登记机关申报办理注销税务登记；按照规定不需要在工商行政管理机关或者其他机关办理注册登记的，应当自有关机关批准或者宣告终止之日起15日内，持有关证件向原税务登记机关申报办理注销税务登记。

纳税人因住所、经营地点变动，涉及改变税务登记机关的，应当在向工商行政管理机关或者其他机关申请办理变更或者注销登记前或者住所、经营地点变动前，向原税务登记机关申报办理注销税务登记，并在30日内向迁达地税务机关申报办理税务登记。

纳税人被工商行政管理机关吊销营业执照或者被其他机关予以撤销登记的，应当自营业执照被吊销或者被撤销登记之日起15日内，向原税务登记机关申报办理注销税务登记。

纳税人在办理注销税务登记前，应当向税务机关结清应纳税款、滞纳金、罚款，缴销发票、税务登记证件和其他税务证件。

4. 外出报验登记

从事生产、经营的纳税人到外县（市）临时从事生产、经营活动的，应当持税务登记证副本和所在地税务机关填开的外出经营活动税收管理证明，向营业地税务机关报验登记，接受税务管理。从事生产、经营的纳税人外出经营，在同一地累计超过180日的，应当在营业地办理税务登记手续。

5. 金融账户报告

从事生产、经营的纳税人应当按照国家有关规定，持税务登记证件，在银行或者其他金融机构开立基本存款账户和其他存款账户，并将其全部账号向税务机关报告。从事生产、经营的纳税人应当自开立基本存款账户或者其他存款账户之日起15日内，向主管税务机关书面报告其全部账号；发生变化的，应当自变化之日起15日内，向主管税务机关书面报告。

银行和其他金融机构应当在从事生产、经营的纳税人的账户中登录税务登记证件号码，并在税务登记证件中登录从事生产、经营的纳税人的账户账号。税务机关依法查询从事生产、经营的纳税人开立账户的情况时，有关银行和其他金融机构应当予以协助。

6. 税务登记证件

税务登记证件的式样，由国家税务总局制定。纳税人应按照国务院税务主管部门的规定使用税务登记证件。税务登记证件不得转借、涂改、损毁、买卖或者伪造。

除按照规定不需要发给税务登记证件的外，纳税人办理下列事项时，必须持税务登记证件：(1)开立银行账户；(2)申请减税、免税、退税；(3)申请办理延期申报、延期缴纳税款；(4)领购发票；(5)申请开具外出经营活动税收管理证明；(6)办理停业、歇业；(7)其他有关税务事项。

税务机关对税务登记证件实行定期验证和换证制度。纳税人应当在规定的期限内持有关证件到主管税务机关办理验证或者换证手续。

纳税人应当将税务登记证件正本在其生产、经营场所或者办公场所公开悬挂，接受税务机关检查。纳税人遗失税务登记证件的，应当在 15 日内书面报告主管税务机关，并登报声明作废。

（二）账簿、凭证管理制度

1. 账簿、凭证管理

账簿、凭证是纳税人记录生产、经营活动，进行经济核算的重要依据，也是税务机关确定应纳税额、进行财务监督和税务检查的重要依据。账簿，是指总账、明细账、日记账以及其他辅助性账簿。总账、日记账应当采用订本式。

纳税人、扣缴义务人按照有关法律、行政法规和国务院财政、税务主管部门的规定设置账簿，根据合法、有效凭证记账，进行核算。从事生产、经营的纳税人应当自领取营业执照或者发生纳税义务之日起 15 日内，按照国家有关规定设置账簿。生产、经营规模小又确无建账能力的纳税人，可以聘请经批准从事会计代理记账业务的专业机构或者财会人员代为建账和办理账务。扣缴义务人应当自税收法律、行政法规规定的扣缴义务发生之日起 10 日内，按照所代扣、代收的税种，分别设置代扣代缴、代收代缴税款账簿。纳税人、扣缴义务人会计制度健全，能够通过计算机正确、完整计算其收入和所得或者代扣代缴、代收代缴税款情况的，其计算机输出的完整的书面会计记录，可视同会计账簿。纳税人、扣缴义务人会计制度不健全，不能通过计算机正确、完整计算其收入和所得或者代扣代缴、代收代缴税款情况的，应当建立总账及与纳税或者代扣代缴、代收代缴税款有关的其他账簿。

从事生产、经营的纳税人、扣缴义务人必须按照国务院财政、税务主管部门规定的保管期限保管账簿、记账凭证、完税凭证及其他有关资料。账簿、记账凭证、完税凭证及其他有关资料不得伪造、变造或者擅自损毁。账簿、记账凭证、报表、完税凭证、发票、出口凭证以及其他有关涉税资料应当合法、真实、完整。账簿、记账凭证、报表、完税凭证、发票、出口凭证以及其他有关涉税资料应当保存 10 年;但是,法律、行政法规另有规定的除外。

账簿、会计凭证和报表,应当使用中文。民族自治地方可以同时使用当地通用的一种民族文字。外商投资企业和外国企业可以同时使用一种外国文字。

2. 财务、会计制度管理

从事生产、经营的纳税人的财务、会计制度或者财务、会计处理办法和会计核算软件,应当报送税务机关备案。纳税人、扣缴义务人的财务、会计制度或者财务、会计处理办法与国务院或者国务院财政、税务主管部门有关税收的规定抵触的,依照国务院或者国务院财政、税务主管部门有关税收的规定计算应纳税款、代扣代缴和代收代缴税款。

从事生产、经营的纳税人应当自领取税务登记证件之日起 15 日内,将其财务、会计制度或者财务、会计处理办法报送主管税务机关备案。纳税人使用计算机记账的,应当在使用前将会计电算化系统的会计核算软件、使用说明书及有关资料报送主管税务机关备案。纳税人建立的会计电算化系统应当符合国家有关规定,并能正确、完整核算其收入或者所得。

3. 发票管理制度

发票是指在购销商品、提供或者接受服务以及从事其他经营活动中,开具、收取的收付款凭证。发票作为经济活动中记载业务往来、证明款项收付和资金转移的基本商事凭证,不仅是会计核算的原始凭证和财务收支的法定依据,还是税务机关据以计征税款和进行税务检查的重要依据。

1992 年《税收征收管理法》对发票的印制管理作了原则规定。1995 年《税收征收管理法》对有关发票管理的条文进行了修改,以适应税制改革的需要,同时加强了对增值税专用发票的管理。2001 年《税收征收管理法》经历大规模修订,进一步加强了对发票的管理。除《税收征收管理法》之外,1993 年 12 月 12 日国务院批准通过的《发票管理办法》,也对发票的印制、领购、开具、保管和检查作出了更加具体的规定。国家税务总局亦于同月发布了《中华人民共和国发票管理办法实施细则》和《增值税专用发票使用规定》(已失效)。根据 2010 年 12 月 20 日公布的《国务院关于修改〈中华人民共和国发票管理办法〉的决定》,对《发票管理办法》进行第一次修订;根据 2019 年 3 月 2 日

《国务院关于修改部分行政法规的决定》(已失效),对《发票管理办法》进行第二次修订;根据2023年7月20日《国务院关于修改和废止部分行政法规的决定》,对《发票管理办法》进行第三次修订。此外,2013年,国家税务总局依据《发票管理办法》出台了《网络发票管理办法》,以规范网络发票的开具与使用。

税务机关是发票的主管机关,负责发票印制、领购、开具、取得、保管、缴销的管理和监督。单位、个人在购销商品、提供或者接受经营服务以及从事其他经营活动时,应当按照规定开具、使用、取得发票。

一般而言,增值税专用发票由国务院税务主管部门指定的企业印制;其他发票,按照国务院税务主管部门的规定,分别由省、自治区、直辖市税务机关指定企业印制。禁止私自印制、伪造、变造发票。

4. 税控装置管理

国家根据税收征收管理的需要,积极推广使用税控装置。纳税人应当按照规定安装、使用税控装置,不得损毁或者擅自改动税控装置。纳税人应当按照税务机关的要求安装、使用税控装置,并按照税务机关的规定报送有关数据和资料。

(三)纳税申报制度

纳税申报是纳税人在发生纳税义务之后,按照规定的期限,就纳税事宜向税务机关提出书面报告的一项征收管理制度。应纳税额原则上由纳税人依据税法计算、申报并据以缴纳,使纳税人立于税收法律关系自主履行的中心地位,在强化纳税人的纳税义务观念的同时,肯定与保护了纳税人的权利。因此,纳税申报既是纳税人的一项法定义务,又是纳税人参与国家税收治理的重要途径。

1. 纳税申报的一般规定

(1)纳税申报的范围。纳税人必须依照法律、行政法规的规定或者税务机关依照法律、行政法规的规定确定的申报期限、申报内容如实办理纳税申报,报送纳税申报表、财务会计报表以及税务机关根据实际需要要求纳税人报送的其他纳税资料。纳税人在纳税期内没有应纳税款的,也应当按照规定办理纳税申报。纳税人享受减税、免税待遇的,在减税、免税期间应当按照规定办理纳税申报。扣缴义务人必须依照法律、行政法规规定或者税务机关依照法律、行政法规的规定确定的申报期限、申报内容如实报送代扣代缴、代收代缴税款报告表以及税务机关根据实际需要要求扣缴义务人报送的其他有关资料。扣缴义务人办理代扣代缴、代收代缴税款报告时,应当如实填写代扣代缴、代收代缴税款报告表,并报送代扣代缴、代收代缴税款的合法凭证以及税务机关规定的其他有关证件、资料。

(2)纳税申报的内容。纳税人、扣缴义务人的纳税申报或者代扣代缴、代收代缴税款报告表的主要内容包括:税种、税目,应纳税项目或者应代扣代缴、代收代缴税款项目,计税依据,扣除项目及标准,适用税率或者单位税额,应退税项目及税额,应减税、免税项目及税额,应纳税额或者应代扣代缴、代收代缴税额,税款所属期限、延期缴纳税款、欠税、滞纳金等。

(3)纳税申报的证件与资料。纳税人办理纳税申报时,应当如实填写纳税申报表,并根据不同的情况报送下列有关证件、资料:①财务会计报表及其说明材料;②与纳税有关的合同、协议书及凭证;③税控装置的电子报税资料;④外出经营活动税收管理证明和异地完税凭证;⑤境内或者境外公证机构出具的有关证明文件;⑥税务机关规定应当报送的其他有关证件、资料。

2. 纳税申报方式

税务机关应当建立健全纳税人自行申报纳税制度。纳税人、扣缴义务人可以采取邮寄、数据电文方式办理纳税申报或者报送代扣代缴、代收代缴税款报告表。其中,数据电文方式,是指税务机关确定的电话语音、电子数据交换和网络传输等电子方式。纳税人采取邮寄方式办理纳税申报的,应当使用统一的纳税申报专用信封,并以邮政部门收据作为申报凭据。邮寄申报以寄出的邮戳日期为实际申报日期。纳税人采取电文方式办理纳税申报的,应当按照税务机关规定的期限和要求保存有关资料,并定期书面报送主管税务机关。

实行定期定额缴纳税款的纳税人,可以实行简易申报、简并征期等纳税申报方式。

3. 延期纳税申报

纳税人、扣缴义务人因不可抗力,不能按期办理纳税申报或者报送代扣代缴、代收代缴税款报告表的,应当在规定的期限内向税务机关提出书面延期申请,经税务机关核准,在核准的期限内延期办理。但是,纳税人应当在不可抗力情形消除后立即向税务机关报告。税务机关应当查明事实,予以核准。

经核准延期办理《税收征收管理法》规定的申报、报送事项的,应当在纳税期内按照上期实际缴纳的税额或者税务机关核定的税额预缴税款,并在核准的延期内办理税款结算。

二、税款征收制度

(一)税款征收的一般规定

税务机关应当加强对税款征收的管理,建立健全责任制度。税务机关根据保证国家税款及时足额入库、方便纳税人、降低税收成本的原则,确定税款征收的方式。税务机关应当加强对纳税人出口退税的管理,具体管理办法由国家税务总局会同国务院有关部门制定。

税务机关应当将各种税收的税款、滞纳金、罚款,按照国家规定的预算科目和预算级次及时缴入国库,税务机关不得占压、挪用、截留,不得缴入国库以外或者国家规定的税款账户以外的任何账户。已缴入国库的税款、滞纳金、罚款,任何单位和个人不得擅自变更预算科目和预算级次。税务机关应当根据方便、快捷、安全的原则,积极推广使用支票、银行卡、电子结算方式缴纳税款。

税务机关依照法律、行政法规的规定征收税款,不得违反法律、行政法规的规定开征、停征、多征、少征、提前征收、延缓征收或者摊派税款。除税务机关、税务人员以及经税务机关依照法律、行政法规委托的单位和人员外,任何单位和个人不得进行税款征收活动。纳税人依照法律、行政法规的规定办理减税、免税。地方各级人民政府、各级人民政府主管部门、单位和个人违反法律、行政法规规定,擅自作出的减税、免税决定无效,税务机关不得执行,应向上级税务机关报告。

完税凭证,是指各种完税证、缴款书、印花税票、扣(收)税凭证以及其他完税证明。税务机关征收税款时,必须给纳税人开具完税凭证。扣缴义务人代扣、代收税款时,纳税人要求扣缴义务人开具代扣、代收税款凭证的,扣缴义务人应当开具。未经税务机关指定,任何单位、个人不得印制完税凭证。完税凭证不得转借、倒卖、变造或者伪造。完税凭证的式样及管理办法由国家税务总局制定。税务机关收到税款后,应当向纳税人开具完税凭证。纳税人通过银行缴纳税款的,税务机关可以委托银行开具完税凭证。

(二)税款的征收方式

1. 查账征收方式

是指纳税人依法向税务机关申报应税收入或应税所得及应纳税额,并报送有关账册和资料,税务机关依法对纳税人报送的纳税申报表和有关账册、资料进行审核,填开纳税缴款书,由纳税人自行到指定银行缴纳税款的一种征收方式。

2. 核定征收方式

是指税务机关对纳税人的生产、经营情况进行调查和评估,进而核定其应纳税额的一种征收方式。

3. 定期定额征收方式

是指税务机关根据纳税人的生产、经营情况,按期核定应纳税额,分期征收税款的一种征收方式。

4. 代扣代缴、代收代缴方式

是指依照税法规定,负有代扣代缴、代收代缴税款义务的扣缴义务人,按照税法规定对纳税人应纳税款进行扣缴或收缴的征收方式。扣缴义务人依照法律、行政法规的规定履行代扣、代收税款的义务。对法律、行政法规没有规定负有代扣、代收税款义务的单位和个人,税务机关不得要求其履行代扣、代收税款义务。扣缴义务人依法履行代扣、代收税款义务时,纳税人不得拒绝。纳税人拒绝的,扣缴义务人应当及时报告税务机关处理。税务机关按照规定付给扣缴义务人代扣、代收手续费。

5. 委托征收方式

是指税务机关根据国家有关规定委托有关单位和人员代征少数零星分散和异地缴纳的税收的征收方式。税务机关根据有利于税收控管和方便纳税的原则,可以按照国家有关规定委托有关单位和人员代征零星分散和异地缴纳的税收,并发给委托代征证书。受托单位和人员按照代征证书的要求,以税务机关的名义依法征收税款,纳税人不得拒绝;纳税人拒绝的,受托代征单位和人员应当及时报告税务机关。

(三)纳税期限

1. 延期纳税制度

纳税人、扣缴义务人按照法律、行政法规规定或者税务机关依照法律、行政法规的规定确定的期限,缴纳或者解缴税款。纳税人因有特殊困难,不能按期缴纳税款的,经省、自治区、直辖市国家税务局、地方税务局批准,可以延期缴纳税款,但是最长不得超过3个月。

纳税人有下列情形之一的,属于特殊困难:(1)因不可抗力,导致纳税人发生较大损失,正常生产经营活动受到较大影响的;(2)当期货币资金在扣除应付职工工资、社会保险费后,不足以缴纳税款的。计划单列市国家税务局、地方税务局可以参照《税收征收管理法》的批准权限,审批纳税人延期缴纳税款。

纳税人需要延期缴纳税款的,应当在缴纳税款期限届满前提出申请,并报送下列材料:申请延期缴纳税款报告、当期货币资金余额情况及所有银行存款账户的对账单、资产负债表、应付职工工资和社会保险费等税务机关要求提供的支出预算。税务机关应当自收到申请延期缴纳税款报告之日起20日内作出批准或者不予批准的决定;不予批准的,从缴纳税款期限届满之日起加收滞纳金。

2. 退税期

纳税人缴纳的超过应纳税额税款,税务机关发现后应当立即退还;纳税人自结算缴纳税款之日起3年内发现的,可以向税务机关要求退还多缴的税款并加算银行同期存款利息，税务机关及时查实后应当立即退还；涉及从国库中退库的，依照法律、行政法规有关国库管理的规定退还。税务机关发现纳税人多缴税款的，应当自发现之日起10日内办理退还手续；纳税人发现多缴税款，要求退还的，税务机关应当自接到纳税人退还申请之日起30日内查实并办理退还手续。加算银行同期存款利息的多缴税款退税，不包括依法预缴税款形成的结算退税、出口退税和各种减免退税。退税利息按照税务机关办理退税手续当天中国人民银行规定的活期存款利率计算。

3.追征期和补征期

因税务机关的责任，致使纳税人、扣缴义务人未缴或者少缴税款的，税务机关在3年内可以要求纳税人、扣缴义务人补缴税款，但是不得加收滞纳金。所谓税务机关的责任，是指税务机关适用税收法律、行政法规不当或者执法行为违法。

因纳税人、扣缴义务人计算错误等失误，未缴或者少缴税款的，税务机关在3年内可以追征税款、滞纳金；有特殊情况的，追征期可以延长到5年。纳税人、扣缴义务人计算错误等失误，是指非主观故意的计算公式运用错误以及明显的笔误。特殊情况是指纳税人或者扣缴义务人因计算错误等失误，未缴或者少缴、未扣或者少扣、未收或者少收税款，累计数额在10万元以上的。

对偷税、抗税、骗税的，税务机关追征其未缴或者少缴的税款、滞纳金或者所骗取的税款，不受上述规定期限的限制。

补缴和追征税款、滞纳金的期限，自纳税人、扣缴义务人应缴未缴或者少缴税款之日起计算。当纳税人既有应退税款又有欠缴税款的，税务机关可以将应退税款和利息先抵扣欠缴税款；抵扣后有余额的，退还纳税人。

4.滞纳金制度

纳税人未按照规定期限缴纳税款的，扣缴义务人未按照规定期限解缴税款的，税务机关除责令限期缴纳外，从滞纳税款之日起，按日加收滞纳税款0.5‰的滞纳金。加收滞纳金的起止时间，为法律、行政法规规定或者税务机关依照法律、行政法规的规定确定的税款缴纳期限届满次日起至纳税人、扣缴义务人实际缴纳或者解缴税款之日止。

（四）税收核定制度

税收核定制度是与纳税申报相对应的一种税收确定的方式，前者是由税务机关主导的税收确定规则，后者则是由纳税人主导的税收确定规则。税收核定应当处于补充地位。①

---

① 参见刘剑文：《财税法——原理、案例与材料》（第4版），北京大学出版社2020年版，第334页。

1. 税收核定的情形

根据《税收征收管理法》第35条的规定，纳税人有下列情形之一的，税务机关有权核定其应纳税额：(1)依照法律、行政法规的规定可以不设置账簿的；(2)依照法律、行政法规的规定应当设置账簿但未设置的；(3)擅自销毁账簿或者拒不提供纳税资料的；(4)虽设置账簿，但账目混乱或者成本资料、收入凭证、费用凭证残缺不全，难以查账的；(5)发生纳税义务，未按照规定的期限办理纳税申报，经税务机关责令限期申报，逾期仍不申报的；(6)纳税人申报的计税依据明显偏低，又无正当理由的。税务机关核定应纳税额的具体程序和方法由国务院税务主管部门规定。

根据《税收征收管理法》第37条的规定，对未按照规定办理税务登记的从事生产、经营的纳税人以及临时从事经营的纳税人，由税务机关核定其应纳税额，责令缴纳；不缴纳的，税务机关可以扣押其价值相当于应纳税款的商品、货物。扣押后缴纳应纳税款的，税务机关必须立即解除扣押，并归还所扣押的商品、货物；扣押后仍不缴纳应纳税款的，经县以上税务局(分局)局长批准，依法拍卖或者变卖所扣押的商品、货物，以拍卖或者变卖所得抵缴税款。

2. 税收核定的方式

税务机关有权采用下列任何一种方法核定应纳税额：(1)参照当地同类行业或者类似行业中经营规模和收入水平相近的纳税人的税负水平核定；(2)按照营业收入或者成本加合理的费用和利润的方法核定；(3)按照耗用的原材料、燃料、动力等推算或者测算核定；(4)按照其他合理方法核定。采用上述的一种方法不足以正确核定应纳税额时，可以同时采用两种以上的方法核定。纳税人对税务机关采取上述方法核定的应纳税额有异议的，应当提供相关证据，经税务机关认定后，调整应纳税额。

(五)纳税调整制度

纳税调整主要是针对关联企业的税收确定方式。所谓关联企业，是指有下列关系之一的公司、企业和其他经济组织：(1)在资金、经营、购销等方面，存在直接或者间接的拥有或者控制关系；(2)直接或者间接地同为第三者所拥有或者控制；(3)在利益上具有相关联的其他关系。纳税人有义务就其与关联企业之间的业务往来，向当地税务机关提供有关的价格、费用标准等资料。具体办法由国家税务总局制定。

1. 纳税调整的情形

企业或者外国企业在中国境内设立的从事生产、经营的机构、场所与其关联企业之间的业务往来，应当按照独立企业之间的业务往来收取或者支付价款、费用；不按照独立企业之间的业务往来收取或者支付价款、费用，而减少其应纳税的收入或者所得额的,税务机关有权进行合理调整。所谓独立企业之间的业务往来,是指没有关联关系的企业之间按照公平成交价格和营业常规所进行的业务往来。

纳税人与其关联企业之间的业务往来有下列情形之一的,税务机关可以调整其应纳税额:(1)购销业务未按照独立企业之间的业务往来作价;(2)融通资金所支付或者收取的利息超过或者低于没有关联关系的企业之间所能同意的数额,或者利率超过或者低于同类业务的正常利率;(3)提供劳务,未按照独立企业之间业务往来收取或者支付劳务费用;(4)转让财产、提供财产使用权等业务往来,未按照独立企业之间业务往来作价或者收取、支付费用;(5)未按照独立企业之间业务往来作价的其他情形。

2. 纳税调整的方法

税务机关可以按照下列方法调整计税收入额或者所得额:(1)按照独立企业之间进行的相同或者类似业务活动的价格;(2)按照再销售给无关联关系的第三者的价格所应取得的收入和利润水平;(3)按照成本加合理的费用和利润;(4)按照其他合理的方法。

3. 纳税调整的期限

纳税人与其关联企业未按照独立企业之间的业务往来支付价款、费用的,税务机关自该业务往来发生的纳税年度起 3 年内进行调整;有特殊情况的,可以自该业务往来发生的纳税年度起 10 年内进行调整。

4. 预约定价制度

纳税调整往往是税务机关的一种事后调整方式。除此之外,《税收征收管理法实施细则》第 53 条也规定,纳税人可以向主管税务机关提出与其关联企业之间业务往来的定价原则和计算方法,主管税务机关审核、批准后,与纳税人预先约定有关定价事项,监督纳税人执行。

(六)税款征收保障制度

1. 纳税担保制度

纳税担保,是指经税务机关同意或确认,纳税人或其他第三人以保证、抵押、质押的方式,为纳税人应当缴纳的税款及滞纳金提供担保的行为。纳税担保包括经税务机关认可的纳税保证人为纳税人提供的纳税保证,以及纳税人或者第三人以其未设置或者未全部设置担保物权的财产提供的担保。

纳税保证人,是指在中国境内具有纳税担保能力的自然人、法人或者其他经济组织。法律、行政法规规定的没有担保资格的单位和个人,不得作为纳税担保人。

纳税担保人同意为纳税人提供纳税担保的,应当填写纳税担保书,写明担保对象、担保范围、担保期限和担保责任以及其他有关事项。担保书须经纳税人、纳税担保人签字盖章并经税务机关同意，方为有效。纳税人或者第三人以其财产提供纳税担保的，应当填写财产清单，并写明财产价值以及其他有关事项。纳税担保财产清单须经纳税人、第三人签字盖章并经税务机关确认，方为有效。

2. 税收保全制度

税务机关有根据认为从事生产、经营的纳税人有逃避纳税义务行为的，可以在规定的纳税期之前，责令限期缴纳应纳税款；在限期内发现纳税人有明显的转移、隐匿其应纳税的商品、货物以及其他财产或者应纳税的收入的迹象的，税务机关可以责成纳税人提供纳税担保。如果纳税人不能提供纳税担保，经县以上税务局（分局）局长批准，税务机关可以采取下列税收保全措施：（1）书面通知纳税人开户银行或者其他金融机构冻结纳税人的金额相当于应纳税款的存款；（2）扣押、查封纳税人的价值相当于应纳税款的商品、货物或者其他财产。

纳税人在规定的限期内缴纳税款的，税务机关必须立即解除税收保全措施；限期期满仍未缴纳税款的，经县以上税务局（分局）局长批准，税务机关可以书面通知纳税人开户银行或者其他金融机构从其冻结的存款中扣缴税款，或者依法拍卖或者变卖所扣押、查封的商品、货物或者其他财产，以拍卖或者变卖所得抵缴税款。但是，个人及其所扶养家属维持生活必需的住房和用品，不在税收保全措施的范围之内。

扣押纳税人商品、货物的，纳税人应当自扣押之日起 15 日内缴纳税款。纳税人在限期内已缴纳税款，税务机关未立即解除税收保全措施，使纳税人的合法利益遭受损失的，税务机关应当承担赔偿责任。所谓损失，是指因税务机关的责任，使纳税人、扣缴义务人或者纳税担保人的合法利益遭受的直接损失。

税务机关在采取税收保全措施时，应当遵守下列规则：

（1）查封、扣押期限：对扣押的鲜活、易腐烂变质或者易失效的商品、货物，税务机关根据被扣押物品的保质期，可以缩短规定的扣押期限。

（2）扣押、查封价值相当于应纳税款的商品、货物或者其他财产时，参照同类商品的市场价、出厂价或者评估价估算。税务机关确定应扣押、查封的商品、货物或者其他财产的价值时，还应当包括滞纳金和拍卖、变卖所发生的费用。

（3）财产范围：其他财产，包括纳税人的房地产、现金、有价证券等不动产和动产。机动车辆、金银饰品、古玩字画、豪华住宅或者一处以外的住房不属于个人及其所扶养家属维持生活必需的住房和用品。税务机关对单价 5000 元以下的其他生活用品，不采取税收保全措施和强制执行措施。所谓个人所扶养家属，是指与纳税人共同居住生活的配偶、直系亲属以及无生活来源并由纳税人扶养的其他亲属。

(4)税务机关执行扣押、查封商品、货物或者其他财产时,应当由两名以上税务人员执行,并通知被执行人。被执行人是自然人的,应当通知被执行人本人或者其成年家属到场;被执行人是法人或者其他组织的,应当通知其法定代表人或者主要负责人到场;拒不到场的,不影响执行。

(5)对价值超过应纳税额且不可分割的商品、货物或者其他财产,税务机关在纳税人、扣缴义务人或者纳税担保人无其他可供强制执行的财产的情况下,可以整体扣押、查封、拍卖。实施扣押、查封时,对有产权证件的动产或者不动产,税务机关可以责令当事人将产权证件交税务机关保管,同时可以向有关机关发出协助执行通知书,有关机关在扣押、查封期间不再办理该动产或者不动产的过户手续。对查封的商品、货物或者其他财产,税务机关可以指令被执行人负责保管,保管责任由被执行人承担。继续使用被查封的财产不会减少其价值的,税务机关可以允许被执行人继续使用;因被执行人保管或者使用的过错造成的损失,由被执行人承担。

(6)纳税人在税务机关采取税收保全措施后,按照税务机关规定的期限缴纳税款的,税务机关应当自收到税款或者银行转回的完税凭证之日起1日内解除税收保全。

(7)税务机关将扣押、查封的商品、货物或者其他财产变价抵缴税款时,应当交由依法成立的拍卖机构拍卖;无法委托拍卖或者不适于拍卖的,可以交由当地商业企业代为销售,也可以责令纳税人限期处理;无法委托商业企业销售,纳税人也无法处理的,可以由税务机关变价处理,具体办法由国家税务总局规定。国家禁止自由买卖的商品,应当交由有关单位按照国家规定的价格收购。拍卖或者变卖所得抵缴税款、滞纳金、罚款以及拍卖、变卖等费用后,剩余部分应当在3日内退还被执行人。

(8)税务机关采取税收保全措施的期限一般不得超过6个月;重大案件需要延长的,应当报国家税务总局批准。

3. 税收强制执行措施

从事生产、经营的纳税人、扣缴义务人未按照规定的期限缴纳或者解缴税款,纳税担保人未按照规定的期限缴纳所担保的税款,由税务机关责令限期缴纳,逾期仍未缴纳的,经县以上税务局(分局)局长批准,税务机关可以采取下列强制执行措施:(1)书面通知其开户银行或者其他金融机构从其存款中扣缴税款;(2)扣押、查封、依法拍卖或者变卖其价值相当于应纳税款的商品、货物或者其他财产,以拍卖或者变卖所得抵缴税款。

税务机关采取强制执行措施时,对纳税人、扣缴义务人、纳税担保人未缴纳的滞纳金同时强制执行。同样,个人及其所扶养家属维持生活必需的住房和用品,不在强制执行措施的范围之内。

税务机关在采取税收强制措施时,应当遵守下列规则:

(1)采取税收保全措施、强制执行措施的权力,不得由法定的税务机关以外的单位和个人行使。

(2)税务机关采取税收保全措施和强制执行措施必须依照法定权限和法定程序,不得查封、扣押纳税人个人及其所扶养家属维持生活必需的住房和用品。

(3)税务机关扣押商品、货物或者其他财产时,必须开付收据;查封商品、货物或者其他财产时,必须开付清单。

(4)税务机关滥用职权违法采取税收保全措施、强制执行措施,或者采取税收保全措施、强制执行措施不当,使纳税人、扣缴义务人或者纳税担保人的合法权益遭受损失的,应当依法承担赔偿责任。

4. 阻止出境制度

欠缴税款的纳税人或者其法定代表人需要出境的,应当在出境前向税务机关结清应纳税款、滞纳金或者提供担保。未结清税款、滞纳金,又不提供担保的,税务机关可以通知出境管理机关阻止其出境。

5. 税收优先权制度

税收优先权,是指当税收债权和其他债权同时存在,债务人的全部财产或特定财产不足以清偿所有债务时,税收债权享有优先于某些债权而受清偿的权利。税收优先权成立的根本理由在于税收是满足公共需要的手段,具有很强的公益性。[①] 根据《税收征收管理法》第 45 条第 1 款的规定,税务机关征收税款,税收优先于无担保债权,法律另有规定的除外;纳税人欠缴的税款发生在纳税人以其财产设定抵押、质押或者纳税人的财产被留置之前的,税收应当先于抵押权、质权、留置权执行。纳税人欠缴税款,同时又被行政机关决定处以罚款、没收违法所得的,税收优先于罚款、没收违法所得。

税务机关应当对纳税人欠缴税款的情况定期予以公告。具体来说,县级以上各级税务机关应当将纳税人的欠税情况,在办税场所或者广播、电视、报纸、期刊、网络等新闻媒体上定期公告。对纳税人欠缴税款的情况实行定期公告的办法,由国家税务总局制定。

纳税人有欠税情形而以其财产设定抵押、质押的,应当向抵押权人、质权人说明其

① 参见李妍:《税收优先权制度的法理学分析》,载《江西社会科学》2011 年第 3 期。

欠税情况。抵押权人、质权人可以请求税务机关提供有关的欠税情况。

6.税收代位权与税收撤销权制度

欠缴税款的纳税人因怠于行使到期债权,或者放弃到期债权,或者无偿转让财产,或者以明显不合理的低价转让财产而受让人知道该情形,对国家税收造成损害的,税务机关可以依照合同法的规定行使代位权、撤销权。税务机关依照规定行使代位权、撤销权的,不免除欠缴税款的纳税人尚未履行的纳税义务和应承担的法律责任。

7.纳税人合并、分立的税务管理

纳税人有合并、分立情形的,应当向税务机关报告,并依法缴清税款。纳税人合并时未缴清税款的,应当由合并后的纳税人继续履行未履行的纳税义务;纳税人分立时未缴清税款的,分立后的纳税人对未履行的纳税义务应当承担连带责任。

8.大额资产处分报告制度

欠缴税款数额较大的纳税人在处分其不动产或者大额资产之前,应当向税务机关报告。欠缴税款数额较大,是指欠缴税款5万元以上。

第三节　税收检查与稽查

案例研讨

大连市税务局第一稽查局根据精准分析,发现网络主播王某涉嫌偷逃税款,依法对其开展了税务检查。经查,王某在2020年至2022年从事网络直播进行商品销售取得经营收入,通过隐匿收入、虚假申报手段偷逃个人所得税218.30万元、增值税142.41万元。大连市税务局第一稽查局依据《个人所得税法》《增值税暂行条例》《税收征收管理法》《中华人民共和国行政处罚法》等相关法律法规的规定,对王某追缴税款、加收滞纳金并处罚款,共计653.61万元。税务部门依法送达《税务处理决定书》和《税务行政处罚决定书》,王某按规定缴清税款、滞纳金及罚款。

请研讨:

1.税务机关进行税务检查和税务稽查有什么区别和联系?

2.税务稽查选案的方式有哪些?

3.税务稽查的程序有哪些?

4.税务稽查的处理决定一般有哪些情况?

5. 如纳税人不履行《税务处理决定书》和《税务行政处罚决定书》，税务机关可以采取哪些措施？

税务检查与税务稽查，分别形成对纳税人、扣缴义务人事前和事后的监督管理，是保障国家税收利益、促进社会公平的重要机制。

一、税务检查制度

税务检查，是指税务机关根据税收法律、法规及其他相关规定对纳税主体履行纳税义务、扣缴税款义务的情况所进行的检验、核查活动。《税收征收管理法》及其实施细则对税务检查作了比较详细的规定。日常检查属于事前、事中的检查，是税务机关在纳税评估的基础上，通过分析纳税人、扣缴义务人生产、经营情况，财务数据，申报情况，税负情况等，发现问题并查找原因，及时予以解决。

（一）税务机关的权力

税务机关有权进行下列税务检查：

（1）查账权。税务机关有权检查纳税人的账簿、记账凭证、报表和有关资料，检查扣缴义务人代扣代缴、代收代缴税款账簿、记账凭证和有关资料。税务机关行使查账权时，可以在纳税人、扣缴义务人的业务场所进行；必要时，经县以上税务局（分局）局长批准，可以将纳税人、扣缴义务人以前会计年度的账簿、记账凭证、报表和其他有关资料调回税务机关检查，但是税务机关必须向纳税人、扣缴义务人开付清单，并在3个月内完整退还；有特殊情况的，经设区的市、自治州以上税务局局长批准，税务机关可以将纳税人、扣缴义务人当年的账簿、记账凭证、报表和其他有关资料调回检查，但是税务机关必须在30日内退还。

（2）场地、经营情况检查权。税务机关有权到纳税人的生产、经营场所和货物存放地检查纳税人应纳税的商品、货物或者其他财产，检查扣缴义务人与代扣代缴、代收代缴税款有关的经营情况。

（3）责成提供资料权。税务机关有权责成纳税人、扣缴义务人提供与纳税或者代扣代缴、代收代缴税款有关的文件、证明材料和有关资料。

（4）询问权。税务机关有权询问纳税人、扣缴义务人与纳税或者代扣代缴、代收代缴税款有关的问题和情况。

（5）单证检查权。税务机关有权到车站、码头、机场、邮政企业及其分支机构检查纳税人托运、邮寄应纳税商品、货物或者其他财产的有关单据、凭证和有关资料。

（6）存款账户、储蓄存款查询权。经县以上税务局（分局）局长批准，税务机关有权凭全国统一格式的检查存款账户许可证明，查询从事生产、经营的纳税人、扣缴义务人在银行或者其他金融机构的存款账户。税务机关在调查税收违法案件时，经设区的市、自治州以上税务局(分局)局长批准，可以查询案件涉嫌人员的储蓄存款。税务机关查询所获得的资料，不得用于税收以外的用途。税务机关行使存款账户、储蓄存款查询权时，应当指定专人负责，凭全国统一格式的检查存款账户许可证明进行，并有责任为被检查人保守秘密。税务机关查询的内容，包括纳税人存款账户余额和资金往来情况。

(7)取证权。税务机关调查税务违法案件时，对与案件有关的情况和资料，可以记录、录音、录像、照相和复制。

(8)采取税收保全措施和税收强制执行措施权。税务机关对从事生产、经营的纳税人以前纳税期的纳税情况依法进行税务检查时，发现纳税人有逃避纳税义务行为，并有明显的转移、隐匿其应纳税的商品、货物以及其他财产或者应纳税的收入的迹象的，可以按照法律规定的批准权限采取税收保全措施或者强制执行措施。

(二)税务机关的义务

(1)税务人员进行税务检查时，应当出示税务检查证和税务检查通知书；无税务检查证和税务检查通知书的，纳税人、扣缴义务人及其他当事人有权拒绝检查。税务机关对集贸市场及集中经营业户进行检查时，可以使用统一的税务检查通知书。

(2)税务机关派出的人员进行税务检查时，有责任为被检查人保守秘密。

(三)被检查人与有关单位的义务

(1)纳税人、扣缴义务人必须接受税务机关依法进行的税务检查，如实反映情况，提供有关资料，不得拒绝、隐瞒。

(2)税务机关依法进行税务检查时，有权向有关单位和个人调查纳税人、扣缴义务人和其他当事人与纳税或者代扣代缴、代收代缴税款有关的情况，有关单位和个人有义务向税务机关如实提供有关资料及证明材料。

二、税务稽查制度

所谓税务稽查，是税务机关依法对纳税人、扣缴义务人履行纳税义务、扣缴税款义务情况所进行的税务检查和处理工作的总称。税务稽查属于事后检查，是由专业稽查部门依法对纳税人、扣缴义务人履行纳税义务、扣缴税款义务及其他义务情况进行的检查和处理，其目的和作用是查处偷、逃、骗税行为，打击税收违法犯罪活动。税务稽查的基本任务，是依法查处税收违法行为，保障税收收入，维护税收秩序，促进依法纳税。国家税务总局于 2021 年 7 月 12 日发布《税务稽查案件办理程序规定》，自 2021 年

8月11日起施行。①

（一）税务稽查的主体

税务稽查由税务局稽查局依法实施。稽查局主要职责是依法对纳税人、扣缴义务人和其他涉税当事人履行纳税义务、扣缴义务情况及涉税事项进行检查处理，以及围绕检查处理开展的其他相关工作。稽查局具体职责由国家税务总局依照《税收征收管理法》《税收征收管理法实施细则》和国家有关规定确定。

税务稽查人员应当遵守工作纪律，恪守职业道德，不得有下列行为：(1)违反法定程序、超越权限行使职权；(2)利用职权为自己或者他人牟取利益；(3)玩忽职守，不履行法定义务；(4)泄露国家秘密、工作秘密，向被查对象通风报信、泄露案情；(5)弄虚作假，故意夸大或者隐瞒案情；(6)接受被查对象的请客送礼等影响公正执行公务的行为；(7)其他违法违纪行为。税务稽查人员在执法办案中滥用职权、玩忽职守、徇私舞弊的，依照有关规定严肃处理；涉嫌犯罪的，依法移送司法机关处理。

（二）税务稽查的原则

(1)办理税务稽查案件应当以事实为根据，以法律为准绳，坚持公平、公开、公正、效率的原则。

(2)稽查局办理税务稽查案件时，实行选案、检查、审理、执行分工制约原则。

(3)税务稽查人员对实施税务稽查过程中知悉的国家秘密、商业秘密或者个人隐私、个人信息，应当依法予以保密。纳税人、扣缴义务人和其他涉税当事人的税收违法行为不属于保密范围。

(4)税务稽查人员有《税收征收管理法实施细则》规定的回避情形的，应当回避。被查对象申请税务稽查人员回避或者税务稽查人员自行申请回避的，由稽查局局长依法决定是否回避。稽查局局长发现税务稽查人员具有规定回避情形的，应当要求其回避。稽查局局长的回避，由税务局局长依法审查决定。

(5)税务稽查案件办理应当通过文字、音像等形式，对案件办理的启动、调查取证、审核、决定、送达、执行等进行全过程记录。

（三）税务稽查的管辖

(1)稽查局应当在税务局向社会公告的范围内实施税务稽查。上级税务机关可以

① 为贯彻落实中共中央办公厅、国务院办公厅印发的《关于进一步深化税收征管改革的意见》，深入推进精确执法、精细服务、精准监管、精诚共治，落实2021年新修订的行政法律法规，切实保护行政相对人合法权益，更好发挥税务稽查维护经济税收秩序、维护国家税收安全、维护社会公平正义的职能作用，国家税务总局对《税务稽查工作规程》（国税发〔2009〕157号印发，国家税务总局公告2018年第31号修改）进行了修订，并更名为《税务稽查案件办理程序规定》，以部门规章的形式发布施行。

根据案件办理的需要指定管辖。税收法律、行政法规和国家税务总局规章对税务稽查管辖另有规定的,从其规定。

(2)税务稽查管辖有争议的,由争议各方本着有利于案件办理的原则逐级协商解决;不能协商一致的,报请共同的上级税务机关决定。

(四)税务稽查的选案

稽查局应当加强稽查案源管理,全面收集整理案源信息,合理、准确地选择待查对象。案源管理依照国家税务总局有关规定执行。待查对象确定后,经稽查局局长批准实施立案检查。必要时,依照法律法规的规定,稽查局可以在立案前进行检查。稽查局应当统筹安排检查工作,严格控制对纳税人、扣缴义务人的检查次数。

(五)税务稽查的检查

检查前,稽查局应当告知被查对象检查时间、需要准备的资料等,但预先通知有碍检查的除外。检查应当由两名以上具有执法资格的检查人员共同实施,并向被查对象出示税务检查证件、出示或者送达税务检查通知书,告知其权利和义务。

检查应当依照法定权限和程序,采取实地检查、调取账簿资料、询问、查询存款账户或者储蓄存款、异地协查等方法。对采用电子信息系统进行管理和核算的被查对象,检查人员可以要求其打开该电子信息系统,或者提供与原始电子数据、电子信息系统技术资料一致的复制件。被查对象拒不打开或者拒不提供的,经稽查局局长批准,可以采用适当的技术手段对该电子信息系统进行直接检查,或者提取、复制电子数据进行检查,但所采用的技术手段不得破坏该电子信息系统原始电子数据,或者影响该电子信息系统正常运行。

检查应当依照法定权限和程序收集证据材料。收集的证据必须经查证属实,并与证明事项相关联。不得以下列方式收集、获取证据材料:(1)严重违反法定程序收集;(2)以违反法律强制性规定的手段获取且侵害他人合法权益;(3)以利诱、欺诈、胁迫、暴力等手段获取。

调取账簿、记账凭证、报表和其他有关资料时,应当向被查对象出具调取账簿资料通知书,并填写调取账簿资料清单交其核对后签章确认。调取纳税人、扣缴义务人以前会计年度的账簿、记账凭证、报表和其他有关资料的,应当经县以上税务局局长批准,并在3个月内完整退还;调取纳税人、扣缴义务人当年的账簿、记账凭证、报表和其他有关资料的,应当经设区的市、自治州以上税务局局长批准,并在30日内退还。退还账簿资料时,应当由被查对象核对调取账簿资料清单,并签章确认。

需要提取证据材料原件的,应当向当事人出具提取证据专用收据,由当事人核对后签章确认。对需要退还的证据材料原件，检查结束后应当及时退还，并履行相关签收手续。需要将已开具的纸质发票调出查验时，应当向被查验的单位或者个人开具发票换票证；需要将空白纸质发票调出查验时，应当向被查验的单位或者个人开具调验空白发票收据。经查无问题的，应当及时退还，并履行相关签收手续。提取证据材料复制件的，应当由当事人或者原件保存单位（个人）在复制件上注明“与原件核对无误”及原件存放地点，并签章。

询问应当由两名以上检查人员实施。除在被查对象生产、经营、办公场所询问外，应当向被询问人送达询问通知书。询问时应当告知被询问人有关权利义务。询问笔录应当交被询问人核对或者向其宣读；询问笔录有修改的，应当由被询问人在改动处捺指印；核对无误后，由被询问人在尾页结束处写明“以上笔录我看过（或者向我宣读过），与我说的相符”，并逐页签章、捺指印。被询问人拒绝在询问笔录上签章、捺指印的，检查人员应当在笔录上注明。

当事人、证人可以采取书面或者口头方式陈述或者提供证言。当事人、证人口头陈述或者提供证言的，检查人员应当以笔录、录音、录像等形式进行记录。笔录可以手写或者使用计算机记录并打印，由当事人或者证人逐页签章、捺指印。当事人、证人口头提出变更陈述或者证言的，检查人员应当就变更部分重新制作笔录，注明原因，由当事人或者证人逐页签章、捺指印。当事人、证人变更书面陈述或者证言的，变更前的笔录不予退回。

制作录音、录像等视听资料的，应当注明制作方法、制作时间、制作人和证明对象等内容。调取视听资料时，应当调取有关资料的原始载体；难以调取原始载体的，可以调取复制件，但应当说明复制方法、人员、时间和原件存放处等事项。对声音资料，应当附有该声音内容的文字记录；对图像资料，应当附有必要的文字说明。

以电子数据的内容证明案件事实的，检查人员可以要求当事人将电子数据打印成纸质资料，在纸质资料上注明数据出处、打印场所、打印时间或者提供时间，注明“与电子数据核对无误”，并由当事人签章。需要以有形载体形式固定电子数据的，检查人员应当与提供电子数据的个人、单位的法定代表人或者财务负责人或者经单位授权的其他人员一起将电子数据复制到存储介质上并封存，同时在封存包装物上注明制作方法、制作时间、制作人、文件格式及大小等，注明“与原始载体记载的电子数据核对无误”，并由电子数据提供人签章。收集、提取电子数据，检查人员应当制作现场笔录，注明电子数据的来源、事由、证明目的或者对象，提取时间、地点、方法、过程，原始存储介质的存放地点以及对电子数据存储介质的签封情况等。进行数据压缩的，应当在笔录中注明压缩方法和完整性校验值。

检查人员实地调查取证时，可以制作现场笔录、勘验笔录，对实地调查取证情况予以记录。制作现场笔录、勘验笔录，应当载明时间、地点和事件等内容，并由检查人员签名和当事人签章。当事人经通知不到场或者拒绝在现场笔录、勘验笔录上签章的，检查人员应当在笔录上注明原因；如有其他人员在场，可以由其签章证明。检查人员异地调查取证的，当地税务机关应当予以协助；发函委托相关稽查局调查取证的，必要时可以派人参与受托地稽查局的调查取证，受托地稽查局应当根据协查请求，依照法定权限和程序调查。需要取得境外资料的，稽查局可以提请国际税收管理部门依照有关规定程序获取。

查询从事生产、经营的纳税人、扣缴义务人存款账户，应当经县以上税务局局长批准，凭检查存款账户许可证明向相关银行或者其他金融机构查询。查询案件涉嫌人员储蓄存款的，应当经设区的市、自治州以上税务局局长批准，凭检查存款账户许可证明向相关银行或者其他金融机构查询。

被查对象有下列情形之一的，依照税收征收管理法和税收征收管理法实施细则有关逃避、拒绝或者以其他方式阻挠税务检查的规定处理：(1)提供虚假资料，不如实反映情况，或者拒绝提供有关资料的；(2)拒绝或者阻止税务机关记录、录音、录像、照相和复制与案件有关的情况和资料的；(3)在检查期间转移、隐匿、销毁有关资料的；(4)有不依法接受税务检查的其他情形的。

税务机关有根据认为从事生产、经营的纳税人有逃避纳税义务行为的，可以在规定的纳税期之前，责令限期缴纳应纳税款；在限期内发现纳税人有明显的转移、隐匿其应纳税的商品、货物以及其他财产或者应纳税收入迹象的，可以责成纳税人提供纳税担保。如果纳税人不能提供纳税担保，经县以上税务局局长批准，可以依法采取税收强制措施。检查从事生产、经营的纳税人以前纳税期的纳税情况时，发现纳税人有逃避纳税义务行为，并有明显的转移、隐匿其应纳税的商品、货物以及其他财产或者应纳税收入迹象的，经县以上税务局局长批准，可以依法采取税收强制措施。采取查封、扣押措施的，期限一般不得超过 6 个月；重大案件有下列情形之一，需要延长期限的，应当报国家税务总局批准：(1)案情复杂，在查封、扣押期限内确实难以查明案件事实的；(2)被查对象转移、隐匿、销毁账簿、记账凭证或者其他证据材料的；(3)被查对象拒不提供相关情况或者以其他方式拒绝、阻挠检查的；(4)解除查封、扣押措施可能使纳税人转移、隐匿、损毁或者违法处置财产，从而导致税款无法追缴的。除前述规定情形外采取查封、扣押、冻结措施的，期限不得超过 30 日；情况复杂的，经县以上税务局局长批准,可以延长,但是延长期限不得超过 30 日。

稽查局采取税收强制措施时,应当向纳税人、扣缴义务人、纳税担保人交付税收强制措施决定书,告知其采取税收强制措施的内容、理由、依据以及依法享有的权利、救济途径,并履行法律、法规规定的其他程序。采取冻结纳税人在开户银行或者其他金融机构的存款措施时,应当向纳税人开户银行或者其他金融机构交付冻结存款通知书,冻结其相当于应纳税款的存款;并于作出冻结决定之日起 3 个工作日内,向纳税人交付冻结决定书。采取查封、扣押商品、货物或者其他财产措施时,应当向纳税人、扣缴义务人、纳税担保人当场交付查封、扣押决定书,填写查封商品、货物或者其他财产清单或者出具扣押商品、货物或者其他财产专用收据,由当事人核对后签章。查封清单、扣押收据一式二份,由当事人和稽查局分别保存。采取查封、扣押有产权证件的动产或者不动产措施时,应当依法向有关单位送达税务协助执行通知书,通知其在查封、扣押期间不再办理该动产或者不动产的过户手续。

有下列情形之一的,应当依法及时解除税收强制措施:(1)纳税人已按履行期限缴纳税款、扣缴义务人已按履行期限解缴税款、纳税担保人已按履行期限缴纳所担保税款的;(2)税收强制措施被复议机关决定撤销的;(3)税收强制措施被人民法院判决撤销的;(4)其他法定应当解除税收强制措施的。解除税收强制措施时,应当向纳税人、扣缴义务人、纳税担保人送达解除税收强制措施决定书,告知其解除税收强制措施的时间、内容和依据,并通知其在规定时间内办理解除税收强制措施的有关事宜:(1)采取冻结存款措施的,应当向冻结存款的纳税人开户银行或者其他金融机构送达解除冻结存款通知书,解除冻结;(2)采取查封商品、货物或者其他财产措施的,应当解除查封并收回查封商品、货物或者其他财产清单;(3)采取扣押商品、货物或者其他财产措施的,应当予以返还并收回扣押商品、货物或者其他财产专用收据。税收强制措施涉及协助执行单位的,应当向协助执行单位送达税务协助执行通知书,通知解除税收强制措施相关事项。

有下列情形之一,致使检查暂时无法进行的,经稽查局局长批准后,中止检查:(1)当事人被有关机关依法限制人身自由的;(2)账簿、记账凭证及有关资料被其他国家机关依法调取且尚未归还的;(3)与税收违法行为直接相关的事实需要人民法院或者其他国家机关确认的;(4)法律、行政法规或者国家税务总局规定的其他可以中止检查的。中止检查的情形消失,经稽查局局长批准后,恢复检查。

有下列情形之一,致使检查确实无法进行的,经稽查局局长批准后,终结检查:(1)被查对象死亡或者被依法宣告死亡或者依法注销,且有证据表明无财产可抵缴税款或者无法定税收义务承担主体的;(2)被查对象税收违法行为均已超过法定追究期限的;(3)法律、行政法规或者国家税务总局规定的其他可以终结检查的。

检查结束前,检查人员可以将发现的税收违法事实和依据告知被查对象。被查对象对违法事实和依据有异议的,应当在限期内提供说明及证据材料。被查对象口头说明的,检查人员应当制作笔录,由当事人签章。

(六)税务稽查的审理

检查结束后,稽查局应当对案件进行审理。符合重大税务案件标准的,稽查局审理后提请税务局重大税务案件审理委员会审理。重大税务案件审理依照国家税务总局有关规定执行。

案件审理应当着重审核以下内容:(1)执法主体是否正确;(2)被查对象是否准确;(3)税收违法事实是否清楚,证据是否充分,数据是否准确,资料是否齐全;(4)适用法律、行政法规、规章及其他规范性文件是否适当,定性是否正确;(5)是否符合法定程序;(6)是否超越或者滥用职权;(7)税务处理、处罚建议是否适当;(8)其他应当审核确认的事项或者问题。

有下列情形之一的,应当补正或者补充调查:(1)被查对象认定错误的;(2)税收违法事实不清、证据不足的;(3)不符合法定程序的;(4)税务文书不规范、不完整的;(5)其他需要补正或者补充调查的。

拟对被查对象或者其他涉税当事人作出税务行政处罚的,应当向其送达税务行政处罚事项告知书,告知其依法享有陈述、申辩及要求听证的权利。税务行政处罚事项告知书应当包括以下内容:(1)被查对象或者其他涉税当事人姓名或者名称、有效身份证件号码或者统一社会信用代码、地址,没有统一社会信用代码的,以税务机关赋予的纳税人识别号代替。(2)认定的税收违法事实和性质。(3)适用的法律、行政法规、规章及其他规范性文件。(4)拟作出的税务行政处罚。(5)当事人依法享有的权利。(6)告知书的文号、制作日期、税务机关名称及印章。(7)其他相关事项。

被查对象或者其他涉税当事人可以书面或者口头提出陈述、申辩意见。对当事人口头提出陈述、申辩意见,应当制作陈述申辩笔录,如实记录,由陈述人、申辩人签章。应当充分听取当事人的陈述、申辩意见;经复核,当事人提出的事实、理由或者证据成立的,应当采纳。

被查对象或者其他涉税当事人按照法律、法规、规章要求听证的,应当依法组织听证。听证依照国家税务总局有关规定执行。

经审理,区分下列情形分别作出处理:(1)有税收违法行为,应当作出税务处理决定的,制作税务处理决定书;(2)有税收违法行为,应当作出税务行政处罚决定的,制作税务行政处罚决定书;(3)税收违法行为轻微,依法可以不予税务行政处罚的,制作不予税务行政处罚决定书;(4)没有税收违法行为的,制作税务稽查结论。税务处理决定书、税务行政处罚决定书、不予税务行政处罚决定书、税务稽查结论引用的法律、行政法规、规章及其他规范性文件,应当注明文件全称、文号和有关条款。

税务处理决定书应当包括以下主要内容:(1)被查对象姓名或者名称、有效身份证件号码或者统一社会信用代码、地址,没有统一社会信用代码的,以税务机关赋予的纳税人识别号代替。(2)检查范围和内容。(3)税收违法事实及所属期间。(4)处理决定及依据。(5)税款金额、缴纳期限及地点。(6)税款滞纳时间、滞纳金计算方法、缴纳期限及地点。(7)被查对象不按期履行处理决定应当承担的责任。(8)申请行政复议或者提起行政诉讼的途径和期限。(9)处理决定书的文号、制作日期、税务机关名称及印章。

税务行政处罚决定书应当包括以下主要内容:(1)被查对象或者其他涉税当事人姓名或者名称、有效身份证件号码或者统一社会信用代码、地址,没有统一社会信用代码的,以税务机关赋予的纳税人识别号代替。(2)检查范围和内容。(3)税收违法事实、证据及所属期间。(4)行政处罚种类和依据。(5)行政处罚履行方式、期限和地点。(6)当事人不按期履行行政处罚决定应当承担的责任。(7)申请行政复议或者提起行政诉讼的途径和期限。(8)行政处罚决定书的文号、制作日期、税务机关名称及印章。税务行政处罚决定应当依法公开。公开的行政处罚决定被依法变更、撤销、确认违法或者确认无效的,应当在3个工作日内撤回原行政处罚决定信息并公开说明理由。

不予税务行政处罚决定书应当包括以下主要内容:(1)被查对象或者其他涉税当事人姓名或者名称、有效身份证件号码或者统一社会信用代码、地址,没有统一社会信用代码的,以税务机关赋予的纳税人识别号代替。(2)检查范围和内容。(3)税收违法事实及所属期间。(4)不予税务行政处罚的理由及依据。(5)申请行政复议或者提起行政诉讼的途径和期限。(6)不予行政处罚决定书的文号、制作日期、税务机关名称及印章。

税务稽查结论应当包括以下主要内容:(1)被查对象姓名或者名称、有效身份证件号码或者统一社会信用代码、地址,没有统一社会信用代码的,以税务机关赋予的纳税人识别号代替。(2)检查范围和内容。(3)检查时间和检查所属期间。(4)检查结论。(5)结论的文号、制作日期、税务机关名称及印章。

稽查局应当自立案之日起90日内作出行政处理、处罚决定或者无税收违法行为结论。案情复杂需要延期的,经税务局局长批准,可以延长不超过90日;特殊情况或者发生不可抗力需要继续延期的,应当经上一级税务局分管副局长批准,并确定合理的延长期限。但下列时间不计算在内:(1)中止检查的时间;(2)请示上级机关或者征求有权机关意见的时间;(3)提请重大税务案件审理的时间;(4)因其他方式无法送达,公告送达文书的时间;(5)组织听证的时间;(6)纳税人、扣缴义务人超期提供资料的时间;(7)移送司法机关后,税务机关需根据司法文书决定是否处罚的案件,从司法机关接受移送到司法文书生效的时间。

税收违法行为涉嫌犯罪的,填制涉嫌犯罪案件移送书,经税务局局长批准后,依法移送公安机关,并附送以下资料:(1)涉嫌犯罪案件情况的调查报告;(2)涉嫌犯罪的主要证据材料复制件;(3)其他有关涉嫌犯罪的材料。

(七)税务稽查的执行

稽查局应当依法及时送达税务处理决定书、税务行政处罚决定书、不予税务行政处罚决定书、税务稽查结论等税务文书。

具有下列情形之一的,经县以上税务局局长批准,稽查局可以依法强制执行,或者依法申请人民法院强制执行:(1)纳税人、扣缴义务人未按照规定的期限缴纳或者解缴税款、滞纳金,责令限期缴纳逾期仍未缴纳的;(2)经稽查局确认的纳税担保人未按照规定的期限缴纳所担保的税款、滞纳金,责令限期缴纳逾期仍未缴纳的;(3)当事人对处罚决定逾期不申请行政复议也不向人民法院起诉、又不履行的;(4)其他可以依法强制执行的。

当事人确有经济困难,需要延期或者分期缴纳罚款的,可向稽查局提出申请,经税务局局长批准后,可以暂缓或者分期缴纳。

作出强制执行决定前,应当制作并送达催告文书,催告当事人履行义务,听取当事人陈述、申辩意见。经催告,当事人逾期仍不履行行政决定,且无正当理由的,经县以上税务局局长批准,实施强制执行。实施强制执行时,应当向被执行人送达强制执行决定书,告知其实施强制执行的内容、理由及依据,并告知其享有依法申请行政复议或者提起行政诉讼的权利。催告期间,对有证据证明有转移或者隐匿财物迹象的,可以作出立即强制执行决定。

稽查局采取从被执行人开户银行或者其他金融机构的存款中扣缴税款、滞纳金、罚款措施时,应当向被执行人开户银行或者其他金融机构送达扣缴税收款项通知书,依法扣缴税款、滞纳金、罚款,并及时将有关凭证送达被执行人。

拍卖、变卖被执行人商品、货物或者其他财产,以拍卖、变卖所得抵缴税款、滞纳金、罚款的,在拍卖、变卖前应当依法进行查封、扣押。稽查局拍卖、变卖被执行人商品、货物或者其他财产前,应当制作拍卖、变卖抵税财物决定书,经县以上税务局局长批准后送达被执行人,予以拍卖或者变卖。拍卖或者变卖实现后,应当在结算并收取价款后3个工作日内,办理税款、滞纳金、罚款的入库手续,并制作拍卖或变卖结果通知书,附拍卖或变卖查封、扣押的商品、货物或者其他财产清单,经稽查局局长审核后,送达被执行人。以拍卖或者变卖所得抵缴税款、滞纳金、罚款和拍卖、变卖等费用后,尚有剩余的财产或者无法进行拍卖、变卖的财产的,应当制作返还商品、货物或者其他财产通知书,附返还商品、货物或者其他财产清单,送达被执行人,并自办理税款、滞纳金、罚款入库手续之日起3个工作日内退还被执行人。

执行过程中发现有下列情形之一的,经稽查局局长批准后,中止执行:(1)当事人死亡或者被依法宣告死亡,尚未确定可执行财产的;(2)当事人进入破产清算程序尚未终结的;(3)可执行财产被司法机关或者其他国家机关依法查封、扣押、冻结,致使执行暂时无法进行的;(4)可供执行的标的物需要人民法院或者仲裁机构确定权属的;(5)法律、行政法规和国家税务总局规定其他可以中止执行的。中止执行情形消失后,经稽查局局长批准,恢复执行。

当事人确无财产可供抵缴税款、滞纳金、罚款或者依照破产清算程序确实无法清缴税款、滞纳金、罚款,或者有其他法定终结执行情形的,经税务局局长批准后,终结执行。

税务处理决定书、税务行政处罚决定书等决定性文书送达后,有下列情形之一的,稽查局可以依法重新作出:(1)决定性文书被人民法院判决撤销的;(2)决定性文书被行政复议机关决定撤销的;(3)税务机关认为需要变更或者撤销原决定性文书的;(4)其他依法需要变更或者撤销原决定性文书的。

第四节 税收法律责任

案例研讨

为确保出口退税政策落实到位,助力稳外贸促发展,国家税务总局驻上海特派员办事处指导上海市税务部门与上海市公安、检察院、法院等部门联合依法查办一起骗取出口退税案件。经查,骗税团伙利用上海兰赫国际贸易有限公司、上海桦润贸易有限公司两家出口企业,通过虚开增值税专用发票、购买报关单据、制造收汇假象等手段,骗取出口退税。上海市税务部门依据《税收征收管理法》及相关规定,追缴骗取出口退税1009.64万元,查补其他税款2956.48万元。上海市浦东新区人民法院作出判决:金某等7人因犯骗取出口退税罪、虚开增值税专用发票罪、非法经营罪等,分别被判处3年至12年不等的有期徒刑,并处罚金合计1230万元。

请研讨:

1. 骗取出口退税与偷税、逃税的区别是什么?
2. 骗取出口退税的法律责任包括哪些?
3. 法院判决的法律依据是什么?
4. 虚开增值税专用发票罪的构成要件是什么?
5. 骗取出口退税罪的构成要件是什么?

税法主体违反税法义务,实施了违反税收征收管理制度的违法行为,应当承担相应的法律责任。

一、纳税人与扣缴义务人的税收法律责任

1. 违反税收征收管理制度的法律责任。纳税人有下列行为之一的,由税务机关责令限期改正,可以处2000元以下的罚款;情节严重的,处2000元以上1万元以下的罚款:(1)未按照规定的期限申报办理税务登记、变更或者注销登记的;(2)未按照规定设置、保管账簿或者保管记账凭证和有关资料的;(3)未按照规定将财务、会计制度或者财务、会计处理办法和会计核算软件报送税务机关备查的;(4)未按照规定将其全部银行账号向税务机关报告的;(5)未按照规定安装、使用税控装置,或者损毁或者擅自改动税控装置的。纳税人不办理税务登记的,由税务机关责令限期改正;逾期不改正的,经税务机关提请,由工商行政管理机关吊销其营业执照。纳税人未按照规定使用税务登记证件,或者转借、涂改、损毁、买卖、伪造税务登记证件的,处2000元以上1万元以下的罚款;情节严重的,处1万元以上5万元以下的罚款。

扣缴义务人未按照规定设置、保管代扣代缴、代收代缴税款账簿或者保管代扣代缴、代收代缴税款记账凭证及有关资料的,由税务机关责令限期改正,可以处2000元以下的罚款;情节严重的,处2000元以上5000元以下的罚款。

纳税人未按照规定办理税务登记证件验证或者换证手续的,由税务机关责令限期改正,可以处2000元以下的罚款;情节严重的,处2000元以上1万元以下的罚款。

2. 违反纳税申报制度的法律责任。纳税人未按照规定的期限办理纳税申报和报送纳税资料的,由税务机关责令限期改正,可以处2000元以下的罚款;情节严重的,可以处2000元以上1万元以下的罚款。扣缴义务人未按照规定的期限向税务机关报送

代扣代缴、代收代缴税款报告表和有关资料的,由税务机关责令限期改正,可以处 2000 元以下的罚款;情节严重的,可以处 2000 元以上 1 万元以下的罚款。

3. 偷税的法律责任。纳税人伪造、变造、隐匿、擅自销毁账簿、记账凭证,或者在账簿上多列支出或者不列、少列收入,或者经税务机关通知申报而拒不申报或者进行虚假的纳税申报,不缴或者少缴应纳税款的,是偷税。对纳税人偷税的,由税务机关追缴其不缴或者少缴的税款、滞纳金,并处不缴或者少缴的税款 50% 以上 5 倍以下的罚款;构成犯罪的,依法追究刑事责任。扣缴义务人采取上述手段,不缴或者少缴已扣、已收税款,由税务机关追缴其不缴或者少缴的税款、滞纳金,并处不缴或者少缴的税款 50% 以上 5 倍以下的罚款;构成犯罪的,依法追究刑事责任。

4. 违反发票管理规定的法律责任。有下列情形之一的,由税务机关责令改正,可以处 1 万元以下的罚款;有违法所得的予以没收:(1)应当开具而未开具发票,或者未按照规定的时限、顺序、栏目,全部联次一次性开具发票,或者未加盖发票专用章的;(2)使用税控装置开具发票,未按期向主管税务机关报送开具发票的数据的;(3)使用非税控电子器具开具发票,未将非税控电子器具使用的软件程序说明资料报主管税务机关备案,或者未按照规定保存、报送开具发票的数据的;(4)拆本使用发票的;(5)扩大发票使用范围的;(6)以其他凭证代替发票使用的;(7)跨规定区域开具发票的;(8)未按照规定缴销发票的;(9)未按照规定存放和保管发票的。

跨规定的使用区域携带、邮寄、运输空白发票,以及携带、邮寄或者运输空白发票出入境的,由税务机关责令改正,可以处 1 万元以下的罚款;情节严重的,处 1 万元以上 3 万元以下的罚款;有违法所得的予以没收。丢失发票或者擅自损毁发票的,依照上述规定处罚。

违反《发票管理办法》虚开发票的,由税务机关没收违法所得;虚开金额在 1 万元以下的,可以并处 5 万元以下的罚款;虚开金额超过 1 万元的,并处 5 万元以上 50 万元以下的罚款;构成犯罪的,依法追究刑事责任。非法代开发票的,依照上述规定处罚。

私自印制、伪造、变造发票,非法制造发票防伪专用品,伪造发票监制章的,窃取、截留、篡改、出售、泄露发票数据的,由税务机关没收违法所得,没收、销毁作案工具和非法物品,并处 1 万元以上 5 万元以下的罚款;情节严重的,并处 5 万元以上 50 万元以下的罚款;构成犯罪的,依法追究刑事责任。

有下列情形之一的,由税务机关处 1 万元以上 5 万元以下的罚款;情节严重的,处 5 万元以上 50 万元以下的罚款;有违法所得的予以没收:(1)转借、转让、介绍他人转让发票、发票监制章和发票防伪专用品的;(2)知道或者应当知道是私自印制、伪造、变造、非法取得或者废止的发票而受让、开具、存放、携带、邮寄、运输的。

对违反发票管理规定两次以上或者情节严重的单位和个人,税务机关可以向社会公告。违反发票管理法规,导致其他单位或者个人未缴、少缴或者骗取税款的,由税务机关没收违法所得,可以并处未缴、少缴或者骗取的税款1倍以下的罚款。违反《税收征收管理法》第22条规定,非法印制发票的,由税务机关销毁非法印制的发票,没收违法所得和作案工具,并处1万元以上5万元以下的罚款;构成犯罪的,依法追究刑事责任。

5. 纳税人、扣缴义务人编造虚假计税依据的,由税务机关责令限期改正,并处5万元以下的罚款。纳税人不进行纳税申报,不缴或者少缴应纳税款的,由税务机关追缴其不缴或者少缴的税款、滞纳金,并处不缴或者少缴的税款50%以上5倍以下的罚款。

6. 逃税的法律责任。纳税人欠缴应纳税款,采取转移或者隐匿财产的手段,妨碍税务机关追缴欠缴的税款的,由税务机关追缴欠缴的税款、滞纳金,并处欠缴税款50%以上5倍以下的罚款;构成犯罪的,依法追究刑事责任。

7. 骗税的法律责任。以假报出口或者其他欺骗手段,骗取国家出口退税款的,由税务机关追缴其骗取的退税款,并处骗取税款1倍以上5倍以下的罚款;构成犯罪的,依法追究刑事责任。对骗取国家出口退税款的,税务机关可以在规定期间内停止为其办理出口退税。

8. 抗税的法律责任。以暴力、威胁方法拒不缴纳税款的,是抗税,除由税务机关追缴其拒缴的税款、滞纳金外,依法追究刑事责任。情节轻微,未构成犯罪的,由税务机关追缴其拒缴的税款、滞纳金,并处拒缴税款1倍以上5倍以下的罚款。

9. 欠税的法律责任。纳税人、扣缴义务人在规定期限内不缴或者少缴应纳或者应解缴的税款,经税务机关责令限期缴纳,逾期仍未缴纳的,税务机关除依照《税收征收管理法》第40条规定采取强制执行措施追缴其不缴或者少缴的税款外,可以处不缴或者少缴的税款50%以上5倍以下的罚款。扣缴义务人应扣未扣、应收而不收税款的,由税务机关向纳税人追缴税款,对扣缴义务人处应扣未扣、应收未收税款50%以上3倍以下的罚款。纳税人、扣缴义务人逃避、拒绝或者以其他方式阻挠税务机关检查的,由税务机关责令改正,可以处1万元以下的罚款;情节严重的,处1万元以上5万元以下的罚款。

10. 从事生产、经营的纳税人、扣缴义务人有税收违法行为,拒不接受税务机关处理的,税务机关可以收缴其发票或者停止向其发售发票。

11. 非法印制、转借、倒卖、变造或者伪造完税凭证的,由税务机关责令改正,处

2000 元以上 1 万元以下的罚款；情节严重的，处 1 万元以上 5 万元以下的罚款；构成犯罪的，依法追究刑事责任。

二、税务机关的税收法律责任

1. 税务机关、税务人员查封、扣押纳税人个人及其所扶养家属维持生活必需的住房和用品的，责令退还，依法给予行政处分；构成犯罪的，依法追究刑事责任。税务人员私分扣押、查封的商品、货物或者其他财产，情节严重，构成犯罪的，依法追究刑事责任；尚不构成犯罪的，依法给予行政处分。

2. 纳税人、扣缴义务人的行为涉嫌犯罪的，税务机关应当依法移交司法机关追究刑事责任。税务人员徇私舞弊，对依法应当移交司法机关追究刑事责任的不移交，情节严重的，依法追究刑事责任。

3. 税务人员与纳税人、扣缴义务人勾结，唆使或者协助纳税人、扣缴义务人有《税收征收管理法》第 63 条、第 65 条、第 66 条规定的行为，构成犯罪的，依法追究刑事责任；尚不构成犯罪的，依法给予行政处分。

4. 税务人员利用职务上的便利，收受或者索取纳税人、扣缴义务人财物或者谋取其他不正当利益，构成犯罪的，依法追究刑事责任；尚不构成犯罪的，依法给予行政处分。

5. 税务人员徇私舞弊或者玩忽职守，不征或者少征应征税款，致使国家税收遭受重大损失，构成犯罪的，依法追究刑事责任；尚不构成犯罪的，依法给予行政处分。

6. 税务人员滥用职权，故意刁难纳税人、扣缴义务人的，调离税收工作岗位，并依法给予行政处分。税务人员利用职权之便，故意刁难印制、使用发票的单位和个人，或者有违反发票管理法规行为的，依照国家有关规定给予处分；构成犯罪的，依法追究刑事责任。

7. 税务人员对控告、检举税收违法违纪行为的纳税人、扣缴义务人以及其他检举人进行打击报复的，依法给予行政处分；构成犯罪的，依法追究刑事责任。

8. 违反法律、行政法规的规定提前征收、延缓征收或者摊派税款的，由其上级机关或者行政监察机关责令改正，对直接负责的主管人员和其他直接责任人员依法给予行政处分。

9. 违反法律、行政法规的规定，擅自作出税收的开征、停征或者减税、免税、退税、补税以及其他同税收法律、行政法规相抵触的决定的，除依照法律规定撤销其擅自作出的决定外，补征应征未征税款，退还不应征收而征收的税款，并由上级机关追究直接负责的主管人员和其他直接责任人员的行政责任；构成犯罪的，依法追究刑事责任。

10. 税务人员在征收税款或者查处税收违法案件时，未按照规定进行回避的，对直接负责的主管人员和其他直接责任人员，依法给予行政处分。

11. 未按照规定为纳税人、扣缴义务人、检举人保密的，对直接负责的主管人员和其他直接责任人员，由所在单位或者有关单位依法给予行政处分。

三、其他主体的税收法律责任

1. 纳税人、扣缴义务人的开户银行或者其他金融机构拒绝接受税务机关依法检查纳税人、扣缴义务人存款账户，或者拒绝执行税务机关作出的冻结存款或者扣缴税款的决定，或者在接到税务机关的书面通知后帮助纳税人、扣缴义务人转移存款，造成税款流失的，由税务机关处10万元以上50万元以下的罚款，对直接负责的主管人员和其他直接责任人员处1000元以上1万元以下的罚款。银行和其他金融机构未依照《税收征收管理法》第17条第2款的规定在从事生产、经营的纳税人的账户中登录税务登记证件号码，或者未按规定在税务登记证件中登录从事生产、经营的纳税人的账户账号的，由税务机关责令其限期改正，处2000元以上2万元以下的罚款；情节严重的，处2万元以上5万元以下的罚款。其他金融机构，是指信托投资公司、信用合作社、邮政储蓄机构以及经中国人民银行、中国证券监督管理委员会等批准设立的其他金融机构。

2. 未经税务机关依法委托征收税款的，责令退还收取的财物，依法给予行政处分或者行政处罚；致使他人合法权益受到损失的，依法承担赔偿责任；构成犯罪的，依法追究刑事责任。

3. 为纳税人、扣缴义务人非法提供银行账户、发票、证明或者其他方便，导致未缴、少缴税款或者骗取国家出口退税款的，税务机关除没收其违法所得外，可以处未缴、少缴或者骗取的税款1倍以下的罚款。

4. 税务代理人违反税收法律、行政法规，造成纳税人未缴或者少缴税款的，除由纳税人缴纳或者补缴应纳税款、滞纳金外，对税务代理人处纳税人未缴或者少缴税款50%以上3倍以下的罚款。

思考题

1. 简述我国税收征管修法的趋势。

2. 简述税收保全措施与税收强制措施之间的区别与联系。

拓展阅读

1. 刘剑文主编：《税收征管法》，武汉大学出版社2003年版。

2. 刘剑文、熊伟:《税法基础理论》,北京大学出版社 2004 年版。

3. 黄俊杰:《财政宪法》,台北,台湾翰芦图书出版公司 2005 年版。

4. 刘剑文主编:《财税法学研究述评》,高等教育出版社 2004 年版。

5. [日]北野宏久:《日本税法学原论》(第 5 版),郭美松、陈刚译,中国检察出版社 2008 年版。

6. 施正文:《税收程序法论——监控征税权运行的法理与立法研究》,北京大学出版社 2003 年版。

7. 葛克昌:《行政程序与纳税人基本权》,北京大学出版社 2005 年版。

8. 中国税务学会学术委员会第四研究部:《税收征管法律疑难问题研究:兼议〈税收征管法〉的修订》,经济科学出版社 2017 年版。

9. 李万甫、孙红梅主编:《〈税收征收管理法〉修订若干制度研究》,法律出版社 2017 年版。

10. 熊伟、李刚主编:《税收征收管理法修订建议稿及立法理由》,法律出版社 2022 年版。

11. 朱大旗、胡明等:《〈税收征收管理法〉修订问题研究》,法律出版社 2018 年版。

12. 全国人大常委会预算工作委员会编著:《税收征收管理法律制度比较研究》,中国财政经济出版社 2023 年版。

第六章　国 际 税 法

学习目标

1. 低阶学习目标

(1) 理解国际税法的概念及其调整对象和渊源

(2) 掌握避免双重征税的方法

(3) 了解国际反避税方法

2. 高阶学习目标

(1) 分析居民税收管辖权和来源地税收管辖权之间的关系

(2) 适用国内法和国际税收协定避免双重征税

(3) 掌握国际反避税的方法和趋势

案例研讨

A 集团是英国的一家房地产开发和投资公司，旗下 B 公司于 2004 年 6 月 10 日在泽西岛注册成立全资子公司 C 公司。2004 年 6 月 28 日，C 公司董事会决定以高于市场价的交易价格购买 A 集团旗下的物业公司股份，该次交易在 2004 年 7 月 12 日完成。同年 7 月 20 日，C 公司的原董事辞职，被任命的新董事为英国居民。C 公司不久后低价出售物业公司股份，造成资本损失。A 集团申请列支该项资本损失时被英国税务部门拒绝。根据英国相关法律的规定，大部分情况下，在英国注册成立或在英国进行管理及控制的公司都被视为英国税收居民。C 公司注册地为泽西岛，C 公司在 2004 年 6 月 10 日至 7 月 20 日是否在英国进行管理及控制，其据此是否为英国税收居民，以及高价购买 A 集团资产是否具有合理商业目的，成为本案的争议焦点。

英国税务部门认为，C 公司的董事会只是单纯执行 A 集团委托的一项具体任务，C 公司的实际管理及控制机构是英国 A 集团，C 公司实际上是英国的税收居民。C 公司以高价购买集团资产是不符合合理商业目的的行为，是 A 集团会计师精心策划的避税方案。因此，A 集团不应就 C 公司有计划地高买低卖集团资产带来的资本损失向税务部门申请将其列支为资本损失。

A集团向一级法庭提起诉讼。一级法庭认为,C公司原董事会没有履行实际义务,他们以违反公司商业利益的方式开展收购计划,从而推定C公司原董事会没有对公司拥有决策权及控制权,其实际管理和控制权由英国A集团掌握,因此,C公司自始至终都是英国的税收居民,驳回了A集团的诉讼请求。

针对上述一级法庭的判决,A集团向高级法庭提出上诉。高级法庭最终作出裁决,C公司是泽西岛税收居民企业,而不是英国税收居民企业。主要基于以下理由。

(1)C公司原董事会没有放弃对实际公司的管理及控制。C公司在泽西岛多次召开董事会议,对收购计划的合法性、交易所产生的相关税费问题和责任问题等进行了长时间研讨。这证明C公司原董事会是有意识安排各项收购活动,而不是简单地听从指示进行交易,具体证据包括:

①C公司在2004年6月11日举行第一次董事会会议,在会议上有提到“考虑交易的时间大约从上午11点到下午4点,其中有一个午餐休息时间”,这证明董事会是有意识安排各项收购活动的。

②在同一次董事会会议上,其中一位董事询问了印花税的情况,并通过电话听取了普华永道的建议,表明C公司的董事们了解该次交易所产生的相关税费问题,而不是简单地听从A集团指示进行交易。

③在2004年6月25日的董事会会议上,董事们审议了看涨期权的条款。董事们注意到期权的条款和期权通知的起草有不一致之处,并通过电话求证。这再次表明,董事们对他们面临的交易进行过思考而不是简单地听从指示进行交易。

(2)C公司原董事们并没有做出违背公司最佳利益的行为。C公司没有雇员,而且C公司根据该计划进行的交易并不损害债权人的利益,最主要考虑的因素是股东的利益。C公司作为A集团的B公司的子公司,以A集团作为股东的最佳利益为导向,是按照职责行事的表现。子公司按照其母公司的意图、愿望甚至指示去执行任务,并不意味着管理和控制权属于母公司。

(3)C公司以不合理商业目的收购相关资产的说法并不成立,因为C公司高价收购相关资产的资金由其母公司B公司提供。

请研讨:

1. 国际税法的概念。

2. 国内税法与国际税法之间的关系。

3. 税法与公司法的区别与联系。

第一节　国际税法基础原理

一、国际税法的概念、调整对象和渊源

（一）国际税法的概念

国际税法是调整国际税收关系的法律规范的总和。由于对国际税法的内涵和外延认识不一致，目前关于国际税法的具体定义存有“广义论”“狭义论”“新国际税法论”等观点，分歧的实质在于对国际税收的不同认识，即对国际税收理解的不一致是导致对国际税法理解不一致的直接和主要原因。国际税收是国际税法产生的经济前提，国际税法是规范和促进国际税收发展的法律保障。本书采用国际税法广义论，即国际税法作为国际经济法的一个独立法律分支，是调整国家涉外税收征纳关系和国家间税收分配关系的法律规范的总和。

（二）国际税法的调整对象

国际税法狭义论认为，国际税法的调整对象仅限于国家间的税收利益分配关系，其渊源仅限于国家与国家之间的税收条约、协定，各国的涉外税法不能成为国际税法的渊源。国际税法广义论则主张，国际税法的调整对象不仅包括国家间的税收分配关系，还包括一国政府与跨国纳税人之间的涉外税收征纳关系。由于国际税收涉及两个或两个以上国家对税收的管辖权，而同一纳税义务人在两个或两个以上国家负有双重纳税义务，因此，国际税收关系的内容必然具有双重性质：一方面表现为主权国家与具有跨国所得的纳税人之间的税收征纳关系；另一方面则又表现为相关国家之间就纳税人的跨国所得的税收利益分配关系。所以，国际税法的调整对象应包括两层含义：第一，它反映了一个国家对跨国纳税人的征税权及其征税制度；第二，它反映了国家之间税收权益的分配，两者互为条件、相互依赖。

（三）国际税法的渊源

国际税法的渊源是指国际税法的表现形式。由于国际税收关系是以纳税人的跨国所得为基础所形成的一种特殊的经济分配关系，它既涉及国家与跨国纳税人的权益，又涉及相关国家的权益分配，因而调整国际税收关系的法律规范亦具有多样性的特点。总体上看，国际税法的渊源包括国际法规范和国内法规范，国际法规范又包括国际税收条约和国际税收惯例。

1. 国际法规范

（1）国际税收条约（international tax treaty），亦称国际税收协定，是指两个或两个以上的主权国家，为了协调相互间在处理跨国纳税人征纳事务方面的税收关系，依照对等原则，通过政府间谈判所缔结的确定各自在国际税收方面的权利义务关系的一种书面协议。在税收国际化的历史条件下，国家税收权益关系的协调，主要是通过有关当事方之间缔结的国际税收协定来规范。国际税收协定已成为各国之间避免国际双重征税、调节国家之间的税收利益分配、促进国际经济合作的最有效手段之一。国际税收协定可以按照不同的标准加以分类。按照缔约方数量可以分为双边协定或多边协定；按照适用的税种可以分为所得税协定、关税协定等；按照协定的内容可以分为专项协定或综合协定。

（2）国际税收惯例是在长期国际交往中逐渐形成的不成文的法律规范，由具有法律约束力的国际习惯和尚不具有法律约束力的惯例两部分组成。根据《国际法院规约》第 38 条第 1 款第 2 项的规定，国际习惯是“作为通例之证明而经接受为法律者”。这就是说，一项规则要成为国际惯例必须具备两个条件：一是物质因素，即长期实践中重复类似行为而形成普遍的习惯做法；二是心理因素，即这种做法被国家和当事人认可而具有法律效力。

2. 国内法规范

国际税法的国内法规范渊源主要体现为各国的涉外税法，包括涉外所得税法和财产税法。它既包括各国立法和行政机关颁布的涉外税收法律法规，又包括英美法系等国家司法机关的涉外税收判例。各国涉外税法虽有不少法律规范直接涉及国家间的税收分配关系，但国内法规范渊源在调整国际税收关系中的主要功能和作用，是调整该国与跨国纳税人之间的税收征纳关系，即确定国家对跨国课税对象的税收管辖权、征税范围和程度及课税的方式和程序。

二、国际税法的基本原则

国际税法的原则可以分为基本原则和具体原则。基本原则由于具有稳定性，因而容易确定，而具体原则不具有稳定性，在国际税法的不同分支范围内，其具体原则有不同的内容。国际税法的基本原则是指适用于国际税法的各个方面，构成国际税法的基础，并对国际税法的制定和实施等具有指导意义的信念。基本原则具有普遍适用性、基础性和稳定性，如果不满足这三个方面的特性，比如某项原则只能适用于国际税法的某一个方面，或者不能构成国际税法的基础，则只能构成国际税法的具体原则。通常而言，国际税法的基本原则包括税收主权原则、国际合作原则和公平原则。

（一）税收主权原则

税收主权是国家主权在国际税收领域的体现。国家主权是国家最重要的属性，是国家固有的在国内的最高权力和在国际上的独立权力。由于这种权力不可分割和不可让与，不从属于外来的意志，不受外来干预，因此，主权在国内是最高的，在国际上是独立的。质言之，国家独立自主地处理自己的内外事务、管理自己国家的权力就是国家主权。对内最高性和对外独立性是国家主权最重要的两个特征，对内最高性表现为国家对其领土内的一切人和物以及领土外的本国人享有属地优越权和属人优越权，主权国家可以通过立法等各种手段来实现自己的统治，而不受任何其他力量的干预和限制。独立性是指国家有权独立自主地处理其主权范围内的事务，国家处理这些事务不受外来的干涉。

作为国家主权在国际税收领域的体现，税收主权有两个方面的含义：一是对本国涉外税收实施征管的权力，即指一国可以根据本国国情和自身发展需要独立自主地制定本国的涉外税法，包括确定税收管辖权的基础、税基与税率、税收优惠措施等。二是独立自主地参与国际税收利益分配的权力，包括参与国际税收条约的谈判与签订、参与国际税收争端的解决等。

（二）国际合作原则

国际合作原则是指各国不论政治、经济、社会制度有何差异，在双边或多边交往中都应该互相协助和合作。在国际税收中，按照税收主权原则，各国可以独立自主地制定本国的涉外税收法律，这就有可能导致不同国家税收法律之间的冲突，而这种冲突将具体表现为一系列的问题，如双重或多重征税，即不同国家对同一应税项目均进行征税。另外，各国税法冲突还会为国际逃税避税提供操作空间，即跨国纳税人可以利用不同国家之间税收政策的差异，通过转移成本或利润等手段，将应税所得从高税率国家转移至低税率甚至是“零税率”国家。显然，这些都将严重影响正常的国际税收秩序，同时也不利于各国税收政策的实施。

解决上述冲突的有效途径便是加强国际合作。在国际税收中，国际合作的主要形式就是通过双边或多边协定确立合作框架，建立包括税收管辖权协调、信息交流、争端解决等在内的合作机制。目前，已有联合国（UN）、经济合作与发展组织（OECD）（以下简称经合组织）、东盟（ASEAN）、安第斯共同体（CAN）等国际组织制定了税收协定范本。各国在借鉴协定范本的基础上，结合各国具体情形，已签署各类国际税收协定6000多项。国际合作原则贯穿各国涉外税收征纳和国际税收利益分配的活动始终，构成了国际税法的基本原则。

（三）公平原则

公平原则既是国内税法的基本原则又是国际税法的基本原则。但公平原则在国内税法和国际税法中的含义是不一样的。国内税法中的公平原则主要是针对纳税人的纳税负担而言的，即指税收征纳关系中的公平。与此相比，国际税法中公平原则的含义要丰富得多，包括国家间税收分配关系中的公平和涉外税收征纳关系中的公平。税收利益分配公平，是指各个主权国家在其税收管辖权独立的基础上平等地对国际税收利益进行分配。税收征纳公平又包括两个方面的含义：一是指跨国纳税人所承担的税收负担应与经济状况和承受能力相适应，二是指经济情况相同的纳税人应承担相同的税收负担。

在国际税法中强调公平原则具有重要的理论和实践意义。当前由于不同国家的发展程度不一致，发达国家在资本输出的质和量方面都较发展中国家处于优势。如果发达国家利用自身的优势地位，强化居民税收管辖权，弱化来源地税收管辖权，那么必将影响广大发展中国家在国际税收利益分配中的应有份额，不利于国际经济新秩序的构建。另外，有些国家在制定本国的涉外税收法律制度的过程中，对本国纳税人和外国纳税人区别对待，规定不同的税收负担，不利于企业之间展开公平竞争。我国从2008年1月1日起实行企业所得税法“两法合并”，根据新的《企业所得税法》，内外资企业享受同等待遇。只有坚持公平原则，才能既保证发达国家和发展中国家在国际税收分配关系中得到平等的对待，同时也为不同纳税人提供公平有序的竞争环境。

三、国际税法的产生与发展

（一）国际税法的产生

税收作为一种历史现象，是国家的政治权力作用于经济的产物，反映着特定的社会分配关系。国家为了实现其职能，就要通过征税取得财政收入。但这一数千年来的税收征纳关系，过去一般都严格限制在一国的领域范围之内。因为一国的政治权力所管辖的范围一般仅限于本国的领域，所以在税收产生之后的相当长的历史时期内，税收只能在一国领域内征收。

19世纪末20世纪初，世界主要资本主义国家都纷纷步入垄断阶段，这一阶段的主要特征就是资本输出。第一次世界大战以后，各主要资本主义国家大量的资本输出带来了大规模收入的国际化，国家与国家之间在税收问题上的矛盾不断产生且日益加剧。特别是第二次世界大战后，资本和生产的国际化趋势愈加明显，纳税人收入的国际化规模不断扩大。这种收入和财产国际化现象的普遍存在，为国际税收关系的产生和国际税收法制的形成提供了必要的经济基础。

由于纳税人收入的国际化，当主权国家采取不同的征税原则时，势必将出现对跨国纳税人的同一课税对象重复征税的情况。各国存在税负水平和税收稽征水平的差异，这很容易为跨国纳税人利用，从事国际逃税和避税活动。所有这一切，必然会引起相关国家如何对纳税人的跨国所得进行税收协调与分配的问题，即税收的国际化问题。在国际税收实践中，如果没有一个共同的准则作为指导，将直接影响国家与国家之间的税收分配关系，影响国际商品、劳务、技术和资金的流动，直接制约各国经济的发展。在这种情形下，主权国家一方面为了维护自己的经济主权，另一方面也为了适应国际经济关系相互依存的格局，就必须和有关国家进行税收上的合作协调和调整，或者通过国内法上的单边调整，抑或通过国际上的双边或多边调整，并将两者有机地结合起来。于是，调整现代国际税收关系的国际税法便应运而生。

（二）国际税收协定范本

1963 年，经合组织的 24 个成员国草拟了一份避免双重征税协定，并于 1977 年正式颁布并命名为《经济合作与发展组织关于避免双重征税的协定范本》（以下简称《OECD 范本》），该范本后来经过多次修订，不仅用来指导经合组织成员国之间的国际税收协定谈判，还为该组织成员国与非成员国在国际税收协定谈判中提供了示范基础。除《OECD 范本》以外，联合国 1979 年通过了《关于发达国家与发展中国家间双重征税的协定范本》（以下简称《UN 范本》），该范本历经多次修订，在总体结构上与《OECD 范本》相似，但扩大了收入来源国的税收管辖权范围，以平衡发达国家和发展中国家的税收利益。该范本在发展中国家的国际税收协定实践中得到广泛运用。

参照《OECD 范本》和《UN 范本》所谈签的国际双边税收协定，基本上包括以下条款。

（1）协定的适用范围

国际税收协定的适用范围主要包括主体范围、客体范围、地域范围和时间范围条款。

①主体范围。即协定适用于哪些人。早期的双边税收协定一般仅对缔约国双方的公民适用，即国籍是确定协定主体范围的标准，而并不考虑纳税人的住所或居所。随着跨国投资活动的增多，各国为捍卫自身的经济权益，都纷纷以住所或居所为原则来行使税收管辖权。

②客体范围。即协定适用于哪些税种。税收协定的客体主要是所得，但也不限于所得，对一些特定财产的占有行为课征的财产税也可列入协定的适用范围。协定的客体适用范围的确定主要取决于缔约国国内税制的特殊要求。

③地域范围。国际税收协定原则上对缔约国的全部国家领土有效,包括缔约国实施有关国内税收法律的所有领土、领海,以及缔约国根据国际法所拥有勘探和开发海底和底土资源以及海底以上水域资源的主权权利的领海以外的区域。

④时间范围。一般国际税收协定以交换批准书为生效要件。缔约国双方经过谈判协商,达成协议文本草案,然后由双方主管部门草签,经缔约国各方的权力机关批准,双方互换批准书后方可生效。国际税收协定生效后,一般应长期有效,除非条约本身规定了有效期限。

(2)税收管辖权的划分和协调

税收管辖权的划分是国际税收协定的核心条款。在征税涉及他国或多国的情形下,需通过税收管辖权划分规则来确定应由哪一国行使优先征税权,哪些情形可由一国行使独占征税权等。通过签订国际税收协定,缔约国双方确定对营业所得、投资所得、劳务所得及其财产所得等的管辖原则,以此来合理地划分各缔约国的税收管辖权范围。

(3)避免国际双重征税的方法

国际双重征税是由于有关国家对跨国所得同时行使不同的税收管辖权导致冲突所产生的,要解决国家间对跨国纳税人的双重征税问题,除了需要通过划分税收管辖权来避免双重征税以外,还需要规定避免双重征税的措施,即缔约国之间需要协商确定对行使居民管辖权的居住国应该如何采取有效的措施,最终避免双重征税。大多数协定都规定了免税法(method of tax exemption)和抵免法(method of tax credit)两种方法。

(4)税收无差别待遇原则

避免税收歧视,实行税收无差别待遇原则是国际税收的一项重要原则。《UN 范本》与《OECD 范本》都在第 24 条明确规定了税收无差别待遇原则条款,以保证缔约国一方的人在缔约国另一方应负担的纳税义务,不与缔约国另一方的人在相同的情况下所受到的纳税待遇不同或比其负担更重。税收无差别待遇原则在国际税收协定条款规定中具体表现为:国籍无差别条款、常设机构无差别条款、扣除无差别条款和所有权无差别条款等。

(5)加强国际合作,防止国际逃税、避税

鉴于跨国纳税人利用各国税制的差异进行逃税、避税的活动突出,因此防止国际逃税、避税已成为国际税收协定的重要内容。在国际税收协定中规定情报交换及其他的国际税务合作形式,有利于消除和防止国际逃税、避税。

(三)国际税法发展趋势

在经济全球化和数字化背景下,国际税法规范不断充实和完善,双边和多边国际税收协定网络规模不断扩大,欧盟等区域税收协调步伐加快。与此同时,国际税收面临的挑战也更严峻,不仅国际税收竞争愈演愈烈,跨国企业的国际逃税、避税问题也日益严重。因此,国际税法领域中的国际协调与合作日益增多,采取了针对跨国企业避税的全球反避税行动,包括进一步开展优化各国税制中的反避税规定、加强税收情报交换、加强解决税收争端等征管合作等。数字经济对传统国际税收法律秩序的挑战日益明显,数字企业摆脱物理存在,通过网络虚拟平台实现全球化经营,打破了传统经营管理空间限制,于是常设机构规则不再适用、价值产生地与征税地错配、业务交易界限逐渐模糊,各国在税收法律适用和税收征管方面都面临巨大挑战。一些国家采取单边措施针对非居民数字企业在本国市场获取的利润开征新税种,提出了税基侵蚀和利润转移(Base Erosion and Profit Shifting,BEPS)包容性框架下的"双支柱"解决方案,国际税法进一步朝着多边协调和合作方向发展。

第二节　税收管辖权

案例研讨

陈先生为中国公民,在一家美资公司位于中国上海的子公司担任总经理,每月从该公司收到10万元。从2002年至今,陈先生每年在澳大利亚居住10个月,一边陪伴其家人,一边在澳大利亚远程管理该位于中国上海的子公司的经营性业务。

请研讨:

1. 哪些国家对陈先生有税收管辖权?是中国、美国,还是澳大利亚?
2. 这些国家对陈先生行使税收管辖权的理论依据分别是什么?

一、税收管辖权的概念

管辖权是国家主权的体现。国家管辖权在税收领域体现为税收管辖权,即国家有权决定由谁纳税、对什么征税、征多少税,以及如何征税。税收管辖权并不是国际税收特有的概念,自从有了税收,就存在税收管辖权的问题,在国际税收产生以前,税收管辖权局限在一国境内,问题相对简单。国际税收形成以后,就出现了不同国家对同一课税对象征税的情形，出现了不同国家税收管辖权交叉重叠的情况。至此，税收管辖权问题开始引起国际社会的普遍关注，并成为国际税法的重要内容之一。根据确定征税权力的原则不同，税收管辖权分为居民税收管辖权和来源地税收管辖权。

(一) 居民税收管辖权

居民税收管辖权，亦称居住国税收管辖权，是指在国际税收中，国家根据纳税人在本国境内存在着税收居所(tax residence)这样的连结因素行使征税的权力。它是属人管辖原则在国际税法上的体现，其确立是以纳税人与征税国之间存在着某种属人性质的联系为前提，这种根据纳税人的居民身份行使税收管辖权的原则，亦称为从人征税。

根据属人管辖原则行使征税权的前提条件是纳税人与征税国之间存在着以人身关系为特征的法律事实。这些属人连结因素，就自然人来说，主要有住所、居所、惯常居住地、国籍等；就法人来说，主要有公司的注册登记所在地、公司的实际管理和控制中心所在地以及公司的总机构所在地等。确定这类属人性质的连结因素在国际税法学上一般被称作“税收居所”。凡是与征税国存在着这种税收居所联系的纳税人，便是该国税法上的居民纳税人，而这个征税国相应地被称作该纳税人的居住国。主权国家根据纳税人在本国境内存在着税收居所这一法律事实来行使征税的权力，这种根据税收居所联系对纳税人来自境内境外的全部财产和收入进行征税的原则，被称作“居住原则”或“居民税收管辖权原则”。

由于居民纳税人与居住国之间存在着居民身份的人身关系，居住国可以主张对居民纳税人来源于和存在于居住国境内和境外的各种所得和财产价值征收所得税。因此，在征税国的居民税收管辖权下，纳税人承担的是无限纳税义务，即纳税人不仅要就来源于居住国境内的所得和财产承担纳税义务，还要就来源于居住国境外的所得和财产向其居住国承担纳税义务。各国确定本国的居民纳税人时所采用的标准并不完全一致。

(二) 来源地税收管辖权

来源地税收管辖权，亦称从源征税，是指一国对跨国纳税人在该国领域范围内的所得课征税收的权力，它以课税对象与征税国领土之间存在着某种经济利益的联系为依据，是属地管辖原则在国际税法上的体现。

根据属地管辖原则行使税收管辖权的前提条件，是纳税人的各种所得与征税国之间存在着经济上的源泉关系。这些表示所得与征税国存在着某种渊源联系的地域连结标志，如不动产所在地，常设机构所在地，股息、利息、特许权使用费、租金等所得的发生地，以及债务人或支付人所在地等，在国际税法上被称作“所得来源地”。对那些在来源地没有税收居所，却因取得上述所得而负有纳税义务的人，一般被称为来源地的非居民纳税人。而在国际税法上，一国根据所得来源地这一连结因素对非居民纳税人征税的原则，被称为“来源地原则”或“来源地税收管辖权原则”。

与居民税收管辖权下纳税人的无限纳税义务不同，如果一个国家行使的是来源地税收管辖权，那么纳税人承担的是有限的纳税义务，即只就来源于该国境内的所得向该国纳税。由于来源地的认定直接关系一国的税收利益，所以各国的来源地认定也不尽相同。

二、居民税收管辖权的行使

（一）居民身份的确定

如前所述，如果纳税人在征税国境内存在税收居所，那么，其就是该国税法上的居民纳税人，因此，纳税人居民身份的确定也就是税收居所的确定。

1. 自然人居民身份的确定

根据各国的税法实践，在确认自然人居民身份的问题上，通常所采用的标准主要有以下两种：

（1）住所标准。自然人的住所是指一个人以久住的意思而居住的某一处所。这一概念体现了住所的两个构成要件：一是自然人主观上有久住于某一地方的意思；二是自然人客观上有久住于一定地方的事实。有久住意图而无久住的事实，或者是有久住的事实而无久住的意图都难以据此确定一个人的住所。由于住所具有长久性和稳定性的特点，采用住所标准来确定自然人的居民身份比较容易识别，但住所作为自然人久居的处所，却并不能反映出一个人真正的活动场所。在国际税收实践中，自然人离开自己的住所而长期在外的现象屡见不鲜。鉴于住所标准存在的缺陷，有些国家还采用其他辅助性规定来弥补住所标准的不足。

（2）居所标准。所谓居所，是指无久住的意思而暂时居住的处所。与住所不同，居所是住所以外的居住场所。一个人可以同时有几处居所，在无住所或住所无从查考的情况下，可视居所为住所。在各国税法实践中，居所也是用来判定自然人居民身份的主要标准之一。由于居所一般是自然人短暂逗留或临时居住并达到一定期限的处所，所以，居所并不具有长久居住的性质。因此，在国际税收实践中，居所标准一般与居留期限相结合，即自然人居民纳税人的身份，取决于其在一国境内的居留时间。

2. 法人居民身份的确定

国际税法中的“法人”是与“自然人”相对应的概念，包括公司和其他团体，不论它们是否符合民法或公司法上的法人概念。各国税法上判定法人居民身份，主要采用下列标准：

（1）注册登记地标准，即依法人在何国注册成立而定。采用法人注册登记地标准来确认法人的居民身份，其优点在于便于识别，因为法人的注册登记地只能有一个，但这种标准的缺点在于容易产生法律规避现象。有一些跨国公司为了逃避所在国的税负，在避税地设立“基地公司”以规避有关国家的税收管辖权。

（2）实际管理和控制中心所在地标准，是指以法人在本国是否设有管理和控制中心来判定其居民身份。所谓管理和控制中心，主要是指法人的董事会或监事会所在的地点。实际管理和控制中心所在地标准也存在弊端，实践中，有些企业为了税收利益而挑选管理中心所在地，以达到逃避税收的目的。

（3）总机构所在地标准，是指凡总机构设在哪一国，便为该国法人居民。所谓总机构，就是指法人的总公司、总厂或总店，是负责管理和控制法人的全部日常经营业务活动并统一核算法人盈亏的中心机构。采用这一标准的主要有法国、日本等国。与实际管理和控制中心相比，总机构所在地标准强调的是法人组织结构主体的重要性，而实际管理和控制中心所在地标准确定的是法人权力中心的重要性。总机构所在地比较容易确定，但法人也容易通过使用改变总机构所在地的手段来达到变更居民身份的目的。

（二）居民税收管辖权冲突的解决原则

由于各国税法对纳税人居民身份的判定采用不同的标准，因此，不可避免地会发生居民税收管辖权的冲突，导致在国际税收上产生双重居民身份的问题。税收上的双重居民身份加重了纳税人的税收负担，妨碍了国际经济的正常交往，同时也给国家税务当局行使税收管辖权带来一定的困难。于是，在缔结国际税收协定过程中，各国都在致力于解决对自然人和法人的双重居民身份问题。目前，对于居民税收管辖权的冲突主要靠各国在国际税收协定中规定冲突规则的方法来解决。在这方面，《OECD 范本》和《UN 范本》确定的冲突原则具有代表意义。

1. 自然人居民身份冲突的解决方法

关于自然人居民身份的冲突，两大范本均规定，同时为缔约国双方居民的个人，其身份按以下规则确定：（1）应认为是其永久性住所所在国的居民；如果在两个国家同时有永久性住所，应认为是与其个人和经济关系更密切（重要利益中心）的国家的居民。（2）如果其重要利益中心所在国无法确定，或者在两个国家中任何一国都没有永久性住所，应认为是其有习惯性居处所在国的居民。（3）如果其在两个国家都有或者都没有习惯性居处，应认为仅是其国籍所属缔约国的居民。（4）如果其同时是两个国家的国民,或者不是两个国家中任何一国的国民,缔约国双方主管当局应通过协商解决。①

根据范本注释的解释,范本的规定将优先权给予了个人有永久性住所的缔约国一方。在协定的适用中(当两国法律有冲突时),住所应是个人所拥有或占有家的地方,且这个"家"具有永久性。也就是说,个人必须安排或保留这个"家"以用于永久性居住和使用,它不同于明显地为了作短期停留而在特定地点停留。至于"家"的概念,要考虑到任何形式的家(私人自有或租用的房屋或公寓、租用的带家具的房间),但永久性是其本质要素,即个人安排为长期居住,而不是为了某些原因(旅游、商务旅行、求学、到学校进修课程等)短期逗留而临时居住。②

如果某个人在缔约国双方都有永久性住所,上述原则将优先权给予了与其个人的人身和经济联系更密切的国家,即重要利益中心地。如果重要利益中心地无法确定,则要考虑以下补充标准:首先是习惯性居处,其次是国籍。如果同时为两国国民或都不是两国国民,则应由两国协商解决。如果某人在缔约国双方都有一个永久性住所,有必要对事实加以分析以判定哪一国同其个人的人身和经济联系更密切。这要考虑其家庭和社会关系,职业,从事的政治、文化及其他活动,从事营业的地点,管理财产所在地等因素,这些情况应作为一个整体加以分析,并应特别注意个人的自身行为。如果其在一国已有住所,并在拥有该住所的同时在另一国又建一住所,但仍保留第一个住所且在此一直居住、工作,并在第一个住所处拥有家庭和财产,这些事实加上其他一些因素可以判断,第一个住所所在国家是其重要利益中心所在国。③

上述原则还为以下两种情形的冲突提供了另一解决思路:第一种情况是指个人在缔约国双方都有永久性住所,但不能确定其重要利益中心所在国,在一国而非另一国有习惯性住处的,足以使天平向该个人较常居留的国家倾斜。在判定习惯性住处时,不仅要注意此人在所在国永久性住所的停留情况,还应考虑到其在同一国家的任何其他地点停留的情况。第二种情况是此人的永久性住所不在缔约国的任何一方,比如此人不断地居住在各个旅馆之间。在这种情况下,要将此人在一个国家所有的停留时间加在一起进行判断,而不必问其停留的原因。在对这两种情况明确规定优先选择个人有习惯性住处的缔约国方面,上述原则没有明确规定应在多长的期间内比较个人在两国分别居住的时间长短,但应该理解为在足够长的期间内进行比较,以便能确定其在两个国家中的哪一个居所是属于习惯性的,同时确定停留的间隔时间。在前述两种情

---

① 参见《UN 范本》和《OECD 范本》第 4 条第 2 款。

② 参见《OECD 范本》第 4 条注释第 12 段。

③ 参见《OECD 范本》第 4 条注释第 15 段。

况中,如果这个人在缔约国双方都有或都没有习惯性居所,应优先选择其国籍所属的缔约国。如果这个人同时是缔约国双方国民或不是任何一方国民,则由主管当局通过相互协商解决这个问题。

2. 法人居民身份冲突的解决方法

关于法人居民身份冲突的解决方式有两种:一是由双方协商确定该法人为哪一方的居民。二是在国际税收协定中确定一种标准,依此来判断法人是哪一方的居民。《UN 范本》和《OECD 范本》都规定,非个人纳税人同时为缔约国双方居住者的,应认为是其实际管理机构所在国的居住者。① 不过,两大范本均未对"实际管理"一语作出明确的定义,留待各国在双边协定中协商确定。

范本注释表明,在实践中,一家公司被一个以上国家视为居民征税的事例虽然并不常见,但也有发生。例如,缔约国一方根据公司的注册登记地,而缔约国另一方根据公司的实际管理机构所在地确定其居民身份,此时就会发生冲突,所以也应制定具体的规则来解决。实际管理机构所在地,是指对企业实体的营业必不可少的关键性的管理与商业决策实质作出之地。这种实际管理机构所在地通常是企业高层(如董事会)作出决策以及企业整体行动的地点。在实践中还需进一步明确具体标准,所有相关的具体情况都必须予以考虑以便确定实际管理机构所在地。一个实体可能拥有多个管理机构所在地,但在任何特定时候只可能有一个实际管理机构所在地。

三、来源地税收管辖权的行使

(一)所得来源地的认定

确认所得来源地,就是要认定收入的地域标志。根据这一地域标志,来源地有权对非居民纳税人取自本国境内的收入进行征税。目前各国对所得来源地的认定,一般对不同性质的收入采用不同的标准,主要分为营业所得、股息、利息、租金和特许权使用费、个人劳务所得、不动产所得等收益的认定标准。

认定营业所得的来源地有下列几种标准:营业机构所在地、商品交付地、商品使用地、销售合同签订地、商品交付之前的储存地等。各国一般以分配股息公司所在地为股息的来源地,有的国家则考虑按照分配股息的公司的利润实际来源地来认定。在认定利息的来源地时,各国主要采用以下标准:贷款的实际使用地、借款人所在地、利息支付地等,对于债务发生地一般不予考虑。认定租金和特许权使用费的来源地标准一般有:财产的实际使用地、租赁人或被许可人所在地,以及租金或费用的支付地等。认

① 参见《UN 范本》和《OECD 范本》第 4 条第 3 款。

定个人劳务所得的来源地标准一般有:劳务的提供地、劳动力的使用地、劳务报酬支付人的所在地等。认定不动产所得的来源地,一般都以不动产所在地为标准。

但是,由于各国在国内法中规定的对各种所得来源地的确认标准存在差异,就同一笔所得而言,可能因各国所采用的标准不同而被认定为来源于两个或两个以上国家,造成来源地税收管辖权的重叠和冲突,出现双重(多重)征税现象,需要借助国际税收协定的安排加以协调。

(二)来源地税收管辖权冲突的解决原则

对于不同来源地标准引起的来源地税收管辖权冲突,以及来源地税收管辖权与居民税收管辖权冲突,《UN 范本》和《OECD 范本》针对不同类型的收入作出了相应规定。

1. 对跨国营业所得征税权冲突的协调

由于跨国营业所得是一种包罗各种生产经营业务在内的综合性所得,跨国营业所得来源地的认定标准极其复杂多样,很容易发生来源地税收管辖权的重叠,导致国际双重征税现象的产生。为了防止国际双重征税,《UN 范本》第 7 条第 1 款和《OECD 范本》第 7 条第 1 款规定根据"常设机构原则"(principle of permanent establishment)以营业利润(business profits)为基础对非居民纳税人的跨国营业所得进行征税。所谓常设机构原则,是指来源地仅对非居民纳税人通过设在征税国国内的常设机构的活动所取得的营业所得进行征税。这一原则表明,非居民纳税人在来源地国内设有常设机构是征税国对非居民纳税人取自本国国内的营业所得进行征税的前提条件,来源地只能对非居民纳税人通过设在来源地国内的常设机构的活动所获取的所得行使征税权,而对于非居民纳税人那些不是通过常设机构的经营活动所产生的营业所得,则不视为来源于该国国内的营业所得,因而也无权征税。

2. 跨国投资所得征税权冲突的协调

跨国投资所得通常是指纳税人从事消极投资活动所取得的股息、利息和特许权使用费等收入。来源地对非居民的投资所得进行征税,必须先确定上述投资所得的来源地是否在本国国内。由于各国在认定投资所得的来源地上所采取的标准不尽相同,如在股息来源地的确认上,有的国家以分配股息公司的实际管理或控制中心所在地为标准,有的国家则以分配股息公司的注册登记地为股息来源地,这必然使各国在税收管辖权的行使上产生冲突,导致国际双重征税的产生。为了避免国际双重征税,各国有必要通过缔结国际税收协定,对各项投资所得的征税范围加以协调和确定。

《UN 范本》和《OECD 范本》规定,对于各项投资所得,国际上一般认为,无论是来源地还是居住国,均有权对股息、利息和特许权使用费等投资所得行使征税权,但来源地享有优先征税权。世界各国对非居民纳税人的投资所得，一般采用预提方式征税，即支付人在向非居民支付股息、利息、特许权使用费等款项时，有义务从中扣缴非居民纳税人应缴纳的所得税款。上述税收，在国际上通常称为预提税，这是所得税的一种源泉控制征收的方式。预提税税率一般低于企业所得税税率，往往根据收入全额计征，不扣除费用，具有估定、预征的特点。那些适用实际联系原则的国家规定，如果非居民纳税人源于其国内的投资所得与该非居民纳税人在其国内设立的常设机构有实际联系，那么应按常设机构的所得征税，而不适用预提方式征税。

3. 跨国独立个人劳务所得征税权冲突的协调

跨国独立个人劳务所得主要指自由职业者所从事的专业性劳务活动或其他独立性质的活动而取得的收入，如从事独立的科学、文学、艺术、教育和教学活动，以及从事医师、律师、工程师、建筑师、牙医师和会计师等独立的活动而取得的所得。

对跨国独立个人劳务所得征税权的冲突协调问题，在 2000 年之前，《UN 范本》和《OECD 范本》对此都有专门的“第 14 条”加以规定，均采用了“固定基地原则”(principle of fixed base)，只是二者在居住国和来源地国的税收利益分配问题上的规定有所不同。2000 年，《OECD 范本》删除了第 14 条，根据该范本注释的解释，第 14 条的删除反映了在第 7 条使用的常设机构概念和第 14 条使用的固定基地概念之间，或者适用第 7 条或第 14 条计算利润和税收之间已经没有原先所预想的区别了。因此，第 14 条的删除表明常设机构的概念可以适用于先前构成固定基地的情况。

《UN 范本》则仍然在第 14 条将对非居民纳税人的跨国独立个人劳务所得的征税单独作为一条加以规定，而且仍然实行固定基地原则。该范本第 14 条规定，对于非居民独立的个人劳务所得，应仅由居住国征税，但如有下述两种情形之一的，可由来源地国征税：(1) 在来源地国经常设有固定基地，并且其所得是归属于该固定基地的；(2) 在来源地国停留期间在该会计年度中累计等于或超过 183 天，并且其所得是在该期间取得的。不过，两大范本均未对“固定基地”规定明确的定义，《OECD 范本》只是在 2000 年以前的注释中规定固定基地应包括诸如医师的诊所、建筑师或律师事务所这样的从事独立劳务活动的固定场所或设施。

4. 跨国非独立个人劳务征税权冲突的协调

跨国非独立个人劳务所得一般是指个人由于受雇而取得的薪金、工资和其他类似的报酬。《UN 范本》和《OECD 范本》第 15 条规定，缔约国一方的居民由于受雇而取得的薪金、工资和其他类似的报酬，除了受雇于缔约国另一方的以外，应仅由该缔约国征税。受雇于缔约国另一方而取得的报酬，可以由缔约国另一方征税。但同时具备下述三项要件的，应由其居住国征税：(1)收款人在该会计年度内的任何12个月中在缔约国另一方的停留期间累计不超过183天；(2)该项报酬是由雇主自付或其代理人代付，而雇主并非缔约国另一方居民；(3)该项报酬不由雇主设在缔约国另一方的常设机构或固定基地所负担。

5. 对特定人员的跨国劳务所得税收管辖权冲突的协调

对于非居民独立个人劳务所得与非独立个人劳务所得的征税原则并不适用于一些特殊性质的所得，这些特殊性质的所得主要包括董事费以及艺术家和运动员所得等。根据《UN范本》第16条第1款和《OECD范本》第16条规定，缔约国一方居民作为缔约国另一方居民公司的董事会成员取得的董事费和其他类似（性质）的款项，可以由该缔约国另一方征税。本条涉及缔约国一方居民作为缔约国另一方居民公司的董事会成员取得的报酬，由于有时难以判断董事的劳务活动在何地履行，因此，将公司的居民国作为该项劳务的履行地。根据范本注释，其他类似（性质）的款项包括个人以公司董事会成员的身份获得的其他实物利益（如股票期权、住宅或汽车的使用权、健康或人寿保险以及俱乐部会员资格等）。实践中，公司董事会成员往往还兼任公司的其他职务，如作为一般雇员、顾问、参事等，《OECD范本》第16条的规定不适用于兼任董事以外的职务取得的报酬。

根据《UN范本》和《OECD范本》第17条的规定，缔约国一方居民，作为表演家，如戏剧、电影、广播或电视艺术家、音乐家或作为运动员，在缔约国另一方从事其个人活动取得的所得，可以由该缔约国另一方征税。表演家或运动员从事其个人活动取得的所得，归属于其他人，该所得可以由该表演家或运动员从事其活动的缔约国征税。该条规定表明，对作为缔约国一方居民的艺术家和运动员，可以在其从事个人活动所在地的缔约国另一方纳税，而不论这些活动是营业性质还是受雇性质。这样规定的结果，一方面有利于来源地行使征税权，防止纳税人逃避税收，另一方面也能防止国际双重免税现象的产生。

6. 跨国财产收益税收管辖权冲突的协调

财产收益一般指的是在转移所有权的情形下，由于出售或转让财产而取得的所得。而跨国财产收益则是一国居民纳税人取得的来源于非居住国境内的财产转让所得。各国对于跨国财产收益的征税，一般以实际发生地或者是与常设机构或固定基地有关为准。根据两大范本第13条的规定，缔约国一方居民因转让位于缔约国另一方的不动产所取得的所得，可由缔约国另一方征税，即由财产的所在国征税。缔约国一方的企业在缔约国另一方设有常设机构，或者缔约国一方居民在缔约国另一方设有从事独立个人劳务活动的固定基地,由于转让构成常设机构营业财产部分的动产或附属于固定基地的动产而取得的所得,包括由于转让整个常设机构(单独或随同整个企业转让)或固定基地取得的所得,可以由缔约国另一方征税。但是,转让在国际运输中使用的船舶、飞机和转让从事内河运输的船只,或转让与上述船舶、飞机或船只有关系的动产而取得的所得,应仅由该企业实际管理机构所在的缔约国征税。缔约国一方居民转让股份取得收益,如果该股份(《OECD 范本》规定该比例为 50%,《UN 范本》将这一问题留给有关国家在双边协定中协商确定)直接或间接来自位于缔约国另一方的不动产,则该收益可由该缔约国另一方征税。如果是转让前述财产以外的任何财产取得的收益,则应仅由转让者为其居民的缔约国征税。

第三节　避免双重征税的方法

案例研讨

许女士为中国公民,在中国上海和新加坡都拥有房产并分别投资了公司,她常年往来于新加坡和上海之间,照顾在上海的父母和在新加坡的子女。2022 年,许女士获得上海子公司分配的股息、红利 200 万元。

请研讨:

1. 对于许女士的股息、红利收入,中国是否有税收管辖权?新加坡是否有税收管辖权?

2. 对于许女士的股息、红利收入,是否会产生双重征税问题?若是,如何解决双重征税问题?

一、国际双重征税的概念与类型

双重征税是同一征税主体或不同的征税主体,对同一纳税义务人或不同的纳税义务人的同一课税对象或税源所进行的重复课征。就其性质看,双重征税可以划分为税制性双重征税、法律性双重征税和经济性双重征税三种基本类型。

税制性双重征税是由于复税制所造成的重复课税,如对同一税源既征收流转税,又征收所得税。法律性双重征税是在不同征税主体对同一纳税人的同一纳税客体进行课征的条件下产生的。经济性双重征税则是对相互关联的不同纳税人的同一课税对象课征所引起的，通常是指对两个不同的纳税人就同一项所得或财产的重复课税，即征税客体是同一的，而纳税人则不相同，所以，经济性双重征税亦称为重叠征税或双层征税。在国际税收实践中，对跨国所得的双重征税，主要是指法律性国际双重征税和经济性国际双重征税，这是国际税法亟须解决的重要问题。

理论界关于国际双重征税的概念存在广义和狭义之分。狭义论主张国际双重征税不包括经济性国际双重征税，而广义论则主张国际双重征税包括法律性国际双重征税和经济性国际双重征税，本书取广义论。因此，国际双重征税是指两个或两个以上的主权国家各自依据自己的税收管辖权，对同一或不同的跨国纳税人的同一课税对象或税源所进行的重复征税，主要包括法律性国际双重征税和经济性国际双重征税。①

目前，普遍接受的法律性国际双重征税的概念是经合组织1963年在《关于对所得和财产避免双重征税协定范本草案的报告》中所给出的，根据该报告，法律性国际双重征税是指两个或两个以上的国家，对同一纳税人就同一课税对象，在同一时期内课征相同或类似的税收。该定义表明，法律性国际双重征税应包含五个构成要件：存在两个或两个以上的征税主体；存在同一个纳税主体；针对相同的课税对象；处于同一征税期间；课征相同或类似的税种。经济性国际双重征税是指两个以上的国家对不同的纳税人就同一课税对象在同一时期内课征相同或类似性质的税收。与法律性国际双重征税相比，经济性国际双重征税只是不满足"同一纳税主体"这一要件，其余四个要件与法律性国际双重征税相同。国际双重征税的实质，是国家之间税收管辖权在同一课税对象或同一税源上重叠而发生的法律冲突。

二、国际双重征税的产生原因及表现

（一）法律性国际双重征税的产生原因及表现

法律性国际双重征税的产生，主要是基于两个方面的原因：首先，纳税人收入的国际化以及各国所得税制的普及是国际双重征税产生的客观基础。其次，各国税收管辖权冲突是导致国际双重征税的直接原因。

就第一方面看，第二次世界大战以后，随着跨国投资经营活动的迅猛发展，商品、资本和生产的国际化已成为国际经济发展的主要特征。这一特征也使纳税人的收入具有了国际化特征，收入已不再局限于一国境内，具有了跨国的属性，纳税人也不再限于在一国承担纳税义务，而应承担跨国的纳税义务。于是有关国家根据各自税收管辖

---

① 本书出于简明之考虑，对国际双重征税作如上定义。实际上，关于法律性国际双重征税和经济性国际双重征税的概念曾一度存在分歧。

权对跨国纳税人的跨国所得行使征税权,从而使双重征税成为可能。

就第二方面看,根据国家主权原则,任何主权国家都可以自主确定本国的税收管辖权制度。各国从本国利益出发,竞相扩大管辖范围,必然导致各国税收管辖权之间的冲突,这种冲突主要有下列表现形式。

(1)居民税收管辖权之间的冲突。由于各国国内法在居民纳税人确认标准上的规定不同,某一跨国纳税人可能同时被两个或两个以上国家认定为具有各自国家的居民身份,这些国家均依据其国内税法对该居民纳税人行使全面的税收管辖权,即对该纳税人的国内外所得或财产进行征税,从而引发法律性国际双重征税。

(2)居民税收管辖权和来源地税收管辖权之间的冲突。居民税收管辖权和来源地税收管辖权之间的冲突表现为:一方面,居住国对居民纳税人来自世界范围的全部所得行使征税权;而另一方面,所得来源地国对非居民纳税人来源于其境内的所得进行征税。居住国和来源地国都根据国内税法进行征税势必导致法律性国际双重征税。

(3)来源地税收管辖权之间的冲突。这主要是由于各国对所得来源地的认定不一所致。例如,对营业所得的来源地的认定,有的国家以营业机构所在地为其来源地,有的国家以销售合同的签订地为其来源地。这样,同一所得就有可能被不同国家认定为来源于本国而进行征税,产生法律性国际双重征税。

(二)经济性国际双重征税的产生原因及表现

经济性双重征税产生的原因通常是对两个不同的纳税人就同一项所得或财产进行了重复征税。这种重复征税的现象不仅会在两国或多国之间发生,还会在一国境内发生。经济性国际双重征税主要表现为下述两种情况。

(1)对公司利润和股息的征税。实行所得税制的国家会对公司、企业所取得的营业利润征收公司所得税或企业所得税。此外,对股东所取得的股息、红利征收个人所得税,这实际上就是对公司利润再分配过程中的重复征税。这种重复征税并非各国税收管辖权发生重叠所致,而是由于公司利润的再分配形成的。

(2)对财产与股权财产的征税。在甲、乙两国都有以财产为课税对象的税种,并对其居民纳税人的境内外财产行使征税权的条件下,如果甲国居民拥有设在乙国的公司的股权,那么该项股权应与其境内财产一并缴纳财产税。但该项股权所代表的财产又是设在乙国境内公司财产的组成部分,乙国也有权对该公司财产征收财产税。这样就形成了甲、乙两国分别对不同的纳税主体就同一项财产所得征税,从而引发经济性国际双重征税现象。

无论是法律性国际双重征税,还是经济性国际双重征税,都违背了税法的公平原则，将加重跨国纳税人的税收负担，挫伤跨国投资者的积极性，制约国际经济正常交往的顺利进行，同时也不利于发展中国家更有效地吸引外资和引进先进技术，双重征税是当前国际税收实践中必须解决的主要问题。

三、法律性国际双重征税的解决方法

双重征税问题可以通过某个国家采取单边措施来解决，也可以通过两个或两个以上的国家在平等协商的基础上签订国际税收协定来解决。解决法律性国际双重征税的具体方法主要包括免税法、扣除法、抵免法。

（一）免税法

免税法，亦称豁免法，是指居住国政府对本国居民来源于国外的所得或财产免予征税。免税法实质上是居住国对所得来源地国行使来源地税收管辖权的那部分所得放弃居民税收管辖权，承认来源地税收管辖权的独占权，从而避免两种税收管辖权的重叠，防止双重征税的发生。根据实行免税法采用的税率的不同，免税法可分为两种形式：

（1）全额免税法（method of full exemption），是指居住国政府在对其居民纳税人的国内所得额征税时，不考虑该居民纳税人已被本国免予征税的境外所得额，仅按居民的国内所得额确定适用税率计征税收的方法。其计算公式为：

居住国应征所得税税额＝居民的国内所得额×适用税率

（2）累进免税法（method of exemption with progression），是指居住国政府在对其居民纳税人来源于国内的所得征税时，将该居民纳税人已被本国免予征税的国外所得额考虑在内，适用其免税所得额未扣除前应适用的税率征税的方式。其计算公式为：

居住国应征所得税税额＝居民的国内和国外所得额×适用税率×（居民的国内所得额÷居民的国内和国外所得额）

与全额免税法相比，累进免税法是根据居民纳税人的国内国外的所得总额来求得适用税率，其结果是仅对居民纳税人的国外所得避免了国际双重征税，而不会使其国内所得额因扣除国外所得额后落入较低税率档次。

在免税法下，由于居住国对居民纳税人来源于国外的所得完全放弃了征税权，因此可以彻底地避免国际双重征税，但是免税法的运用并未能平衡居住国和来源地国的税收利益，因为免税法是使居住国单方面放弃行使居民税收管辖权，而使来源地国的来源地税收管辖权处于独享地位，这必将导致居住国的财政利益受到一定的影响，特别是在居住国税率高于来源地国税率的情况下，采用免税法使实际免除的税额大于应免除的国内纳税税额。此外，在来源地国的税率低于居住国税率的情况下，针对相同数额的所得，在居住国所需缴纳的税收要高于在来源地国缴纳的税收，这违背了税收中性原则，会在一定程度上促使纳税人通过转移资产和利润来实现避税的目的。

（二）扣除法

扣除法，是指居住国政府对居民纳税人因国外所得额而向来源地国缴纳的所得税款，允许作为扣除项目从应税所得额中扣除，就其余额适用相应的税率计算应纳所得税税额。其计算公式为：

居住国应征所得税税额＝（居民的国内和国外所得额－国外已缴纳的所得税税额）×适用税率

居住国适用扣除法，并不能使跨国纳税人享受到从应纳居住国所得税中扣除已缴全部外国所得税税款的权利，因而不能完全免除由于税收管辖权重叠所造成国际双重征税的影响，其给予跨国纳税人扣除的一部分税额，只能对国际双重征税起一定的缓解作用，所以采用扣除法解决国际双重征税问题的国家为数不多。

（三）抵免法

抵免法，亦称外国税收抵免（foreign tax credit），是指居住国政府按本国居民纳税人在世界范围内的所得汇总计算其应纳税款，但允许其将因国外所得而已向来源地国缴纳的税款在本国税法规定的限度内从本国的应纳税额中抵免。居住国运用抵免法对本国居民纳税人的跨国所得进行课税时，既承认了来源地国税收管辖权的优先地位，又行使了居民税收管辖权，从而避免了国际双重征税，因此，抵免法是各国政府解决国际双重征税问题的一种最主要的方法。

适用抵免法时，一般应符合以下条件：第一，居住国政府允许抵免的，必须是来源地国政府征收的税，而不能是费或其他付款。第二，居住国允许抵免的必须是所得税，诸如销售税、增值税、关税等间接税则不在抵免范围之列。第三，居住国允许抵免的所得税，必须是针对纳税人的净所得，即从纳税人的毛收入中扣除成本、费用和损失的净额。如果不是对净所得课征的税，居住国政府一般不予抵免。此外，适用抵免法的国家一般都以互惠为前提，遵循对等原则，而且抵免的范围一般仅限于跨国所得的税收。

根据可以抵免的外国所得税的程度不同，可将抵免法分为全额抵免（full credit）和限额抵免（ordinary credit）两类。全额抵免是指居住国政府对本国居民纳税人的国内和国外所得额汇总征税时，允许跨国纳税人将其已向外国政府缴纳的所得税税额，在应向本国政府缴纳的税额中全部扣除，即抵免额等于纳税人在国外所缴纳的全部税收总额。全额抵免的特点是简便易行，纳税人所属的居住国税务当局无须按本国税法计算和审核来源于境外所得以确定适用本国税率的税基，可省却计算中的烦琐问题，但全额抵免的不利之处在于会导致超税负抵免情况的产生，尤其是在来源地国税率高于居住国税率的情形下，会以减少国内税收为代价来抵免外国税收，形成国家税收权益的外流。

限额抵免，亦称普通抵免，是指居住国政府对本国居民纳税人国内外所得汇总征税时，允许该纳税人将其向外国缴纳的所得税税额在国外所得额依照本国税法规定的税率计算的税额的限度内，在应向居住国政府缴纳的税额中扣除。在采用抵免法避免国际双重征税的国家中，大多数均采用限额抵免的方法。在限额抵免计算中，允许抵免的已向来源地国缴纳的税额的概念相当重要。抵免限额只是外国税收抵免的最高限度，并不是一定要按照抵免限额来抵免已向外国缴纳的所得税税额。因此，当抵免限额低于跨国纳税人已向来源地国缴纳的税款时，抵免限额即为允许抵免额；当抵免限额高于跨国纳税人已向来源地国缴纳的税款时，则纳税人已向来源地国缴纳的税款即为允许抵免额；当抵免限额与跨国纳税人已向来源地国缴纳的税款数额相等时，则纳税人已向来源地国缴纳的税款即为允许抵免额。因此，允许抵免的已向来源地国缴纳的税额等于抵免限额与纳税人实际向来源地国缴纳的税款之间数额较小者。

四、经济性国际双重征税的解决方法

经济性国际双重征税的产生是因为各国实行公司所得税之后，把公司和股东分别视为两个不同的纳税实体予以课税，即对公司利润征收所得税后，又对股东从公司税后利润中分得的股息征收个人所得税，从而导致对同一利润两次征税。目前，应对经济性国际双重征税的方法主要有以下几种。

（一）股息扣除制

股息扣除制是指在计算公司所得税时，将股息视同费用开支，准许从公司税前所得中扣除，仅对扣除后的利润部分征收所得税。在实行股息扣除制时，不论是全部免税还是部分免税，一些国家会规定一些限定条件：第一，拥有子公司一定数额的股份或最低金额。第二，股份的持有应有一定的期限。例如，一般要求在收到股息的纳税年度前，已持有股份至少 12 个月。

（二）分劈税率制

分劈税率制，亦称双税率制，是指对用于分配股息的利润和不用于分配股息的利润分别按不同的税率征收公司所得税，对分配利润适用的税率较低。分劈税率制的特点在于用减轻公司税负的方式来缓解经济性国际双重征税的矛盾。

（三）间接抵免制

间接抵免制是指适用于跨国公司母公司与子公司不同法律主体之间的一种抵免

方法。实施间接抵免时,用于抵免的税款并不是纳税人自己缴纳的。即母公司所属的居住国政府,允许母公司用其子公司已向来源地国缴纳的所得税款中,应由母公司分得的股息承担的那部分税款,来冲抵母公司的应纳税款。间接抵免制之所以称为间接,是因为母公司所属的居住国政府允许母公司抵免的税额,并不是由母公司直接向子公司所属的居住国政府缴纳的,而是通过子公司间接缴纳的。适用间接抵免制通常须具备三个条件:(1)能享受间接抵免的纳税人必须是法人公司,自然人不能享受间接抵免。(2)享受间接抵免的纳税人是其外国子公司的积极投资者,并且其拥有所属子公司的股权必须达到规定的最低限额。(3)享受间接抵免的跨国纳税人必须收到其所属子公司的股息。

间接抵免制适用于母公司来自外国子公司的股息所承担的那部分所得税。母公司在向本国政府缴纳所得税时,不是将外国子公司的全部所得汇总计算,而只是将从外国子公司取得的股息还原出毛收入合并计征所得税。母公司从本身应纳的所得税额中抵免的,仅是按照其取得的股息占外国子公司纳税后的比例。因此,间接抵免的计算相当复杂,分为以下几个步骤。

(1)计算应归入母公司所得额的外国子公司所得额:

应归入母公司所得额的外国子公司所得额① = 收到外国子公司的股息额 ÷ (1 - 外国子公司所得税税率)

(2)计算应由母公司承担的外国子公司的所得税额:

应由母公司承担的外国子公司的所得税额② = 外国子公司已纳所得税额 × (母公司所获毛股息/外国子公司税后所得)

(3)计算抵免限额:

抵免限额③ = 应归入母公司所得额的外国子公司所得额① × 母公司所属的居住国适用税率

(4)确定允许抵免的子公司已缴税额:

用②和③相比较,取值小者即为允许抵免的税额④。

(5)计算母公司所属的居住国应征母公司所得税额:

母公司所在国应征母公司所得税额 = (母公司所得额 + 应归入母公司所得额的外国子公司所得额①) × 适用税率 - 允许抵免的外国子公司应纳税额④

间接抵免旨在避免不同的纳税主体因同一税源重复课税所导致的双重征税,即国际双重征税。目前,一些主要的发达国家在国内税法上都实行间接抵免制,以避免经济性国际双重征税。此外,间接抵免制还能用于解决母公司通过子公司来自外国孙公司以及孙公司下属的多层外国附属公司的重复征税问题，这种抵免亦称多层次间接抵免。

五、国际税收饶让抵免

国际税收饶让抵免（international tax sparing credit），是指一国政府（居住国政府）对本国居民纳税人在国外的投资所得由投资所在国（所得来源地国）减免的那一部分税收，视同已经缴纳，同样给予税收抵免的待遇。国际税收饶让的主要目的是在运用抵免法避免国际双重征税的条件下，保证资本输入国为吸收外国投资所提供的各种税收优惠政策与措施得到真正落实。由于税收减免优惠主要是发展中国家在吸收外资的过程中较多采用的一种措施，所以，国际税收饶让经常成为两个国家特别是发展中国家与发达国家在谈判缔结双边国际税收协定中的一个焦点问题。

国际税收饶让抵免是税收抵免的延伸和扩展，其作用已经超出了避免重复征税的范围。与一般的外国税收抵免不同，国际税收饶让抵免具有以下特点：第一，国际税收饶让抵免是缔约国之间意志妥协的产物，必须通过双边或多边安排方能实现。第二，国际税收饶让抵免制度一般反映在各国所缔结的双边或多边国际税收协定中。第三，国际税收饶让抵免的目的并不在于避免法律性或经济性国际双重征税，而是使来源地国利用外资的税收优惠政策与措施真正发挥实际作用。没有居住国政府提供国际税收饶让抵免措施作为屏障，来源地国对跨国投资者的税收减免优惠，就会被居住国政府计算抵免限额时所抵消，来源地国的税收优惠政策和措施就无从发挥其真正效用。第四，国际税收饶让抵免是在抵免法的基础上发展起来的一种特殊的抵免制度，国际税收饶让抵免与一般的抵免法的根本区别在于：前者是居住国政府对其居民纳税人在来源地国所得到减免的那部分税收，视同已经缴纳；而后者则是对已经在来源地国实际缴纳的所得税款的免除。

第四节　国际反避税

案例研讨

丁先生和陈女士都是中国公民，他们都长期居住在中国上海。丁先生与陈女士于2021年在上海投资成立富力有限责任公司，从事国际贸易业务，丁先生与陈女士各自持有富力有限责任公司50%的股份。2022年，富力有限责任公司在开曼群岛设立全资子公司富达公司，也从事国际贸易业务。富力有限责任公司以成本价100元从国内采购货物,然后以101元的价格销售给富达公司,再由富达公司以180元的价格销售给欧洲买方。富达公司在2023年的利润达到1000万元人民币,但富达公司董事会决定不分配股息红利,而是分别给与丁先生与陈女士500万元人民币无息贷款,贷款期限为50年。

请研讨:

1. 请问上述交易架构安排为国际税收筹划、国际避税,还是国际逃税?
2. 对于上述交易架构安排,中国税务机关是否有应对的征管措施?

一、国际避税的概念

国际避税的产生是跨国纳税人内外因共同作用的结果。首先,在内因方面,国际避税的出现是企业追求利润最大化的结果。通过规避税负以实现税后利润最大化,是跨国纳税人实现经营战略目标的重要手段。与非法的逃税方式相比,避税行为更具隐蔽性。其次,国际避税又是外在因素作用产生的结果。这里的外在因素主要表现为各国税收制度的差异,如关于税收管辖权标准、课税对象和税率、税收优惠措施等方面的差异,跨国纳税人正是利用这些差异来实施避税。国际避税在形式上可以分为如下几种类型:

第一,利用纳税主体的跨国流动进行避税。这一方式主要是通过调整纳税主体在居民税收管辖权和公民税收管辖权方面的连结点,以期获得相应的避税好处,其具体表现形式依自然人和法人两类不同的纳税主体而有所差异。从自然人角度来说,由于一国一般以国籍、住所或居住时间为实施税收管辖权的依据,跨国纳税人可以借助改变国籍、迁移住所或者人为地缩短居住时间等方式来规避一国税收管辖权的适用,从而达到避税目的;从法人角度来说,主要是跨国公司,由于不同国家对于法人的管辖权适用不同的认定标准,跨国纳税人可以人为地选择法人注册登记地,或者改变法人的实际管理或控制中心所在地,将法人的注册登记地、实际管理或者控制中心调整到低税地甚至无税地,从而有效规避在高税地的纳税义务,以达到减轻税负的目的。

第二,利用课税对象的跨国移动进行避税。这是当前国际避税的重要方式,各国税收征管部门广泛关注的主要是以下两种形式:一种是利用国际避税地进行避税。跨国纳税人通过在国际避税地设立“基地公司”,将在避税地境外获取的财产、收入和所得汇集到“基地公司”的账户下,从而利用避税地的低税率或者免税优惠达到避税的目的。另一种是跨国关联企业通过转让定价(transfer pricing)进行国际避税,这主要体现于跨国企业利用关联企业所在国家征税税率上的差异，人为地进行转让定价安排，将利润从高税负地移转到低税负地，从而大大减轻自身税负，获取高额的税后利润。转让定价是当前跨国纳税人采用最多的避税形式。

第三，通过改变课税对象的性质进行避税。这种形式在当前税务实践中主要体现为改变企业的资本结构，即利用债务资本和股权资本在税收待遇方面的差别，人为地调整债务资本和股权资本在公司资本结构中的比例。由于债务资本所需支付的利息在税收待遇方面优于股权资本所需支付的股息，利息可以作为费用在税前扣除，不像股息那样可能会遭受经济性国际双重征税，更多的企业选择通过提高债务资本的比例，实行所谓的"资本弱化"(thin capitalization)，来实现减轻税负、增加企业税后利润的目的。

第四，滥用国际税收协定进行避税。国际税收协定以双边形式居多，但并非所有国家之间都签订了国际双边税收协定，按照互惠原则，通常只有协定缔约国的居民才能享受协定规定的税收优惠或抵免政策，非协定缔约国则不能享受这些优惠政策。于是，一些非缔约国的居民往往会采取各种手段，通过在协定缔约国国内设立非实际经营的公司，从而享受本不该属于其自身的税收优惠，这种行为便是滥用国际税收协定。简言之，滥用国际税收协定是指非国际税收协定缔约国的居民通过在国际税收协定缔约国设立中介公司的做法使其享受本不应享受的国际税收协定中的税收优惠。这些税收优惠通常包括税收抵免、延缓缴纳税金、差别优惠税率等。

二、国际反避税的主要途径

国际避税严重侵害有关国家的税收利益，危及正常的税收秩序，规制国际避税已成为当前各国税收征管工作中的重要内容。从各国立法和实践看，各国的反避税措施可以分为国内法途径和国际法途径，国内法途径主要是制定和实施一般反避税规则和特别反避税规则，而国际法途径则主要是展开完善国际税收协定的有关条款和国际税务合作。

（一）国内法途径

1. 一般反避税规则

一般反避税规则是指税务机关按照实质重于形式原则(substance over form doctrine)、分步交易原则(step transaction doctrine)、经济实质或商业目的原则(economic substance or business purpose doctrine)、滥用法律原则(abuse of doctrine)等原则，对企业实施的以避税为目的的不合理行为进行审核评估和调查调整的规则。

(1)实质重于形式原则。根据该原则，税务机关可以忽略交易的法律形式而审查交易的经济实质。如一项收入本来是经营性收入,纳税人却通过交易步骤的设计使其成为资本利得,从而享受关于资本利得的税收优惠,税务机关则可以根据实质重于形式原则将该收入重新定性为经营性收入予以征税。

(2)分步交易原则是对实质重于形式原则的发展。该原则根据交易的经济实质确认交易性质,如果一项交易包括多个步骤,税务机关可以将该包括多个步骤的交易视为一个整体,即可以忽视经济上没有意义的步骤,评估整个交易结果的税收待遇。实质重于形式原则的另一个发展是经济实质或商业目的原则,即要求交易双方必须具有善意并且交易本身具有经济实质。

(3)滥用法律原则。该原则强调征纳双方利益的平衡,国家肯定纳税人有追求税收负担最小化的权利,采取合法形式来安排交易活动,但如果纳税人开展的交易活动除了追求避税目的以外不具有诚实信用的商业目的,那么,这一交易行为将被认定为与立法意图和法律精神相违背,从而被界定为“滥用法律”,应予以否定并按照正常交易行为进行征税。

2. 特别反避税规则

特别反避税规则针对的是特别类型化的避税行为。例如,针对资本弱化的避税行为制定专门的资本弱化规则;针对跨国纳税人利用受控外国公司(Controlled Foreign Company,CFC)进行避税而制定专门的 CEC 规则;针对跨国企业利用转让定价行为进行避税制定出专门的转让定价规则;等等。

(1)资本弱化规则

企业融资渠道总体上分为权益性融资和债务性融资。权益性融资是指向其他投资者出售公司的所有权,即用所有者的权益来交换资金,最典型的方式就是发行股票。权益性融资并不增加公司的债务。债务性融资则是指企业以负债为主要代价来融通资金的融资方式,主要包括向银行等金融机构贷款、发行企业债券等。债务性融资后,企业的债务增加。不同融资渠道的选择往往取决于企业的风险偏好、融资成本等因素。随着各国所得税制的普及和完善,税收因素在融资渠道的选择中占据着越来越重要的地位。与权益性融资相比,债务性融资能够起到降低税负的效果,于是,一些企业过度增加负债比例,降低股权资本的份额,这就造成了资本弱化。

资本弱化作为一种避税手段,不仅破坏了税收中性原则,导致企业之间的不公平竞争,还损害了所得来源地国的利益,将本来应该归属于来源地国的税收利益转移到居住地国。为了防止企业利用资本弱化进行避税,许多国家都制定了相应的反避税立法。各国在这方面的做法并不一致,主要有独立交易法和固定比例法两种方法。独立交易法是指在确定贷款或募股资金的特征时,要看关联方的贷款条件是否与非关联方的贷款条件相同。如果不同,那么关联方的贷款可能被视为隐蔽的募股,要按照有关法规对利息征税。根据独立交易法,对于关联企业之间的资金借贷,凡不按照独立企业原则故意提高利率、多列利息、转移利润的,税务机关有权进行合理调整,对超过规定标准支付的利息在计征所得税时不得作为财务费用税前扣除。固定比例法又称为安全港模式,即通过立法对公司债务资本和股权资本的比例加以限制,如果债务资本与股权资本的比例在立法规定的限制范围以内,那么债务利息可以在税前扣除,如果债务资本与股权资本的比例超过了立法规定的比例,则超出部分的债务利息不得税前扣除。

(2)CFC 税制

居民纳税人通常应对其国内外所得纳税,但这里的国外所得是指已经收到的所得,对于还未收到的所得则不产生纳税义务。如此,居民纳税人就有可能通过在免税地或低税地设立一个实体来接收国外所得,从而达到在国内延期纳税甚至避税的目的。这种人为操纵的延期纳税不仅造成了不合理的税收流失,还使得投资国外的居民比那些投资国内的居民享有了更多的税收利益,破坏了税收中性原则。

CFC 规则的核心就是如果设在某些免税地或低税地的外国公司为本国居民纳税人所控制,那么该公司取得的利润不论是否分配,都要对本国居民就其应享份额加以征税。适用 CFC 规则的前提是要界定何谓 CFC。综合各国的立法看,总体上遵循两个方面的标准:严格控制标准和事实控制标准。严格控制标准要求本国居民对外国公司的资产所有权或重大事项投票权享有绝对的控制地位。事实控制标准则是指在本国居民对某一外国公司的资产所有权或重大事项投票权不享有绝对控制地位的情况下,要求能对该外国公司产生实质性影响,或实施实质上的控制。前一个标准采用量化的指标来衡量,而后一个标准则无法量化,通常只能由税务机关在综合考量相关因素的基础上作出认定,比较灵活。实践中都是将二者结合使用,以严格控制标准为主,以事实控制标准为辅,将后者作为一种兜底条款,最大限度地防止本国居民通过设立 CFC 的方式来延期纳税、逃税、避税。

可归属收入(attributable income)是指根据 CFC 规则,CFC 所得中可归入居民股东应税所得并予以征税的那部分收入。计算可归属收入的方法有地域法和交易法两种。地域法是指将设在特定国家或地区的 CFC 的所得作为可归属收入。这里确定特定国家或地区的标准主要是看该国家或地区的税制是否与本国税制具有可比性。如果认为 CFC 所在地具有与本国相同或相近的税制与税率,那么通常不将该公司的所得视为可归属收入。相反,如果认为CFC所在地不具备完备的税制,或者规定的税率较低,甚至为大多数收入规定了免税优惠,那么将该公司的所得视为可归属收入。如此区别对待主要是考虑到CFC立法的初衷是防止居民股东通过在国外设立实体来接收或持有所得以实现延期纳税甚至是逃税、避税的目的,如果CFC所在地税制完备,而且税率与本国相当,那么本国居民股东就无法以这种方式来实现其目的,因而也就没有必要通过CFC规则来规制延期纳税、逃税、避税行为。如果CFC所在地税制不健全,或者税率极低,那么很容易为本国居民所利用,因此有必要通过CFC规则,将该公司的未分配收入归属到本国居民股东的应税收入中予以征税。交易法则是将CFC特定类型的收入作为可归属收入,这些特定类型的收入主要是指不洁收入(tainted income),包括消极收入和少数积极收入。这种区分主要是考虑到积极收入中体现了更真实的商业意图,而不仅仅是以享受税收利益为目的,相比之下,消极收入更易被操纵用来实现税收利益,有必要通过CFC规则来规制。

(3)转让定价规则

转让定价是指跨国关联企业根据全球战略目标,在母公司与子公司之间、子公司与子公司之间订立有关商品、资本、技术、劳务等的交易价格,这种内部交易价格亦称作转让价格或划拨价格。转让定价的特点在于其往往不是根据独立交易原则决定的,而是人为地故意抬高或压低有关货物、技术或劳务等的价格或费用标准,以实现其整体经营目标或集团利益最大化目的。国际关联企业间内部交易确定的价格如果背离了市场竞争条件下的独立交易价格,那么客观上会造成利润在位于不同国家境内的关联企业实体之间的转移,从而影响利润被转出国家的所得税税基,损害其税收利益。因此,各国从税收上管制关联企业转让定价的侧重点,在于认定转让定价是否与正常的市场交易价格相偏离,并不强调作为纳税人的关联企业在动机上是否存在逃避本国税收的企图。

规制转让定价行为的基本原则是独立交易原则,亦称正常交易原则或独立核算原则,是指将跨国关联企业的母公司与子公司、总公司与分公司,以及子公司或分公司相互间的关系,当作独立竞争的企业之间的关系来处理,即按照在同样条件下,从事相同或类似交易的彼此没有关联的独立企业在公开竞争的市场上达成的价格标准,来调整跨国关联企业之间发生的收入和费用。《OECD范本》第9条第1款对此作出了规定:"在上述任何一种情况下,两个企业之间的商业或财务关系不同于独立企业之间的关系。因此,任何利润本应由其中一个企业取得,由于这些情况而没有取得的,可以计入该企业的利润内,并据以征税。"也就是说,关联企业之间的交易应该同独立企业之间的交易一样,依据市场条件下的独立交易原则来处理关联企业之间的收入和费用分配问题;否则,税务机关有权对企业的转让定价进行税务调整。特别值得一提的是,《OECD 转让定价指南》也强调了独立交易原则的运用。虽然《OECD 转让定价指南》不具有强制约束力,但它已成为各国,特别是经合组织成员国处理转让定价问题的重要参考,在一定程度上指引着各国转让定价法规的发展方向。到目前为止,世界上制定转让定价法规的国家大多都借鉴了该指南中的独立交易原则。

（二）国际法途径

基于国际避税的跨国性特征,任何单个国家都无法准确地掌握跨国纳税人位于境外的资产和收入状况,因此,要有效地打击国际避税行为,必须借助各国之间的合作。当前,国际反避税实践在这方面已经取得实质性进展,具体体现为以下两个方面:一是完善了国际税收协定的有关条款,防止第三国居民通过套用国际税收协定进行避税。例如,越来越多的国家在其对外签订的国际税收协定中制定了反滥用国际税收协定的专门条款,强化了受益所有人的认定等。二是拓宽了国际税务合作的广度和深度,近年来,越来越多的国家在税收情报交换、税收征收协助以及谈签预约定价安排等方面展开合作,使国际税务合作不断向纵深发展。

针对滥用国际税收协定进行避税的现象,除了一些国家在国内法中规定了反避税措施之外,《UN 范本》注释和《OECD 范本》注释以及一些国家的国际税收协定在条约层面采取了防止滥用国际税收协定的措施,例如《OECD 范本》注释中规定的透视法(the look-through approach)、征税法(the subject-to-tax approach)、渠道法(the channel approach)和善意条款(bona fide provision),以及一些针对特定纳税人或者特定收益类型的特别反滥用措施,如关于代理人的界定、对“表演者公司”和“受益所有人”的规定等。

三、税基侵蚀和利润转移

尽管各国都针对国际避税行为制定了反避税规则,但这些反避税规则本身的不够完善和相互之间的差异为避税提供了机会。经合组织将这种利用反避税规则及各国税收管辖权差异进行避税的方式称为税基侵蚀和利润转移(Base Erosion and Profit Shifting,BEPS)。经合组织关于 BEPS 的报告认为,导致 BEPS 产生的根本原因在于传统的国际税收规则落后于不断发展变化的商业环境,国内与国际层面的国际税法规则还根植于较低水平的跨国经济融合的商业环境,不能适应当前以知识产权价值驱动作用日益显著、信息及通信技术不断发展为特征的全球纳税人环境。简言之,各国税收制度融合的程度远不及各国经济的融合程度。因此,2013 年 7 月,经合组织发布了《应对税基侵蚀与利润转移的行动方案》(OECD' s Action Plan on Base Erosion and Profit

Shifting)。该方案要求根本性地改变现有机制,采取更有效的措施应对 BEPS,在具体内容上提到了以下 15 项措施:(1)应对数字经济带来的税务挑战;(2)使混合错配安排的税收效果中性化;(3)加强 CFC 立法;(4)通过规范利息扣除以及其他财务支出限制税基侵蚀;(5)更有效地抵制有害税收竞争;(6)反对滥用国际税收协定;(7)防止人为地隐匿常设机构;(8)确保无形资产转让定价与价值创造相一致;(9)确保风险和资本转让定价与价值创造相一致;(10)确保其他高风险交易中的转让定价与价值创造相一致;(11)建立一套收集与分析 BEPS 相关数据的方法;(12)要求纳税人披露税收筹划安排;(13)复核转让定价文档;(14)确保争端解决机制更加有效;(15)发展多边机制,推动国际税法从双边国际税收协定为主走向多边税收治理。

为应对数字经济的税收挑战,2017 年,G20 委托经合组织通过 BEPS 包容性框架开展应对数字经济税收挑战共识性解决方案的研究。2019 年,经合组织首次提出“双支柱”的方案设计框架,此后经过各国曲折艰辛的谈判,经合组织于 2021 年 7 月 1 日发布声明,130 个国家(地区)支持“双支柱”解决方案。其中,支柱一重新分配大型跨国企业全球利润的征税权,以平衡经济数字化背景下国际税收权益分配格局,解决经济数字化带来的税收挑战;支柱二通过实施全球最低税,确保跨国企业在各辖区承担不低于一定水平的税负,抑制跨国企业逃避税行为,为各国税收竞争划定底线。2021 年 10 月 8 日,经合组织再次发布声明,在 7 月达成的共识的基础上,BEPS 包容性框架下 140 个成员中的 136 个国家(地区)就“双支柱”解决方案达成共识。“双支柱”解决方案从跨国公司集团整体收入或合并利润出发设计解决方案,采用在同一规则下所有利益相关方共同治理的多边模式,有可能推动国际税收走上税基趋同的道路。支柱二通过将全球最低税标准设定为 15%,为税收逐底竞争划定底线,缩小各国企业所得税税率差距,进一步推动形成多边税收治理机制。

思考题

1. 分析逃税、避税和税收筹划的区别和联系。
2. 分析国际税收协定与缔约国国内所得税法之间的关系。
3. 分析数字经济下的国际税法发展趋势。

拓展阅读

1. 刘剑文主编:《国际税法学》,北京大学出版社 2020 年版。

2. 廖益新主编:《国际税法学》,高等教育出版社 2008 年版。

3. 陈清秀:《国际税法》,法律出版社 2017 年版。

4. [美]鲁文·S. 阿维-约纳:《国际法视角下的跨国征税——国际税收体系分析》,熊伟译,法律出版社 2008 年版。

5. [奥]迈克尔·朗:《避免双重征税协定法导论》(第 2 版),朱炎生译,法律出版社 2017 年版。

6. [美]布莱恩·J. 阿诺德:《国际税收基础》(第 4 版·中英双语),《国际税收基础》翻译组译,中国税务出版社 2020 年版。

7. 朱炎生:《国际税收协定中常设机构原则研究》,法律出版社 2006 年版。

8. 杜莉编著:《国际税收》,复旦大学出版社有限公司 2019 年版。

9. Reuven S. Avi-Yonah, *International Tax as International Law*, Cambridge University Press, 2009.

10. Tsilly Dagan, *International Tax Policy: Between Competition and Cooperation*, Cambridge University Press, 2018.

11. Michael Lang, *Introduction to the Law of Double Taxation Conventions*, 3rd ed., IBFD, 2021.

12. Miranda Stewart, *Tax and Government in the 21st Century*, Cambridge University Press, 2022.

第七章 税务争讼与救济

学习目标

1. 低阶学习目标

(1)了解税务争讼与救济制度的概念和特征

(2)了解税务机关具体行政行为的内涵和外延

(3)掌握税务行政相对人的权利的内涵和特点

(4)掌握税务行政赔偿的基本程序

2. 高阶学习目标

(1)理解税务争讼与救济的理论基础

(2)掌握税务行政复议制度前置的优势

(3)掌握税务行政诉讼中对税务行政相对人权利保护的相关制度

(4)分析不同争讼与救济制度之间的关系

案例研讨

2018年8月17日,南通科勒贸易有限公司(以下简称科勒公司)在2013年1月1日至2014年12月31日期间分别从上海两家纺织品公司取得324份增值税发票(金额合计29,826,854.37元,税额合计5,070,565.23元,价税合计34,897,419.60元),经上海市宝山区国家税务局稽查局证实均为虚开增值税专用发票。以上发票相关业务具体经办人均为沙某某,并已作为出口退税凭证申报出口退税,共收到增值税退税款4,772,296.81元。对以上违法事实,国家税务总局南通市税务局稽查局作出46号决定书:科勒公司应补缴已退增值税4,772,296.81元。限科勒公司自收到决定书之日起15日内到原国家税务局第一税务分局将上述税款及滞纳金缴纳入库,并按照规定进行相关账务调整。逾期未缴清的,将依照《税收征收管理法》第40条规定强制执行。

科勒公司不服46号决定书,于2018年9月22日向国家税务总局江苏省税务局(以下简称省税务局)邮寄行政复议申请书,请求省税务局撤销国家税务总局南通市税务局稽查局作出的46号决定书。省税务局于2018年9月24日收到科勒公司的行政复议申请书,因发现科勒公司提交的行政复议申请材料中没有附列资料证明其已经依照税务机关的纳税决定缴纳或者解缴税款及滞纳金或者提供相应的担保,遂于2018年9月26日向科勒公司作出并送达苏税复补字〔2018〕3号行政复议申请补正通知书,要求科勒公司在接到通知书后7日内补正其已经依照税务机关的纳税决定缴纳或者解缴税款及滞纳金或者提供相应担保的证明材料。科勒公司于2018年9月28日收到该补正通知书,于同日向省税务局邮寄补正异议书,认为省税务局的补正要求不具有法律依据,明显属于复议程序违法。省税务局于2018年9月29日收到补正异议书。2018年10月9日,省税务局作出1号不予受理决定,由于科勒公司没有依据税务机关的纳税决定缴纳或者解缴税款及滞纳金或者提供相应的担保,根据《行政复议法》(2017年修正)第17条第1款、《税务行政复议规则》第45条第1款的规定,决定不予受理。省税务局于2018年10月10日向科勒公司送达了1号不予受理决定。科勒公司不服,向江苏省南京市中级人民法院提起行政诉讼。

一审法院认为,省税务局要求科勒公司补缴已退增值税款4,772,296.81元,属于税务机关作出的对补缴税款的征收行为,科勒公司对该决定不服而引发的争议,属于《税收征收管理法》第88条第1款规定的"纳税上发生争议"以及《税收征收管理法实施细则》第100条界定的"纳税争议"的范畴。对纳税争议申请行政复议必须符合法定的条件。但科勒公司在申请复议过程中并未向省税务局提供证明其已经缴纳或者解缴税款及滞纳金或者提供相应的担保的材料,在省税务局书面要求其补正上述证明材料时亦未提供。省税务局作出的1号不予受理决定认定事实清楚,适用法律法规正确,程序合法。判决驳回原告科勒公司的诉讼请求。

科勒公司不服江苏省南京市中级人民法院的判决,辩称45号决定书实质上构成行政处罚,上诉人依法具有提出行政复议申请和提起行政诉讼的权利,且不应有任何前置程序。因此,向江苏省高级人民法院提起上诉。二审法院以同样的裁判理由驳回了科勒公司的上诉。

请研讨:

1. 如何理解纳税争议?
2. 税务行政相对人救济渠道面临的困境是什么?
3. 如何理解我国税务争讼中的"双重前置"制度?
4. 分析税务行政处理和税务行政处罚的异同点。

第一节 税务争讼与救济概述

一、税务争讼与救济的概念、起源与发展

(一)税务争讼与救济的概念

税务争讼与救济是指公民、法人或其他组织与税务机关在税收征收管理过程中发生税务争议,税务行政相对人对税务机关作出的具体行政行为不服,为保护自身合法权益通过法定程序行使税务救济权的法律制度。

其中,税务争议分为纳税争议和一般税收执法争议。

(1)纳税争议是指税务行政相对人、扣缴义务人、纳税担保人或其他税收当事人认为税务机关的税收行政行为侵犯其合法利益而产生的争议,主要包括税种确定、纳税金额确定、纳税期限确定等。

(2)一般税收执法争议是指税务行政相对人或者第三人同税务机关对纳税以外的其他税收执法行为而发生的争议,包括对税务行政处罚、税收保全措施、税收强制措施等具体行政行为有异议而发生的争议。

(二)税务争讼与救济的起源与发展

我国税务争讼与救济制度的最早起源,可追溯至1949年通过的具有临时宪法作用的《中国人民政治协商会议共同纲领》第19条第2款规定的"人民和人民团体有权向人民监察机关或人民司法机关控告任何国家机关和任何公务人员的违法失职行为"中。自改革开放以来,税收征收管理逐渐走向法治化,人民的税收权利理念不断增强。一系列法律制度的颁布与实施使得对于人民权利的保障更为完备。具体而言,20世纪80年代我国制定的《中华人民共和国中外合资经营企业所得税法》(已失效)第15条、《中华人民共和国外国企业所得税法》(已失效)第16条、1980年《个人所得税法》(已被修改)第13条以及《中华人民共和国税收征收管理暂行条例》(已失效)第40条作出规定:税务行政相对人对税务机关的行政行为不服的,可以向上级税务机关申请复议。1989年我国颁布的《中华人民共和国行政诉讼法》(已被修改)建立了行政诉讼制度,明确了行政复议和行政诉讼的关系,同时也为税务行政诉讼提供了法律依据。1999年9月国家税务总局印发《税务行政复议规则(试行)》,随后,国家税务总局于1993年11月6日根据1992年《税收征收管理法》及其实施细则的有关规定制定了《税务行政复议规则》(已失效),为税务行政复议提供了更为明确、具体的法律依据。后来,《税务行

政复议规则》经历了多次重大修改，不仅增强了复议程序的公正性和透明度，设立多元化的纠纷解决途径，还更加注重加强纳税人权益保护，推动落实信息公开，保障纳税人的知情权、参与权和救济权。[①] 总体而言，自改革开放以来，我国税务行政救济制度不断完善，逐步形成了包括税务行政复议、税务行政诉讼、税务行政赔偿在内的较为完备的救济体系，有力地维护了纳税人的合法权益，保障了税收秩序的稳定与公平。

如今，在税务救济层面，除了《税务行政复议规则》《税务行政处罚听证程序实施办法（试行）》《税收征收管理法》，我国主要适用一般行政争议法如《行政复议法》、《中华人民共和国行政诉讼法》（以下简称《行政诉讼法》）以及最高人民法院的司法解释等作为解决税务争议的法律依据。此外，《中华人民共和国国家赔偿法》（以下简称《国家赔偿法》）及相关的司法解释也对行政赔偿规定了专门的程序，行政赔偿也可以视为一种特殊的行政争议解决机制。

二、税务争讼与救济的特征

（一）税务争议是税务争讼与救济存在的前提和基础

税务争议是税务争讼与救济存在的前提和基础，是研究税务争讼与救济的逻辑起点。[②] 税务争议有狭义和广义之分。广义的税务争议不仅包括税务机关与税务行政相对人之间的争议，还包括税务机关内部的争议。而狭义的税务争议仅仅是指税务机关和纳税主体之间基于税收核定而产生的争议。本书所称税务争议特指狭义的税务争议。狭义的税务争议具体指的是纳税人、扣缴义务人、纳税担保人对税务机关在纳税主体、征税对象、征税范围、减税、免税及退税、适用税率、计税依据、纳税环节、纳税期限、纳税地点及税款征收方式等具体行政行为上的决定持有异议而引发的争议。

（二）税务争讼与救济依税务行政相对人的申请而产生

争议的产生，并不必然导致救济行为的出现。若税务行政相对人与税务机关之间发生税务争议，认为自己的权利受到侵害，可以在法定期限内向上级税务机关或者其他行政复议机关申请行政复议。如果对行政复议决定不服，可以在法定期限内向人民法院提起行政诉讼。虽然法律明文规定赋予税务行政相对人救济权，但该权利需要税务行政相对人主动行使。国家对税务争议实行“不告不理”的原则，不能依职权启动救济程序，税务争讼与救济程序只能依税务行政相对人的申请而启动。在税务实践中，往往会出现即使税务行政相对人的权利受到侵害，却因没有及时申请而无法得到救济

---

① 参见史正保：《论我国税务行政救济制度的完善》，载《税务研究》2009 年第 7 期。

② 参见陈少英主编：《税法学教程》，北京大学出版社 2005 年版，第 544 页。

的现象。

(三)税务争讼与救济以保护税务行政相对人权利为目的

"有权利必有救济。""救济先于权利。"在税务行政法律关系中,作为管理者的税务机关与作为被管理者的税务行政相对人的地位是不平等的,当税务行政相对人的权利受到侵害,其只能寻求法律的保护。税务争讼与救济的目的在于通过矫正违法或不当的具体税务行政行为,为税务行政相对人受到税务机关的侵害提供恢复权利、弥补损失的法律保障机制,从而保护税务行政相对人的合法权益。

(四)税务争讼与救济是一种事后性和补救性的法律机制

税务争讼与救济以当事人全面履行税务处理决定为必要条件,这是其事后性的体现。《税收征收管理法》第 88 条第 1 款规定:"纳税人、扣缴义务人、纳税担保人同税务机关在纳税上发生争议时,必须先依照税务机关的纳税决定缴纳或者解缴税款及滞纳金或者提供相应的担保,然后可以依法申请行政复议;对行政复议决定不服的,可以依法向人民法院起诉。"相较于事前预防性权利救济,税务争讼与救济是在税务行政相对人已穷尽其他救济途径之后的补救性法律机制。

三、税务争讼与救济的原则

税务争讼与救济作为解决税务争议、保护税务行政相对人权益的救济途径,具有一般权利救济途径所共有的原则,即合法性原则、公正性原则、有效性原则等。但作为一种解决特定争议的权利救济手段,税务争讼与救济有其特有的原则。

(一)穷尽行政内部救济原则

穷尽行政内部救济原则即复议前置规则,是指当事人没有利用一切可能的行政救济之前,不能向法院提起诉讼。大多数国家都采用了这一制度,其目的在于将行政争议解决于行政程序中,从而避免司法程序不必要和不合时宜地干预行政程序。[①] 由于税收的复杂性和专业性,纳税争议属于一类特殊的争议,《税收征收管理法》第 88 条规定,纳税人、扣缴义务人、纳税担保人同税务机关在纳税上发生争议时,必须先依照税务机关的纳税决定缴纳或者解缴税款及滞纳金或者提供相应的担保,然后可以依法申请行政复议;对行政复议决定不服的,可以依法向人民法院起诉。简言之,纳税义务人应当先依法申请行政复议;对行政复议决定不服的,才可以依法向人民法院起诉。

复议前置规则能够提高税务争议解决的效率,一方面,便于税务机关内部监督与

---

① 参见沈福俊:《论"穷尽行政救济原则"在我国之适用——我国提起行政诉讼的前置条件分析》,载《政治与法律》2004 年第 2 期。

迅速纠错,保障行政诉讼的公信力;另一方面,穷尽行政内部救济能够发挥税务复议机关的专业性优势,从而可以节省行政诉讼的成本,提高行政诉讼的效率。此外,通过对税务争议实行强制复议前置有助于实现税法实施的稳定性和可预期性,从更高和更重要的层面为纳税人整体利益提供法治保障。①

(二)不停止执行原则

不停止执行原则是指在税务争讼与救济的过程中不停止具体行政行为的执行,即行政机关不因当事人申请行政复议或者提起行政诉讼而暂时停止具体行政行为的执行。根据《行政复议法》第42条和《行政诉讼法》第56条的规定,在行政复议和行政诉讼期间不停止具体行政行为的执行,只有在例外情况下方可停止执行。具体而言,可以停止执行的情形归纳为以下四种:(1)被申请人或被告认为需要停止执行;(2)申请人(原告)、第三人或利害关系人申请停止执行,复议机关、法院决定停止执行;(3)复议机关、法院认为需要停止执行;(4)法律法规规定停止执行的。原因在于,行政行为一经作出即具有确定力、拘束力和执行力,不能因为行政复议或者行政诉讼而停止和间断。该原则的制定主要基于行政公定力和行政效率的考虑,从而保障行政权合法有效行使和行政管理活动的有序进行。

四、税务争讼与救济的理论基础

(一)权利救济理论

这是税务争讼与救济的价值基础,也是税务争讼与救济的目的和动力。"无救济则无权利",没有救济的权利就不是真权利。权利要得到救济,就需要相应的救济制度。《宪法》第5条第4款表明任何国家机关违法行为都需要被追究,税收机关也不例外,《宪法》第41条为纳税人在税务争议中享有的救济权提供了宪法基础。为了建立基本的法治,国家不仅要在宪法和法律中确立公民的一系列基本权利,还有必要同时为各种权利提供相应的救济措施。只有这样,权利才能获得法律的有力保护。在履行纳税义务的过程中,纳税人在权利遭受侵害时需要实现权利救济,这就需要完善的税务争讼与救济制度为纳税人提供更好的维权途径。在税收征管的过程中,纳税人可以行使的救济权利有申请税务行政复议、提起税务行政诉讼、申请行政赔偿等。税收争讼与救济就是为了实现税收的法定化、公开化、合理化,维护税收法治和公平正义,保障纳税人和其他涉税主体的权利等目的而出现的权利救济手段。

① 参见贺燕:《行政复议前置、税法确定性与税收治理现代化》,载《税务研究》2020年第4期。

(二)税收公平理论

税收公平能够满足构建现代税收法律关系的需要,税收救济权依托税收公平理论而产生。纳税人不仅需要实体层面的公平,还需要程序层面的公平。税法等法律制度的适用以及司法程序都需要贯彻税收公平原则,其中就包括救济公平,即纳税人平等享有税收救济权。在税务行政复议、税务行政诉讼、税务行政赔偿中体现税收公平性,有利于保护纳税人的权利。

(三)税收法定原则

税收法定原则是税法的一项最基本的法律原则,是民主法治观念在税收领域的具体映射。税收法定原则一般包括以下三个部分:(1)税收要素法定原则;(2)税收要素明确原则;(3)征税合法性原则。税收法定原则是各国税法普遍遵循的一项原则,它要求由立法者决定全部税收问题的税法基本原则,税务机关必须依且仅依法律的规定征税,如果没有相应法律作前提,那么税务机关不能征税,公民也没有纳税的义务。落实税收法定原则应以纳税人权利保护为本质内容与最高目的。税法赋予纳税相对人对税务机关的不当行为或侵权行为予以救济的权利,并制定相应的税务争讼与救济制度,能够监督税务机关依法行使职权,保障纳税人的合法权益。

(四)依法行政原则

依法行政是行政法的一项基本原则。它要求国家机关及其工作人员应当依据宪法和法律赋予的职责权限,在法律规定的职权范围内,对国家的各项社会事务依法进行管理。现代行政法的理念主要是限制行政权力,保障行政相对人的合法权益。税务争讼与救济是行政法理论的一个重要分支,它涉及纳税人的知情权、申诉权、救济权等问题,我国的税务争讼与救济体制正是依据行政救济体制建立起来的。

五、税务救济的模式

税务救济法律制度可划分为行政救济与司法救济两部分。行政救济即一般所说的行政复议,也有人称之为准司法救济;司法救济一般是指行政诉讼。行政赔偿制度分散在行政复议和行政诉讼中,但又相对独立,因此,税务救济法律制度由税务行政复议制度、税务行政诉讼制度和税务行政赔偿制度三部分组成。税务救济的模式是指如何平衡配置这三种制度的问题。

(一)税务行政复议与税务行政诉讼

税务行政复议是指纳税人认为税务机关的行政行为侵犯了其合法权益因而提出审查相关行政行为的申请,并由法定复议机关进行复查的制度的总称。税务行政诉讼是指纳税人认为税务机关的行政行为侵犯了其合法权益,因而向法院提起行政诉讼并由法院作出裁决的制度的总称。

税务行政复议是税务机关进行内部监督纠偏的制度，且国务院的裁决为最终裁决。税务行政诉讼则是由法院按照行政诉讼程序审理税务争议并作出终局性裁决的司法审查活动，是司法权对行政权的审查。

与税务行政诉讼相比，税务行政复议程序上简便快捷，受案范围更广泛，复议机关不仅可以审查违法的税务行政行为，还可以审查不当的税务行政行为；不仅可以审查具体行政行为，还可以附带审查抽象行政行为。同时，补救措施更为宽泛，复议机关可以撤销、变更或责令被申请人在一定期限内重新作出新的决定。税务行政诉讼则因其程序规定严格，有利于保护纳税人的权益；且由独立于行政机关的法院作为第三者作裁决，更易使人信赖其公正客观性。

（二）税务行政赔偿

税务行政赔偿是指公民、法人或其他组织认为税务机关及其工作人员，违法行使职权损害了其自身的合法权益，因而提出行政赔偿请求的一系列制度的总称。税务行政赔偿与税务行政复议、税务行政诉讼共同构成税务争讼与救济制度。对于税务行政赔偿，税务行政相对人有两种申请方式：既可以在提起税务行政复议或税务行政诉讼时一并提起，又可以单独提起。同时，它具有相对独立性，与税务行政复议和税务行政诉讼在性质、受案范围、适用程序与审理范围等方面都有不同之处。

第二节　税务行政复议法律制度

一、税务行政复议概述

（一）税务行政复议的概念

税务行政复议是纳税人权利救济的基本方式之一。根据《税务行政复议规则》第2条规定，税务行政复议是指公民、法人和其他组织（以下简称申请人）认为税务机关的具体行政行为侵犯其合法权益，向税务行政复议机关申请税务行政复议，由税务行政复议机关办理税务行政复议事项。

1. 税收具体行政行为与抽象行政行为

具体行政行为是与抽象行政行为相对的概念。具体行政行为是指由行政主体针对特定的行政相对人、特定的事项作出的行政行为。抽象行政行为，是指行政主体运用行政权，针对不特定相对人制定规制规则的行为，包括行政立法和制定行政规范性文件行为。税务抽象行政行为，是指税务机关根据法律法规的授权制定行政法规、规章。据《税务行政复议规则》第 14 条规定，申请人可对税务行政复议机关提出的具体行政行为有：

(1)征税行为，包括确认纳税主体、课税对象、征税范围、减税、免税、退税、抵扣税款、适用税率、计税依据、纳税环节、纳税期限、纳税地点和税款征收方式等具体行政行为，征收税款、加收滞纳金，扣缴义务人、受税务机关委托的单位和个人作出的代扣代缴、代收代缴、代征行为等。

(2)行政许可、行政审批行为。

(3)发票管理行为，包括发售、收缴、代开发票等。

(4)税收保全措施、强制执行措施。

(5)行政处罚行为：

①罚款；

②没收财物和违法所得；

③停止出口退税权。

(6)不依法履行下列职责的行为：

①颁发税务登记；

②开具、出具完税凭证、外出经营活动税收管理证明；

③行政赔偿；

④行政奖励；

⑤其他不依法履行职责的行为。

(7)资格认定行为。

(8)不依法确认纳税担保行为。

(9)政府信息公开工作中的具体行政行为。

(10)纳税信用等级评定行为。

(11)通知出入境管理机关阻止出境行为。

(12)其他具体行政行为。

在上述所有具体行政行为中，只有征税行为类税务行政相对人必须先申请税务行政复议才能申请税务行政诉讼，其余具体行政行为税务行政相对人可选择行政复议也可选择税务行政诉讼。

申请人对具体行政行为提出复议的，也可一并对具体行政行为所依据的规定提出复议，即对具体行政行为提出税务行政复议申请时，一并提出对相关抽象行政行为的审查。

2. 税务行政复议机关和申请人

税务行政复议机关是依法受理税务行政复议申请，对具体行政行为进行审查并作出行政复议决定的税务机关。具体是指各级行政复议机关负责法制工作的机构。

根据《税务行政复议规则》第 16 条第 1 款的规定，对各级税务局的具体行政行为不服的，向上一级税务局申请行政复议。即接受税务行政复议申请的机关与受理税务行政复议申请的机关相分离。税务行政相对人向上一级税务局申请税务行政复议后，由各级行政复议机关负责法制工作的机构对税务行政复议进行审理、审查和决定。

税务行政复议的申请人，是指认为税务机关侵犯其合法权益，依法向税务行政复议机关提出税务行政复议申请的公民、法人和其他组织。具体是指纳税义务人、扣缴义务人、纳税担保人和其他当事人。根据适格原则，申请人须是税务机关在税收征管活动中进行税务行政管理的对象，即税务行政相对人。

3. 税务争议

税务争议是通用理解上而非《税务行政复议规则》中的特定概念，是指税务行政相对人对税务机关的涉税执法行为不服而产生的纠纷。体现在《税务行政复议规则》中，便是税务行政相对人认为税务机关的具体行政行为侵害其合法权益而与税务机关之间产生的纠纷。

（二）双重前置制度

1. 清税前置

税务行政复议前置可以有效减轻税务行政诉讼的压力，我国税务行政诉讼的案件每年并不多。税务行政复议制度中还存在清税前置的规定，按照《税收征收管理法》第 88 条第 1 款的规定，纳税人、扣缴义务人、纳税担保人同税务机关在纳税上发生争议时，必须先依照税务机关的纳税决定缴纳或者解缴税款及滞纳金或者提供相应的担保，然后可以依法申请行政复议。

税收是我国财政主要的收入来源，清税前置制度的设置是为了保证财政收入的稳定及总量。但与此同时，也会给纳税人寻求权利救济带来一定的负担。①

2. 税务行政复议前置

税务行政复议前置，是指税务行政诉讼前，必须先经过税务行政复议制度。税务行政复议前置能很好地减轻税务行政诉讼的压力。税务行政复议前置能够使税务争

---

① 根据 2024 年 4 月 26 日通过，2024 年 12 月 1 日施行的《关税法》第 66 条的规定，关税纳税争议在申请行政复议时无须“先行清税”。

议得到更加便捷高效的处理。税务机关作为当事人之一，兼具专业性与当事性，在处理税务争议上相较司法机关而言更加得心应手。

(三)税务行政诉讼与税务行政复议

税务机关的具体行政行为中，诸如行政处罚、不依法履职等行为，纳税义务人可不经过税务行政复议直接向人民法院提起诉讼，但就税收征收的核心行为——征税行为而言，税务行政复议前置是必需的。在解决税务争议上，税务行政诉讼是税务行政复议的发展。

纳税义务人对税务行政诉讼更具接受度。就程序上而言，税务行政复议由税务行政相对人提出、税务行政复议机关审理，对于税务行政相对人而言，只参与了结果的提出。而在税务行政诉讼中，税务行政相对人参与度较高，更容易接受税务行政诉讼的结果。

税务行政诉讼是用司法权解决行政问题，而税务行政复议是用行政权解决行政问题。税务行政诉讼的审理主体是法院，行使司法权审理税务争议；而税务行政复议的审理主体是行政复议机关内部负责法制工作的机构，是在行政体系内部用行政权对行政行为进行审查。

二、税务行政复议相关法律制度

(一)税务行政复议的程序

1. 税务行政复议的申请

(1)申请时间。申请人可以在知道税务机关作出具体行政行为之日起 60 日内提出行政复议申请，因不可抗力或者被申请人设置障碍等原因耽误法定申请期限的，申请期限的计算应当扣除被耽误时间。

(2)申请方式。申请人可以书面申请行政复议，也可以口头申请行政复议。若书面申请复议，可以采用递交、邮寄或者传真等方式。采用书面申请的，应在申请书中注明申请人的基本情况，被申请人的名称，行政复议请求、申请行政复议的主要事实和理由，申请人的签名或盖章，申请行政复议的日期。

(3)行政复议与行政诉讼的排他性选择与复议前置规定。针对同一具体行政行为，申请人必须在行政复议与行政诉讼之间作出排他性选择。具体而言，若申请人已向行政机关提出行政复议申请，且该申请已被行政复议机关受理，则在法定的行政复议期限内，申请人将不得就同一事项再向人民法院提起行政诉讼。反之，若申请人已选择直接向人民法院提起诉讼，且该案件已被人民法院受理，在此情况下，申请人亦丧失了就同一具体行政行为再申请行政复议的权利。此外，根据《行政复议法》第 23 条规定的特定情形。对于某些具体行政行为，申请人必须首先向行政复议机关申请行政复议。若对行政复议决定不服，申请人方可依法再向人民法院提起行政诉讼。这意味着，在这些情况下，行政复议是行政诉讼的前置程序。

2. 税务行政复议申请受理

行政复议机关收到行政复议申请后，应当在5日内进行审查，决定是否受理。

(1)行政复议机关受理行政复议申请的条件

①属于《税务行政复议规则》规定的行政复议范围；

②在法定申请期限内提出；

③有明确的申请人和符合规定的被申请人；

④申请人与具体行政行为有利害关系；

⑤有具体的行政复议请求和理由；

⑥属于收到行政复议申请的行政复议机关的职责范围；

⑦其他行政复议机关尚未受理同一行政复议申请，人民法院尚未受理同一主体就同一事实提起的行政诉讼。

(2)不停止执行原则的例外

行政复议期间，具体行政行为不停止执行。但是有下列情形之一的，可以停止执行：

①被申请人认为需要停止执行的；

②行政复议机关认为需要停止执行的；

③申请人申请停止执行，复议机关认为其要求合理，决定停止执行的；

④法律规定停止执行的。

3. 税务行政复议审查和决定

(1)审查的方式

行政复议机构审理行政复议案件，应当由2名以上行政复议工作人员原则上采用书面审查的方式进行。对重大、复杂的案件，申请人提出要求或者行政复议机关认为有必要的，可以采取听证的方式进行审理。

(2)审查内容

行政复议机关应当全面审查被申请人的具体行政行为所依据的事实证据、法律程序、法律依据和设定的权利义务内容的合法性、适当性。行政复议申请中一并提出对有关规定的审查的，若行政复议机关无权处理，应在7日内依照法定程序逐级转送有权处理的行政机关处理。处理期间，中止对具体行政行为的审查。

(3)复议决定

税务行政复议机关依照2023年《行政复议法》对税务行政复议案件进行审理,由税务行政复议机关对行政行为进行审查,提出意见,经税务行政复议机关的负责人同意或者集体讨论通过后,以行政复议机关的名义作出行政复议决定。依据《行政复议法》的规定,行政复议机关决定变更、撤销或部分撤销行政行为,确认行政行为违法和无效以及责令限期履行等的法定具体情形有:

①行政行为有下列情形之一的,行政复议机关决定变更该行政行为:

事实清楚,证据确凿,适用依据正确,程序合法,但是内容不适当;事实清楚,证据确凿,程序合法,但是为正确适用依据;事实不清、证据不足,经行政复议机关查清事实和证据。

②行政行为有下列情形之一的,行政复议机关决定撤销或者部分撤销该行政行为,并可以责令被申请人在一定期限内重新作出行政行为:

主要事实不清、证据不足;违反法定程序;适用的依据不合法;超越职权或滥用职权。

③复议决定为确认该行政行为违法,但不撤销该行政行为。此行政行为分两种,一种是应当撤销但因存在例外情况故不撤销,另一种是不需要撤销或者责令履行,由行政机关确认该行政行为违法。

根据《行政复议法》第65条第1款的规定,行政行为有下列情形之一的,行政复议机关不撤销该行政行为,但是确认该行政行为违法:

依法应予撤销,但是撤销会给国家利益、社会公共利益造成重大损害;程序轻微违法,但是对申请人权利不产生实际影响。

行政行为有下列情形之一,不需要撤销或者责令履行的,行政复议机关确认该行政行为违法:

行政行为违法,但是不具有可撤销内容;被申请人改变原违法行政行为,申请人仍要求撤销或者确认该行政行为违法;被申请人不履行或者拖延履行法定职责,责令履行没有意义。

④复议决定为确认该行政行为无效。根据《行政复议法》第67条的规定,行政行为有实施主体但不具有行政主体资格或者没有依据等重大且明显违法情形,申请人确认行政行为无效的,行政复议机关确认该行政行为无效。

⑤复议决定为责令被申请人限期履行。根据《行政复议法》第66条的规定,被申请人不履行法定职责的,行政复议机关决定被申请人在一定期限内履行。

⑥复议决定为维持该行政行为。根据《行政复议法》第68条的规定,行政行为认定事实清楚,证据确凿,适用依据正确,程序合法,内容适当的,行政复议机关决定维持

该行政行为。

⑦复议决定驳回申请人的行政复议请求。根据《行政复议法》第69条的规定，行政复议机关受理申请人认为被申请人不履行法定职责的行政复议申请后，发现被申请人没有相应法定职责或者在受理前已经履行法定职责的，决定驳回申请人的行政复议请求。

（二）税务行政复议中的和解与调解制度

在税务行政复议中引入和解与调解制度，是希望不经税务行政复议机关审查决定和提起税务行政诉讼便能解决税务争议。以这种方式不仅能提高解决税务争议的效率，还节约了行政资源。

1. 税务行政复议中的和解制度

和解适用范围包括：行使自由裁量权作出的具体行政行为；行政赔偿；行政奖励；存在其他合理性问题的具体行政行为。

税务行政相对人与税务机关达成和解的，应当向税务行政复议机关提交书面的和解协议，和解内容不得损害社会公共利益和他人合法权益。

和解协议应满足以下要求：一是税务机关（被申请人）和税务行政相对人（申请人）在自愿、合法的基础上签订和解协议；二是应在税务行政复议机关作出审查决定之前签订并提交和解协议。

2. 税务行政复议中的调解制度

调解适用的范围和和解适用的范围一致。调解应当满足的要求为：尊重申请人和被申请人的意愿；在查明案件事实的基础上进行；遵循客观、公正和合理原则；不得损害社会公共利益和他人利益。

当事人经调解达成协议的，行政复议机关应当制作调解书，载明行政复议的请求、事实、理由和调解结果，经各方当事人签字或者盖章并加盖行政复议机关的印章，即具有法律效力。

第三节　税务行政诉讼制度

一、税务行政诉讼概述

（一）税务行政诉讼的概念和特点

1. 税务行政诉讼的概念

税务行政诉讼，是指税务行政相对人认为税务机关的具体行政行为侵犯其合法权益,依法向人民法院提起诉讼,由人民法院对具体行政行为进行审理并作出裁决的活动。税务行政诉讼是税务行政相对人以诉讼的方式保护自己作为纳税人的相关权利以及作为私人主体的财产权,同时也是税务行政复议的后置救济手段。

2. 税务行政诉讼的特点

(1)税务行政诉讼的诉权属于税务行政相对人。税务行政诉讼的提起主体只能是认为税务机关侵犯其合法权益的税务行政相对人,税务机关不能提起税务行政诉讼,在诉讼过程中也不能提起反诉和撤诉。

(2)税务行政诉讼受行政诉讼法规制。我国的税务行政诉讼并不是独立的法律制度,而是用行政诉讼法来解决税务争议。

(3)税务行政诉讼一定程度上是税务行政复议的后置程序。税务行政复议和税务行政诉讼虽然是两个独立的制度,但税务行政复议制度是某些税务行政诉讼的前提。为了维护税务行政复议机关决定的权威性,税务行政诉讼在对具体行政行为的适当性审查上,只限于"显失公正"的部分。

(4)税务行政诉讼中,双方当事人的法律地位平等。税务机关与税务行政相对人不再是行政管理者和被管理者的关系,而是平等的法律地位上的主体。

二、税务行政诉讼原则

税务行政诉讼的原则,是指税务行政诉讼全过程中应遵循的基本准则。主要有以下几点。

(一)诉讼期间不停止执行原则

不停止执行,是指被诉税务具体行政行为不停止执行。行政诉讼法和行政复议法中的不停止执行原则,是为了保证国家行政权的行使,在没有确认错误前能正常发挥其功能。其例外情况有:

(1)被申请人认为需要停止执行的;

(2)行政争议机关认为需要停止执行的;

(3)申请人、第三人申请停止执行,行政争议机关认为其要求合理,决定停止执行的;

(4)法律、法规规定停止执行的其他情形。

(二)原则上不适用调解原则

《行政诉讼法》第60条第1款规定,人民法院审理行政案件,原则上不适用调解。其一,民事诉讼上的调解制度是基于双方平等的法律地位及双方都为私人主体,私人主体间遵循意思自治原则。而行政机关和税务行政相对人之间是管理者与被管理者的关系，不存在意思自治，调解失去其存在的法理基础。其二，就税务机关而言，税务行政诉讼是对其具体行政行为的纠正，若允许调解，则可能导致有的税务机关不正当行使其权力。其三，若允许税务行政诉讼适用调解制度，可能会使司法权对行政权的制约减弱。《行政诉讼法》第 60 条第 1 款同时规定，行政赔偿、补偿以及行政机关行使法律、法规规定的自由裁量权的案件可以调解。

（三）被告举证原则

税务机关须证明其作出具体行政行为合法。要让税务行政相对人证明税务机关的具体行政行为合法，对税务行政相对人而言难度较大。其一，行政法律法规多而杂，税务管理相对人不一定都能知悉，进而判断税务机关的具体行政行为是否合法；其二，税务具体行政行为的相关证明文件大多被掌握在税务机关手里，税务行政相对人的举证难度大；其三，税收是强制、无具体对价的，纳税人处在弱势地位，在诉讼上赋予税务机关更多的义务能更好地平衡两者之间的权利义务分配。

三、税务行政诉讼要素

（一）税务行政诉讼的受案范围

《行政诉讼法》明确规定了行政诉讼的受案范围，但在《行政诉讼法》所列举的 12 种可诉具体行政行为中，没有包含与征税直接相关的具体行政行为。同样，《行政复议法》在界定其受案范围时，也未对税收事项作出明确的规定。尽管如此，税务行政诉讼的受案范围并非无据可循，具体实践中主要依据《税收征收管理法》《税收行政复议规则》等法律法规，并遵循复议前置的原则来确定税务行政诉讼的受理范围。由此，税务诉讼的受案范围与税务复议的范围基本一致。

国家税务总局 2018 年发布的修正后的《税务行政复议规则》中明确规定了税务行政复议受案范围，即行政复议机关受理申请人对税务机关下列具体行政行为不服可提出行政复议申请：

（1）征税行为，包括确认纳税主体、征税对象、征税范围、减税、免税、退税、抵扣税款、适用税率、计税依据、纳税环节、纳税期限、纳税地点和税款征收方式等具体行政行为，征收税款、加收滞纳金，扣缴义务人、受税务机关委托的单位和个人作出的代扣代缴、代收代缴、代征行为等。

（2）行政许可、行政审批行为。

（3）发票管理行为，包括发售、收缴、代开发票等。

（4）税收保全措施、强制执行措施。

（5）行政处罚行为：罚款；没收财物和违法所得；停止出口退税权。

(6)不依法履行下列职责的行为:颁发税务登记;开具、出具完税凭证、外出经营活动税收管理证明;行政赔偿;行政奖励;其他不依法履行职责的行为。

(7)资格认定行为。

(8)不依法确认纳税担保行为。

(9)政府信息公开工作中的具体行政行为。

(10)纳税信用等级评定行为。

(11)通知出入境管理机关阻止出境行为。

(12)其他具体行政行为。

与此同时,《税务行政复议规则》第6条规定,申请人对行政复议决定不服的,可以依法向人民法院提起行政诉讼。这意味着,经过行政复议的上述税务具体行政行为,均属于税务行政诉讼的受案范围。这一规定不仅为纳税人提供了法律救济途径,也确保了税务行政争议能够在司法层面得到公正处理。

以下内容不属于税务行政相对人能提起税务行政诉讼的范围:

(1)行政法规、规章或者行政机关制定、发布的具有普遍约束力的决定、命令;

(2)税务机关对税务机关内部工作人员的奖惩、任免等决定;

(3)法律规定由行政机关最终裁决的具体行政行为。

(二)税务行政诉讼的管辖

税务行政诉讼的管辖是指在上下级人民法院之间、同级人民法院之间审理第一审税务行政案件的权限和分工。税务行政诉讼的管辖,以法律为标准,可分为法定管辖和裁定管辖。

1. 法定管辖

法定管辖分为级别管辖和地域管辖。

级别管辖是指上下级人民法院在审理第一审税务行政案件上的权限与分工。

①基层人民法院。基层人民法院审理主要的一审税务行政案件。

②中级人民法院。中级人民法院审理:本辖区内重大、复杂的第一审税务行政案件;对国务院各部门或者省、自治区、直辖市人民政府所作的具体行政行为提起诉讼的第一审税务行政案件。

③高级人民法院。高级人民法院管辖本辖区内重大、复杂的第一审税务行政案件。

④最高人民法院。最高人民法院管辖全国范围内重大、复杂的第一审税务行政案件。

地域管辖遵循“原告就被告”原则。

①一般地域管辖。税务行政案件由最初作出具体行政行为的税务机关所在地人民法院管辖。经税务行政复议的案件，税务行政复议机关改变原具体行政行为的，也可以由税务行政复议机关所在地人民法院管辖。

②特殊地域管辖。根据《行政诉讼法》第19条的规定，对限制人身自由的行政强制措施不服提起的诉讼，由被告所在地或者原告所在地人民法院管辖。

③专属管辖。因不动产提起的税务行政诉讼，由不动产所在地人民法院管辖。

2. 裁定管辖

裁定管辖包括移送管辖和指定管辖。

(1)移送管辖。移送管辖是指受理第一审税务行政案件的人民法院发现税务行政案件不属于其管辖的，应当将税务行政案件移送给有管辖权的人民法院。受移送的人民法院不得再自行移送。移送管辖分为两类：一是指经过上级人民法院的同意，下级人民法院可以将其管辖的第一审行政案件报请上级人民法院审判；二是上级人民法院也可以把自己管辖的第一审行政案件移交给下级人民法院。

(2)指定管辖。指定管辖是指有管辖权的人民法院由于特殊原因不能行使管辖权的，由上级人民法院指定管辖。或者人民法院对管辖权发生争议，由双方协商解决，协商不成的，报它们的共同上级人民法院指定管辖。

(三)税务行政诉讼的诉讼参加人

1. 原告

原告是指依照《行政诉讼法》提起诉讼的公民、法人或者其他组织。作为适格原告，其须是与案件事实有利害关系的公民、法人或者是其他组织，即是税务机关作出具体行政行为的税务行政相对人。所谓利害关系，是指其财产内容、人身关系会受到案件结果的影响。

2. 被告

被告须根据税务行政案件是否经过税务行政复议来确定。未经过税务行政复议的案件，作出具体行政行为的税务机关是被告。经过税务行政复议的案件，税务行政复议机关决定维持原具体行政行为的，作出原具体行政行为的行政机关是被告；税务行政复议机关改变原具体行政行为的，税务行政复议机关是被告。

3. 第三人

第三人是指与被诉税务行政案件中的具体行政行为有利害关系，非原被告之外的公民、法人或其他组织，其由人民法院通知参加税务行政诉讼或是申请参加税务行政诉讼。

(1)第三人同税务行政案件中的具体行政行为有利害关系。利害关系是第三人作为非原告、非被告参与税务行政案件的媒介,案件结果对第三人有影响,第三人才有足够的理由加入诉讼中。

(2)第三人在税务行政诉讼中有独立的法律地位。第三人在税务行政诉讼中有独立的法律地位,其可以提出自己的主张。其为了维护自己的利益而参加诉讼,可支持原告也可支持被告。

(3)第三人只能在诉讼期间参加。诉讼期间是指立案后至宣判前。

4. 诉讼代理人

诉讼代理人是指根据当事人或人民法院的委托或指定,或依照法律的规定,以当事人的名义,在当事人授予的权限范围内进行活动。诉讼代理人在权限范围内活动的法律后果由当事人承担。我国税务行政诉讼代理人有委托代理人、法定代理人、指定代理人。

(1)委托代理人。委托代理人是指受当事人委托为当事人参加诉讼活动的代理人,原告的委托代理人多为执业律师,被告的委托代理人多为税务系统公职律师、法制部门的工作人员或是外聘执业律师。

(2)法定代理人。法定代理人是指根据法律规定,代理无诉讼能力的公民参加税务行政诉讼的近亲属,主要是原告的父母、配偶、子女等。

(3)指定代理人。《行政诉讼法》第 30 条规定:法定代理人互相推诿代理责任的,由人民法院指定其中一人代为诉讼。可见,指定代理人其实质就是法定代理人,只不过因其不愿承担法定代理人的职责,因此由法院指定。

5. 诉讼参与人

诉讼参与人是指证人、鉴定人、翻译和勘验人。

四、税务行政诉讼的程序

(一)税务行政诉讼的第一审程序

1. 起诉和受理

起诉和受理是税务行政诉讼的开始。原告提出税务行政诉讼的要求,向法院递交起诉状,法院受理后,行政程序开始启动,法院会进入审理状态。若法院驳回起诉,则税务行政诉讼程序结束。

起诉时限分两种。一种是经税务行政复议的起诉,申请人不服复议决定的,可在收到复议决定书之日起 15 日之内向人民法院提起诉讼;若复议机关逾期不作决定的,申请人可以在复议期满之日起15日内向人民法院提起诉讼。另一种是未经税务行政复议直接向人民法院提起税务行政诉讼，税务行政相对人应当在知道税务机关作出具体行政行为之日起6个月内提起诉讼，法律另有规定的除外。

(1)起诉条件

税务行政相对人提起诉讼须满足以下条件：

①是符合《行政诉讼法》第25条规定的公民、法人或其他组织；

②有明确的被告；

③有具体的诉讼请求和事实根据；

④属于人民法院受案范围和受诉人民法院管辖。

(2)受理

人民法院在接到起诉状时对符合《行政诉讼法》规定的起诉条件的，应当登记立案。人民法院应当在立案之日起5日内，将起诉状副本发送被告。被告应当在收到起诉状副本之日起15日内向人民法院提交作出行政行为的证据和所依据的规范性文件，并提交答辩状。被告不提出答辩状的，不影响人民法院审理。

2. 审理和判决

人民法院审理税务行政案件，依法实行合议、回避、公开审判和两审终审制度。合议、回避、公开审判制度是行政、民事、刑事诉讼中通用的制度。

人民法院审理税务行政案件，按照以下顺序进行：庭前准备，开庭审理，法庭调查，法庭辩论，合议庭合议，作出判决。

根据《行政诉讼法》的规定，人民法院进行审理后，可对案件作出驳回请求、判令被告撤销并重新作出行政行为、判令被告履行法定义务或给付义务、确认具体行政行为违法但不撤销、确认具体行政行为无效、变更具体行政行为等判决。

(1)判决驳回原告的诉讼请求。根据《行政诉讼法》第69条的规定，具体行政行为证据确凿，适用法律、法规正确，符合法定程序的，或者原告申请被告履行法定职责或者给付义务理由不成立的，判决驳回原告的诉讼请求。

(2)行政行为有下列情形之一的，人民法院判决撤销或者部分撤销，并可以判决被告重新作出行政行为：

主要证据不足的；适用法律、法规错误的；违反法定程序的；超越职权的；滥用职权的；明显不当的。

(3)判决被告履行其法定职责或给付义务。根据《行政诉讼法》第72条和第73条的规定，人民法院经过审理，查明被告不履行法定职责的，判决被告在一定期限内履行。人民法院经过审理,查明被告依法负有给付义务的,判决被告履行给付义务。

(4)判决确认行为违法,但不撤销具体行政行为。根据《行政诉讼法》第74条第1款的规定,行政行为有下列情形之一的,人民法院判决确认违法,但不撤销行政行为:行政行为依法应当撤销,但撤销会给国家利益、社会公共利益造成重大损害的;行政行为程序轻微违法,但对原告权利不产生实际影响的。

根据《行政诉讼法》第74条第2款的规定,行政行为有下列情形之一的,不需要撤销或者判决履行的,人民法院判决确认违法:行政行为违法,但不具有可撤销内容的;被告改变原违法行政行为,原告仍要求确认原行政行为违法的;被告不履行或者拖延履行法定职责,判决履行没有意义的。

(5)判决确认具体行政行为无效。根据《行政诉讼法》第75条的规定,行政行为有实施主体不具有行政主体资格或者没有依据等重大且明显违法情形,原告申请确认行政行为无效的,人民法院判决确认无效。

(6)判决变更行政行为。根据《行政诉讼法》第77条的规定,行政处罚明显不当,或者其他行政行为涉及对款额的确定、认定确有错误的,人民法院可以判决变更。人民法院判决变更,不得加重原告的义务或者减损原告的权益。但利害关系人同为原告,且诉讼请求相反的除外。

(二)税务行政诉讼的第二审程序

第二审程序是第一审程序宣判后,原被告一方对第一审判决结果不服,在判决书送达之日起15日内向上一级人民法院提起上诉。

1. 审理方式

人民法院对上诉案件;应当组成合议庭,开庭审理。经过阅卷、调查和询问当事人,对没有提出新的事实、证据或者理由,合议庭认为不需要开庭审理的,也可以不开庭审理。

2. 判决

原判决认定事实清楚,适用法律、法规正确的,判决或者裁定驳回上诉,维持原判判决、裁定;

原判决、裁定认定事实错误或者适用法律、法规错误的,依法改判、撤销或变更;

原判决认定事实不清,证据不足的,发回原审人民法院重审,或者查清事实后改判;

原判决遗漏当事人或者违法缺席判决等严重违反法定程序的,裁定撤销原判决,发回原审人民法院重审。

第四节　税务行政赔偿

一、税务行政赔偿概述

(一)税务行政赔偿的概念

税务行政赔偿是指税务机关及其工作人员行使职权造成公民、法人或其他组织合法权益受损,由国家承担赔偿责任,由侵权的税务机关代表国家具体履行赔偿义务的一种法律救济制度。① 税务行政赔偿的概念可以从以下几个方面理解。

1. 税务行政赔偿的主体

税务行政赔偿的主体是国家,因为税务机关及其工作人员是代表国家并以国家的名义行使征税权,无论其行为是合法的还是违法的,其法律后果都应归于国家,但具体承担赔偿义务的机关是侵权的税务机关。由于国家作为赔偿主体,因此赔偿费用由国库支付,列入各级财政预算,具体的赔偿事务则由侵权的税务机关来承担。

税务行政赔偿的侵权主体是税务机关及其工作人员。税务行政赔偿的受害主体是合法权益受到侵害的公民、法人和其他组织,被称为赔偿请求人。

2. 税务行政赔偿产生的原因

税务行政赔偿的产生是税务机关及其工作人员在税收征收及管理过程中违法行使征税权侵犯了纳税主体的合法权益并已造成实际损害结果。税务行政侵权是税务行政赔偿责任产生的原因,税务行政赔偿是税务行政侵权产生的法律后果。

3. 税务行政赔偿的法律依据

在我国调整税务行政赔偿活动的法律主要有《宪法》、《税收征收管理法》和《中华人民共和国国家赔偿法》等。法律明确规定了国家是否应当承担责任及如何承担,赔偿的范围、标准、程序、方式等。

(二)税务行政赔偿与相关概念的区别

1. 税务行政赔偿与民事赔偿概念的区别

税务行政赔偿与民事赔偿有共同之处,但也有一定的区别,主要有以下几点。

(1)产生的原因不同。税务行政赔偿产生的原因是税务机关存在违法行使职权侵害纳税人合法权益的行为;而民事赔偿产生的原因是平等主体之间的侵权损害行为。

---

① 参见姜明安主编:《行政法与行政诉讼法》,北京大学出版社 2019 年版,第 555 页。

(2)赔偿主体不同。税务行政赔偿的主体是国家,但具体履行赔偿义务的是侵权的税务机关;民事赔偿的主体是民事主体的任何一方。

(3)归责原则不同。税务行政赔偿的归责原则主要是违法责任原则;而民事赔偿的归责原则包括过错原则、无过错原则。

(4)赔偿范围不同。税务行政赔偿的范围仅限直接损失,有最高限额。而民事赔偿的范围为全部损失,包括精神损失和间接损失。

(5)救济途径不同。税务行政赔偿有行政和司法两种救济途径,而民事赔偿主要为司法救济途径。

(6)赔偿费用来源不同。税务行政赔偿的费用来源是国家财政,而民事赔偿的费用来自义务主体的自由财产。

2. 税务行政赔偿与税务行政补偿的区别

税务行政补偿是指对税务机关及其工作人员行使征税权的过程中的合法行为给纳税主体造成的损失给予补偿的制度。

税务行政赔偿与税务行政补偿的区别主要体现在以下几点。

(1)前提不同。税务行政赔偿是基于税务机关及其工作人员的违法行为而产生的,税务行政补偿则是基于合法行为而产生的。

(2)赔偿标准不同。税务行政赔偿是国家对税务机关及其工作人员的违法行为承担的法律责任,目的是要赔偿纳税主体所受到的直接损失;而税务行政补偿则是合法行为导致的例外责任,以法律的规定为限,目的是对遭受损失的纳税主体提供适当的补偿,补偿额一般小于实际受到的损失。

(三)税务行政赔偿的归责原则

税务行政赔偿的归责原则主要是指国家在何种情况下,对税务机关及其工作人员行使职权造成的损害要承担赔偿责任。《国家赔偿法》第 2 条第 1 款规定:“国家机关和国家机关工作人员行使职权,有本法规定的侵犯公民、法人和其他组织合法权益的情形,造成损害的,受害人有依照本法取得国家赔偿的权利。”这意味着,行政赔偿(包括税务行政赔偿)主要采用的是违法归责原则,即主要依据行为的违法性来判断是否应承担赔偿责任,而非行为人的主观过错,这与民法上承担赔偿责任的过错原则不同。违法原则并不考虑行为人主观上是否存在故意或过失,而是以法律、法规作为衡量行为的标准。如果行为违反了法律、法规,并且造成了损害,国家就要承担赔偿责任。反之,即使行为人主观上有过错,但如果其行为客观上并未违背法律规定,那就不构成违法,国家不承担赔偿责任。

税务行政赔偿责任的构成需要同时满足以下五个条件:(1)侵权主体必须是行使国家税收征管职权的税务机关及其工作人员。(2)必须是税务机关及其工作人员行使税收征管职权的行为。(3)行使税收征管职权的行为必须具有违法性。(4)必须存在公民、法人和其他组织的合法权益受到损害的事实。(5)违法行为与损害后果之间必须存在因果关系。

值得注意的是,对于税务执法人员在法律、法规规定的裁量范围内,基于合理判断而进行的裁量行为,即使结果不完全符合某一方的期望,但只要不构成明显违法或显失公正,国家通常不承担赔偿责任。而若税务执法人员在行使裁量权时明显违法或显失公正,造成损害的,国家则应承担赔偿责任。

(四)税务行政赔偿的构成要件

税务行政赔偿的归责原则确定了追究责任的依据,但仅有归责原则还无法判断某行为是否构成侵权,还必须明确税务行政赔偿的构成要件。税务行政赔偿的构成要件是指国家因税务机关及其工作人员违法行使职权对公民、法人或其他组织的合法权益造成损害所要承担税务行政赔偿责任的必要条件。根据上述概念,税务行政赔偿的构成要件主要包括侵权主体、违法行为、损害结果及因果关系这四个要件。

1. 侵权主体是行使国家税收征管职权的机构或个人

侵权主体要件是指明确承担税务行政赔偿责任的主体范围。在税务行政赔偿中,是指违法行使征税权的税务机关及其工作人员,包括授权组织、委托组织和个人。这里所指的税务机关的工作人员不包括勤杂工、服务人员,如司机、炊事员等。如税务机关的司机违反交通规则撞伤行人导致的赔偿,那么不能从国家财政列支的国家赔偿费用项目中支付,而由其所在单位或者其本人负责,适用民法调整。如果税务机关或者税务机关工作人员作为民事主体从事民事活动时侵犯了他人的合法权益,那么对于因此造成的损害也就不构成税务行政赔偿责任,国家不负责赔偿,而应由税务机关以自己的经费予以赔偿,或者由税务工作人员以自己的收入予以赔偿,独立承担民事责任。

2. 侵权主体实施的职务行为违法

违法行为要件是指违法行使行政职权的行为。它包括两层含义:第一,必须是执行公务的行为。该违法行为应当发生在税务机关及其工作人员执行公务的过程之中。如何判定某行为是否是执行公务的行为,理论上存在主观说与客观说的分野:从行为人的主观意愿来判断还是以行为的外在形式来判断。我国大多数学者持客观说的观点,认为与职务有关的行为,或具有利用职权的外在形式的行为都应算作执行公务的行为。第二,必须是违法的行为。《国家赔偿法》确立了行政赔偿的归责原则为违法责任原则。它不同于民法上承担赔偿责任的原则。民法上承担赔偿责任的原则是过错原则,即行为人主观上存在故意或过失,以及无过错原则。而国家赔偿法上的违法责任原则并不关注行为人的主观意图,而是以法律、法规作为标准来衡量行为。如果该行为违反法律、法规,那就构成违法行为,造成损害的,国家就要承担赔偿责任;反之,虽然行为人主观上有过错,但是行为在客观上并未违背法律、法规的规定,那就不构成违法,就不能引发国家的赔偿责任。需要强调的是,这里所说的违法,不仅包括违反法律、法规,还应当包括不行使法定职权的不作为行为造成的侵权;不仅包括程序上的违法,还包括实体上的违法。

此外,税务行政赔偿只针对具体行政行为,对于抽象行政行为,即税务机关依法制定和公布的具有普遍约束力的税务规范性文件,国家一般不负税务行政赔偿责任。只有在特定的情况下,予以适当的补偿。因为抽象行政行为一般不会直接造成损害,如果违法,也只在适用时才可能发生侵权。

3. 发生了实际的损害结果

损害结果要件是指只有税务行政侵权行为造成了实际的损失才会引起赔偿的结果。仅有违法行为,并不足以导致税务行政赔偿,还必须存在实际的损害后果。税务行政赔偿的目的正是对该损害进行补救。在税务行政赔偿中,实际损害主要是指人身权和财产权方面的损失,且应符合以下三个条件:(1)损害一般须是确定的、已经发生的现实损害,对于将来可能发生的不确定的损害,不应认定为实际损害。(2)损害的利益必须是合法权益。(3)损害必须是给特定的公民、法人或其他组织造成的。

4. 违法行为与损害结果之间具有因果关系

因果关系要件是判定税务行政违法行为与损害结果之间关系的重要基准。这一要件强调,税务行政违法行为与损害结果之间必须存在着法律上直接的因果关系,即税务工作人员违法行使职权的行为与公民、法人或其他组织的合法权益受到损害之间存在直接且不可分割的联系。税务机关的违法行为是直接引发损害结果的原因。法律上的因果关系,指的是经由立法或司法程序确认的、作为法律责任承担基础的、连接加害行为与损害后果之间的必然联系,它是税务行政赔偿制度得以实施的前提。具体而言,直接的因果关系要求税务机关的侵权行为与纳税相对人所遭受的损害之间必须存在直接、明确的联系。值得注意的是,即便存在违法行为与损害结果,但若两者之间缺乏法律上的直接因果关系,那么税务行政赔偿责任便无法成立。

二、税务行政赔偿的范围

税务行政赔偿的范围是指对税务机关及其工作人员违法行使征税权而侵害的自

然人、法人和其他组织的合法权益应在多大范围内给予赔偿。它是受害人税务行政赔偿请求权的范围,也是税务行政赔偿义务机关履行赔偿义务的范围,还是人民法院审查税务行政赔偿案件的范围。《国家赔偿法》第3条至第5条对行政赔偿的范围以列举的方式予以明确规定。税务行政赔偿的范围包括国家应予赔偿的范围和国家不予赔偿的范围。国家应予税务行政赔偿的范围主要有两类:一是侵犯人身权的赔偿范围;二是侵犯财产权的赔偿范围。

(一)侵犯人身权的赔偿范围

人身权是与人身不可分离的权利,分为人格权和身份权,主要包括生命权、身体权、健康权、姓名权、肖像权、名誉权、监护权等。《国家赔偿法》第3条规定,对人身权损害的赔偿主要集中在两项最基本的人身权即人身自由权和生命健康权。就税务行政赔偿而言,侵犯人身权的赔偿范围主要包括:违法拘留或违法采取限制公民人身自由的行政强制措施的;非法拘禁或者以其他方法非法剥夺公民人身自由的;以殴打、虐待等行为或者唆使、放纵他人以殴打、虐待等行为造成公民身体伤害或者死亡的;违法使用武器、警械造成公民身体伤害或者死亡的;造成公民身体伤害或者死亡的其他违法行为。

(二)侵犯财产权的赔偿范围

财产权是对财产占有、使用、收益和处分的权利。根据《国家赔偿法》第4条及税收法律法规的规定①,下列违法行为给纳税人造成财产权损害须给予税务行政赔偿:

(1)违法征税行为。指违法征收税款、加收滞纳金、代扣代收税款等行为。此类行为直接对纳税主体的财产权造成损害,是税务行政赔偿的主要范围。

(2)违法实施税务行政处罚行为。包括罚款、没收违法所得、收缴税收登记证、取消增值税一般纳税人资格和停止出口退税权等方面的违法行为。

(3)违法实施税收行政强制行为。包括税收强制执行措施、通知阻止出境等方面的违法行为。

(4)税务机关不作为造成纳税相对人损害的行为。包括不予审批减免税或出口退税、不予抵扣税款、不予退还税款、不予颁发税务登记证、发售发票、不予开具完税凭证和出具票据、不予认定为增值税一般纳税人、不予核准延期申报、批准延期缴纳税款等方面的违法行为。

---

① 由于税收行政赔偿目前还未制定相关制度,因此关于税收赔偿适用《国家赔偿法》和最高人民法院《关于审理行政赔偿案件若干问题的规定》,下述具体赔偿范围是根据《国家赔偿法》第4条以及最高人民法院《关于审理行政赔偿案件若干问题的规定》第1条具体到税务领域的列举。

(5)违法采取税收保全行为。包括税收保全措施及责令纳税人提供纳税担保等方面的违法行为。

(6)违法给惠行为。包括税收减免、出口退税等方面的违法行为。

(7)造成财产损害的其他违法行为。

(三)税务机关不承担税务行政赔偿责任的情形

根据《国家赔偿法》第5条的规定,有下列情形之一的,国家不承担税务行政赔偿责任:

(1)税务机关工作人员与行使职权无关的个人行为。

(2)因公民、法人或者其他组织自己的行为致使损害发生。

(3)法律规定的其他情形。

三、税务行政赔偿法律关系的主体

税务行政赔偿法律关系的主体包括两类:税务行政赔偿请求人和税务行政赔偿义务机关。

(一)税务行政赔偿请求人

税务行政赔偿请求人是指依法享有取得国家赔偿的权利、请求税务机关确认和履行国家赔偿责任的公民、法人或者其他组织。受到税务机关及其工作人员违法执法行为侵害的纳税人是税务行政赔偿请求人,可以自己的名义请求税务机关予以赔偿。需要说明的是,税务行政赔偿请求人在下列两种情形下会发生资格转移:一是受害的公民死亡,其继承人和其他有扶养关系的亲属有权要求赔偿。二是被侵权法人或者其他组织分立、合并、终止,承受其权利的法人或者其他组织可以依法请求税务行政赔偿。但是,企业法人或者其他组织被行政机关撤销、变更、兼并、注销后,认为其经营自主权遭受侵犯的,此时税务赔偿请求人资格并不发生转移,应当由原企业法人或其他组织作为税务行政赔偿请求人。

(二)税务行政赔偿义务机关

税务行政赔偿义务机关是指因税务机关及其工作人员违法行使职权侵犯公民、法人和其他组织的合法权益并给其造成损害而负有赔偿责任的税务机关。根据《国家赔偿法》第7条和第8条的规定,税务行政赔偿义务机关的具体情形包括:

1. 单独的税务行政赔偿义务机关

税务机关及其工作人员行使行政职权侵犯公民、法人和其他组织的合法权益并给其造成损害的,该税务机关为税务行政赔偿义务机关。《税收征收管理法》第14条规定的税务机关是指各级税务局、税务分局、税务所和按照国务院规定设立的并向社会公告的税务机构。

2. 共同赔偿义务机关

由两个以上税务机关及其工作人员共同行使职权行为侵犯公民、法人和其他组织的合法权益并给其造成损害的,共同行使职权的税务机关为共同赔偿义务机关。

3. 法律、法规授权的组织

法律、法规授权的组织,在行使被授予的税务行政职权时,侵犯公民、法人和其他组织合法权益并给其造成损害的,该法律、法规授权的组织为赔偿义务机关。

4. 委托的行政机关

税务机关委托的组织或个人在行使受委托的职权时侵犯公民、法人和其他组织的合法权益并给其造成损害的,该委托的税务机关为税务行政赔偿义务机关。

5. 赔偿义务机关被撤销时的税务行政赔偿义务机关

原税务机关被撤销的,继续行使其职权的税务机关为赔偿义务机关;没有继续行使其职权的行政机关,撤销该赔偿义务机关的行政机关为赔偿义务机关。

6. 经过税务行政复议的赔偿义务机关

经过税务行政复议维持原具体行政行为的,最初实施侵权行为的税务机关为赔偿机关,但税务行政复议机关的复议决定加重损害的,由税务行政复议机关对加重部分履行赔偿义务。税务行政复议机关与侵权行为实施的税务机关不是共同赔偿义务机关,不负连带责任,而是各自对自己侵权造成的损害承担责任。

四、税务行政赔偿的程序

税务行政赔偿的程序是指税务行政赔偿请求人提起税务行政赔偿请求,有关国家机关处理税务行政赔偿事务所应遵循的步骤、方式和次序的总和。税务行政赔偿的程序有两种模式:一是单独要求税务行政赔偿的程序,二是税务行政赔偿可以在申请行政复议或者提起行政诉讼时一并提出。一并提起税务行政赔偿的程序适用《行政复议法》和《行政诉讼法》的规定程序①,本节主要介绍的是单独要求税务行政赔偿的程序。

(一)税务行政赔偿义务机关先行处理的赔偿程序

税务行政赔偿请求权人单独要求税务行政赔偿的,应当由赔偿义务机关先行处理。既包括因具体行政行为引起的赔偿,又包括因事实行为引起的赔偿。先行处理程序的设计是为了让税务机关免受外界的干扰,在自己的系统里完成对赔偿事务的处理。

---

① 参见刘剑文:《财税法:原理、案例与材料》,北京大学出版社2022年版,第397页。

1. 提出税务行政赔偿请求

(1) 申请书的要求

申请书是税务行政赔偿请求人向税务行政赔偿义务机关提出赔偿请求的书面文件,也是税务行政赔偿义务机关据以审查赔偿请求的资料。申请书应当载明下列事项:

①受害人的姓名、性别、年龄、工作单位和住所,法人或者其他组织的名称、住所和法定代表人或者主要负责人的姓名、职务;

②具体的要求、事实根据和理由;

③申请的年、月、日。

税务行政赔偿请求人书写申请书确有困难的,可以委托他人代书,也可以口头申请,由税务行政赔偿义务机关记入笔录。赔偿请求人不是受害者本人的,应当说明与受害人的关系,并提供相应证明。

(2) 请求时效

税务行政赔偿请求人请求国家赔偿的时效为 2 年,自其知道或者应当知道国家机关及其工作人员行使职权时的行为侵犯其人身权、财产权之日起计算,但被羁押等限制人身自由期间不计算在内。

税务行政赔偿请求人在税务行政赔偿请求时效的最后 6 个月内,因不可抗力或者其他障碍不能行使税务行政赔偿请求权的,时效中止。从中止时效的原因消除之日起,税务行政赔偿请求时效期间继续计算。

在申请税务行政复议或者提起税务行政诉讼时一并提出税务行政赔偿请求的,适用《行政复议法》《行政诉讼法》等法律有关时效的规定。

2. 申请的处理

税务行政赔偿请求人当面递交申请书的,税务行政赔偿义务机关应当当场出具加盖本行政机关专用印章并注明收讫日期的书面凭证。

申请材料不齐全的,税务行政赔偿义务机关应当当场或者在 5 日内一次性告知税务行政赔偿请求人需要补正的全部内容。

3. 赔偿决定

(1) 协商程序

税务行政赔偿义务机关应当自收到申请之日起 2 个月内,作出是否赔偿的决定。税务行政赔偿义务机关作出赔偿决定,应当充分听取税务行政赔偿请求人的意见,并可以与税务行政赔偿请求人就赔偿方式、赔偿项目和赔偿数额依法进行协商。

(2)制作赔偿决定书

税务行政赔偿义务机关决定赔偿的,应当制作赔偿决定书,并自作出决定之日起10日内送达税务行政赔偿请求人。税务行政赔偿义务机关决定不予赔偿的,应当自作出决定之日起10日内书面通知税务行政赔偿请求人,并说明不予赔偿的理由。

税务行政赔偿义务机关在规定期限内未作出是否赔偿的决定,税务行政赔偿请求人可以自期限届满之日起3个月内向人民法院提起诉讼。税务行政赔偿请求人对赔偿的方式、项目、数额有异议的,或者税务行政赔偿义务机关作出不予赔偿决定的,税务行政赔偿请求人可以自税务行政赔偿义务机关作出赔偿或者不予赔偿决定之日起3个月内,向人民法院提起诉讼。

(二)税务行政赔偿诉讼的程序

税务行政赔偿诉讼是一种独立的特殊诉讼形式,它是人民法院根据税务行政赔偿请求人的诉讼请求,依照行政诉讼程序和国家赔偿的原则、基本制度裁判赔偿争议的活动。

行政行为已被确认为违法是单独提起税务行政赔偿诉讼的必要前提。确认违法,既可以是行政行为已在先行处理程序中被确认违法,又可以是通过其他方式确认违法,如生效判决已经确认、行政复议已经确认、税务行政赔偿义务机关自认等。

1. 税务行政赔偿诉讼的条件

根据最高人民法院《关于审理行政赔偿案件若干问题的规定》第13条的规定,行政行为已被确认为违法,并符合下列条件的,公民、法人或者其他组织可以单独提起行政赔偿诉讼:

(1)原告具有行政赔偿请求资格;

(2)有明确的被告;

(3)有具体的赔偿请求和受损害的事实根据;

(4)赔偿义务机关已先行处理或者超过法定期限不予处理;

(5)属于人民法院行政赔偿诉讼的受案范围和受诉人民法院管辖;

(6)在法律规定的起诉期限内提起诉讼。

2. 税务行政赔偿诉讼的审理与判决

税务行政赔偿诉讼是一种特殊的行政诉讼形式,其审理具有一些自身的特点:

(1)从审理形式上看,税务行政赔偿诉讼中可以适用调解。

(2)从举证责任来看,税务行政赔偿诉讼不完全采取"被告负举证责任"的原则。在税务行政赔偿诉讼中,税务行政赔偿请求人和税务行政赔偿义务机关对自己提出的主张，应当提供证据。只有在《最高人民法院关于审理行政赔偿案件若干问题的规定》第11条第1款、第12条规定的以下两种情形才实行举证责任倒置：一是税务行政赔偿诉讼中，原告应当对行政行为造成的损害提供证据；因被告的原因导致原告无法举证的，由被告承担举证责任。二是原告主张其被限制人身自由期间受到身体伤害，被告否认相关损害事实或者损害与违法行政行为存在因果关系的，被告应当提供相应的证据证明。

人民法院对单独提起的税务行政赔偿诉讼经过审理后，依法作出如下判决：

（1）维持税务行政赔偿义务机关作出的赔偿处理决定；

（2）改变税务行政赔偿义务机关作出的赔偿处理决定；

（3）驳回税务行政赔偿请求人提出的税务行政赔偿请求。

（三）一并提起税务行政赔偿程序

一并提起税务行政赔偿程序，是指税务行政赔偿请求人在申请税务行政复议和提起税务行政诉讼的同时一并提出税务行政赔偿的请求。根据《国家赔偿法》第9条第2款的规定：税务行政赔偿请求人要求赔偿，应当先向税务行政赔偿义务机关提出，也可以在申请税务行政复议或者提起税务行政诉讼时一并提出。这种一并提起税务行政赔偿请求的特点为：将确认行政侵权行为违法与要求税务行政赔偿两项请求一并提出，要求并案处理。税务行政复议机关或人民法院通常先对行政侵权行为的违法性进行确认，然后再决定是否应予税务行政赔偿。可见，一并提起税务行政赔偿请求程序，完全适用税务行政复议和税务行政诉讼程序。[①]

（四）税务行政赔偿的追偿程序

广义的税务行政赔偿程序还包括税务行政赔偿的追偿程序，即税务行政赔偿义务机关赔偿损失后，应当责令有故意或重大过失的工作人员或受委托的组织或个人承担部分或全部费用的程序。

《国家赔偿法》第16条规定："赔偿义务机关赔偿损失后，应当责令有故意或者重大过失的工作人员或者受委托的组织或者个人承担部分或者全部赔偿费用。对有故意或者重大过失的责任人员，有关机关应当依法给予处分；构成犯罪的，应当依法追究刑事责任。"

税务行政赔偿义务机关行使追偿权应满足以下两个条件：第一，税务行政赔偿义务机关已经向税务行政赔偿请求人，即受到损害的公民、法人或其他组织支付了赔偿

① 参见姜明安主编：《行政法与行政诉讼法》，北京大学出版社2019年版，第611页。

金；第二，行政机关工作人员或者受行政机关委托的组织或个人违法行使行政职权造成了受害人合法权益的损失，且其在主观上有故意或者重大过失。

五、税务行政赔偿的方式和计算标准

（一）税务行政赔偿的方式

税务行政赔偿的方式是指对税务行政侵权行为造成的损害采取何种方式赔偿。我国的行政赔偿采取的是以支付赔偿金为主，返还财产、恢复原状为辅的方式。

支付赔偿金，又称为金钱赔偿，是以货币的形式进行赔偿的税务行政赔偿方式。它是税务行政赔偿的主要方式。这种税务行政赔偿方式具有省时省力、适应性强的特点。

返还财产，又称为返还原物，是指税务机关将违法占有或控制的纳税人的财产归还给纳税人，是一种辅助性的税务行政赔偿方式。采用该种税务行政赔偿方式必须同时具备以下3个前提条件：（1）原物必须存在，如果原物不存在或已被毁损，则应当支付赔偿金；（2）返还原物应当不影响公务的执行；（3）返还原物比支付赔偿金更便捷。

恢复原状，是指对已经受损的财产进行修复，使之恢复原有的完好状态。虽然恢复原状更能够发挥救济的作用，但是需要受损的财产没有灭失且该税务行政赔偿方式比支付赔偿金更为经济。

其他形式。纳税人的名誉权、荣誉权受到损害的，税务机关及其工作人员应消除影响、恢复名誉、赔礼道歉；造成严重后果的，应当支付相应的精神损害抚慰金。

（二）赔偿金的计算标准

我国行政赔偿以赔偿直接损害为主，原则上不赔偿间接损失。根据《国家赔偿法》第33条、第34条、第36条的规定：

侵犯公民人身自由的，每日赔偿金按照国家上年度职工日平均工资计算。

侵犯公民生命健康权的，赔偿金按照下列规定计算：

（1）造成身体伤害的，应当支付医疗费、护理费，以及赔偿因误工减少的收入。减少的收入每日的赔偿金按照国家上年度职工日平均工资计算，最高额为国家上年度职工年平均工资的5倍。

（2）造成部分或者全部丧失劳动能力的，应当支付医疗费、护理费、残疾生活辅助具费、康复费等因残疾而增加的必要支出和继续治疗所必需的费用，以及残疾赔偿金。残疾赔偿金根据丧失劳动能力的程度，按照国家规定的伤残等级确定，最高不超过国家上年度职工年平均工资的20倍。造成全部丧失劳动能力的,对其扶养的无劳动能力的人,还应当支付生活费。

(3)造成死亡的,应当支付死亡赔偿金、丧葬费,总额为国家上年度职工年平均工资的20倍。对死者生前扶养的无劳动能力的人,还应当支付生活费。

上述第2项、第3项生活费的发放标准,参照当地最低生活保障标准执行。被扶养的人是未成年人的,生活费给付至18周岁止;其他无劳动能力的人,生活费给付至死亡时止。

侵犯公民、法人和其他组织的财产权造成损害的,按照下列规定处理:

(1)处罚款、罚金、追缴、没收财产或者违法征收、征用财产的,返还财产。

(2)查封、扣押、冻结财产的,解除对财产的查封、扣押、冻结,造成财产损坏或者灭失的,依照《国家赔偿法》第36条第3项、第4项的规定赔偿。

(3)应当返还的财产损坏的,能够恢复原状的恢复原状,不能恢复原状的,按照损害程度给付相应的赔偿金。

(4)应当返还的财产灭失的,给付相应的赔偿金。

(5)财产已经拍卖或者变卖的,给付拍卖或者变卖所得的价款;变卖的价款明显低于财产价值的,应当支付相应的赔偿金。

(6)吊销许可证和执照、责令停产停业的,赔偿停产停业期间必要的经常性费用开支。

(7)返还执行的罚款或者罚金、追缴或者没收的金钱,解除冻结的存款或者汇款的,应当支付银行同期存款利息。

(8)对财产权造成其他损害的,按照直接损失给予赔偿。

思考题

1. 试论税务争讼与救济的制度的性质及其发展。
2. 试阐述税务争讼与救济制度的理论基础。
3. 试从税务行政相对人权利保护的角度,谈谈税务争讼与救济制度的重要意义。
4. 思考税务行政复议制度的作用。
5. 试述清税前置制度和税务行政复议前置制度的构建原理。
6. 思考税务行政诉讼制度和刑事、民事诉讼制度中诉权的区别及原因。
7. 试论税务行政诉讼中不停止执行原则的含义。
8. 试论税务行政赔偿的概念及其构成要件。

9. 试阐述税务行政赔偿的提起程序。

拓展阅读

1. [日]北野宏久:《税法学原论》(第5版),郭美松、陈刚译,中国检察出版社2008年版。

2. [日]金子宏:《日本税法》,战宪斌、郑林根等译,法律出版社2004年版。

3. [英]尚塔尔·斯特宾斯:《英国维多利亚时代的纳税人与法律:以宪法冲突为视角》,熊伟、毛彦译,商务印书馆2023年版。

4. 丁一:《纳税人权利研究》,中国社会科学出版社2013年版。

5. 熊伟:《美国联邦税收程序》,北京大学出版社2006年版。

6. 陈清秀:《税法总论》,台北,元照出版有限公司2022年版。

7. 葛克昌:《税捐行政法——纳税人基本权视野下之税捐稽征法》,厦门大学出版社2016年版。

8. 廖呈钱:《"纳税人观念"之法意研究》,法律出版社2021年版。

9. 黎江虹:《中国纳税人权利研究》,中国检察出版社2014年版。

10. 李玉虎:《纳税人权利保护的理论与制度研究》,中国社会科学出版社2023年版。